AF092374

www.ingramcontent.com/pod-product-compliance
Lightning Source LLC
LaVergne TN
LVHW060134080526
838202LV00050B/4115
* 9 7 8 6 0 3 0 3 1 2 4 7 4 *

بسم الله الرحمن الرحيم

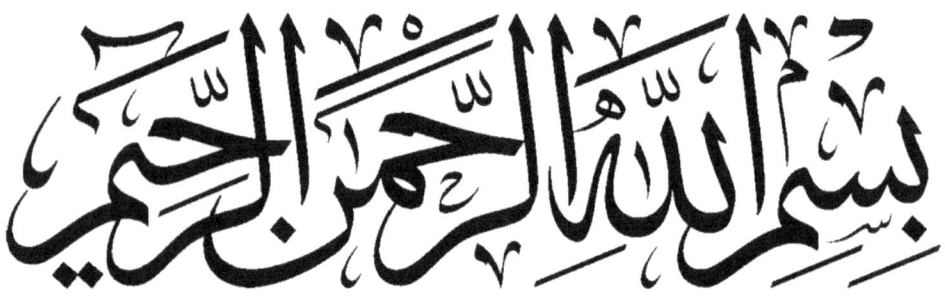

لا تتمنى .. ابدأ التغيير

اسم الكتاب: لا تتمنى .. ابدأ التغيير
اسم المؤلف: محمد نبال قلعه جي
فهرسة مكتبة الملك فهد الوطنية
رقم الإيداع: 10428/ 1440
ردمك: 9786030312474
سنة النشر: 2021
عدد الصفحات: 353

إقرأ في هذا الكتاب

- أهم أسباب النجاح
- قانون التفكير الإيجابي
- إعاده هيكلة النفس البشرية
- مبادئ إدارة الذات الستة
- مهارات التمكين والإبداع

تحذير: جميع الحقوق محفوظة للمؤلف ولا يسمح بإعادة نشر هذا الكتاب إلا بموافقة خطية من المؤلف.

الناشر: محمد نبال قلعه جي – تركيا – الفاتح – أكشم ستين – شارع ساري غوزيل – بناء رقم 91 – الدور 5 بريد إلكتروني: nk82@live.com

الفهرس

- مقدمة.... 4
- الفصل الأول: أهم أسباب النجاح.... 7
  - الثقة بالنفس أول أسباب النجاح.... 7
  - حب العمل.... 10
  - توازن النفس البشرية.... 13
- الفصل الثاني: قانون التفكير الإيجابي.... 23
- الفصل الثالث: إعادة هيكلة النفس البشرية.... 30
- الفصل الرابع: مبادئ إدارة الذات الستة.... 36
  - التخطيط.... 37
  - الثقة بالنفس.... 57
  - مهارات التواصل.... 81
  - إدارة الوقت.... 111
  - التفكير الإبداعي.... 149
  - التعلم المستمر.... 177
- الفصل الخامس: مهارات تطوير الذات.... 199
  - العمل الجماعي.... 199
  - البرمجة اللغوية العصبية.... 219
  - القيادة.... 243
  - مهارات التفاوض.... 281
  - مهارة صناعة القرار وحل المشكلات.... 303
  - مهارات الإشراف والتوجيه والتدريب الإشرافي.... 332
  - نبذة عن المؤلف.... 351

3

مقدمة

مر الإنسان عبر مراحل تطوره بعدد متسلسل من العصور ومراحل متتالية من التطور , فكانت بداية الإنسان في عيشه على الأرض بدائية وبسيطة , فأول عصر في حياة الإنسان هو العصر الحجري والذي يسميه المؤرخون عصر ما قبل التاريخ و الذي بدأ مع ظهور الإنسان على سطح الأرض, حيث اعتمد على الحجارة بشكل أساسي في حياته لصنع الأدوات والأسلحة والتقطيع و اعتمد على الصيد وصنع أدواته من العظام والحجارة, كما تعلم إشعال النار, وقد عمل الإنسان في الزراعة وتربية الحيوانات وتعرف على المعادن وطرق صهرها.

استمرت حياة الإنسان البسيطة المعتمدة على الصيد و الزراعة حتى منتصف القرن الثامن عشر الذي ظهرت فيه الآلة وحلت مكان العمل اليدوي , حيث ظهرت الآلة البخارية في إنجلترا وكانت أول آلة صناعية انتقلت إلى غرب أوروبا ثم إلى كافة أنحاء العالم , وشكل ظهور الآلة ثورة صناعية حيث حلت الآلة مكان العامل , وفي عام 1929م حدثت أزمة الكساد الكبير في أمريكا وامتدت إلى معظم بلدان العالم وانخفضت معها التجارة العالمية ما بين النصف إلى الثلثين.

> من الضروري فهم المراحل التاريخية للإنسان, وكيف كانت مراحل التطور منذ بداية وجوده على الأرض حتى يومنا هذا, وإن أي محاولة لإحداث التغيير في حياتنا لن تكتمل ما لم نعرف كيف بدأ الإنسان حياته على الأرض وكيف وصل إلى واقعه اليوم.

كان عام 1929م نقطة تحول في حياة الإنسان حيث انتقل الإنسان من مرحلة سيادة المنتج Producer Sovereignty إلى مرحلة سيادة المستهلك Consumer Sovereignty , في مرحلة سيادة المنتج قبل عام 1929م كان المنتج هو الذي يقرر حجم الإنتاج وشكل الإنتاج وطرق التوزيع والأسعار وكل ما يتعلق بالعملية الإنتاجية , وكانت الناس تقف على شكل طابور أمام أبواب المنتج للحصول على احتياجاتها من السلع بسبب قلة عدد المنتجين , أما بعد عام 1929م بدأت مرحلة سيادة المستهلك , حيث أصبح عدد المنتجين كبير نسبياً وأصبح الخيار مفتوح أمام المستهلك لاختيار المتجر أو المصنع لإشباع حاجاته , وبدأ المنتج بتغيير سلوكه والإنتاج وفقاً لرغبات المستهلكين , فالمستهلك هو من يقرر شكل الإنتاج وحجمه وسعره وأماكن التوزيع, ومرحلة سيادة المستهلك ما زالت مستمرة إلى يومنا هذا.

في عام 1971م بدأ الإنسان العصر الذي لا يزال مستمراً حتى يومنا هذا وهو عصر المعلومات , حيث أصبح نجاح الإنسان وتطوره يعتمد بشكل أساسي على امتلاكه للمعلومات وقدرته على معالجتها , فمن يمتلك المعلومات الصحيحة والمحدثة يمتلك القوة والقدرة على التطور وتحقيق الأهداف, وأصبحت قوة المجتمعات والأمم والأفراد لا تقاس بالقوة العضلية إنما تقاس بمقدار ما يمتلك هذا الإنسان من معلومات وقدرته على تسخيرها في اتخاذ القرار, حيث أن القرار سواء على المستوى الشخصي أو المستوى المؤسسي أو المستوى الكلي يعتمد على نفس الآلية, مدخلات يتم معالجتها للحصول على المخرجات, والمدخلات هي معلومات فكلما كانت المدخلات (المعلومات) صحيحة ومحدثة كلما زاد احتمال حصولنا على قرار صحيح , هذا يعني أن المعلومات هي الأساس في اتخاذ أي قرار وهي المحدد الأول لصحة وجودة القرار, وكلما زاد عدد القرارات الصحيحة المتخذة على الصعيد الجزئي والكلي كلما زاد تطور الأفراد وبالتالي تطور المجتمع ونجاحه بشكل عام.

وتزداد أهمية المعلومات في القرن الحادي والعشرين تزامناً مع ظهور مفاهيم جديدة مثل التنافسية والعولمة , حيث أن الشركات التي تتقن اتخاذ قراراتها بناءً على معلومات صحيحة هي المرشحة للنجاح والتطور , وبسبب الزيادة السكانية العالمية فإن ما يميز شخص عن آخر هو مدى امتلاكه للمعلومات وقدرته على معالجتها وتسخيرها في اتخاذ القرار, فالطبيب الذي لا يمتلك المعلومات الكافية حول تشخيص الأمراض لن يقدر على النجاح والتطور مثل الطبيب الذي يمتلك المعلومات الكافية والصحيحة والمحدثة حول تشخيص ومعالجة الأمراض , وكذلك المحامي الذي لا يمتلك المعلومات الكافية عن الأنظمة والتشريعات والقوانين لن يقدر على النجاح والتطور مثل المحامي الذي لديه معلومات كافية عن الأنظمة والتشريعات والقوانين, وينطبق ذلك على المهندس والمدرس والعامل وكافة أفراد المجتمع

ففي وقتنا الحاضر من غير المقبول أن لا تمتلك المعلومات الكافية حول عملك واختصاصك وذاتك و التي هي المحدد الرئيسي للنجاح والتطور.

ويبدو أن البشرية شارفت على الانتهاء من عصر المعلومات الذي يعتمد بشكل أساسي على النصف الأيسر من الدماغ للإنسان وقد بدأت ملامح عصر جديد بالظهور والتشكل وهو عصر الإبداع الذي يعتمد على التكامل بين نصفي الدماغ الأيسر المنطقي التحليلي والأيمن المبدع الذي ينظر إلى كامل الصورة, فيوجد اليوم وفرة في عرض الأطباء والمهندسين والإداريين ومختلف أصحاب الكفاءات العلمية, إلى درجة أن بعض المجتمعات كالمجتمع الأمريكي بدأ يعاني من قلة توظيف أصحاب الكفاءات بسبب أن معظم الشركات بدأت بنقل إنتاجها إلى آسيا بسبب

أجور العمل الرخيصة, ونتيجة ذلك هو البطالة بين أفراد مجتمع المعلومات مما يعني قرب نهاية هذا العصر وبداية مرحلة عصر الإبداع.

عصر الإبداع أو ما يسمى بالفكر السامي هو خلق الجمال الفني والعاطفي, وتجميع الأفكار غير المترابطة في الظاهر ومزجها في ابتكار جديد ,والقدرة على التعاطف مع الآخرين وإدراك دقائق التفاعل الإنساني واكتشاف مصادر البهجة في الذات وإثارتها في الآخرين ,وتجاوز الأمور العادية سعياً وراء الغاية والمعنى.

من خلال صفحات هذا الكتاب لن نستعرض المعلومات المتعلقة بالطب أو الهندسة أو القانون, إنما سيتم استعراض كافة المعلومات اللازمة لإدارة وتطوير النفس البشرية سواء كان صاحبها يعمل في الطب أو الهندسة أو كان طالباً أو عاملاً أو أباً أو أماً أو مهما كان دوره أو دورها في الحياة.

فمن لا ينجح في إدارة ذاته لن ينجح في مهنته واختصاصه وحياته بشكل عام, وإن أهم أنواع ومهارات الإدارة التي يجب أن يمتلكها الإنسان هي إدارة الذات أو إدارة النفس البشرية, فمن ينجح في إدارة ذاته سيسهل عليه النجاح في مهنته وعمله وكافة جوانب حياته الأخرى, ومن يخفق في إدارة ذاته فإن كافة النتائج التي سيحصل عليها ستكون انعكاساً لفشله في إدارة الذات.

التطور هو سنة كونية يسعى كافة الناس لتطوير ذواتهم , لكن عملية التطوير لا يمكن أن تتم قبل الإدارة, فإدارة الذات أو النفس البشرية أولاً ثم المرحلة التالية وهي تطوير النفس البشرية.

لا يمكن للإنسان أن ينجح في إدارة شركته أو أسرته أو علاقاته مع الآخرين إن لم ينجح في إدارة ذاته, سيتم استعراض أسس ومبادئ إدارة وتطوير النفس البشرية من خلال الصفحات التالية

الكتاب يناقش فكرتين:

- إدارة النفس البشرية
- تطوير النفس البشرية

حيث أنه لا يمكن الحديث عن تطوير الذات قبل التمكن من إدارتها, فالإدارة أولاً ثم التطوير ثانياً.

" لا تتمنى.. ابدأ التغيير " يجمع كل دورات إدارة وتطوير الذات في كتاب واحد

أهم أسباب النجاح

أي إنسان في الحياة يسعى إلى النجاح وتحقيق أهدافه, هناك الكثير من الأسباب والتصرفات والسلوكيات التي تلعب دوراً هاماً في تحقيق النجاح, وينبغي معرفتها وتحقيقها على أرض الواقع.

وينبغي الإشارة إلى أن مفهوم النجاح هو مفهوم نسبي يختلف من شخص إلى آخر, فالنجاح بالنسبة إلى بعض الأشخاص هو الحصول على المال, والبعض الآخر يعتبر النجاح المهني هو النجاح الحقيقي, أو البعض يعتقد أن النجاح هو تحقيق أهداف محددة مسبقاً, أو جميع ما ذكر, ورغم الاختلاف بين الأفراد في النظر إلى النجاح, فإن أسباب النجاح هي واحدة رغم مفهومه النسبي.

أما بالنسبة لمقومات النجاح فيعتبر البعض أن المال هو من أهم أسباب النجاح , ويعتقد البعض الآخر أن الظروف السياسية والاجتماعية والاقتصادية تلعب دوراً هاماً في النجاح , وهناك من يعتقد أن الدولة التي يعيش بها الفرد ومنظومة المجتمع الأخلاقية والقانونية تعتبر من أهم أسباب النجاح.

في الحقيقة لو بحثنا في أسباب نجاح الإنسان وتحقيق أهدافه لوجدنا أن الواقع المعاش والتجربة أثبتت أن أهم ثلاثة أسباب للنجاح هي كما يلي:

1- الثقة بالنفس

تعتبر الثقة بالنفس هي السبب الأهم على الإطلاق وراء تحقيق النجاح , فمن يمتلك الثقة بالنفس يكون قد امتلك أهم أسباب النجاح , ومن فقد الثقة بالنفس يكون قد خسر أهم الأسباب التي يمكن أن تؤدي إلى النجاح وتحقيق الأهداف.

الثقة بالنفس هي الحالة النفسية المتوازنة التي يمتلكها الإنسان التي تمكنه من التعامل مع مختلف المواقف بجرأة وعقلانية, وتمكنه من استغلال الفرص ومواجهة التحديات وتمنحه القدرة على الثبات في طريق تحقيق أهدافه وطموحاته.

لنفترض أن هناك مهندسين تقدموا للحصول على عمل الأول يمتلك ثقة عالية بالنفس وخبرته متوسطة والثاني يمتلك ثقة ضعيفة بالنفس وخبرته جيدة , لا شك أن المهندس الأول يمتلك فرصة أعلى للحصول على العمل, لأنه يمتلك السبب الأهم للنجاح وهو الثقة بالنفس.

إن مصطلح (الثقة بالنفس) غير واضح بما فيه الكفاية لمعرفة كيفية رفع الثقة بالنفس, والسؤال الذي يطرح نفسه هو: كيف يمكن رفع الثقة بالنفس؟ أو ما هو مصدر الثقة بالنفس؟

لنفترض أنك تعمل في مجال صيانة الأجهزة الكهربائية وجلست مع محامي تناقش معه بعض الأمور المتعلقة بالقوانين المدنية وكيفية تطبيقها على الأفراد, ففي هذه الحالة من لديه ثقة أكبر بالنفس أنت أم المحامي؟ بلا شك المحامي سيكون لديه ثقة أكبر بالنفس لأنه يمتلك معلومات أكثر منك في مجال القوانين المدنية, ولو أنك تناقشت مع المحامي في موضوع كيفية صيانة الأجهزة الكهربائية عندها وبلا أدنى شك ستكون ثقتك بنفسك أكبر من المحامي لأنك تمتلك معلومات أكثر منه فيما يتعلق بصيانة الاجهزة الكهربائية.

المثال السابق يدلل بوضوح أن المعلومات هي المصدر الرئيسي للثقة بالنفس, وكلما امتلكت كماً أكبر من المعلومات كلما ارتفعت ثقتك بنفسك أكثر.

لكنك لا تستطيع امتلاك معلومات حول جميع مجالات الحياة, وهو غير مطلوب منك أصلاً أن تمتلك معلومات حول جميع مجالات الحياة لأن ذلك غير ممكن أصلاً تحقيقه, فهناك تسارع كبير جداً في مجال المعلومات وصل إلى ما يقارب الـ 20 ألف اختراع يومياً على مستوى العالم, أي 20 ألف معلومة جديدة كل يوم, والسؤال الذي يطرح نفسه: كيف أبدأ في امتلاك المزيد من المعلومات من أجل رفع درجة الثقة بالنفس؟ الجواب يتمثل في الطريقة التالية:

اعرف كل شيء عن شيء وشيئاً عن كل شيء

المطلوب منك وفقاً للشطر الأول أن تعرف كل شيء عن شيء أي أن تعرف كل شيء عن اختصاصك ودورك في الحياة, فلو كنت تعمل في مجال صيانة الأجهزة الكهربائية فعليك أن تمتلك الكثير من المعلومات حول هذا الموضوع حتى تصل إلى درجة ترضى فيها عن نفسك بأنك تمتلك ما يكفيك من المعلومات للنجاح والتفوق في هذا المجال, لكن امتلاك هذه المعلومات لا يكفي فعليك أيضاً أن تعرف شيئاً عن كل شيء أي يجب أن تمتلك معلومات عن مجالات الحياة الأخرى مثل التاريخ والصحة والقانون والتربية والرياضة وبقية مجالات الحياة الأخرى, ولكن ليس بنفس درجة المعلومات التي تمتلكها عن اختصاصك ودورك في الحياة , إنما يكفي أن تعرف معلومات

عامة عن كل مجال من المجالات السابقة وليس من الضروري أن تمتلك كمية كبيرة من المعلومات عن هذه المجالات مشابه لامتلاكك معلومات عن اختصاصك ودورك في الحياة.

الثقة بالنفس هي مفهوم عام غير واضح, لذلك يجب أن نعرف مصدرها وكيفية تعزيزها وزيادتها, وقد أجمع علماء الاجتماع على أن الثقة بالنفس هي السبب الأول للنجاح

المعادلة واضحة الآن: النجاح له عدة أساب ومن أهم هذه الأسباب هي الثقة بالنفس ومصدر الثقة بالنفس هو امتلاك المعلومات, والكيفية التي يتم بموجبها امتلاك المعلومات تتم وفقاً للطريقة التالية:

اعرف كل شيء عن شيء_ وشيئاً عن كل شيء

فإذا أردت النجاح فعليك بتعزيز ثقتك بنفسك وإذا أردت تعزيز ثقتك بنفسك فعليك امتلاك المزيد من المعلومات عن عملك واختصاصك بشكل خاص وعن بقية مجالات الحياة الأخرى بشكل عام

الفائدة الرئيسية لامتلاكك المزيد من المعلومات هي رفع الثقة بالنفس وبالتالي تحقيق النجاح, وهناك أيضاً فائدة أخرى لا تقل أهمية عن تحقيق النجاح وهي زيادة الرغبة في الحياة, فإن من يتوقف عن القراءة والتعلم يكبر فجأة ولا يشعر بالرغبة في الحياة , فالعقل الغني بالمعلومات مندفع للحياة أكثر من العقل الفقير بالمعلومات, هذا يعني أن هناك علاقة طردية بين ما تمتلكه من المعلومات وبين رغبتك في الحياة.

إذا أردت اكتساب المزيد من المعلومات فعليك أن تبدأ باكتساب المعلومات المتعلقة بعملك واختصاصك أولاً وعندما تصل إلى درجة ترضى بها عن نفسك بعدها ابدأ باكتساب معلومات عامة عن بقية مجالات الحياة.

ابدأ الآن برفع ثقتك بنفسك من خلال اكتساب المزيد من المعلومات وأفضل طريقة لاكتساب المزيد من المعلومات هي القراءة والتجربة, وسوف يتم استعراض عشرين طريقة لرفع الثقة بالنفس في الفصل الخاص بمفهوم الثقة بالنفس كمبدأ من مبادئ إدارة الذات.

2- حب العمل

وجه أحد الصحفيين سؤالاً لستيف جوبس الشريك المؤسس لشركة آبل: إذا أردنا أن نحقق النجاح فما هو أول شيء علينا فعله؟ فكانت الإجابة على الشكل التالي:

عليك أن تحب عملك. You have to love your job

نعم, حب العمل هو العامل الذي لا يقل أهمية عن الثقة بالنفس لتحقيق النجاح, حب العمل يعني أن تحب عملك أكثر من أكثر شيء تحبه, فإذا كانت هوايتك المفضلة هي رياضة كرة القدم وأنت تحبها أكثر من أي شيء آخر, فحبك لعملك يعني أن تحب عملك أكثر من حبك لكرة القدم.

لا يمكن تحقيق أي نجاح عندما لا تحب عملك, ومن المعلوم أن الرغبة هي العامل الحاسم في النجاح, فالطالب الذي يدرس اختصاصا لا يحبه لن ينجح فيه في الحياة العملية حتى لو تخرج بنجاح من الجامعة, والمدرس الذي لا يحب عمله لن يفهم الطالب درسه مقارنةً بمدرس يحب عمله, وإذا كنت تعمل في صيانة الأجهزة الكهربائية وأنت لا تحب عملك فهذا يعني أنك لن تصل إلى التطور والإبداع.

أما العامل أو الموظف الذي يحب عمله فإنه بلا شك سيتطور إلى عمل أفضل لأنه سيبدع في عمله ويكتشف طرق وأساليب جديدة لإنجاز العمل وسينجز عمله بإتقان.

ربما يوجد الكثير من الأشخاص وبسبب ظروفهم الصعبة يعملون حالياً في أعمال لا يحبونها, فيمكن لهم في هذه الحالة أن يعملوا على تغيير علاقتهم بالعمل ويحاولوا أن يأقلموا أنفسهم على ضرورة حبهم لعملهم, أو بإمكانهم البحث عن عمل آخر يمكن لهم أن يحبوه, أما بقاؤهم في عمل لا يحبوه مدى الحياة فهذا سيكون مؤشر على الفشل وليس النجاح.

كل إنسان في هذه الحياة يرغب أن يعمل ما يحب, أي يرغب أن يسكن في منزل يختاره وزوجة يقتنع بها أو زوج تقتنع به ويمارس الهوايات التي يحب أن يمارسها, لكن ذلك لن يتحقق إلا بشرط واحد وهو (حب العمل)

أحب ما تعمل ....حتى تعمل ما تحب

فعلاً إذا أردت أن يتحقق الشطر الثاني (حتى تعمل ما تحب) فعليك أولاً أن تبدأ بحبك لعملك

حبك لعملك يعني الإخلاص في العمل, فالموظف الذي لا يحب عمله فإنه بذلك لن ينجز عمله بإتقان, وهذا يتنافى مع محبة الله لك كما أخبرنا نبينا محمد صلى الله عليه وسلم (إن الله يحب

أحدكم إذا عمل عملاً أن يتقنه) "أخرجه أبو يعلى والطبراني وصححه الألباني " وربما عدم إتقانك لعملك يجعل راتبك الذي تتقاضاه من جهة عملك مشكوكاً به, لأنك سبق وأن وقعت عقداً مع جهة عملك بأن تقوم بمسؤوليات معينة في أوقاتٍ معينة, وعدم حبك لعملك يجعل منك غير قادر على الالتزام بالعقد الذي وقعته مع جهة عملك لذلك فإن الأشخاص الذين لا يحبون عملهم لا يرضون لأنفسهم أن يكون مصدر دخلهم فيه شبهة.

حبك لعملك له مؤشرات وعدم حبك لعملك له مؤشرات أخرى, ومن أهم مؤشرات عدم حبك لعملك هو أن تنظر إلى الساعة عدة مرات في اليوم منتظراً نهاية يوم العمل بفارغ الصبر وأنك تفرح عندما ينتهي وقت العمل, فإذا كنت كذلك فإنك لا تحب عملك وهذا مؤشر يدل على أنك لا تسير على طريق النجاح. أما الأشخاص الذين يحبون عملهم فإنهم لا ينظرون إلى الساعة منتظرين نهاية وقت العمل لأنهم ببساطة يستمتعون بأدائهم لعملهم وإنهم فعلاً لا يفرحون بنهاية وقت العمل بسبب المتعة التي يشعرون بها في أداء عملهم.

> حبك لعملك لا يعني فقط أنك تحقق سبباً من أسباب النجاح, إنما هو إلتزام بأمر الله تعالى لك بضرورة أن تتقن عملك, والذي لا يحب عمله لن يستطيع أن يتقنه على المدى الطويل

كل إنسان لديه خيارات متعددة في الحياة, فيمكن لك أن تعمل موظفاً لدى الحكومة أو موظفاً في القطاع الخاص أو تستثمر في مشروعك الخاص أو تسافر للدراسة أو العمل في الخارج, لنفترض أنك تعمل موظفاً في القطاع الخاص أي أن الخيار الذي اخترته بنفسك هو العمل لدى القطاع الخاص, وبما أنك أنت من اختار هذا الخيار فعليك أن تحب هذا الخيار لأنه لا خيار آخر لديك, فإذا أردت أن تعمل ما تحب فعليك أن تحب ما تعمل, إن خياراتك في الحياة محدودة وعندما تقوم باختيار أحد الخيارات فلا خيار أمامك إلا أن تحب هذا الخيار حتى تنقلك الحياة إلى واقع أفضل, والسبيل إلى تحقيق ذلك هو حبك لعملك.

حبك لعملك يتجلى في عدة مظاهر, فمن يحب عمله لن يرضى إلا بتحقيق أفضل النتائج , وسينظر إلى ذاته بطريقة إيجابية, ويصنع تحدي مع نفسه دائماً لتحفيزها على التطور والنمو وتحقيق الأفضل.

حبك لعملك يعني أنك وضعت قدمك في بداية طريق النجاح, وإذا كنت حالياً لا تحب عملك فعليك أن تحبب نفسك به من خلال تغيير نظرتك لعملك, فكل عمل به جانب إيجابي أو عدة

جوانب إيجابية فالطبيب يساعد الناس على الشفاء والمهندس يساعد في إعمار المدن والمدرس يربي الأجيال وعامل النظافة يسهم في تحسين حياة الإنسان ويمنع انتشار الأمراض. ابحث عن الجانب الإيجابي في عملك وحاول أن تحبب نفسك به فإن لم تستطع فعليك تغيير عملك إلى عمل آخر تستطيع أن تحبه حتى تضع قدميك على بداية طريق النجاح.

عندما تبدأ بحب عملك فإن حياتك بكاملها ستتغير للأفضل, لأنك لن ترضى إلا بأفضل النتائج وستصل إلى التميز والإبداع وبالتالي النجاح وتحقيق الأهداف.

إن حبك لعملك هو أشبه بشخص يصلي وكافة جوارحه وقلبه حاضر وخاشع في الصلاة فهو بذلك يحقق الهدف الأسمى للصلاة وهو العبادة والراحة النفسية والانشراح, ولذا كان نبينا صلى الله عليه وسلم يقول (أرحنا بها يا بلال) " أخرجه أحمد ", أما من لا يحب عمله فهو كمن يصلي وينتظر بفارغ الصبر الركعة الأخيرة حتى يسلم وينهي صلاته, فهو بذلك لم يحقق الهدف من الصلاة ولم يستمتع بها.

حب العمل لا يرتبط فقط بالنجاح إنما أيضاً يرتبط ارتباطا وثيقاً بالراحة النفسية والطمأنينة والسكينة فمن يحب عمله فعلاً تجده مستمتعاً بوقته ونوعية حياته بشكل عام أفضل ممن لا يحب عمله.

لنفترض أنك ستمضي حياتك في عمل لا تحبه, هل تتوقع النجاح وتحقيق الأهداف ! في هذه الحالة من الصعب جداً تحقيق النجاح والتوافق مع الذات.

أحد الصحفيين سأل الملياردير الأمريكي الشهير وارن بافيت: ما هي نوعية العمل التي تنصح بها لتحقيق الثروة؟ فكانت الإجابة على الشكل التالي: عليك أن تبدأ الآن بالعمل الذي سوف تعمله عندما تمتلك الثروة, وهذا يعني أنه عليك أن تعمل عملاً تحبه حتى تحقق الثروة

إن السبب الأول للنجاح هو الثقة بالنفس والسبب الثاني هو حب العمل وعندما تحقق السببين الأول والثاني فأنت بذلك تخطو خطوات ثابتة راسخة اتجاه تحقيق الأهداف والنجاح.

> الثقة بالنفس وحب العمل هي ليست مجرد نصائح لتحقيق النجاح إنما هي أركان وأعمدة النجاح الحقيقي, ومن الصعب جداً تحقيق النجاح الطويل الأمد عند غياب الثقة بالنفس أو حب العمل

3- توازن النفس البشرية

إن تحقيق السببين الأول والثاني للنجاح (الثقة بالنفس وحب العمل) لا يكفي لوحده أبداً, وكل الجهود المبذولة لتحقيق السببين الأول والثاني لا معنى لها ولن تؤتي ثمارها إن لم تتكامل مع السبب الثالث والذي يتمثل في خلق الانسجام والتوازن والتكامل بين مكونات النفس البشرية الثلاثة (العقل- الروح -الجسد)

من يريد إتقان اللغة الإنكليزية لا بد أن يتقن 3 عناصر (القواعد – النطق – المفردات) المفردات هي المادة الخام للغة الإنكليزية فمن لا يعرف مفردات لا يمكنه أصلاً أن يتعلم اللغة الإنكليزية, القواعد هي الوسيلة للربط بين المفردات وتشكيل جملة مفيدة, والنطق هو الطريقة الصحيحة التي ننطق بها المفردات عندما نريد التواصل مع الآخرين. لا يمكن تصور شخص يتقن اللغة الإنكليزية وهو لا يعرف شيء عن القواعد والأزمنة, وأيضاً لا يمكن تصور شخص يتقن اللغة الإنكليزية وهو لا يعرف كيف ينطق المفردات, وفي حال غياب أي عنصر من العناصر الثلاثة المكونة للغة الإنكليزية فنحن أمام خلل ومشكلة, كذلك الأمر بالنسبة للنفس البشرية, عند وجود خلل في أي مكون من مكوناتها فهي بشكل عام لا تعمل بكفاءة وفاعلية وتواجه الاضطراب والمشاكل.

> الإدارة هي العامل الحاسم في النجاح على كافة المستويات, ويقول خبراء الاقتصاد أنه لا يوجد مشروع ناجح أو مشروع فاشل إنما يوجد إدارة ناجحة أو إدارة فاشلة, كذلك على الصعيد الشخصي لا يوجد شخص ناجح أو شخص فاشل, إنما يوجد شخص يدير نفسه بنجاح وشخص آخر لا يعرف كيف يدير ذاته, ومن بديهيات الإدارة أن نعرف مكونات الشيئ الذي نديره حتى نتمكن من إدارته, لذلك يجب معرفة مكونات النفس البشرية لنتمكن من إدارتها

من يريد لنفسه البشرية التوازن والسلامة فعليه دائماً أن يحرص على أن تكون مكوناتها الثلاثة مشبعة ويتم التعامل معها بالشكل الصحيح , وأي خلل أو مشكلة تصيب حياة الإنسان فمردها إلى خلل في واحد أو أكثر من مكونات النفس البشرية.

المكون الأول من مكونات النفس البشرية هو العقل وغذاؤه المعلومات, فالعقل لا يستطيع أداء مهمته القيادية على النفس البشرية إن لم يمتلك كماً كافياً متجدداً من المعلومات, والعقل يحتاج يومياً لاكتساب معلومات جديدة, وعندما يتوقف العقل عن التعلم, فإن خللاً وظيفياً يحدث

ويؤثر على أداء النفس البشرية. هذا يعني أن العقل يحتاج إلى غذاء وغذاؤه المعلومات، وأفضل ما يمكن فعله للمحافظة على سلامة العقل هو تغذيته المستمرة بمعلومات جديدة عن الحياة وهذا يؤدي بدوره إلى تجديد العقل وتجديد قدرته للتكامل والانسجام مع الروح والجسد.

لا يمكن بأي حال من الأحوال اختصار أو إلغاء أو تهميش دور العقل فهو يعالج المعلومات ويتخذ القرارات ويحتفظ بالذكريات ويوجه بأداء المهام، فهو ببساطة السيد في جسم الإنسان لأنه مركز اتخاذ القرار ولا يمكن تصور التوازن في النفس البشرية من غير عقل منفتح يحوي بداخله معلومات كافية لرفع الثقة بالنفس والسير نحو تحقيق الأهداف والنجاح.

ويمكن تعزيز دور العقل في أداء مهامه من خلال استغلال ما يمكنه القيام به، فالعقل يحتوي على عشرات المليارات من الخلايا العصبية، وكل خلية من هذه الخلايا يمكنها تخزين معلومات بداخلها، فالعقل لديه قدرات خارقة تتفوق على أحدث أجهزة الكمبيوتر ومهمتنا هي عدم السماح للعقل بالتوقف عن اكتساب المعلومات وأن نتبنى منهج التعلم المستمر، وبما أننا نعيش اليوم في عصر المعلومات فإن نجاحنا في هذا العصر يتوقف على قدرتنا على تخزين واسترجاع وتسخير المعلومات لاتخاذ قرارات تخدم أهدافنا وتوصلنا إلى النجاح، فكلما امتلكت كماً أكبر من المعلومات كلما زادت ثقتك بنفسك وعندما تزيد ثقتك بنفسك فأنت وبلا شك تقترب من النجاح.

حاجة الإنسان للاهتمام بصحة عقله وتغذيته بالمعلومات هي أشبه بحاجة النبات للماء، فالكثير من أنواع المزروعات إن لم تسقى بالماء فلن يكون هناك ثمار وهناك حاجة ماسة للماء لإتمام عملية التركيب الضوئي، وأيضاً هناك حاجة ماسة للمعلومات لتغذية العقل.

> العقل هو مركز القيادة والسيطرة وهو مركز اتخاذ القرار، فيجب الاهتمام بهذا المكون الهام من مكونات النفس البشرية والعمل على تعزيز قدرته للقيام بعمله على أحسن وجه ممكن من خلال تغذيته المستمرة بالمعلومات

الكثير من الأشخاص اعتادوا أن يهتموا بغذاء الجسد من الطعام والشراب، حتى أنهم يشعرون بالاضطراب لو تأخر موعد وجبة الغداء، علينا أن نحرص على غذاء العقل بالمعلومات كما نحرص تماماً على غذاء الجسد، لأن العقل هو ركن من أركان النفس البشرية ، وكذلك الجسد هو ركن أيضاً من أركان النفس البشرية، فعلينا الاهتمام بتغذية المكونين الاثنين وعدم إهمال أي واحد منهما، فعندما يحدث أي خلل في الجسد يتم الذهاب فوراً إلى الصيدلية لإحضار الدواء المناسب

لعلاج الجسد, ولكن عندما يصيب الإنسان حالة من الإكتاب أو عدم الرغبة في الحياة أو عدم القدرة على التركيز و تحقيق الأهداف, فماذا يفعل عندها؟ هل يذهب إلى الصيدلية؟ طبعاً لا, لأن المشكلة الآن تتركز في مكون العقل وليس الجسد, والعلاج الأفضل في هذه الحالة أنه علينا أن ننشأ صيدليات عقلية ذاتية تماماً كالصيدليات المعنية بالجسد, وذلك يتم من خلال الاهتمام بتغذية العقل يومياً بالكم المناسب من المعلومات التي ترفع الثقة بالنفس وتؤدي بلا شك إلى النجاح وتحقيق الأهداف

النتيجة التي ستحصل عليها عند تغذيتك لعقلك بشكل دوري هي ليست فقط الإسهام في توازن النفس البشرية , إنما أيضاً سيزيد ذلك من فرص نجاحك في عصرنا عصر المعلومات ويعزز ذلك من توافقك مع ذاتك ويؤدي هذا الطريق إلى الإبداع وتحقيق الأهداف.

المكون الثاني من مكونات النفس البشرية هو الجسد وغذاء الجسد يكمن في الاهتمام به من خلال الغذاء الصحي وممارسة الرياضة والنوم خلال الليل.

لنفترض أنك تريد السفر من مدينة إلى أخرى ومعك سيارة قديمة موديل 1973م والمسافة بين المدينتين هي 300 كم, هل ستصل بسرعة وتكون متحمساً لإتمام هذه الرحلة؟ الجواب قطعاً بأنك لن تصل بسرعة ولن تكون متحمساً لهذه الرحلة, أما لو كان لديك سيارة مرسيدس أحدث موديل فإن الرحلة ستكون ممتعة وسوف تكون متحمساً لإتمام هذه الرحلة, مثلما أن السيارة التي تنقلك من مكان إلى آخر ونوعية السيارة لها دور كبير في فعالية وكفاءة قطع الطريق والوصول إلى الوجهة كذلك الأمر بالنسبة للجسد, فجسدك هو الذي ينقلك من المنزل إلى العمل وهو الذي ينقلك من شارع إلى آخر ومن مكتب إلى مكتب ومن إدارة إلى إدارة وعندما يكلفك مديرك في العمل بأداء مهمة ما فإن جسدك هو الذي ينقلك لأداء تلك المهمة, كلما كان جسدك صحياً ومعافى وقوياً كلما كان أكثر قدرة على نقلك من مكان إلى آخر وأكثر قدرة على أداء المهام, فالجسد الصحي المعافى هو أشبه بسيارة مرسيدس أحدث موديل, يجعلك متحمساً لأداء المهام ويجعل منك قادراً على أداء مهمتك بسرعة وكفاءة عالية, أما الجسد المتعب الذي يعاني من السمنة والمشاكل الصحية فهو أشبه بسيارة قديمة موديل 1973م يجعل منك متثاقلاً لأداء المهام التي يجب عليك القيام بها ويكون الوصول إلى وجهتك متأخراً وربما يجعل منك غير راغب في البدء بالرحلة أصلاً وبذلك تفوتك الفرص التي كان من الممكن استغلالها فيما لو كان جسدك قوياً صحياً معافى, العلاقة بين الصحة الجسدية والصحة النفسية واضحة لا تحتاج إلى برهان, وهي علاقة طردية فكلما كان الجسد صحياً معافى كلما

انعكس ذلك على صحتك النفسية إيجاباً, والعكس صحيح كلما كان الجسد متعباً مريضاً كلما انعكس ذلك سلباً على الصحة النفسية والعقل السليم في الجسم السليم.

الدولة فيها ثلاث أنواع من السلطات تشريعية وتنفيذية وقضائية, فلا يمكن تصور غياب أحدها, وإن حدث ذلك فكل منظومة الدولة سوف تتأثر سلباً, حتى إن اختل عمل أحد السلطات فهذا سيؤدي إلى خلل على مستوى الدولة, فيجب أن تعمل جميعها بكفاءة وفعالية, وكذلك الأمر بالنسبة لإدارة الذات فلا يمكن أن نتصور نفساً بشرية سليمة ناجحة مع وجود غياب أو خلل لأحد مكوناتها الثلاث (العقل والجسد والروح) فجميعها بنفس درجة الاهمية ولا يمكن المساومة على أي عنصر من العناصر الثلاثة أو التراخي في إدارته, مع التذكير أن العقل هو مركز القيادة والسيطرة والتحكم

الجسد هو أحد أركان النفس البشرية الثلاثة (العقل – الروح – الجسد) وهو بلا أدنى شك يستحق منك الاهتمام به وتخصيص 20 دقيقة على الأقل يومياً لممارسة الرياضة والاهتمام بالصحة الجسدية, فالكثير من المشاكل النفسية التي يتعرض لها بعض الأشخاص يكون مردها إلى مشاكل صحية فلا يمكن أبداً أن نتصور توازناً في النفس البشرية والجسد يعاني من مشاكل صحية, الجسد يحملك من مكان إلى آخر لأداء المهام وإنجاز الأعمال وهمتك لإنجاز الأعمال واستغلال الفرص ترتبط بصحتك الجسدية ارتباطا وثيقاً.

الجسد يؤثر ويتأثر ببقية مكونات النفس البشرية (العقل – الروح), فلا يمكن للعقل والروح تحقيق التوازن والسلامة إن كان الجسد متعباً وغير معافى, ولعل أبرز ما يوضح العلاقة بين الجسد وبقية مكونات النفس البشرية هو تأثير "البلاسيبو" المعروف لدى الأطباء وهو عبارة عن أقراص طبية تشبه الأقراص الدوائية إلا أنها لا تتضمن أي مادة كيميائية للقضاء على المرض إنما تحتوي على نشاء أو سكر وتسمى في بعض الأحيان حبوب الوهم, ويعمل الطبيب عند استخدامها على التأثير النفسي على المريض فيقول الطبيب للمريض بأن هذا الدواء مجرب وهو فعال للقضاء على المرض وكل من جرب هذا الدواء تم شفاؤه خلال فترة قصيرة, والنتيجة المذهلة أن المريض عندما يتناول أقراص الدواء الوهمية فإنه فعلاً يشفى مع أنه في الحقيقة لم يتناول أي دواء حقيقي. وأيضاً يمكن النظر للموضوع بطريقة عكسية فبعض الأطباء أجروا تجارب عكسية وقاموا بإعطاء المريض الدواء الحقيقي المصمم للقضاء على المرض إلا أنهم قالوا

للمريض إن مرضك صعب وليس هناك من دواء مجرب وفعال للقضاء عليه ويمكنك أن تجرب هذا الدواء لعله يكون مفيداً, ويقوم الطبيب بإعطاء المريض الدواء الحقيقي والنتيجة أن المريض لم يستفد من هذا الدواء رغم أنه مثبت مخبرياً بأنه قادر على القضاء على المرض.

المثال السابق يوضح العلاقة القوية بين الجسد والعقل, وبأن خلق الانسجام بينهما هو ضرورة لا بد منها وأن كلاً منهما يؤثر ويتأثر بالآخر, ويمكن لنا الاعتماد على المفهوم السابق في المحافظة على الصحة الجسدية وعلينا أن نتجنب الحديث السلبي مع النفس, فعندما تعطس عدة مرات إياك أن تحدث نفسك بأن المرض بدأ ينتشر في جسمك وإذا فعلت ذلك فأنت تخلق المرض بنفسك وإن بداية المرض تكون مع هذا الحديث السلبي مع النفس, ويمكنك أن تقول لنفسك بأن تكرار العطس عدة مرات هو حساسية وليس أكثر وليس بداية مرض, عند حدوث أي أمر يتعلق بجسدك إياك والتفكير السلبي أو الحديث السلبي مع الذات فهو أكثر شيء يخلق المرض حتى وإن لم يكن موجوداً, فمعظم الأطباء متفقين أن معظم الأمراض منشأها نفسي.

الجسد يشكل عاملاً إما مثبط أو محفز لأداء المهام والإنجاز, فلا ترضى لنفسك إلا بجسد يشبه أداء مرسيدس أحدث موديل.

مجرد أن تبدأ بالاهتمام بصحة الجسد ستلحظ الفرق في تحسن بصحتك النفسية وتفاؤل ورغبة أكبر في العيش وسينعكس ذلك بلا شك على أداء العقل والروح بشكل إيجابي.

أخبرنا نبينا محمد صلى الله عليه وسلم أن هناك 3 أسباب للسعادة (من بات آمناً في سربه معافى في بدنه لديه قوت يومه كأنما حيزت له الدنيا بحذافيرها) " رواه البخاري والترمذي " وأحد هذه الأسباب أن تكون معافى في بدنك فذلك سبب أساسي وركن ثابت من أركان السعادة, وهذا الركن يستحق منك إعطاؤه مزيداً من الوقت والاهتمام.

ولا يقدر قيمة الصحة إلا من يفتقدها, فإحرص على تبني شعار الوقاية خير من العلاج واستثمر من وقتك في تحسين صحتك الجسدية حتى تتجنب فقد هذه النعمة العظيمة.

ولا يمكن فصل أي مكون من مكونات النفس البشرية فكلها مترابطة متكاملة منسجمة مع بعضها البعض فكلما تحسن أداء أحد هذه المكونات انعكس ذلك إيجاباً على بقية مكونات النفس البشرية, وكلما تراجع أداء أحد هذه المكونات انعكس ذلك سلباً على بقية مكونات النفس البشرية.

المكون الثالث من مكونات النفس البشرية هو الروح, والجانب الروحي لدى الإنسان لا يمكن إشباعه إلا بالعبادة, فالإنسان منذ القدم حاول إشباع الجانب الروحي من خلال بناء آلهة وعبادتها, ولا يمكن أن تستقيم حياة الإنسان من غير إشباع الجانب الروحي والإشباع يكون بالعبادة, كل فئة من الناس تشبع الجانب الروحي بطقوسها الدينية التي تختلف عن الفئات الأخرى من البشر.

كثيراً من الأحيان يواجه الإنسان مشاعر سلبية ولا يعرف سببها, و السبب الحقيقي لهذه المشاعر هو خلل في أحد مكونات النفس البشرية (روح – عقل – جسد), فإذا استقصى السبب سيجد أنه لن يخرج عن هذه المكونات الثلاث فإما عطش في الروح أو جوع في العقل أو ضعف في الجسد, ويمكن تحليل ومعرفة السبب بطريقة أخرى حيث أن النفس البشرية لديها ثلاثة أنواع من العلاقات:

- علاقة مع الذات
- علاقة مع الله
- علاقة مع الناس

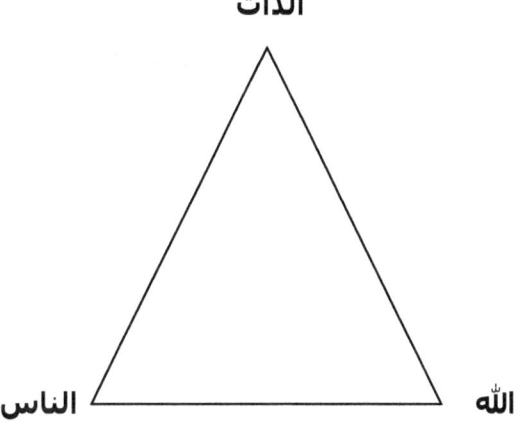

والسبب يكمن في خلل بأحد هذه العلاقات, إما أن يكون الإنسان غير متوافقاً مع ذاته أو غير راضٍ عن علاقته بالله أو علاقته بالناس غير جيدة, ولا يوجد نوع من هذه العلاقات أهم من الآخر فجميعها تتكامل وتنسجم لتحقيق توازن النفس البشرية, كما لا يمكن تجاهل أو تهميش أحد هذه العلاقات لأن النفس البشرية لا تكتمل إلا بهذه العلاقات الثلاثة.

> الخطوة الأولى لإدارة الذات هي إدارة كل عنصر من عناصرها " عقل-جسد-روح " بالطريقة الصحيحة وتغذيته بشكل مستمر, لكن هذه الخطوة لا تكفي إنما يجب أن يتبعها الخطوة الثانية المتمثلة في العلاقة بين الذات والمحيط الخارجي, أي علاقة هذه العناصر الثلاثة مع محيطها, فلن تكتمل الصورة فقط بمجرد قيامك بإدارة العقل والجسد والروح بالشكل الصحيح, إنما يجب أن يتبعها الخطوة الثانية المتمثلة بإدارة العلاقة بين مكونات الذات والعناصر المحيطة بها, حيث أن الإنسان لديه ثلاثة أنواع من العلاقات, علاقة مع ذاته وعلاقة مع الله وعلاقة مع الناس

فكما هو مهم أن نعرف مكونات النفس البشرية وكيفية إدارتها والتعامل معها, كذلك لا يقل اهمية عن ذلك معرفة طبيعة العلاقة بين النفس البشرية والمحيط الخارجي

العلاقة الأولى هي العلاقة مع الذات وهي علاقة الإنسان بنفسه وتوافقه أو تصالحه مع ذاته, ولا يكون الإنسان متوافقاً مع ذاته إلا إذا كان راضياً عن تصرفاته وسلوكه وكانت درجة لوم النفس لديه منخفضة, فالإنسان عادةً قبل أن ينام يسترجع ما مر معه خلال اليوم على شكل شريط فيديو سريع وإذا مر معه موقف غير راضٍ عنه أو غير راضٍ عن ردة فعله تجاهه فإنه يلوم نفسه, فإذا كانت درجة اللوم مرتفعة جداً ويومياً يلوم نفسه بكثرة على تصرفاته فهذا يعني أنه غير متصالح مع ذاته أو أن توافقه مع ذاته في حدوده الدنيا, أما إذا استطاع استعراض شريط الفيديو مع درجة قليلة من اللوم فهذا يعني أنه متوافق مع ذاته بدرجة جيدة, وكلما زاد اللوم كلما انخفض التوافق مع الذات والعكس صحيح. وعند معرفتنا لهذه الحقيقة علينا أن نحرص كل الحرص أن لا نتصرف بطريقة تجعل من علاقتنا وتوافقنا مع ذواتنا موضع تهديد.

فالإنسان المتوافق مع ذاته يمكنه تحقيق النجاح والتطور أكثر من الإنسان غير المتوافق مع ذاته, والتصالح مع الذات يتجلى في صورة ثقة بالنفس والثقة بالنفس كما تعرفنا عليها أنها أحد أهم أسباب النجاح.

العلاقة الثانية هي العلاقة مع الله, والمقصود بها المكون الثالث من مكونات النفس البشرية وهو الروح, عندما تكون العلاقة جيدة مع الله فذلك يمنحك شعوراً بالمعية أي أن الله معك وهذا أعظم شيء يمكن لك امتلاكه في الحياة, لأن أكثر ما يرفع ثقتك بنفسك هو علاقتك بالله وحسن الظن بالله, فكلما استطعت أن تحسن الظن بالله كلما ارتفعت ثقتك بنفسك, فعندما هاجر النبي محمد صلى الله عليه وسلم مع أبي بكر من مكة إلى المدينة لحقه رجال من قريش يريدون

قتله وعندما رأى النبي أبا بكر خائفاً فقال له (لا تحزن إن الله معنا) وفي سورة التوبة الآية رقم 40 بين الله سبحانه وتعالى كيف أنه أيدهم بجنود ونصرهم ﴿ إِلَّا تَنصُرُوهُ فَقَدْ نَصَرَهُ ٱللَّهُ إِذْ أَخْرَجَهُ ٱلَّذِينَ كَفَرُوا۟ ثَانِىَ ٱثْنَيْنِ إِذْ هُمَا فِى ٱلْغَارِ إِذْ يَقُولُ لِصَٰحِبِهِۦ لَا تَحْزَنْ إِنَّ ٱللَّهَ مَعَنَا ۖ فَأَنزَلَ ٱللَّهُ سَكِينَتَهُۥ عَلَيْهِ وَأَيَّدَهُۥ بِجُنُودٍ لَّمْ تَرَوْهَا وَجَعَلَ كَلِمَةَ ٱلَّذِينَ كَفَرُوا۟ ٱلسُّفْلَىٰ ۗ وَكَلِمَةُ ٱللَّهِ هِىَ ٱلْعُلْيَا ۗ وَٱللَّهُ عَزِيزٌ حَكِيمٌ ﴿٤٠﴾ ﴾

عندما يكون الله معك فلن يقدر عليك أحد

عندما يكون الله معك ستمتلك ثقة بالنفس لن تمتلك مثلها بامتلاك أي سبب آخر

عندما يكون الله معك ستكون قوياً مطمئناً

وهذه المعية ليس من السهولة تحقيقها, فالله لا يمنح هذه المرتبة إلا لمن يستحقها ويعمل لأجلها بالعبادة, فالعلاقة مع الله هي تجسيد للجانب الروحي لدى الإنسان وهي الإشباع الحقيقي لروح الإنسان فلا تسمو الروح إلا بالعبادة والتقرب من الله سبحانه وتعالى.

الاهتمام بالجانب الروحي للإنسان لا يقل أهمية عن الاهتمام بالعقل أو الجسد لأنهما لا يعملان بكفاءة في حال وجود عدم إشباع للجانب الروحي, فالنفس البشرية تحتاج أن يكون كافة مكوناتها تعمل بتكامل وكفاءة وتوازن وانسجام.

العلاقة الثالثة هي العلاقة مع الناس, العلاقة مع الأخ والجار والصديق والزميل وكافة الناس, فالإنسان كائن اجتماعي لا يمكنه العيش بمفرده ومعزل عن الآخرين فلا بد له من التفاعل مع الناس.

وأفضل طريقة للتفاعل مع الناس هي تطبيق النظرية الاجتماعية الحدية في العلاقات مع الآخرين, وهذه النظرية مفهومها مقتبس من مفهوم المنفعة الحدية في الاقتصاد أو الربح الحدي, فالربح الحدي عندما يكون موجباً فإنه من الأفضل زيادة كمية الإنتاج وعندما يكون سالباً فإنه ينصح بتخفيض الإنتاج وعندما يكون مساوياً للصفر فإنه ينصح بالإبقاء على حجم الإنتاج الحالي, هذا يعني أنه على صاحب المنشأة أن يستخرج الرقم الذي يمثل الربح الحدي حتى يتمكن من معرفة حجم الإنتاج الأمثل.. وكذلك العلاقات مع الآخرين فهناك دائماً الحجم الحدي لعلاقاتك مع الآخرين, فهناك عدد معين من الأصدقاء ودرجة معينة لانفتاح علاقاتك الاجتماعية يمثل العدد الأمثل لك فلا ينبغي أن تزيد من علاقاتك مع الآخرين أو تنقصها لأن هذا العدد هو الذي يتناسب مع ظروف عملك وأوقات فراغك, فالتواصل مع الآخرين من المفترض أن يحقق ارتياحا ومتعة

عندما يكون تواصلك معهم على مبدأ علاقة مربحة للطرفين, فإذا كنت تعمل موظفاً 8 ساعات عمل يومياً ولديك زوجة وأطفال وليس لديك إلا يوم عطلة واحد أسبوعياً , ربما يكون العدد الحدي لأصدقائك وعلاقاتك العائلية هو 3 أصدقاء , وعندما يكون لديك علاقة مع 3 أصدقاء ربما أنت بذلك تستطيع زيارتهم واستقبالهم والتواصل معهم, أما لو كان لديك 6 أصدقاء فربما تكون قد تجاوزت العدد الحدي لعلاقاتك مع الآخرين وفي هذه الحالة ستكون علاقاتك مع الآخرين عبئ عليك ولن تستطيع الإبقاء على علاقتك بهم, أما المنفعة الحدية فإن مفهومها يتجلى في المثال التالي: لنفترض أن شخصاً لم يشرب الماء ليوم كامل وأعطيناه 4 أكواب من الماء فإنه عندما يشرب كوب الماء الأول سيحقق له إشباعاً كبيراً, وعندما يشرب كوب الماء الثاني فإنه يحقق له إشباعاً أقل لأنه بدأ يشعر بالارتواء, وعندما يشرب كوب الماء الثالث فإنه يشعر بارتواء أقل لأنه بدأ يشعر بالشبع, وعندما يشرب كوب الماء الرابع فإنه لن يشعر بأي ارتواء بسبب وصوله للشبع, هذا يعني أن كوب الماء الرابع يمثل المنفعة الحدية أي أنه سواء شرب كوب الماء الرابع أو لم يشربه فإنه لن يحقق أي إشباعاً إضافياً لأنه وصل إلى مرحلة الشبع عند الكوب الثالث, مع التذكير بأن الربح الحدي هو معرفة كمية الإنتاج المثلى التي تحقق أفضل الأرباح بحيث أنه لو زاد الإنتاج أو نقص سيكون هناك خسارة.

والنظرية الاجتماعية الحدية تنص على أنه ينبغي على كل إنسان أن يعرف عدد أصدقائه ويبرمج علاقاته مع الآخرين بحيث تكون هذه العلاقات مفيدة له وليست مرهقة كما هو الحال لدى الكثير من الناس حيث نجد لديهم إفراط في التواصل مع الآخرين على حساب نومهم وصحتهم وتطوير عملهم, وبذلك تصبح تلك العلاقات كالكابوس الذي يعرقل كافة مسارات حياتهم, وبعض الناس يواجه الحالة العكسية فنجد لديه عدم تواصل مع الآخرين وشعوراً بالعزلة, عليك أن تعرف كيفية إدارة علاقاتك مع الآخرين وفقاً للمفهوم الحدي بحيث تكون علاقاتك مع الآخرين تضيف لك قيمة مضافة على الصعيد النفسي والعملي

ويجب أن يتزامن تطبيق النظرية الاجتماعية الحدية مع اختيار نوعية الأشخاص الذين تتواصل وتتفاعل معهم, فالثقة معدية وعندما تتواصل مع أشخاص إيجابيين فإن ذلك يزيدك إيجابية وعندما تتفاعل مع أشخاص سلبيين فإن ذلك يسبب لك الكثير من الطاقة السلبية, لذلك علينا أن نحرص كل الحرص على التفاعل مع الأشخاص الناجحين الإيجابيين الذين نشعر معهم بالثقة والارتياح والإيجابية.

> إدارة علاقتك مع الآخرين له شقين كمي ونوعي, الكمي يتمثل في معرفة الحد المناسب لعلاقاتك الاجتماعية فلا تتوسع كثيراً ولا تنعزل, أما النوعي فيتمثل في اختيار الأشخاص الايجابيين الذين تنسجم معهم وتكون علاقتك بهم فيها منفعة مشتركة للطرفين

معظم المشاكل التي يعاني منها الأشخاص مردها إلى فشل في إدارة مكون أو أكثر من مكونات النفس البشرية, فلا يمكن أن تستوي الحياة إلا بإشباع كافة مكونات النفس البشرية وحسن إدارتها (عقل – روح – جسد) وفيما سبق تم الحديث عن كيفية إدارة والتحكم بكل مكون من هذه المكونات

فلا يمكن الحديث عن تطوير النفس البشرية قبل التمكن من إدارتها, والإدارة المثلى هي التحكم بكل مكون من مكونات النفس البشرية, وإن إدارة النفس البشرية أو إدارة الذات لها الكثير من الأسس والمبادئ التي سيتم الحديث عنها بنوع أكبر من التفصيل في الصفحات القادمة, وإن معرفة مكونات النفس البشرية وكيفية إدارتها هي نقطة البداية لإدارة النفس البشرية وبعد الانتهاء من الحديث عن أسس ومبادئ إدارة النفس البشرية سيتم الحديث بعدها عن تطوير النفس البشرية.

قانون التفكير الإيجابي

التفكير هو الحديث مع الذات, ولعل التفكير الإيجابي هو أهم الفقرات الواردة في هذا الكتاب لأنك ستستطيع وبسهولة تطبيق ما ورد من أفكار اخرى عند التزامك بنهج التفكير الإيجابي, وفي حال غياب التفكير الإيجابي سيصبح من الصعوبة إدارة الذات وتطبيق أسباب النجاح وكل المحاولات لإدارة وتطوير الذات ستصبح هشة وهزيلة في حال غياب التفكير الإيجابي.

تعلمنا في المدارس الكثير من العلوم الأدبية والعلمية كالفلسفة والرياضيات والفيزياء والإملاء والتاريخ وغيرها, إلا أن المدرسة أو الجامعة لم تعلمنا ما هو أهم من تعلم تلك العلوم, والذي نستطيع من خلاله التفوق والنجاح في الحياة بشكل عام وهو التفكير الإيجابي.

إن إدارة الذات الصحيحة ومن ثم اكتساب المهارات اللازمة للنجاح ليس له شروط, فأي شخص مهما كان مستواه العلمي والثقافي يستطيع من خلال التعلم والممارسة والتجربة أن يصل إلى حالة التوازن في حياته والتمكن من إدارة ذاته, إلا أن التفكير الإيجابي هو في الحقيقة الشرط الوحيد اللازم والضروري ولا يمكن الاستغناء عنه أبداً عند الحديث عن إدارة وتطوير الذات.

لماذا التفكير الإيجابي؟

لماذا من الضروري أن نحافظ على التفكير الإيجابي؟ ولماذا علينا أن نتجنب التفكير السلبي؟

البعض يقول أن عملية التفكير هي مجرد معلومات يتم انتقالها داخل الدماغ وليس لها أي تأثير على أرض الواقع. إلا أن الحقيقة غير ذلك, فكل ما يدور داخل الدماغ هو الذي يصنع الواقع وسيتجلى على شكل أشخاص وأحداث ومواقف وواقع, فالحياة التي نعيشها هي انعكاس لأفكارنا, وبقدر ما نستطيع أن نتحكم بالتفكير بقدر ما نستطيع أن نخلق واقعاً مشابهاً لطبيعة الأفكار التي نفكر بها معظم الوقت.

الإنسان دائماً يفكر, أثناء العمل وقيادة السيارة وتناول الطعام وتصفح الجريدة, فعملية التفكير هي عملية مستمرة لا تتوقف أبداً, حتى أن عدد الأفكار التي يفكر بها الشخص خلال اليوم تقدر بعشرات الآلاف, والواقع الذي نعيشه ما هو إلا انعكاس لماهية ونوعية تلك الأفكار.

الأفكار التي نفكر بها تنقسم إلى قسمين, فإما نفكر بما نريد أن يحصل ويتجلى على أرض الواقع أو نفكر بما لا نريد أن يحصل ويتجلى على أرض الواقع , والتزامك بقانون التفكير الإيجابي ينص على أن تقضي معظم وقتك بالتفكير بما تريد أن يحصل على أرض الواقع وتتجنب التفكير بما لا تريد أن يحصل على أرض الواقع

حتى نتعرف على قانون التفكير الإيجابي نطرح المثال التالي:

لنفترض أنك تقود سيارتك من المنزل إلى العمل كل يوم لمدة نصف ساعة ذهاباً ونصف ساعة إياباً, فإذا كنت من الأشخاص غير الملتزمين بقانون التفكير الإيجابي فإنك ستفكر بمزيج من الأفكار خلال وقت قيادة السيارة بعضها يتعلق بما تريد أن يحصل والبعض الآخر يتعلق بما لا تريد أن يحصل, أي أن عملية التفكير لا يتم التحكم بها وهذه هي المشكلة الحقيقية وهي أنك لا تستطيع أن تتحكم بالتفكير وبالتالي لن يكون الواقع مرضياً بالنسبة لك. أما إذا كنت من الأشخاص الملتزمين بقانون التفكير الإيجابي فإنك وقبل تشغيل السيارة ستقرر بماذا ستفكر خلال فترة القيادة إلى العمل وستختار فكرة أو فكرتين تعكس ما تريد أن يحصل, وتلتزم طيلة فترة القيادة بالتفكير بها, وسوف تتفاجئ بالحلول التي سيفتحها عقلك أمامك وسيكون واقعك عند التزامك بالتفكير الإيجابي مشابهاً تماماً لطبيعة أفكارك. هذا الكلام ينطبق على كل أوقاتك في اليوم وليس فقط أثناء قيادة السيارة, والبعض ينتقد أن نفكر أثناء القيادة فذلك ربما يتسبب بمشاكل وحوادث, إلا أن الحقيقة أن عملية التفكير لا تتوقف أبداً سواءً أثناء القيادة أو تناول الطعام أو أي وقت آخر خلال اليوم, فعملية التفكير مستمرة, ولنا الخيار إما أن نختار نوعية هذه الأفكار أو لا نتحكم بنوعية هذه الأفكار, وبدون أي شك فالتحكم بنوعية الأفكار هو أفضل من عدم التحكم بها.

> لا يمكن أبداً تحقيق النجاح على الصعيد الخارجي ما لم يسبقه نجاح على الصعيد الداخلي, والنجاح على الصعيد الداخلي هو النجاح بالتحكم في عملية التفكير, وهذا هو قانون التغيير الذي أرشدنا إليه الله تعالى عندما أخبرنا أن الله لن يغير ما بقوم حتى يغيروا ما بأنفسهم, فلن نحصل على التغيير المطلوب إن لم نحقق شرط التغيير المتمثل في تغيير ما بأنفسنا أي تغيير تفكيرنا, وتغيير التفكير يتطلب التحكم به, فكيف نستطيع تغيير شيئاً لا نتحكم به! لذلك يعتبر التحكم بعملية التفكير هو الشرط المطلوب تحقيقه لإحداث التغيير, وإن أي محاولة لإحداث التغيير على مستوى الصحة أو المال أو العلاقات لا بد أن يسبقه تغيير في التفكير, والتغيير في التفكير يتطلب التحكم به أولاً, وإن نصيحتي التي أختم بها دوراتي التدريبية في مجال إدارة وتطوير الذات " إبدؤوا بالتحكم في التفكير فهو الخطوة الأولى للتغيير"

قدرتك على الالتزام بالتفكير الإيجابي تتناسب طرداً مع قدرتك على إدارة ذاتك وتحقيق النجاح, فكلما أمضيت وقتاً أكثر تفكر بما تريد سيكون واقعك مشابهاً تماماً لطبيعة أفكارك, وكلما كانت عملية التفكير لديك مشتتة ولا تخضع للتحكم كلما كان واقعك مشتتاً ولا يخضع للتحكم, فلا يمكن تحقيق أي تغيير في عالمك الخارجي ما لم يسبقه تغيير في عالمك الداخلي ومعنى عالمك الداخلي هو طريقة تفكيرك, وهذا يتجلى في قول الله تعالى ﴿ لَهُۥ مُعَقِّبَٰتٌ مِّنۢ بَيۡنِ يَدَيۡهِ وَمِنۡ خَلۡفِهِۦ يَحۡفَظُونَهُۥ مِنۡ أَمۡرِ ٱللَّهِۗ إِنَّ ٱللَّهَ لَا يُغَيِّرُ مَا بِقَوۡمٍ حَتَّىٰ يُغَيِّرُواْ مَا بِأَنفُسِهِمۡۗ وَإِذَآ أَرَادَ ٱللَّهُ بِقَوۡمٖ سُوٓءٗا فَلَا مَرَدَّ لَهُۥۚ وَمَا لَهُم مِّن دُونِهِۦ مِن وَالٍ ١١ ﴾ الرعد 11, أي أن الله لا يغير ما بقوم من مرض أو صحة أو غنى أو فقر حتى يغيروا طريقة تفكيرهم, وهذا القانون أي التفكير الإيجابي هو قانون من عند الله سبحانه وتعالى وهو مذكور بغاية الوضوح في الآية السابقة التي وضعت شرطاً واحداً لتغيير الحال وهو تغيير طريقة التفكير. ألا ترغب بتغيير حالك من فراغ إلى عمل , من مرض إلى عافية, من فقر إلى غنى, لا يمكن أن يتغير الحال إلا بتغيير التفكير, ولا يمكن تغيير التفكير إلا بالتحكم به, فالتحكم في التفكير هو المفتاح لتغيير الحال, وكلما خصصت وقتاً أكبر للتفكير بموضوع ما كلما حصدت نتائج أكبر.

المثال السابق الخاص بالتزامك التفكير الإيجابي خلال وقت قيادة السيارة هو للتوضيح فقط, وهذا لا يعني أنه عليك الالتزام بالتفكير الإيجابي فقط أثناء قيادة السيارة, إنما عليك أن تبدأ بترويض نفسك على الالتزام بالتفكير الإيجابي طيلة يومك, أثناء العمل وخلال وجودك في المنزل وأثناء ممارسة الرياضة وفي كل الأوقات, وإن أهم الأوقات التي يجب عليك الالتزام بها بالتفكير الإيجابي الـ 5 دقائق الأولى عند الاستيقاظ من النوم والـ 5 دقائق الأخيرة قبل النوم, فعند الاستيقاظ ابذل كل جهدك أن تتحكم تحكماً كاملاً بالتفكير وأن تبدأ يومك بالتفاؤل, وقبل النوم احرص على أن تكون الـ 5 دقائق الأخيرة إيجابية يتم خلالها التفكير بما تريد وليس بما لا تريد.

قانون التفكير الإيجابي يمكن تطبيقه على كافة مجالات الحياة, فيمكن تطبيقه على الصعيد الصحي والمالي والاجتماعي والمهني وكل مجالات الحياة الأخرى, وهو أهم قانون لإدارة النفس البشرية وإن صح القول يمكن اعتبار هذا القانون هو روح وجوهر موضوع إدارة الذات, فلا يمكن لأي شخص كان أن يتمكن من إدارة ذاته بكفاءة وهو لا يستطيع التحكم بالتفكير, وأيضاً لا نستطيع القول بأن الشخص الذي يلتزم بقانون التفكير الإيجابي هو شخص لا يتمكن من إدارة ذاته بكفاءة, فإذا أردت أن تصنع واقعك بوعي تام عليك أن تلتزم بقانون التفكير الإيجابي.

سر الالتزام بقانون التفكير الإيجابي وكلمة السر لفك شيفرة القانون هي كلمة (تحكم) أي أنك تتحكم بعملية التفكير, التحكم بعملية التفكير يتطلب ممارسة, فالمدارس والجامعات والبيئة الاجتماعية التي نشأنا بها لم تعلمنا ضرورة التحكم بعملية التفكير, فعلينا أن نعيد برمجة أنفسنا ومراقبتها للوصول إلى درجة ممتازة من القدرة على التحكم بالتفكير, فكلما استطعت أت تتحكم أكثر بعملية التفكير كلما استطعت أكثر إدارة ذاتك بكفاءة ونجاح, ويمكنك الاستعانة ببعض الأدوات المساعدة لترويض نفسك على الالتزام بقانون التفكير الإيجابي ومن أهم هذه الأدوات قاعدة (تذكر أن تتذكر) فعليك أن تذكر نفسك عدة مرات خلال اليوم بضرورة التفكير الإيجابي, فمثلاً يمكن ربط المنبه الخاص بالجوال بحيث يصدر صوتاً كرسالة تذكيرية وكلما أصدر الجوال صوتاً تذكر أن تعدل من تفكيرك بحيث يكون إيجابياً, وأيضاً يمكنك الاستعانة بالأداة المذكورة سابقاً وهي التحكم بالـ 5 دقائق الأولى والأخيرة عند الاستيقاظ وقبل النوم, والأداة الثالثة والأهم لترويض نفسك على الالتزام بقانون التفكير الإيجابي تتمثل في استخدام المشاعر كمؤشر لمعرفة هل نفكر تفكيراً إيجابياً أو سلبياً, فنحن لا نستطيع مراقبة تفكيرنا طيلة اليوم إنما هناك مؤشر هام جداً يمكن من خلاله معرفة فيما إذا كنا نفكر تفكيراً إيجابياً أو سلبياً وهو المشاعر, فعندما تكون مشاعرك إيجابية فهذا يعني بالضرورة أنك تفكر تفكيراً إيجابياً, وعندما تكون مشاعرك سلبية فهذا يعني بالضرورة أيضاً أنك تفكر تفكيراً سلبياً, فلا يمكن لشخص ما أن يشعر مشاعر إيجابية وهو يحمل أفكاراً سلبية في رأسه, ولا يمكن أيضاً الشعور بمشاعر سلبية وأنت تفكر تفكيراً إيجابياً, فالتفكير الإيجابي يقود بالضرورة إلى مشاعر إيجابية, والتفكير السلبي يقود بالضرورة إلى مشاعر سلبية, فالتفكير هو السبب والمشاعر هي النتيجة, وإن أداة المشاعر يمكن استخدامها لترويض أنفسنا على التفكير الإيجابي, فمجرد ما شعرت بمشاعر سلبية تسيطر عليك اسأل نفسك سؤالاً بنفس اللحظة التي شعرت بها بمشاعر سلبية: بماذا أفكر الآن؟ والجواب سيكون حصراً بأنك تفكر تفكيراً سلبياً, عندها غير من تفكيرك من سلبي إلى إيجابي وستتفاجئ أن مشاعرك ستتبدل في الحال من سلبية إلى إيجابية.

والأداة الرابعة المساعدة على التفكير الإيجابي هي الابتسامة , فالابتسامة هي محفز للتفكير الإيجابي, وعندما تستطيع أن تبتسم ابتسامة حقيقية فهذا يعني بالضرورة أن تفكيرك هو إيجابي.

فقانون التفكير الإيجابي إضافةً إلى كونه عماد إدارة الذات وتحقيق النجاح فهو أيضاً يؤدي إلى قدرتك على التحكم بمشاعرك وهذه نعمة عظيمة يمكن الحصول عليها من خلال التزامك بقانون التفكير الإيجابي.

لا تفكر أبداً بما لا تريد أن يحصل على أرض الواقع, فكل دقيقة تمضيها في التفكير بما لا تريد فأنت بذلك تخلق واقعاً لا تريده, فالتفكير السلبي لا يؤدي إلا إلى واقع سلبي, فإذا كنت لا تريد أن تتعرض لحادث سيارة فلا تفكر في ذلك, وإذا كنت لا تريد أن يحصل مشاجرة مع زملائك في العمل فلا تفكر في ذلك, وإذا كنت لا تريد أن يكون يومك سيئاً فلا تفترض منذ بدايته أنه سيئ, بعض الأشخاص قالوا كيف تطلب منا أن لا نفكر تفكيراً سلبياً ونحن نتعرض لمشاكل وعلينا التفكير بها, هذا كلام صحيح , عندما تتعرض لمشكلة فكر فقط في حلها ولا تفكر في المشكلة, فالناجح يفكر في الحل والفاشل يفكر في المشكلة, خصص ربع ساعة أو نصف ساعة لمعرفة الحلول المتاحة ثم فكر بما تريده أن يتحقق ولا تستمر في التفكير في نفس المشكلة.

بعض الأشخاص يقولون بأن التفكير السلبي لا يمكن أن ينعكس على أرض الواقع على شكل أحداث سلبية أو واقع سيئ, ويقولون بأننا في قرارة أنفسنا لا نريد لهذا الشيء السلبي الذي نفكر به أن يحدث على أرض الواقع, وجهة النظر هذه غير صحيحة ويمكن توضيح ذلك من خلال المثال التالي:

التفكير السلبي وتداعياته يمكن تشبيه ذلك بعملية البحث في غوغل, لو أنك أردت البحث في غوغل عن موضوع كرة القدم, وكتبت في محرك البحث (لا كرة قدم) أو (ليس كرة قدم) أي أنك كتبت أداة نفي قبل كتابة الموضوع الذي تريد البحث عنه, رغم كتابتك لأداة النفي إلا أن النتائج التي ستحصل عليها عندما تضغط زر Enter هي نتائج تتعلق بكرة القدم, وهذا مشابه تماماً لمن يفكر تفكيراً سلبياً ويقول في قرارة نفسه أن ذلك لن يتجلى على أرض الواقع لأنه لا يريده أن يظهر, ولكن الواقع سيكون مشابهاً تماماً لطبيعة أفكارك, فأفكارك الإيجابية ستصنع لك واقعاً إيجابياً وأفكارك السلبية ستصنع لك واقعاً سلبياً, أي أنك مثلما تعطي مثلما تأخذ, فإن أعطيت تفكيراً إيجابياً ستحصل على واقع إيجابي, وإن أعطيت تفكيراً سلبياً ستحصل على واقع سلبي, وإن كرست الجزء الأكبر من وقتك للتفكير الإيجابي بالتالي سيكون الجزء الأكبر من واقعك إيجابياً, وإن كرست الجزء الأكبر من وقتك للتفكير السلبي سيكون الجزء الأكبر من واقعك سلبياً.

التفكير الإيجابي هو نقطة الانطلاق لإدارة الذات, ولا أنصحك أبداً بتطوير مهاراتك الشخصية كمهارة التواصل مع الآخرين والعمل الجماعي وإدارة الوقت واتخاذ القرار ما لم تتمكن أولاً من تبني نهج التفكير الإيجابي والالتزام بقانون التفكير الإيجابي, وإذا فعلت ذلك ستكون محاولتك شبيهة بمحاولة حطاب يعرف تماماً كيف يجز أغصان الأشجار لكنه يستخدم منشاراً غير حاد

في عمله, وعندما تتقن التفكير الإيجابي سيكون عملك يشبه عمل الحطاب الذي يعرف تماماً كيف يجز أغصان الأشجار وفي نفس الوقت يستخدم منشاراً حاداً في عمله.

التفكير الإيجابي هو السر وراء النجاح , بالإضافة إلى الأسباب الثلاثة المؤدية للنجاح المذكورة سابقاً (حب العمل – الثقة بالنفس – توازن النفس البشرية) يعتبر التفكير الإيجابي هو الشرط اللازم والضروري لمقدرتك على الأخذ بأسباب النجاح الثلاثة.

التفكير الإيجابي يشكل أكثر من 80% من الأسباب الواجب عليك الأخذ بها لتحقيق الأهداف والنجاح والاستقرار.

من أهم المشكلات العالمية هي مشكلة توزيع الثروة, هل تعلم أن 7 % من سكان العالم يمتلكون أكثر من 90% من ثروة العالم, وأن أكثر من 90% من سكان العالم يمتلكون أقل من 10% من ثروة العالم, إنها مفارقة عجيبة, تعكس هذه النسبة ورائها نسبة مطابقة لها تماماً للأشخاص الذين يفكرون تفكيراً إيجابياً والأشخاص الذين يفكرون تفكيراً سلبياً.

ومن الأشياء المساعدة على التفكير الإيجابي هي تجنب الوهم الزمني وعدم الوقوع في فخ الزمن الأدنى والزمن الأعلى, عليك أن تعيش اللحظة الحاضرة بتفكيرك أي التفكير بالحاضر وعدم الانزلاق للتفكير بالماضي أو المستقبل إلا للضرورة, أي أن معظم تفكيرك يجب أن يكون حول اللحظة الحاضرة, وإن طبقت ذلك فأنت تكون تجنبت السبب الأهم لتعاسة الإنسان ألا وهو عدم التفكير باللحظة الحاضرة والذهاب بالتفكير بعيداً عن الحاضر إما إلى الماضي أو إلى المستقبل, فإذا كنت جالساً في بيتك, زوجتك في المطبخ تحضر العشاء وأولادك يحضرون واجباتهم المدرسية ولا يوجد أي مؤثر آخر سلبي, ففي مثل هذه الحالة يجب أن تكون بحالة نفسية ومزاجية جيدة, وإذا كنت بحالة مزاجية ونفسية سيئة فالسبب المتوقع هو تفكيرك إما بالماضي أو بالمستقبل الذي أفسد عليك الحاضر, لا جدوى من التفكير بالماضي لأنه ذهب ولن يعود (ولا يمنع استذكار تجارب الماضي لأخذ العبرة منها) ولا جدوى من تفكيرك بالمستقبل لأنه لم يأتي بعد (ولا يمنع من قيامك بالتخطيط للمستقبل وهذا يتطلب منك دقائق معدودة فقط كل يوم) وفي كل مرة تفكر فيها بالماضي أو المستقبل فأنت تفسد الحاضر وتستنزف طاقتك بطريقة عبثية سواء فعلت ذلك بوعي أو لا وعي, ففي كلتا الحالتين أنت تخرب اللحظة الحاضرة, التي ستؤدي إلى إفساد المستقبل, وإذا صلح الحاضر بالضرورة سيؤدي إلى صلاح المستقبل, فأفضل طريقة للاهتمام بالماضي والحاضر والمستقبل هي الاهتمام فقط باللحظة الحاضرة وذلك سيؤدي حتماً إلى ظروف وواقع أفضل, فاللحظة الحاضرة الجميلة تقودك إلى مستقبل شبيه لها واللحظة الحاضرة البائسة تقودك أيضاً إلى مستقبل شبيه لها

قانون التفكير الإيجابي هو الموضوع الأهم من كل مواضيع إدارة وتطوير الذات الأخرى, لأنه لا يمكن تحقيق شيئ على أرض الواقع ما لم يبدأ كفكرة, فالتحكم في التفكير هو خطوتك الأولى نحو التغيير, ومن يستطيع التحكم بالتفكير فسوف يستطيع إحداث التغيير, ومن لا يستطيع التحكم بالتفكير سيكون التغيير أمراً صعباً بالنسبة إليه, وهذا سيعود عليك بالكثير من المنافع أهمها أنك سوف تستطيع التحكم في مشاعرك, فالتفكير هو السبب والمشاعر هي النتيجة, إضافةَ إلى أن إلتزامك بقانون التفكير الإيجابي سيعمل على جعل واقعك مشابه تماماً لطبيعة أفكارك

إعادة هيكلة النفس البشرية

يعتبر الصقر من الطيور المعمرة التي تعيش إلى 70 عاماً , ولكن حتى يعيش هذا العمر عليه أن يتخذ قراراً صعباً عندما يصل الـ 40 عاماً حيث تعجز مخالبه التي كانت تتميز بالقوة والمرونة عن الإمساك بالفريسة, ويصبح منقاره القوي الحاد معقوفاً شديد الانحناء بسبب تقدمه في العمر, وتصبح أجنحته ثقيلة بسبب ثقل وزن الريش وتلتصق بالصدر ويصبح الطيران في غاية الصعوبة, هذه الظروف الصعبة تضع الصقر أمام خيارين:

- إما أن يستسلم للموت
- أو أن يخضع نفسه لعملية تغيير مؤلمة تستمر 150 يوماً

تتطلب العملية قيام الصقر بالتحليق إلى قمة الجبل حيث عشه، ويقوم بضرب منقاره على صخرة بشدة، حتى تنكسر مقدمته المعقوفة، وينتظر حتى ينمو المنقار من جديد ثم يقوم بعد ذلك بكسر مخالبه أيضا، وبعد أن تنمو يبدأ في نتف ريشه القديم, وبعد خمسة أشهر يطير الصقر في رحلته الجديدة، وكأنه ولد من جديد، ليعيش 30 سنة أخرى.

أي أن الصقر يقوم بإعادة الهيكلة ليستطيع الاستمرار ويجدد القدرات

السؤال الذي يطرح نفسه هل يجب أن يقوم الإنسان أيضاً بإعادة هيكلة بين فترةٍ وأخرى؟

نعم الإنسان بحاجة ماسة لإعادة هيكلة نفسه البشرية بين فترةٍ وأخرى, وموضوع إعادة الهيكلة لدى الإنسان هو ليس المنقار أو الأجنحة إنما هو إصلاح البرامج العقلية.

اتصل بي أحد الأصدقاء عبر الهاتف وخلال حديثي معه لاحظت أن صوته غير طبيعي فسألته عن سبب تغير صوته فأجاب (بسبب تغيير الجو من حار إلى بارد لا بد أن أصاب بالزكام ولذلك تغير صوتي) أي أن هذا الصديق لديه اعتقاد وبرنامج عقلي ينص على أن تغيير الجو من حار إلى بارد أو العكس يؤدي إلى الإصابة بمرض الإنفلونزا, بعض الناس لديها برنامج عقلي أن رحلة التعليم تتوقف عند الحصول على الشهادة الجامعية أو الثانوية, هل برأيك هذه البرامج العقلية صحيحة؟ بالنسبة للبرنامج العقلي الأول: الكثير من الناس لا يتعرضون للإنفلونزا عند تغيير الجو من حار إلى بارد أو من بارد إلى حار, ببساطة لأن ليس لديهم برنامج عقلي ينص على وجود علاقة بين تغير الجو والمرض, أما الذين يمتلكون هذا البرنامج العقلي الذي يربط بين تغيير الجو والمرض فسوف يمرضون فوراً عند تغيير الجو, ببساطة لأنهم يعتقدون ذلك.

البرنامج العقلي الثاني: الكثير من الناس لا يوقفون تعليمهم عند حصولهم على الشهادة الثانوية أو الشهادة الجامعية, بل يستمرون بالتعليم, لأن التعليم من المفترض أن يكون من المهد إلى

اللحد, هذا يعني أن البرنامج العقلي غير صحيح وأن رحلة التعليم ينبغي أن تستمر ولا تتوقف أبداً.

إعادة هيكلة النفس البشرية يعني ببساطة التخلص من البرامج العقلية غير الصحيحة أو تعديلها حتى تصبح برامج عقلية صحيحة, ونحن جميعاً بحاجة إلى إعادة هيكلة بين فترة وأخرى, لأن جميع الناس بلا استثناء لديها عدد من البرامج العقلية غير الصحيحة, وهي بحاجة لإعادة الهيكلة.

إعادة الهيكلة تتم عبر مراقبة الذات لفترة طويلة, ولا يمكن أن تتم إعادة الهيكلة في يومين أو ثلاثة, إنما تحتاج لفترة أطول, وهي في الحقيقة عملية مستمرة, ففي أي وقت عندما تلاحظ ان برنامجك العقلي بحاجة إلى حذف أو تعديل أو استبدال فلا تتردد في إجراء المطلوب حتى تتمكن من الحصول على خارطة ذهنية مقاربة للواقع.

ولا يخفى على أحد أهمية الأفكار الإيجابية , فلا يمكن تحقيق شيء على أرض الواقع ما لم يبدأ كفكرة, ومن هنا تأتي أهمية الاهتمام بالبرامج العقلية أي الاهتمام بالأفكار وغربلتها وعدم السماح لأنفسنا بالاحتفاظ بالسلبي منها وتعزيز الأفكار الإيجابية, وكل هذا يتم من خلال إعادة الهيكلة

> إعادة هيكية النفس البشرية تعني تمكين العقل من القيادة والسيطرة من خلال غربلة البرامج العقلية وحذف الذي يجب حذفه وتعديل ما يجب تعديله, والحرص على جعل الخارطة الذهنية مطابقة للواقع.
>
> والاهتمام بإعادة هيكلة النفس البشرية يمثل اهتماماً منا بالعقل, وهو يشبه الدواء الذي نستخدمه لعلاج الجسد, ولا ننسى أن العقل هو العنصر الأهم في منظومة النفس البشرية

جهودك في إعادة هيكلة النفس البشرية تؤدي إلى خلق التصالح مع الذات والبناء السليم للعقل , وبذلك تكون قد بنيت الركن الأول من أركان النفس البشرية وهو سلامة البرامج العقلية, وأيضاً حققت التوازن في العلاقة الأولى للنفس البشرية مع المحيط الخارجي وهي العلاقة مع الذات, والبناء الصحيح لهذا الركن سيؤدي عاجلاً أم آجلاً وبلا شك إلى تعزيز بناء الركنين الآخرين المتمثلين في الجسد والروح , وسيؤدي أيضاً إلى ترميم وتعزيز شبكة علاقاتك الأخرى مع

المحيط الخارجي والمتمثلة بالعلاقة مع الله والعلاقة مع الناس. أي أن إعادة هيكلة النفس البشرية تسهم في تحقيق السبب الأول للنجاح وهو توازن النفس البشرية, بل هي ضرورة ملحة, وإجراء يتسم بالديمومة, فلا تظن أن إعادة هيكلة النفس البشرية تتم مرة واحدة في حياتك, بل هي عمل مستمر دائم, ينبغي القيام به كلما شعرت أن برامجك العقلية لا تعمل بكفاءة وتحتاج إلى تعديل وتطوير. فعملية إعادة الهيكلة على صعيد النفس البشرية يشبه إعادة الهيكلة التي نسمع عنها لدى الشركات والمؤسسات والتي تهدف إلى توفير النفقات وتحسين الجودة وتخفيض وقت إنجاز الأعمال وبالتالي زيادة الكفاءة في العمل ورفع القدرة على تحقيق الأهداف.. أليست أهداف طموحة تستحق البدء في مشروع إعادة الهيكلة للشركات والمؤسسات !

إعادة الهيكلة للنفس البشرية تسعى إلى أهداف مشابهة لأهداف المؤسسات والشركات وتتجلى هذه الأهداف بتعزيز دور العقل الحاكم لمنظومة النفس البشرية, فالعقل هو العنصر الحاكم للجسد والروح, وإن مثال البلاسيبو هو خير دليل على سيطرة العقل على الجسد, ومن خلال إعادة هيكلة النفس البشرية يتم إعادة سيطرة وتمكين للعقل الذي هو مناط التكليف في الشريعة الإسلامية , ولولا وجود العقل لدى الإنسان لما كلفه الله بشيء, فالعقل هو الذي يقوم بالتمييز بين الخير والشر بين الصح والخطأ بين المفيد والضار , ومن الضرورة بمكان أن يحاول الإنسان الاهتمام بالعقل من خلال تنقيته من البرامج العقلية الخاطئة واستبدالها بالبرامج العقلية الصحيحة, (التعليم يتوقف عند الحصول على الشهادة الجامعية ,والإنسان يمرض عند تغيير الجو من الحار إلى البارد) هي فقط مجرد أمثلة على البرامج العقلية الخاطئة, إنما في الحقيقة يوجد لدى كل شخص عدد كبير جداً من البرامج العقلية الغير صحيحة والتي يجب أن تخضع لإعادة الهيكلة إما بالتعديل أو الحذف أو الإضافة, فالبرامج الخاطئة تماماً يجب حذفها, والبرامج الخاطئة جزئياً يمكن تعديلها, وعند وجود برنامج جديد مفيد وغير موجود سابقاً يجب إضافته.

عند البدء بمشروع إعادة هيكلة النفس البشرية ستجد أن النتائج الإيجابية ستنعكس على الجسد والروح أولاً ثم على علاقتك بذاتك والآخرين ثانياً, وذلك ببساطة لأنك قمت بالتأثير على مركز القيادة والسيطرة وهو العقل فالعقل هو المسيطر في منظومة النفس البشرية.. ليس معيار القوة بين فلان وفلان آخر من الناس هو القوة العضلية, بل المعلومات التي يمتلكها كل منهما, لأننا ببساطة نعيش في عصر المعلومات ,وهذا الكلام ينطبق على المؤسسات والدول, فالمؤسسة التي تمتلك المعلومات الصحيحة عن طريقة عملها ومنافسيها ومنتجاتها هي الشركة الأقوى, والدولة التي تمتلك معلومات عن الزراعة والصناعة والخدمات والعلاقات الخارجية أكثر من دولة أخرى هي بلا شك الدولة الأقوى, فالنوع أهم من الكم.

إذا أردت البدء بمشروع إعادة هيكلة النفس البشرية فلا بد أن يكون مشروعاً شاملاً يتضمن نظرتك إلى العمل, الرياضة, الدين, التعليم, العلاقات, كيفية إدارة وقتك وكل نواحي الحياة الأخرى, أنت طبعاً لن تخصص وقتاً محدداً كل يوم لإعادة الهيكلة, إنما إعادة الهيكلة هي عملية مستمرة تتم في كل مرة تجد فيها لديك برنامجاً عقلياً يحتاج إلى حذف أو تعديل أو إضافة, ويمكن أن تكتشف ذلك أثناء عملك أو عند الاستيقاظ صباحاً أو عند ممارستك الرياضة أو عند سفرك, أو عند حديثك مع الآخرين, لأن من يتوقف عن التعلم يكبر فجأة, فلا بد أن تكون كالماء المتدفق عذباً, أما إذا حافظت على نفس البرامج العقلية لسنواتٍ طويلة من غير أي تعديل أو حذف أو إضافة فستصبح كالماء الراكد فهو آسن غير قابل للشرب, وستنخفض رغبتك في خوض غمار الحياة

العقل وضرورة تطويره هو موضوع في غاية الأهمية في حياة كل إنسان فكل الإنجازات التي تطمح إلى تحقيقها ,وكل الأهداف التي تسعى إلى إنجازها, وكل الرغبات التي تود تحقيقها على أرض الواقع هي مرهونة بقدراتك العقلية, وقدراتك العقلية يتم تطويرها من خلال إعادة هيكلة النفس البشرية.

ومن أهم متطلبات إعادة هيكلة النفس البشرية هو تحقيق مبدأ التوازن بين الحياة الشخصية والحياة العملية, فغياب التوازن يجعل جهود إعادة الهيكلة غير مجدية.

يجب الفصل تماماً بين الحياة الشخصية والحياة العملية, فعندما نكون في العمل ينبغي علينا التوقف عن التفكير في حياتنا الشخصية, وعندما نكون في المنزل أو مع العائلة ينبغي علينا التوقف عن التفكير بالعمل, وإن الخلط بين الحياة الشخصية والحياة العملية يؤدي إلى عدم النجاح في الإثنتين معاً.

إن تطبيق مبدأ التوازن يتطلب التحكم في التفكير, فإذا كان عملك يبدأ الساعة الثامنة صباحاً حتى الساعة الرابعة عصراً, يمتد لثمانية ساعات, فخلال الساعات الثمانية ينبغي التوقف تماماً عن التفكير في حياتك الشخصية وتكريس كل وقتك للتفكير في عملك وكيفية تطويره والنجاح به, هذا لا يعني أن نسبة التقيد بمبدأ التوازن ينبغي أن تكون 100%, لا مانع من بعض الاستثناءات, فمن الممكن أن تجري اتصالا مع الزوجة أو صديق ما لتسأله عن موضوع ما أو لترتب معه من أجل الخروج مساءً, وهذه الاستثناءات لا ينبغي أن تتجاوز الـ 5% من وقت عملك, ويجب أن يكون وقت العمل مخصص للتفكير بأمور العمل فقط.

وبالمقابل عندما تكون في المنزل ينبغي التوقف تماماً عن التفكير في العمل, إنما عليك التفكير بالحياة الشخصية فقط, كيف تجعلها أفضل, وكيف تستمتع بوقتك وتدير أمور عائلتك, فإذا كنت في المنزل وتفكيرك في العمل فهذا سيجعلك تخسر اللحظة الحاضرة وتحرم نفسك منها,

والعكس صحيح أيضاً عندما تكون جسدياً في العمل وتفكيرك في المنزل فهذا سيفسد العمل ولن تتمكن من إتقان عملك وتطويره.

أفضل ما يعبر عن مبدأ التوان هو ما يسمى نظرية الأدراج، لنفترض أنه يوجد أربع جوانب في حياتك (المنزل – العمل – الأصدقاء – الرياضة) وأن كل جانب من هذه الجوانب هو عبارة عن درج, فالنظرية تقول أنه عليك أن لا تفتح درجين في نفس الوقت، فإذا كان درج العمل مفتوح من الساعة الثامنة صباحاً حتى الرابعة عصراً فينبغي أن تكون بقية الأدراج مغلقة لتتمكن من التركيز في العمل, أي نفكر في العمل فقط، وعندما يكون درج الرياضة مفتوح ينبغي التوقف عن التفكير في العمل والمنزل والأصدقاء، في احد المرات كنت أمارس الرياضة في النادي، فقال لي المدرب عليك أن تركز في الوزن الذي ترفعه، وإذا لم تركز فإنك لن تستفيد شيئاً، وعندها تذكرت نظرية الأدراج وعلمت أن سر نجاح الاداء سواءً في العمل أو الرياضة أو العائلة هو التركيز وعدم تشتت التفكير، وغياب التركيز يعني عدم تحقيق الفعالية في الشيء الذي نقوم به.

بعض الأشخاص يفتح الأدراج جميعها في وقت واحد، فتجده في العمل ومعظم تفكيره مع الأصدقاء أو مع العائلة أو في الرياضة، فهذا الشخص لن يستطيع تحقيق الفعالية والكفاءة في إدارة شؤون حياته, وإن السبب الاهم وراء ظاهرة القلق المنتشرة عالمياً بشكل كبير هو غياب تطبيق نظرية الأدراج الذي يعني عدم التفكير باللحظة الحاضرة، وإن عدم التفكير باللحظة الحاضرة هو السبب الأول وراء ظاهرة القلق، فإذا كنت جسدياً موجوداً في مكان ما ولكنك فكرياً في مكان آخر فهذا يعني انفصالك عن الزمن وظهور القلق والتوتر، والحل هو التفكير باللحظة الحاضرة أي تطبيق نظرية الأدراج.

تطبيق نظرية الادراج يعني التحكم بالزمن وعيش اللحظة الحاضرة فقط, وهذا المبدأ ضروري جداً لتحقيق التوازن بين كافة جوانب حياتنا المختلفة وهذا يرفع قدرتنا على التركيز والإنجاز وتحقيق النجاح في الأداء.

عندما تبدأ في تطبيق نظرية الأدراج ستلاحظ الفرق ولن تتخلى عن تطبيقها أبداً. وإن تطبيق نظرية الادراج يعني رفع القدرة على التحكم بالتفكير, وإن أي شيء يتحقق على أرض الواقع لا بد أن يبدأ كفكرة قبل أن يتحقق على أرض الواقع، وإن مدى قدرتنا على التحكم بالتفكير يحدد مدى قدرتنا على التحكم بواقعنا، وفي معظم دورات

تطوير الذات التي قدمتها كنت دائماً أختم المحاضرة بالطلب من الحضور أن يبدأ بالتحكم في التفكير لأنه نقطة الانطلاق نحو إدارة وتطوير النفس البشرية.

وإن فتح أكثر من درج في نفس الوقت يعني أن درجة التحكم بالتفكير منخفضة، فتطبيق نظرية الادراج هو مدخل لنعود أنفسنا على التحكم بالتفكير بشكل عام.

تعتبر نظرية الادراج من أهم النظريات التي تعزز تحقيق مبدأ التوازن بين الحياة العملية والحياة الشخصية, وهذا المبدأ هو ضروري لإدارة النفس البشرية, وبنفس الوقت هي وسيلة مساعدة واداة هامة للتحكم في التفكير وبالتالي إحداث التغيير المطلوب.

مبادئ إدارة الذات

نحن ندير كل يوم عملنا وأموالنا وأسرنا وعلاقاتنا، والأهم من كل ما سبق هو إدارتنا لذاتنا، لأن الإنسان عندما ينجح في إدارة ذاته سيصبح من السهل عليه إدارة عمله وأسرته وماله وعلاقاته مع الآخرين وكافة النشاطات الأخرى في حياته.

لو افترضنا أن السيارة تعاني من مشكلة ارتفاع حرارة المحرك، وطلبنا من شخص ما أن يشخص المشكلة ويحلها، وهذا الشخص لا يعرف أن السيارة فيها أجزاء مسؤولة عن ضبط الحرارة في السيارة كمروحة الهواء وبلف الحرارة ومضخة الماء وغيرها، فهل نتوقع من هذا الشخص أن يستطيع حل مشكلة ارتفاع الحرارة في السيارة ؟ الجواب قطعاً لا ، لأن من بديهيات الإدارة أن تعرف مكونات الشيء الذي تريد إدارته حتى تتمكن من إدارته، فمن لا يعرف مكونات نظام التبريد في السيارة لن يستطيع حل مشكلة ارتفاع الحرارة في السيارة، فمعرفة مكونات الشيء الذي نريد إدارته هي نقطة البداية للنجاح في إدارته. السؤال الذي يطرح نفسه الآن ما هي مكونات النفس البشرية حتى نتمكن من إدارتها؟ تم الإجابة على هذا السؤال في الصفحات السابقة، لذلك علينا أن نبدأ التغيير بإدارة ذاتنا و معرفة مكوناتها أولاً (العقل – الجسد – الروح) وثانياً معرفة علاقات النفس البشرية مع المحيط الخارجي (الذات – الله - الناس) وثالثاً معرفة أسباب النجاح ورابعاً معرفة مبادئ إدارة الذات الستة:[1]

1- التخطيط

2- الثقة بالنفس

3- التواصل

4- إدارة الوقت

5- التفكير الإبداعي

6- التعلم المستمر

---

[1] إدارة الذات وإنعكاسها على الرضا الوظيفي للمرأة العاملة – فريال الحربي 2014م

مبادئ إدارة الذات - التخطيط

المبدأ الأول لإدارة الذات وهو التخطيط، والمقصود به التخطيط على الصعيد الشخصي لإحداث التغيير المطلوب.

عندما نسمع كلمة تخطيط فأول ما يتبادر إلى الذهن أن هذه العملية خاصة بالشركات والمؤسسات ومراكز الأبحاث، إلا أن مفهوم التخطيط ينطبق على الذات والنفس البشرية قبل أن ينطبق على المؤسسات والشركات ومراكز الأبحاث.

التخطيط يعني وضع هدف ومعرفة كيفية الوصول إليه، ويعد التخطيط من العمليات والمهام الضرورية للفرد، وبدون التخطيط يصبح العمل إرتجالياً، وتصبح القرارات دون جدوى

أما الخطة فهي تلك الإجراءات التي تتخذ من أجل تحقيق الأهداف التي يسعى إليها الفرد، وتعد الخطة نتاج لعملية التخطيط

التخطيط يتطلب درجة معينة من الاستقرار السياسي والاجتماعي والاقتصادي، فغياب الاستقرار يعيق التخطيط ويجعل من الصعب وضع أهداف محددة، لذلك عند غياب الاستقرار فمن الأفضل عدم وضع خطة لأن الظروف والأوضاع تتغير بسرعة، أو وضع خطة قصيرة الأجل حتى يتمكن الفرد من السيطرة عليها وتحقيق أهدافها، أما الخطة طويلة أو متوسطة الأجل ستؤدي إلى تبديد الموارد وستكون غير واقعية وغير قابلة للتنفيذ عند غياب الاستقرار.

البعض يعتقد أن التخطيط هو عملية معقدة ومن يقوم بها يجب أن يحمل شهادات أكاديمية عليا، هذا صحيح إذا كان التخطيط يتعلق بمراكز الأبحاث أو المؤسسات التجارية، أما التخطيط على الصعيد الشخصي فأي شخص يستطيع القيام به، لأنه ببساطة هو وضع للأهداف المرغوبة، ومعرفة الطريق الواجب إتباعه لتحقيق تلك الأهداف

تكتسب عملية التخطيط أهمية كونها عملية تهدف إلى تحديد مسارات العمل في المستقبل، فالتخطيط يجعل من المخطط يرى الهدف بوضوح، وتتركز أهمية التخطيط في أنه يحدد مسارات العمل في مجالاته المختلفة ويساعد على بلورة الأهداف التي هي أول خطواته.

وبدون التخطط تصبح القرارات متضاربة لا تصب في تحقيق نفس الهدف، ومع التخطيط يتحقق الارتباط والتوافق المنطقي بين القرارات التي ترتبط جميعها بأهداف الفرد.

بدون التخطيط لن تتمكن من معرفة الأدوات والأساليب والإجراءات المناسبة لتحقيق الأهداف, ومع التخطيط ستتمكن من اختيار الأدوات والأساليب والإجراءات التي تمكن من تحقيق الهدف والوصول إليه.

بدون التخطيط لن تتمكن من ترتيب الأولويات وسيقدم الفرد على القيام بمهمات أقل أولوية على حساب مهمات أكثر أولوية ويعطيها وقتاً أكثر مما تحتاج, وترتيب الأولويات يساعد على حسن إدارة الوقت والوقت هو أهم مورد لدى الأفراد, ومع التخطيط سيتمكن الأفراد من ترتيب أولوياتهم مما يعني الترشيد في استخدام عنصر الزمن وتحقيق الكفاءة في إدارة الوقت واستغلاله وتوزيعه على الأهداف بما يتناسب مع أهميتها.

التخطيط يمكن الفرد من السير في عمله وإنجاز مهماته اليومية والأسبوعية والشهرية والفصلية والسنوية بانتظام ودقة وثقة ووضوح, فالتخطيط يختصر الوقت والجهد في عملية التنفيذ " كل دقيقة تمضيها في التخطيط توفر عليك دقيقتين في التنفيذ " فالتخطيط يقلل من احتمالات الخطأ في تحقيق الأهداف ويساعد على الاستخدام الأمثل لمواردك, ويزيد من فعالية الأداء لأن الأهداف تكون واضحة ومحددة أمام الأفراد مما يساعدهم على اتخاذ القرارات المناسبة في ضوء الأهداف المطلوبة, إضافةً إلى أن التخطيط يمكن الفرد من استغلال الوقت جيداً, فكافة الأعمال والمهمات المخططة مرتبطة بأوقات محددة لتنفيذها, ويساعد التخطيط أيضاً الأفراد على الاستفادة من التجارب السابقة وتجارب الآخرين وتلافي السلبيات والعيوب وبدون التخطيط لا يمكن تحقيق رقابة فعالة, فالأهداف التي تحدد في مرحلة التخطيط تعتمد كمعايير لتقييم الأداء, فالتخطيط يكفل الموضوعية والدقة في عملية الرقابة والتقييم.

تحديد وتحليل مشكلات المستقبل واتخاذ الإجراءات المناسبة لحلها يتم من خلال منظومة التخطيط والتخطيط يجب أن يشمل كافة الأعمال التي نقوم بها, حتى إذا أردت إجراء اتصال هاتفي من أجل التنسيق لحضور اجتماع, فمن الأفضل أن تخطط حتى لمدة دقيقة واحدة وتسأل نفسك بعض الأسئلة: ماذا لو طلب مني زميلي تغيير مكان الاجتماع ؟ ماذا لو اقترح زميلي حضور بعض الأشخاص الآخرين؟ ماذا لو طلب زميلي إلغاء الاجتماع؟ كيف ستكون ردة فعلي على تلك الأسئلة, عندما تحدد ردة فعلك على تلك الأسئلة فأنت تقوم بالتخطيط.

الارتجال في إنجاز الأعمال لا يعني الفشل, لكن التخطيط يزيد من فرص النجاح.

" إذا فشلت أن تخطط.. فأنت خططت للفشل " فعليك أن تنجح في التخطيط لأنه مبدأ من مبادئ إدارة الذات, وفشلك في التخطيط هو الخطوة الأولى للفشل. فالناس عادةً لا تخطط للفشل ولكنهم يفشلون في التخطيط

فالإنسان من غير تخطيط جيد سيجد نفسه منجذباً نحو الأعمال السهلة والتهرب من الأعمال الصعبة, ومع وجود التخطيط سنقوم بالأعمال الواجب القيام بها بالزمان والمكان الصحيحين

> التخطيط هو المبدأ الأول من مبادئ إدارة الذات, وغياب التخطيط لا يعني الفشل, لكن وجود التخطيط يزيد من فرص النجاح, ويجب أن يشمل التخطيط كلا الجانبين لحياة الأفراد الشخصي والعملي.

أولى خطوات التخطيط على الصعيد الشخصي هي وضع قائمة للأعمال الواجب القيام بها في اليوم التالي, وذلك يتم في الربع ساعة الأخيرة من اليوم قبل النوم, ابدأ بكتابة الأعمال التي تريد إنجازها في اليوم التالي, وكذلك الأحداث التي تريد وقوعها في اليوم التالي, وعندما تبدأ باتباع هذه العادة ستفاجئ بالتغيير الإيجابي الذي سيحدث في حياتك بشكل عام, وستجد أنك تؤثر على مجرى الأحداث اليومية, وستتغير نظرتك إلى نفسك من صاحب ردة فعل إلى مبادر لإحداث الفعل.

هل تعلم أن 50% عل الأقل من وقت المدير يجب أن يخصص للتخطيط , فمدير المشروع لبناء عمارة سكنية عندما يمضي 50% من وقته للتخطيط الخاص بتسوية الأرض وحفر الأساسات والتوزيع الداخلي للمساحة ونسبة الحديد والإسمنت ومواد الإكساء ومهام فرق العمل, عندها سيكون التنفيذ أسهل, أما عند غياب التخطيط او عدم تخصيص الوقت الكافي للتخطيط فمن المتوقع وجود الكثير من العراقيل والعقبات في التنفيذ.

عند دراستي لمنهاج إدارة المشاريع الصادر عن المعهد الدولي لإدارة المشاريع PM BOK لاحظت أن مراحل المشروع وفق معيار المعهد الدولي لإدارة المشاريع PMI هي خمسة مراحل: المبادرة – التخطيط – التنفيذ – المراقبة والتحكم – الإغلاق, أي أن كل مشروع يجب أن يمر بهذه المراحل الخمسة, ووفق نفس المنهج تم وضع 49 عملية تشمل كافة مراحل المشروع , البعض يعتقد أن الـ 49 عملية هي موزعة بالتساوي على مراحل المشروع الخمسة, والبعض الآخر يعتقد أن مرحلة التنفيذ تتضمن العدد الأكبر من عمليات المشروع, إنما الحقيقة هي أن 24 عملية أي ما يقارب 50% من عمليات المشروع مخصصة لمرحلة التخطيط وبقية

العمليات موزعة على مراحل المشروع الأربعة الأخرى. إن تخصيص 50% وفقاً للمنهج الدولي لإدارة المشاريع للتخطيط, و50% للمراحل الأربعة الأخرى من مبادرة وتنفيذ ومراقبة وإغلاق يوضح بما لا يترك مجالاً للشك أن 50% من وقت مدير المشروع يجب أن يتم تكريسها للتخطيط, والـ 50% الأخرى يتم تكريسها لبقية مراحل المشروع من تنفيذ ومراقبة وإغلاق ومبادرة. وهذا يدل بوضوح على أن نشاط التخطيط هو النشاط الأهم والذي يجب تكريس الوقت الأكبر لتحقيقه.

وعلى الصعيد الشخصي يجب تكريس الوقت الكافي لوضع الخطط اليومية والشهرية والفصلية والسنوية, وهذا يبدأ من تكريس الربع ساعة الأخيرة لوضع الاهداف اليومية, وكلما تم كريس وقت وجهد أكبر للتخطيط, كلما زادت درجة المبادرة والتحكم والفعالية واحتمالية تحقيق الأهداف المرغوبة

التخطيط يعزز من القيام بالإجراءات الوقائية بدلاً من الإجراءات التصحيحية, فعندما تقوم بصيانة دورية لسيارتك (إجراء وقائي) هو أفضل وأوفر من القيام بإجراء تصحيحي, أي الانتظار حتى يقع العطل ثم المبادرة بإصلاحه, مما يدل أن التخطيط يوفر المال ويقي صاحبه من ارتكاب الأخطاء, فالتخطيط هو فن ارتكاب الأخطاء على الورق.

النظر إلى الماضي والعيش فيه لا يفيد صاحبه شيئاً سوى خسارة الحاضر وضياع المستقبل, والخروج من دائرة الزمن, والتخطيط يساعد صاحبه على عدم الرجوع إلى الماضي والتركيز على الحاضر والمستقبل, فالتفكير بالماضي لن يجدي صاحبه شيئاً في المستقبل فقواعد اللعبة تتغير كل يوم.

كثيراً ما نسمع عن وضع رؤية لدولة أو لشركة, وضع الرؤية والرسالة والأهداف هو جزء من نشاط التخطيط الاستراتيجي, وكما أن التخطيط الاستراتيجي مهم للدول والشركات كذلك الأمر هو مهم للأفراد, "فالرؤية من دون عمل ما هي إلا حلم .. والعمل من دون رؤية ما هو إلا مضيعة للوقت .. أما الرؤية مع العمل هي ما يمكنها أن يغير العالم" جويل باركر

" ليس المهم هو الرغبة في النجاح, فكلنا بلا استثناء لدينا الرغبة لذلك, المهم هو الرغبة في الإعداد الحقيقي للنجاح " بوني نيت

التخطيط هو الإعداد للنجاح, فعندما نبدأ بالإعداد للنجاح نكون وضعنا قدمنا على بداية الطريق

والمقولة الشهيرة للأخصائيين العسكريين " على قدر ما تنزف من الدماء وقت السلم على قدر ما توفر من الدماء وقت الحرب " وهذا فيه إشارة واضحة لأهمية الإعداد والتدريب الذي هو شكل من أشكال التخطيط.

بعد استعراض أهمية وضرورة التخطيط على الصعيد الشخصي وعلى صعيد المؤسسات, السؤال الذي يطرح نفسه الآن كيف نخطط ؟ وكيف نضع الخطة المناسبة؟

أنواع التخطيط حسب المدى الزمني

1- التخطيط طويل المدى: تتراوح المدة الزمنية في هذا النوع من 5-25 سنة
2- التخطيط متوسط المدى: تتراوح المدة الزمنية في هذا النوع من 1 – 3 سنوات
3- التخطيط قصير المدى: تتراوح المدة الزمنية في هذا النوع من يوم حتى عدة أشهر

أنواع التخطيط من حيث المستوى الإداري

1- الخطط الاستراتيجية: تهتم بالأهداف الرئيسية التي تسعى الشركات أو الدول إلى تحقيقها
2- الخطط التكتيكية: تهدف إلى تطبيق الخطط الاستراتيجية
3- الخطط التشغيلية: تهدف إلى تحقيق أهداف الخطط التكتيكية

على الصعيد الشخصي يمكن اعتبار الرؤية بمثابة الخطة الاستراتيجية (طويلة المدى) والخطط السنوية والفصلية بمثابة الخطط التكتيكية (متوسطة المدى) والخطط اليومية والأسبوعية بمثابة الخطط التشغيلية أي الخطط (قصيرة المدى)

خطوات التخطيط في العمل

1- تحديد الأهداف بوضوح

2- وضع الفروض

3- تحديد البدائل

4- تقييم البدائل

5- إختيار البديل المناسب

6- وضع الخطط الفرعية والمتابعة

1- **تحديد الأهداف بوضوح:** إذا لم يكن لديك مشروع فأنت من ضمن مشاريع الآخرين, عندما لا يكون لديك أهداف واضحة فوقتك وجهدك وإمكاناتك ستكون مشتتة, وفي حال وجود الأهداف سيكون وقتك مستغلاً وجهدك مسيراً في الاتجاه الصحيح وإمكانياتك مسخرة لتحقيق المطلوب.

وضع الأهداف ضروري جداً أن يتم على الصعيد الشخصي وعلى الصعيد المؤسسي, فعندما تريد الانتقال من مكان إلى آخر داخل مدينة مزدحمة وتستخدم تقنية خرائط الغوغل فأنت تكون قد حددت الهدف واستخدمت الأداة المناسبة للوصول إليه, لكنك عندما تريد الانتقال من مكان آخر داخل المدينة المزدحمة وأنت لا تعرف كيفية الوصول إليه, فهناك احتمال كبير لإضاعة الوقت وتشتيت الجهد وربما عدم القدرة في الوصول إلى المكان المنشود

وتعد هذه الخطوة من أهم خطوات التخطيط الجيد , لأن الهدف هو النتيجة النهائية المطلوب تحقيقها , فالتخطيط يساعد على تحديد الأهداف بوضوح وواقعية بحيث يمكن تحقيقها في ظل ظروف الفرد وإمكانياته وموارده, وكذلك معرفة كيفية الوصول للأهداف.

صحيح أن هذه الخطوة هي أهم خطوات التخطيط, لذلك يجب تنفيذها بالدقة المطلوبة, فكل ما يأتي بعدها من خطوات يعتمد على الأهداف التي تم وضعها في الخطوة الأولى فكثير من الأشخاص لا يطبقون هذه الخطوة كما يجب, وهناك لغط في العرف العام حول مفهوم الهدف, لذلك يجب توضيح مواصفات وخصائص الهدف الصحيح وكيفية وضع الهدف

خصائص الهدف الذكي

خصائص الهدف الذكي SMART	
أن يكون الهدف محدداً ودقيقاً	Specific
أن يكون الهدف قابلاً للقياس	Measurable
أن يكون الهدف قابلاً للإنجاز	Achievable
أن يكون الهدف واقعياً	Realistic
أن يكون له إطار زمني	Time Frame

مثلاً لو وضع مدير المشروع هدفاً (زيادة الكفاءة الإنتاجية وتحسين مستوى الأداء)

نلاحظ ان هذا الهدف يخالف الشرط الأول Specific فهو ليس محدداً تحديداً دقيقاً إنما هو هدف عام, ويخالف الشرط الثاني Measurable فهو هدف غير قابل للقياس ولن أستطيع معرفة فيما إذا تم التوصل إليه أو لا لأنه غير قابل للقياس, ويخالف الشرط الأخير Time Frame فهو هدف غير محدد بإطار زمني.

أما لو وضع مدير المشروع هدفاً (زيادة المبيعات من 200 ألف وحدة إلى 250 ألف وحدة في الربع الأول من عام 2020) فهذا هدف ذكي وصحيح لأنه محدد وقابل للقياس والإنجاز وهو هدف واقعي ومحدد بإطار زمني.

وضع الأهداف أهم خطوة في التخطيط, لو أردت وضع الأهداف على الصعيد الشخصي فأنت تحتاج إلى وقت كافٍ لهذه المهمة ولا ينبغي الاستعجال في وضع الأهداف على الصعيد الشخصي, فيجب أن تعرف ماذا تريد, وربما تحتاج إلى أشهر حتى تتمكن من معرفة ماذا تريد.

أما على الصعيد المؤسسي فيتم وضع الرؤية أولاً ثم القضية الاستراتيجية ثم الغاية ثم الأهداف ثم ترجمتها إلى برامج ومشاريع

كما ينبغي أيضاً تحديد القيم Values الخاصة بالشركة

الرؤية هي تصور مسبق لما سيكون عليه الوضع مستقبلاً أو هي تصور شمولي يعكس ما تطمح الشركة أن تحققه في المستقبل وهي البوصلة التي توجه عمل الشركة, ويمكن وصفها بأنها حلم تطمح الشركة للوصول إليه وبشكل أكثر واقعية الرؤية هي صورة إيجابية للمستقبل ترغب المؤسسة أن تظهر بها

مثال على الرؤية:

مؤسسة تعمل بمجال ذوي الاحتياجات الخاصة: "نحو مستوى متقدم في رعاية وتأهيل ودمج ذوي الاحتياجات الخاصة"

كل كلمة من كلمات الرؤية لها مدلولها الخاص فيجب قراءتها بتأني ومعرفة معناها الدقيق

فكلمة (تأهيل) تعني تبني مشاريع وبرامج معينة وكلمة (دمج) تعني تبني برامج ومشاريع مختلفة عن الأولى

أما القضايا الاستراتيجية فهي أهم المواضيع التي تواجه المؤسسة ويتم اشتقاقها من واقع المؤسسة الحالي ومن الرؤية.

مثال على القضايا الاستراتيجية:

- عدم كفاءة نظام الرعاية الصحية
- ضعف الاهتمام بقضايا الشباب
- تدني مستوى الخدمات والبنية التحتية الزراعية

بعد تحديد الرؤية والقضايا الاستراتيجية يتم تحديد الغايات, والغاية هي ما تعمل المؤسسة على تحقيقه خلال فترة زمنية محددة, وصياغة الغايات يتسم بالعمومية نسبياً ويجب أن ترتبط الغايات بتوقعات الأطراف المعنية ومتطلباتهم

مثال على الغايات:

تطوير البرامج والخدمات المقدمة

هذه الغاية تم اشتقاقها من القضية الاستراتيجية (عدم كفاءة نظام الرعاية الصحية)

بعد تحديد الغايات يتم اشتقاق الأهداف الاستراتيجية, والهدف الاستراتيجي هو ما تسعى المؤسسة لتحقيقه خلال فترة زمنية محددة وهو مشتق من الغايات أو الأهداف العامة ويصب في تحقيقها.

الأهداف الاستراتيجية للغاية (تطوير البرامج والخدمات المقدمة):

- تطوير العلاقة مع المؤسسات الشريكة وغير الشريكة
- تحسين آلية تنفيذ البرامج والخدمات المقدمة

ويمكن قراءة الأهداف الاستراتيجية على الشكل التالي: من أجل تحقيق الغاية والتي هي (تطوير البرامج والخدمات المقدمة) علينا أن نقوم بتطوير العلاقة مع المؤسسات الشريكة وغير الشريكة وتحسين آلية تنفيذ البرامج والخدمات المقدمة وهذا بدوره يعالج القضية الاستراتيجية (عدم كفاءة نظام الرعاية الصحية).

والخطوة الأخيرة في وضع الأهداف على المستوى المؤسسي هي تحديد البرامج والمشروعات التي تحقق الأهداف الاستراتيجية المشتقة من الغايات والتي تسهم في حل القضايا الاستراتيجية المشتقة من رؤية المؤسسة وتسهم في تحقيقها

وعند تحديد أهداف المؤسسة يجب أيضاً تحديد القيم Values والتي هي مجموعة من المبادئ المشتركة التي تتبناها المؤسسة كمرجع سلوكي لطواقمها وهي تمثل أخلاق الشركة داخلياً وخارجياً

مثال على قيم الشركة/المؤسسة:

النزاهة

الشفافية

المصداقية والمساواة

احترام الوقت

ينبغي عدم التسرع في وضع وصياغة الأهداف, فكل ما يأتي لاحقاً سيعتمد على دقة وصوابية هذه الخطوة, وضرورة إشراك كافة الأطراف المعنية في صياغة الاهداف, فهذا يضمن اندماج الأطراف الأخرى في تحقيقها, فالمشاركة في صنع القرار هي ضمان لنجاحه, لأن الطبيعة

البشرية تميل إلى الالتزام بالأهداف التي شاركت في وضعها وصياغتها, أما الأهداف المفروضة على الآخرين فسوف يكون الالتزام بتحقيقها أقل من الالتزام الناتج عن مشاركة الآخرين في صياغة ووضع الاهداف المرغوبة. وهذا يعتبر الأساس في عملية التوجيه, فعملية التوجيه الناجحة تتجلى في التوجيه غير المباشر, والتوجيه المباشر تكون نتائجه أقل من التوجيه غير المباشر.

> الخطوة الأولى للتخطيط على صعيد المؤسسات هي تحديد الأهداف, والهدف يجب أن يحقق كل مواصفات الهدف الذكي SMART ويتم أيضاً في هذه المرحلة تحديد الرؤية والقضايا والغايات والأهداف والمشاريع والقيم, ومن الأفضل مشاركة كافة العاملين في وضع الأهداف, لأن ذلك يزيد من إمكانية مساهمتهم فعلاً في تحقيقها.

2- وضع الفروض: تم وضع الرؤية والقضايا والغايات والأهداف والمشاريع بناءً على افتراضات معينة, فمثلاً عندما يتم وضع الأهداف الخاصة بالمبيعات فيتم ذلك بناءً على فرضيات ضمنية مختلفة, على سبيل المثال: أسعار المواد الأولية, ومدخلات الإنتاج تبقى ثابتة خلال الفترة القادمة, وعدد الموظفين لا يتغير, والقرارات الحكومية المتعلقة بالضرائب والتراخيص والرسوم لا تتغير, والقوة الشرائية لدى المستهلكين تبقى على حالها, والدخل لدى المستهلكين يبقى على حاله, والطلب على المنتجات لا يتغير, فعند وضع أهداف المبيعات يجب دراسة الفرضيات المرافقة ويجب وضع أهداف المبيعات بناءً على فرضيات منطقية معقولة, وعندما تريد وضع أهداف تتعلق بإكمال دراستك فأنت تفترض ضمناً أن الاختصاص الذي سجلت عليه سيكون عليه طلب قوي في المستقبل وتفترض ضمناً أن مكان إقامتك لن يتغير خلال سنوات الدراسة وتفترض ضمناً أنك تحب المهنة والاختصاص الذي بدأت بدراسته, أما عندما يتم إهمال الفرضيات ودراستها, ووضع الأهداف من غير دراسة الفرضيات فذلك يرفع معدل المخاطرة في الخطة, ويجعل الخطة عرضة للخطر والفشل بسبب عدم دراسة الفرضيات الدراسة الكافية, وإن أكبر ما يهدد نجاح الخطة هو تغير الفرضيات, فأي عملية تغيير لأي من الفرضيات المرافقة يؤدي إلى عدم تحقيق الهدف وبالتالي عدم معالجة القضية المطلوب معالجتها لتحقيق الرؤية وبالتالي عدم تحقيق الرؤية, وهنا يأتي دور المرونة في تنفيذ الخطة, فالخطة يجب أن تكون مرنة بحيث يمكن تغيير الهدف مع تغير الظروف والفرضيات المرافقة, والخطة

الجامدة غير المرنة هي خطة لا تسمح بالتغيير وهذا منافي للواقع, فالواقع يتغير باستمرار وينبغي أخذ المرونة بعين الاعتبار عند وضع الأهداف والفرضيات, وأهم أشكال المرونة هو وضع خطة بديلة Plan B أو هدف بديل أو التغيير في نفس الهدف لمجاراة المتغيرات على أرض الواقع. فالثابت الوحيد في هذا الكون هو المتغير, فكل شيء يتغير باستمرار, ومعدل التغيير في القرن الحادي والعشرين وصل معدلات قياسية غير مسبوقة, لذلك من الحكمة أن يتم دراسة الفرضيات الدراسة الكافية عند وضع الأهداف.

3- تحديد البدائل: من أجل الوصول إلى الأهداف المحددة يوجد عدة بدائل للوصول إلى الأهداف وتحقيقها, على ضوء الفرضيات التي تم تحديدها والأهداف التي تم وضعها يتم اختيار البديل الأفضل للوصول إلى الأهداف المحددة, أي يتم اختيار الطريق الأنسب المؤدي إلى الهدف.

وينبغي أن يكون عدد البدائل معقول فالبدائل الكثيرة تؤدي إلى الحيرة والتردد في الاختيار, والبدائل القليلة ربما تمنع صاحبها من الاستفادة من بدائل أخرى أكثر فاعلية, والعدد الأنسب للبدائل يتراوح بين ثلاثة إلى سبعة بدائل لكل هدف, أي سبع طرق يمكن سلكها تؤدي إلى الهدف المرغوب

ولا يمكن اتخاذ أي قرار من غير توفر البدائل, ومن أهم أساليب توليد البدائل أسلوب العصف الذهني وأسلوب دلفي.

أسلوب العصف الذهني: هو أحد أساليب الإبداع الجماعي حيث تحاول المجموعة توليد البدائل الممكنة وإيجاد حل للمشاكل عن طريق تجميع قائمة من الأفكار والحلول التي يساهم بها أفراد المجموعة, وهو أسلوب مبني على استقلالية وحرية التفكير بهدف جمع أكبر كم من الاقتراحات والبدائل والأفكار الخلاقة الجديدة من قبل المشاركين في الجلسة, ويجب إزالة جميع العوائق أمام المشاركين ليتمكنوا من الإبداع في تفكيرهم حتى يقدموا أفضل ما لديهم من أفكار وحلول, وقد ثبت نجاح أسلوب العصف الذهني في العديد من المواضيع التي يلزمها حلول وبدائل مبتكرة, حتى صار هذا الأسلوب موضع اهتمام المفكرين في الوقت الحاضر, فالإبداع موجود عند كل شخص لكنه بحاجة للتنشيط والتدريب والصحوة. وتجدر الإشارة إلى أن الهدف من جلسة العصف الذهني هو توليد البدائل والحلول فقط وليس تقييمها أو مناقشتها, والمشاركين في جلسة العصف الذهني يتراوح عددهم بين 3-12 مشارك يقوموا بتقديم الاقتراحات والأفكار والبدائل.

من أهم قواعد جلسة العصف الذهني

- الابتعاد عن النقد والإحباط, وإعطاء كل مشارك حرية إبداء أفكاره بالشكل الذي يراه مناسباً
- تحفيز المشاركين عن طريق الترحيب بأفكارهم مهما كان مستواها, لأن الغاية من الجلسة هو تجميع أكبر قدر ممكن من الأفكار الخلاقة
- أن تسود جلسة العصف الذهني أجواء المرح وذلك للقضاء على الملل وإطلاق العنان للأفكار الخلاقة
- أن لا ترفض أي فكرة حتى لو كانت هذه الأفكار غير معتادة, والعمل على تشجيعها وتعزيزها, فالهدف هو جمع أكبر عدد من الأفكار وليس تقييمها
- أن تكتب جميع الأفكار التي تم اقتراحها بالجلسة, كتسجيلها على لوحة أو سبورة واضحة لجميع المشاركين

أسلوب دلفي: طريقة دلفي هي تقنية تنبؤ منهجية وتفاعلية تعتمد على لجنة من الخبراء, حيث يقوم الخبراء بالإجابة على الاستبيانات المتعلقة بالموضوع المطلوب استشرافه في جولتين أو أكثر. بعد كل جولة، يقوم وسيط بإرسال موجز مجهول الهوية يحتوي على خلاصة توقعات الخبراء من الجولة السابقة والأسباب التي بنيت على أساسها أحكامهم. وبالتالي يتم تشجيع الخبراء على مراجعة إجاباتهم السابقة على ضوء الردود من الأعضاء الآخرين من لجنة الخبراء. ويعتقد أنه خلال هذه العملية أن نطاق الإجابات سيتقلص وسوف تتقارب آراء مجموعة الخبراء نحو الإجابة "الصحيحة". أخيرا، يتم إيقاف العملية عند "معيار توقف" محدد مسبقا (على سبيل المثال عدد الجولات، تحقيق التوافق واستقرار النتائج).

4- **تقييم البدائل:** بعد تحديد البدائل المتاحة والتعرف على إيجابياتها وسلبياتها تأتي مرحلة المقارنة بينها وتقييمها في ضوء أهداف الفرد أو المؤسسة حتى يسهل بعد ذلك اختيار ما يتناسب مع هذه الأهداف ويكون أكثر قدرة على تحقيقها بأقل الجهود الممكنة وفي الوقت المناسب وفي حدود التكاليف المقررة.

هناك أساليب تقليدية لتقييم البدائل مثل أسلوب الحكم الشخصي أو أسلوب التجريب (المحاولة والخطأ) وهناك أيضاً أساليب حديثة لتقييم البدائل مثل أسلوب تحليل التعادل وأسلوب القيمة المتوقعة وأسلوب بحوث العمليات

ويجب عدم إغفال دور التفكير الابتكاري عند إيجاد وتقييم البدائل والتفكير الابتكاري هو تقديم أفكار أو حلول تنطوي على درجة عالية من عدم الشيوع في التوجه وأعلى درجة من الملائمة، حيث أن عدم الشيوع والملائمة هما ركنا الابتكار.

ويجب التأكيد على أن البديل المطروح يجب أن يكون قابلاً للتنفيذ، إذ أن هناك حلول جيدة وحاسمة ولكن يستحيل تطبيقها تبعاً للظروف، كما يجب المفاضلة بين جميع البدائل المطروحة من حيث تكاليفها وإمكانية تطبيقها وآثارها وذلك بعد فحص إيجابيات وسلبيات كل بديل مطروح

ينبغي استخدام الأساليب العلمية في تقييم البدائل وكذلك ضرورة مشاركة كافة الجهات المعنية بالخطة في عملية التقييم لضمان الالتزام والجودة.

5- **اختيار البديل المناسب**: وبعد أن تم تحديد وتقييم الخيارات المقدمة لحل المشكلة، تأتي هنا عملية اختيار البديل الأنسب الذي يحقق الهدف بأقل تكلفة وبأدنى تضحية، والحقيقة فإنه كلما زادت الحلول زادت الحيرة في الاختيار، فالمعروف أن المشكلة ذات الحل الواحد ليست مشكلة وإنما تصعب المشكلة عندما يكون لها أكثر من حل، وكل حل يؤدي إلى نتيجة مختلفة وتبعات متباينة

وفي حال وجود أطراف أخرى معنية بهذا القرار Stakeholders فيجب الأخذ بالحسبان إحاطتهم بالقرار المتخذ إذا لم يشاركوا فيه لعامل الوقت والسرعة، فاشرح لهم كيف كنت مضطراً لاتخاذ هذا القرار قبل إحاطتهم، وأخبرهم ماذا تنتظر منهم أن يعملوا لتنفيذ هذا القرار، ووضح لهم المرونة المسموح بها أثناء التنفيذ، وأنك تعتمد عليهم الآن في تنفيذ هذا القرار. ويجب أن يتصف البديل المختار بقدرته على تحقيق بعض النتائج التي يسعى متخذ القرار الوصول إليها وأن يكون ضمن حدود الموارد المتاحة

ومن الطرق الشائعة في اختيار البديل المناسب طريقة التحدي الابتكاري وهي رفض للمنطق القائل أن الوضع الحالي هو أفضل بديل ورفض التسليم بالأمر الواقع وبالتالي هناك رفض مستمر للحلول التقليدية من أجل الوصول لبدائل أفضل

وإن عملية اختيار البديل المناسب هي في الحقيقة تبني لمنهج الإدارة في تنفيذ الخطة، وذلك يتطلب خبرة عالية في عملية الاختيار ويفضل مشاركة الخبراء واستخدام أسلوب المحاكاة في اختيار البديل المناسب، والأخذ بعين الاعتبار لكافة الأطراف المعنية بتنفيذ هذا البديل.

6- **وضع الخطط الفرعية والمتابعة:** وفي هذه الخطوة يتم توضيح كافة التفاصيل المتعلقة بالخطة وتقسيم الخطوات الرئيسية إلى خطوات فرعية وبيان المتطلبات اللازمة للتنفيذ والعقبات المتوقعة ومتابعة التنفيذ ومراقبة الخطة للتأكد من مدى ملائمتها وتمتعها بالمرونة الكافية للتغيير وفق مقتضيات الواقع.

مبادئ التخطيط

ينبغي على المؤسسة أن تستند إلى ستة مبادئ أساسية في التخطيط:

1- **الواقعية:** يكون حظ التخطيط من النجاح أكثر كلما كانت صلته بواقع المجتمع بكل ما فيه من إمكانيات وأدوات ومعدات , وما فيه من قوى بشرية على مستوى معين من الثقافة وعلى درجة معينة من الفكر , ويقل حظه من النجاح كلما ابتعد عن هذا الواقع , لأن الواقع هو القاعدة الصلبة التي يقف عليها وهو التربة الخصبة التي يستمد منها شرعيته وأسباب حياته.

2- **المشاركة:** بمعنى عدم انفراد شخص واحد أو جهة واحدة بالتخطيط , بل لا بد من مشاركة أطراف كثيرة في عملية التخطيط ومن مختلف المستويات.

3- **المرونة:** فالتخطيط يجب أن يتسم بالمرونة بحيث يكون هناك مجال للتغيير في الخطة أو الخطط الموضوعة لمواجهة الظروف أو الأحداث الطارئة.

4- **الشمول:** وهو أن لا يقتصر التخطيط على جانب واحد من الجوانب وإهمال الجوانب الأخرى , بل لا بد من النظرة الشاملة المتكاملة.

5- **الثبات:** ويقصد به عدم تعدد التغييرات غير الضرورية والمفاجئة , فالثبات أمر ضروري لضمان درجة مقبولة من الاستقرار والاطمئنان

6- **الاستمرارية:** وتعني أن لا تقف عملية التخطيط عند حد معين فينبغي تتبع الخطط وضمان تناسقها في إطار عام شامل وواسع.

ومن أهم الشروط الواجب توافرها لنجاح التخطيط:

1- العناية بالأهم قبل المهم (ترتيب الأولويات)
2- أن يكون التخطيط واقعياً ومفهوماً وملائماً لظروف وإمكانيات الفرد
3- ان يبنى التخطيط على معلومات وبيانات دقيقة وصحيحة وحديثة

4- أن يتصف التخطيط بالمرونة وبقدرته على إدخال التعديلات المطلوبة لمواجهة المواقف المختلفة التي يحتمل أن تواجه الفرد في المستقبل.
5- تحديداً واضحاً للفترة الزمنية
6- اتباع طرق التبسيط وتجنب التعقيد

ومن أهم المعوقات المتوقعة في التخطيط:

1- صعوبة وضع التقديرات الصحيحة المتعلقة بالمستقبل
2- سرعة التطورات العلمية والتكنولوجية
3- القيود السيكولوجية: وتتمثل في تركيز الاهتمام على الحاضر وعدم القدرة والاستعداد على تصور المستقبل
4- عامل الوقت: قد يستغرق التخطيط وقتاً طويلاً حتى يتم الانتهاء من صياغة الخطة, مما يؤدي إلى تأخر التنفيذ عن التوقيت المحدد له.

خطة استمرارية العمل Business Continuity Plan

يوجد شكل آخر من الأشكال المتطورة للتخطيط يسمى خطة استمرارية العمل Business Continuity Plan BCP , ويتم تبني هذا النوع في المؤسسات الاستراتيجية للدولة كالمطارات والهيئات والوزارات, والمقصود بهذا النوع هو الاستعداد لمعرفة البديل في حال وقوع أي حدث غير متوقع, ويتم طرح سؤال: ماذا لو؟ أو ماذا إذا ؟

فلو أردنا وضع خطة الاستمرارية لمطار مثلاً, فيمكن أن نسأل الأسئلة التالية:

ماذا لو تعطلت العربة التي تنقل البضائع من الطائرة إلى مبنى المطار؟

ماذا لو توقف نظام الحجز الإلكتروني للمسافرين ؟

ماذا لو تأخرت التوريدات الغذائية الخاصة بطاقم الطائرة والمسافرين؟

الإجابة على الأسئلة السابقة هو ما يشكل مضمون خطة استمرارية العمل, أي ما هو الإجراء الممكن اتخاذه عند وقوع أي من هذه الأحداث غير المتوقعة, وهذا ضروري جداً أن يتم في المؤسسات الاستراتيجية, لأن ظروف عدم التأكد uncertainty موجودة في كل مكان وزمان,

واحتمال وقوع احد الأحداث الموجودة في الاسئلة هو احتمال قائم وموجود, ولو لم يتم إعداد خطة استمرارية العمل ستجد الكثير من التخبط عند وقوع أي حدث غير متوقع, وهذا يؤثر على حسن سير الأعمال ورضا العملاء وبالمحصلة سيؤثر على تحقيق الأهداف الاستراتيجية

وكذلك الأمر على الصعيد الشخصي, فإذا كنت تعمل موظفاً في أحد الشركات, هل سألت نفسك يوماً: ماذا لو تم فصلي من العمل؟ هل يوجد لديك خطة بديلة؟ فإذا لم يكن لديك خطة بديلة فسوف تعاني عند وقوع هذا الحدث, أما في حال وجود الخطة البديلة فسوف تتعامل بكل هدوء مع هذا الحدث عند وقوعه, إضافةً إلى أن وجود الخطة البديلة يعطيك مزيداً من الثقة عند وجودك في عملك الحالي, ووجود الثقة بالنفس يؤدي للنجاح بلا أدنى شك.

فالخطة البديلة أو خطة الاستمرارية هي ضرورية على الصعيد الشخصي كما هي ضرورية على مستوى المؤسسات الاستراتيجية

أحد طرق استغلال وقت الفراغ على الصعيد الشخصي تكمن في إعداد الخطط البديلة او خطط الاستمرارية, ومن الأفضل إعداد خطتين بديلتين Plan B و Plan C , فهذا سيعطيك مزيداً من الثقة بالنفس التي هي السبب الأول للنجاح وتحقيق الأهداف.

في الحقيقة كل شيء في حياتك وكافة جوانب حياتك تعتمد على حسن الإدارة (إدارة المال – إدارة العمل – إدارة الأسرة – إدارة العلاقات مع الآخرين – والاهم إدارة الذات)

ليس هناك من مشروع ناجح أو مشروع فاشل إنما هناك إدارة ناجحة أو إدارة فاشلة, والإدارة لها أربع وظائف وأول هذه الوظائف هو التخطيط, وكل ما يأتي من جهود إدارية بعد التخطيط هو استكمال له ومبني عليه, مما يعني أن كل نشاطات الإدارة يجب أن تبدأ من التخطيط

لقد درست أكثر من 15 مقرراً عن الإدارة خلال المرحلة الجامعية والماجستير (إدارة زراعية – إدارة موارد بشرية – إدارة مالية – إدارة تسويق – إدارة إنتاج ....إلخ) وبعد دراسة كل ما سبق يمكن اختصار علم الإدارة بأربع كلمات (تخطيط – تنظيم – توجيه – رقابة) وهو ما يسمى بوظائف الإدارة, ومن يتقن القيام بهذه الوظائف بالشكل الصحيح فهو قد أتقن إدارة الشيء الذي يقوم بإدارته, والتخطيط هو الوظيفة الأولى من وظائف الإدارة, وهذا شرح مختصر لوظائف الإدارة:

- التخطيط يعني وضع الأهداف ومعرفة كيفية الوصول إليها.

- التنظيم يعني تنظيم العلاقات بين الأفراد من توزيع للسلطات والصلاحيات والمسؤوليات والواجبات والعلاقات بين الأفراد في المنظمة ووضع الهيكل التنظيمي المناسب وإجراءات العمل المناسبة.
- التوجيه يعني أن يقوم الموظف صاحب الخبرة بتوجيه زملائه على كيفية إنجاز العمل بالطريقة الصحيحة.
- الرقابة تعني وضع معايير قياس الأداء والتأكد أن الخطة يتم العمل بموجبها ولا يوجد انحرافات عن الخطة.

لاحظ أن الوظيفة الأولى من وظائف الإدارة هي التخطيط, فلا يمكن القيام بالتنظيم أو التوجيه أو الرقابة لولا وجود الخطة, فإعداد الهيكل التنظيمي يتم وفق الخطة, والتوجيه يتم وفق الخطة, والرقابة بكل تأكيد تكون على أهداف الخطة, فكل وظائف الإدارة هي مبنية على التخطيط السليم, من هنا يمكن التأكيد على أهمية التخطيط في نجاح الاعمال, والتخطيط على المستوى الشخصي الذاتي لا يقل أهمية عن التخطيط على مستوى المؤسسات, بل هو أسهل من التخطيط المؤسسي الذي يحتاج إلى خبرات فنية عالية وكفاءات إدارية عالية وجمع معلومات وكوادر بشرية وغير ذلك من المتطلبات, أما التخطيط على المستوى الشخصي هو أن تعرف ماذا تريد وكيف تصل إلى ما تريد, وتتمكن من وضع الأهداف المناسبة وتتعرف على أفضل الطرق للوصول إلى تلك الأهداف

التخطيط هو أيضاً المبدأ الأول من مبادئ إدارة الذات, وبقية المبادئ لن تتمكن من إتباعها لولا وجود خطة محكمة لكافة جوانب حياتك الشخصية.

التخطيط هو نشاط مستمر, البعض يعتقد أن وضع الخطة يتطلب يومين أو ثلاثة, أسبوعين أو ثلاثة, وعندما يتم الانتهاء من الخطة فهذا يعني انتهاء عملية التخطيط, وجهة النظر السابقة صحيحة جزئياً, في بعض الأحيان يطرأ تغيرات على الظروف المحيطة تختلف عن الافتراضات الموجودة في الخطة, لذلك يجب أن تكون الخطة مرنة وتتغير على حسب الظروف المحيطة, لذلك يجب مراجعة الخطة من فترة إلى أخرى للتأكد من أن الافتراضات الموجودة فيها ما زالت صحيحة.

يجب أن يتزامن نشاط التخطيط مع حالة من التأكد Certainty فيما يخص ما تريد تحقيقه من أهداف, فإذا كانت الأهداف ملهمة وطموحة وأنت ترغب فعلاً بتحقيقها, فهذا سيكون الدافع الأكبر للالتزام بالخطة, أما إذا كانت الأهداف غير ملهمة وغير منسجمة مع صاحب الخطة, فهذا سيكون سبباً للتراخي وعدم الالتزام بالتطبيق أو السعي نحو تحقيق الأهداف.

التخطيط على المستوى المؤسسي وعلى المستوى الشخصي يتطلب جمع معلومات, فكلما اعتمدت الخطة على معلومات محدثة وصحيحة كلما كان حظها من النجاح أكبر, أما الخطة التي تعتمد على معلومات قديمة, أو تعتمد على الرأي الشخصي من غير الاستناد إلى المعلومات فسيكون حظها من النجاح أقل من الخطة التي اعتمدت على معلومات محدثة وصحيحة.

اليابان والولايات المتحدة والاتحاد الأوروبي وكافة الدول المتطورة الأخرى لديها تخطيط طويل المدى على شكل رؤية ولديها تخطيط متوسط المدى على شكل خطط تكتيكية للمؤسسات والأجهزة الحكومية ولديها تخطيط قصير المدى على شكل خطط أسبوعية وشهرية وفصلية.

التخطيط هو ضرورة ملحة على الصعيد المؤسسي و الشخصي فهو ليس ترف, إنما توجيه للبوصلة في الاتجاه الصحيح.

من الأفضل البدء بالتخطيط طويل المدى ووضع رؤية (كيف ترى نفسك بعد عشر سنوات) ما هي مهنتك, أين سكنك, إدارة بيتك الداخلي, مصادر الدخل, إدارة علاقاتك مع الآخرين ...الخ), وهذا يتطلب وقت حتى تجمع المعلومات الكافية وتعرف ماذا تريد, ثم الانتقال إلى التخطيط متوسط المدى ووضع خطط سنوية, وبعدها البدء بالتخطيط قصير المدى ووضع خطط يومية وأسبوعية وشهرية وفصلية.

وجود خطة وأهداف في حياتك لا يقل اهمية عن حاجتك للمال ولا يقل اهمية عن حاجتك للعمل, وإذا تأملت الإخفاقات السابقة ستجد أن غياب التخطيط هو أحد أسباب هذه الإخفاقات, وإذا تأملت الآية الكريمة ﴿ وَأَعِدُّواْ لَهُم مَّا ٱسْتَطَعْتُم مِّن قُوَّةٍ وَمِن رِّبَاطِ ٱلْخَيْلِ تُرْهِبُونَ بِهِۦ عَدُوَّ ٱللَّهِ وَعَدُوَّكُمْ وَءَاخَرِينَ مِن دُونِهِمْ لَا تَعْلَمُونَهُمُ ٱللَّهُ يَعْلَمُهُمْ ۚ وَمَا تُنفِقُواْ مِن شَىْءٍ فِى سَبِيلِ ٱللَّهِ يُوَفَّ إِلَيْكُمْ وَأَنتُمْ لَا تُظْلَمُونَ ﴿٦٠﴾ ﴾ الأنفال 60 , لوجدت أن الإعداد (التخطيط) هو أمر إلهي, أي أن الله يطلب منا الإعداد للمعركة, وبما أنه أمر إلهي فهذا يعني أنه كلما زاد الإعداد كلما ارتفعت نسبة النصر والتمكين, وهذا ينطبق على بقية جوانب حياتك الأخرى, فالإعداد للامتحان ضروري والإعداد للعمل ضروري والإعداد للزواج ضروري والإعداد للعملية الجراحية ضروري, والإعداد للسفر ضروري, والإعداد لكسب الرزق ضروري, فالله لا يأمرنا بشيء إلا وفيه صالح الإنسان ومنفعته.

عدم وجود التخطيط وعدم وجود أهداف لحياتك والاعتماد على مجاراة الظروف الخارجية لا يعني الفشل, إنما نسبة النجاح تكون أكبر مع وجود الخطة والأهداف, فوجود الخطة يجعل منك صاحب

مشروع , وعدم وجود الخطة والأهداف يجعل منك صاحب ردة فعل, فالأشخاص ينقسمون إلى ثلاثة أنواع:

- أشخاص يصنعون الاحداث
- أشخاص يتفاعلون مع الأحداث
- أشخاص يراقبون الأحداث

وجود الخطة والأهداف يجعل منك شخصاً صانعاً للأحداث, وشخصاً لديه مشروع ولست ضمن مشاريع الآخرين, ووفق الكتاب الشهير (العادات السبعة للناس الأكثر فاعلية) لستيفن كوفي, فإن العادة الأولى هي Be Proactive أي كن مبادراً وليس صاحب ردة فعل وهذا يدل على أهمية الخطة والأهداف في حياتك.

وعلينا أن نساعد أولادنا على تطبيق مبدأ التخطيط ووضع الأهداف وخاصةً المراهقين, فهم بحاجة إلى توجيه في هذه المرحلة العمرية الحساسة, تعليمهم التخطيط ووضع الأهداف لا يقل أهمية عن تعليمهم للرياضيات والعلوم, فهم بحاجة ماسة لتحديد طريقهم وأن يفهموا على أنفسهم ماذا يريدون تحقيقه من أهداف.

فإذا كان هناك شخصين الأول لا يوجد لديه خطة ولا أهداف والآخر لديه خطة وأهداف, فسوف تنظر بعين الاحترام لمن لديه خطة وأهداف أكثر ممن ليس لديه خطة وأهداف, واحتمال نجاح الشخص الأول هو أقل من احتمال نجاح الشخص الثاني

وجود الخطة سينعكس بشكل مباشر على عملك وعلاقاتك مع الآخرين وثقتك بنفسك و سيعطيك شعوراً بالثقة والاطمئنان.

الأشخاص الناجحون في معظمهم لديهم خطة وأهداف ويتبنون نشاط التخطيط, ومعظم الأعمال التي يقومون بها تقع ضمن نطاق أهدافهم, وكل تحركاتهم وأعمالهم هي ضمن نطاق الأهداف بعيدة وقصيرة المدى.

هل يمكن أت تتصور مطار يستقبل عشرات الطائرات يومياً بدون خطة وأهداف؟

هل يمكن أن تتصور جامعة فيها كليات الطب والهندسة والاقتصاد والحقوق بدون خطة واضحة وأهداف تفصيلية؟

هل يمكن أن تتصور مؤسسة بريدية ترسل الطرود إلى مدن ودول مختلفة وتستقبل الطرود من مدن ودول مختلفة من بدون خطة واهداف ؟

حاجتك أنت للخطة والأهداف لا تقل أهمية عن الجامعة والمطار والمؤسسة البريدية, فإذا كنت تعمل في مطار أو جامعة او مؤسسة بريدية, ويوجد خطة وأهداف لجهة العمل وأنت لا يوجد لديك خطة او أهداف, فهذا يعني أنك تعمل لتحقيق مشروع الجهة التي تعمل لصالحها ولا يوجد لديك مشروع, وإنه يمكن أن يكون لديك مشروع وبنفس الوقت تساعد في تحقيق مشاريع الآخرين.

التخطيط وحده لا يكفي لإدارة النفس البشرية, إنما يجب أن يتم تطبيق كافة المبادئ الخمسة الأخرى, وإتقان إدارة مكونات النفس البشرية وعلاقاتك مع المحيط الخارجي.

مبادئ إدارة الذات_الثقة بالنفس

الثقة بالنفس تم الحديث عنها سابقاً على أنها السبب الأول من أسباب النجاح, وهي أيضاً مبدأ من مبادئ إدارة النفس البشرية.

الثقة بالنفس هي طاقة إيجابية, وهي تقبل للصفات التي منحنا إياها الله تعالى والقبول بها, الثقة بالنفس هي الرضا, والرضا هو أهم من السعادة, الرضا هو غاية للإنسان, لذلك قال الله تعالى ﴿ وَلَسَوْفَ يُعْطِيكَ رَبُّكَ فَتَرْضَىٰٓ ﴿٥﴾ ﴾ الضحى 5, لم يقل الله تعالى: ولسوف يعطيك ربك فتسعد, أو ولسوف يعطيك ربك فتفرح, إنما الرضا هو الغاية, لا يمكن الحديث عن الثقة بالنفس بمعزل عن الرضا, الرضا بطولك, الرضا بعملك, الرضا بزوجتك أو زوجك, الرضا بأولادك, الرضا بأبيك وأمك وإخوتك, الرضا بمالك, الرضا بكل ما قسمه الله لك, الرضا لا يعني السكون وعدم العمل أو التواكل, إنما الرضا يعني العمل ثم الرضى بما تم تحصيله نتيجة العمل.

عليك أن ترضى لأن كل ما يحدث لك هو نتيجة حكمة أحياناً تعلمها وأحياناً أخرى لا تستطيع فهمها, وكل ما يحدث لك هو من عند الله, والله لا يوجد لديه إلا الخير ﴿ مَّآ أَصَابَكَ مِنْ حَسَنَةٍ فَمِنَ ٱللَّهِ ۖ وَمَآ أَصَابَكَ مِن سَيِّئَةٍ فَمِن نَّفْسِكَ ۚ وَأَرْسَلْنَٰكَ لِلنَّاسِ رَسُولًا ۚ وَكَفَىٰ بِٱللَّهِ شَهِيدًا ﴿٧٩﴾ ﴾ النساء 79

قال الله تعالى ﴿ وَمَآ أَصَٰبَكُم مِّن مُّصِيبَةٍ فَبِمَا كَسَبَتْ أَيْدِيكُمْ وَيَعْفُوا۟ عَن كَثِيرٍ ﴿٣٠﴾ ﴾ الشورى 30

هذا يعني أن كل ما يحدث لك هو خير لأنه يحدث بإرادة وحكمة الله تعالى, أما الشر الذي يحدث لك فربما هو خير لكنك في بعض الأحيان لا تستطيع قرائته على أنه خير, وإن حصل لك شر مطلق فهذا بكل تأكيد من نفسك, لذلك عليك بالرضا, فكل ما يحدث هو نتيجة لإرادة الله تعالى والله ليس عنده إلا الخير, إنما قدرتنا على قراءة الاحداث أحياناً لا ترقى إلى حقيقة المعنى المقصود من هذا الحدث, فربما تترك عملك لأن الله يهيئ لك عملاً أفضل منه, وربما تنفصل عن زوجتك أو تنفصلين عن زوجك لأن الله يهيئ لك البديل الأفضل, وربما لا تنجح في الامتحان لأن الله يريد أن تدرس الموضوع مرة أخرى أو ربما يريد أن يثنيك كلياً عن دراسة هذا الاختصاص والانتقال إلى دراسة أخرى, وربما تترك إقامتك مجبراً في بلد ما لأن الله إختار لك ذلك وربما إقامتك الجديدة هي خير لك من إقامتك الأولى.

مهمتك يجب ان تكون حسن الظن بالله, والقدرة على قراءة الأحداث بإيجابية, لأنها من عند الله

درب نفسك على قراءة الأحداث بإيجابية والرضى, وعند تكرار هذا الفعل, ستكتسب الثقة بالنفس, التي مصدرها الرضا, ومصدرها الآخر المعلومات كما تم الحديث عنه سابقاً, وبالمحصلة أنت تستمد ثقتك بنفسك من الله تعالى ورضاك عما قسمه الله لك, مع ضرورة السعي للعمل واكتساب مزيد من المعلومات والمهارات والكفاءات.

الثقة بالنفس هي أمان داخلي يعتمد على ثقة الفرد باستعداداته وإمكاناته ومهاراته, ومدى قدرته على تحقيق أهدافه وإيمانه بذلك, والثقة بالنفس هي توظيف للقدرات والإمكانيات والمهارات في حل المشكلات, فالثقة بالنفس تضيف للإنسان إحساساً بالاعتزاز والفخر بمهاراته وقدرته على النجاح وتحقيق الأهداف.

الثقة بالنفس هي مبدأ من مبادئ إدارة النفس البشرية, وبنفس الوقت هي السبب الأول للنجاح, من هنا تأتي الأهمية الكبيرة للثقة بالنفس وضرورة وجودها وتعزيزها.

لو افترضنا أن هناك فرصة عمل شاغرة لمهندس في أحد الشركات التجارية, وتقدم إلى العمل مهندسين الأول ثقة عالية بالنفس وخبرات فنية متوسطة, والثاني ثقة ضعيفة بالنفس وخبرات فنية عالية, فالأول ستكون لديه إمكانية أكبر بالقبول لفرصة العمل, لأن الثقة بالنفس هي السبب الأول للنجاح وبنفس الوقت هي من أهم مبادئ إدارة الذات.

الثقة بالنفس لا تأتي من فراغ ولا يمكن شراؤها من السوق, إنما بإمكانك تعزيز ثقتك بنفسك من خلال الحصول على مزيد من المعلومات والمهارات والكفاءات, فكلما امتلكت كمية أكبر من المعلومات الصحيحة والمحدثة كلما ارتفعت ثقتك بنفسك, فامتلاك المعلومات هو المحدد الاول لدرجة الثقة بالنفس.

عند وجود الثقة بالنفس يمكن توظيفها في شتى مجالات الحياة, يمكن توظيفها في إدارة الأسرة, ويمكن توظيفها في العمل, ويمكن توظيفها في إدارة العلاقات مع الآخرين وشتى مجالات الحياة الأخرى, فالثقة بالنفس هي طاقة إيجابية ومعلومات وكفاءات ومهارات, لها تأثيرها القوي الذي لا يستطيع أحد إنكاره.

الثقة بالنفس مفهوم تراكمي, يعتمد على المعلومات والمهارات, مع تقدم العمر من المفترض أنك تحصل على معلومات إضافية وتكتسب مهارات إضافية, وكلما اكتسبت معلومة جديدة أو مهارة فبذلك سترتفع ثقتك بنفسك, وهذا هو السبيل لتعزيز الثقة بالنفس.

عندما تعزز ثقتك بنفسك ستفتح لك الأبواب من حيث لا تدري, فالثقة بالنفس هي طاقة إيجابية تدفعك لمزيد من الإنجاز والنجاح وتحقيق الاهداف.

غياب الثقة بالنفس أو ضعف الثقة بالنفس له نتائج سلبية تنعكس على إدارتك لعائلتك وإدارتك لعملك وعلاقاتك مع الآخرين, وفي النهاية ستجد أن قدرتك على النجاح محدودة جداً بسبب غياب الثقة بالنفس.

عندما تكتسب الثقة بالنفس ستجد المتعة في كل عمل تقوم به, ستجد المتعة عند اجتماعك مع أصدقائك, وستجد المتعة عندما يتم تكليفك بمهمة عمل صعبة ومعقدة, وستجد المتعة عند البدء بأي عمل كان, فالثقة بالنفس محفز لإنجاز الأعمال.

مبادئ إدارة الذات الأخرى (إدارة الوقت – التخطيط – الاتصال – التوازن – التفكير الإبداعي – التعلم المستمر) جميعها يتم إنجازها بشكل أفضل عند وجود الثقة بالنفس, التي تساعد على إدارتك لوقتك بشكل أفضل ووضع الأهداف الطموحة والذكية, وإتقان مهارات التواصل مع الآخرين, ورفع قدرتك على إحداث التوازن بين حياتك العملية وحياتك الشخصية, وستطلق العنان للتفكير الإبداعي الذي هو الأساس في تجسيد الإنجازات المميزة على أرض الواقع.

مشكلة غياب الثقة بالنفس هي مشكلة حقيقية آثارها مدمرة على الصعيد الشخصي والعملي.

المال لن يكون بديلاً عن وجود الثقة بالنفس, وأي ممتلكات أخرى تحصل عليها لن تغنيك عن وجود الثقة بالنفس, فليس هناك من بديل عن وجود الثقة بالنفس التي مصدرها المعلومات والرضا وهي مستمدة أصلاً من علاقتك القوية مع الله تعالى.

فأنت لو كنت تدير عملاً معيناً وتبحث عن موظفين, فالصفة الأولى التي تبحث عنها هي ثقتهم العالية بأنفسهم وقدرتهم على إنجاز العمل بالشكل الصحيح وتطوير العمل بشكل مستمر.

الثقة بالنفس هي التصالح مع نفسك ومع الله تعالى, فلا يمكن تحقيق التصالح مع الذات ومع الله تعالى من غير تحقيق معدلات مرتفعة من الثقة بالنفس.

وكلمة السر في تحقيق التصالح مع الذات هو تخفيض درجة اللوم إلى أدنى حد ممكن, لأن الإنسان الذي يلوم نفسه باستمرار على كل شيئ يفعله هو إنسان غير متصالح مع ذاته, وكلمة السر في تحقيق التصالح مع الله تعالى هي الرضا والاستقامة على أمره.

الثقة بالنفس هي إحساس داخلي يتجسد عند قيامك بعمل ما, يتجسد على شكل إتقان في العمل, يتجسد على شكل جرأة في إنجاز عمل, يتجسد على شكل قدرة على توصيل الأفكار والتواصل مع الآخرين, يتجسد على شكل معرفة بوضع الأهداف وتحقيقها على أرض الواقع.

كلمة قائد هي مرادفة لكلمة ثقة بالنفس, فلا يمكن النجاح في القيادة من غير وجود الثقة بالنفس, والجهل هو عدو الثقة بالنفس, فالجهل والثقة بالنفس لا يجتمعان في شخص واحد, وخير قائد على وجه الأرض هو نبينا محمد عليه الصلاة والسلام فهو يمتلك أعلى درجات الثقة بالنفس, فلقد عرض عليه الكثير من الإغراءات بالمال والمنصب لترك الدعوة إلا أنه رفض لثقته بربه وأن ربه سينصره وثقته العالية بنفسه وعلمه ورسالته.

لا أحد يمكنه إعطائك الثقة بالنفس غيرك أنت, فأنت وحده من يستطيع جمع المعلومات ورفع القدرات واكتساب المهارات وتحقيق الرضا بكل ما قسمه الله لك, ويمكنك استثمار ثقتك بنفسك في التقدم إلى فرصة عمل أو بدء مشروع تجاري أو التقدم للزواج أو شراء منزل أو أي حدث آخر, فأنت تريد تعزيز الثقة بالنفس لأنها السبب الأول للنجاح وأنت بلا شك تبحث عن النجاح وتصبو إليه.

إبدأ الآن بإكتساب المعلومات و الرضا, لا تؤجل أبداً تعزيز ثقتك بنفسك, فقد يفوتك الكثير من هذا التأجيل وأفضل توقيت للبدء هو الآن.

البداية ستكون على شكل قراءة وإكتساب للمعارف والتجارب الجديدة, وأهم شيئ أن تتصالح مع ذاتك وترضى بكل ما قسمه الله لك.

> الثقة بالنفس هي تحقيق الرضا واكتساب المعرفة والتصالح مع الذات, وهي طاقة إيجابية تدفع للأمام, وغيابها يعني الضعف العام على المستوى الشخصي والشعور بعدم القدرة على التحرك نحو الهدف

بعض الممارسات التي تساعد على تعزيز وتقوية الثقة بالنفس:

1- الإهتمام بسلامة المظهر العام, وإرتداء الثياب النظيفة والأنيقة, والملائمة لكل حال وموقف, والإهتمام بالنظافة الشخصية والإبتعاد عن العادات التي تنفر الآخرين من التعامل معك, واستقبال الناس بوجه بشوش وصوت هادئ وعدم ترك انطباع الهم والإكتئاب.

2- الخوف هو عدو الثقة بالنفس, فالخوف غير المبرر والثقة بالنفس لا يجتمعان لدى شخص واحد, فيجب التغلب على الخوف وإدراك القدرة على تجاوزه, الخوف والقلق مترادفان, وأفضل طريقة للتغلب على الخوف والقلق هي المواجهة, أي أنك تواجه الشيئ الذي تخافه "فكرياً" وبذلك ستتمكن ببساطة من السيطرة على الخوف والقلق, لنفترض أن شخصاً ما لديه مشروع تجاري, وهو يعيش دائماً بحالة قلق وخوف من الخسارة في هذا المشروع, حتى يتخلص من الخوف والقلق عليه بالمواجهة, عليه أن يعيش لمدة يوم واحد **فقط** مفترضاً أن المشروع قد خسر, ويعيش هذا اليوم كأن الخسارة هي حقيقة, وفي اليوم التالي سيجد أن القلق والخوف اختفى لأن العقل سبق له التعامل مع حالة الخوف والقلق, هذه هي الطريقة التي يعمل بها العقل.. لا تبقى في خانة الخوف, انتقل إلى مربع المواجهة, عندها ستجد أن الخوف والقلق يمكن التعامل معه ببساطة وسهولة , وهذا يشبه مبدأ التطعيم لدى الأطفال فعندما تذهب بطفلك إلى المستشفى ليحصل على تطعيمه الدوري, فما يحصل فعلاً هو أن الطبيب يقوم بحقن جرعة صغيرة من الجراثيم في جسد الطفل, بهدف أن يصنع جسمه المضادات اللازمة لمقاومة هذه الجراثيم عندما تأتي بكمية كبيرة, وهذا هو مفهوم المناعة, وبذلك يكتسب الطفل المناعة اللازمة لمقاومة المرض إن وقع فعلاً, وأنت عندما تعيش فعلاً (وبشكل مؤقت لمدة 24 ساعة) حالة الخوف والقلق " فكرياً " وتواجه هذه المشاعر وتفكر كأن الشيئ الذي تخاف منه قد وقع, عندها سيتعامل معها العقل على أنها شيئ طبيعي قد سبق له التعامل معه, وبذلك تعزز من ثقتك بنفسك وتكون قدرتك أكبر على مواجهة الخوف والقلق, وإن هذه الطريقة المقترحة لمواجهة الخوف والقلق تصلح للتعامل مع ممتلكاتك, فيجب أن تعود نفسك على أن دوام الحال من المحال وتكون مستعداً دائماً لتغير الظروف من حال إلى حال, ولا تعود نفسك على دوام الحال فذلك محال, عندما تفعل ذلك ستجد ثقتك بنفسك في أعلى مستوياتها.

> ظاهرة القلق هي أكثر الظواهر العالمية انتشاراً, وأفضل طريقة لمواجهتها والتخلص منها تتمثل في أنك تعيش فكرياً الشيئ الذي تقلق بشأنه لمدة يوم واحد فقط, وبذلك سيتعود عقلك على هذا الشيئ الذي كنت تقلق بشأنه, وفي اليوم التالي سيتعامل العقل بكفاءة أفضل مع نفس الموقف لأنه سبق له التعامل معه.

3- الإنشغال بالذات وليس بتقييم الآخرين, يعتبر من الأشياء التي تساعد جداً على تقوية الثقة بالنفس, فكثير من الأشخاص يهتمون لتقييم الآخرين لهم أكثر من إهتمامهم بتقييمهم لذاتهم أو أكثر من اهتمامهم بتطوير ذاتهم, وإذا وقع أحد ما في هذا الفخ فإنه سيصعب عليه كثيراً بناء ثقته بنفسه. قناعتك بذاتك أهم من قناعة الآخرين بكيفية إدارتك لشؤونك, لأن الأثر المتولد نتيجة قناعتك بذاتك يفوق الأثر المتولد عن قناعة الآخرين بكيفية إدارتك لذاتك, تصالحك مع ذاتك هو الأهم, فلا تنشغل كثيراً بتقييم الآخرين لك, وإنشغل بتطوير ذاتك والتصالح معها, لكن هذا لا يعني أن تكون منعزلاً عن محيطك الإجتماعي, إنما يعني أن لا تعطي آراء الآخرين أكبر من حجمها, وعندما تنشغل بذاتك وتطويرها وتعزيز التصالح معها فهذا سيرفع الثقة بالنفس, وسيراك الآخرون بتقدير وإحترام. فأنت عندما تجلس مع شخص ما وتجد أنه مهتم بتطوير نفسه ووضع الأهداف وتطوير الخطط الشخصية ولا يهتم كثيراً بتقييم الآخرين له فإنك ستنظر باحترام لهذا الشخص, أنت خلقت لتكون فريداً بشخصيتك وأهدافك, وبصمتك في الحياة هي حتماً مختلفة عن بصمة أي شخص آخر, فعندما تستطيع أن تكون " ذاتك " عندها سترتفع الثقة بالنفس BE YOURSEFL, فقوتك الحقيقية أنت لا تستمدها من الآخرين إنما من تصالحك مع ذاتك وعلاقتك الإيجابية مع الله تعالى ومع الآخرين, وعليك الابتعاد عن مقارنة النفس بالآخرين, وعدم انتظار الثناء منهم, والظهور أمامهم بالقدرات الحقيقية, وعدم إخفاء القصور في بعض القدرات, فالجميع لديه كفاءة عالية في مجال معين, والقصور في مجال آخر. مقارنة النفس بالآخرين غير واقعية, فكل إنسان هو فريد بإمكانياته وشكله وقدراته ويختلف تماماً عن شخص آخر, كبصمة الإصبع تماماً التي لا تتشابه بين شخصين, عندما تقارن نفسك بالآخرين فهذه مقارنة مؤذية وغير حقيقية, لأنك تعرف عن الآخرين الظاهر فقط ولا تعرف بقية الجوانب في حياتهم, فأي شخص كان لديه تفوق في جانب وضعف في جانب آخر, ربما فلان من الناس لديه الشكل الجميل لكنه يفتقر إلى الخلق أو المال, ربما شخص آخر لديه المال

لكنه يفتقر إلى العلم والثقة بالنفس, ربما شخص آخر لديه الزوجة الصالحة لكنه يفتقر إلى العلاقات الاجتماعية وليس لديه العمل المناسب, ربما شخص آخر لديه أو لديها المنصب الرفيع لكن يفتقر إلى الزوجة الصالحة أو الزوج الصالح والجو الأسري الدافئ, هذا هو الحال مع جميع الناس لا يوجد كمال لأي أحد في كافة الجوانب, فأنت عندما تقارن نفسك مع شخص آخر, فأنت تقارن الجانب الفقير لديك مع الجانب الغني لهذا الشخص, وهذه مقارنة غير صحيحة, ربما لو علم الشخص الآخر عن هذه المقارنة لتمنى أن يكون لديه ما لديك مثل ما أنت تتمنى أن يكون لديك ما لديه. الثقة بالنفس هي أن تقرر أنت وحدك ما تريد وأن يكون مرجعك في اتخاذ القرار داخلياً وليس خارجياً, فبعض الأشخاص عندما يريدون شراء قطعة ملابس يبحثوا عن الأشخاص المشهورين الذين يرتدون نفس القطعة, وهذا من وجهة نظرهم يعطيهم ثقة أكبر لاقتناء هذه القطعة, هؤلاء الأشخاص هم أصحاب المرجع الخارجي في اتخاذ قراراتهم, إحرص أن يكون مرجعك داخلياً, وعندما تقتنع بالقرار إتخذه على الفور بدون أي تردد, الأصل هو الرضا الذي هو غاية السعادة وجوهرها, إرضى بما قسمه الله لك من مال أو عمل أو أهل أو علاقات أو صحة وإرضى بكافة جوانب حياتك الأخرى, مع التأكيد أن الرضى لا يعني التواكل أو التراخي في العمل, إنما هو حالة من التصالح مع الذات ومع الله ومع الآخرين.

4- الإنخراط في العلاقات الإجتماعية, وتوسيع دائرة التواصل مع الآخرين على شكل حضور إجتماعات ومناسبات والمشاركة الفاعلة في العلاقات الإجتماعية. تعزيز التواصل مع الآخرين (وفق النظرية الحدية) هو مفيد جداً لتعزيز الثقة بالنفس, والعزلة هي عدوة الثقة بالنفس, لأن الفطرة هي التواصل والعزلة المبالغ بها هي جانب مرضي يثبط الثقة بالنفس ويضعفها, التواصل مع الآخرين يعني إطلاعك على تجارب جديدة وأشخاص جدد والتعرف على ما يدور من حولك من أحداث, ومعرفة بالتجارب التي يمر بها الآخرين, وإتاحة الفرصة لنفسك للتعبير عن أفكارك وتبادل وجهات النظر مع الآخرين, والتمرين على التواصل الذي هو أحد مبادئ إدارة الذات, حيث أن 80% من مشاكل الإنسان سببها مهارات التواصل, وإن الإنخراط في العلاقات الإجتماعية يعزز مهارة التواصل ويصقلها. التواصل مع الآخرين يقيك الأمراض النفسية ويجنبك التفكير السلبي و الوسوسة التي سببها العزلة, وربما تحرم نفسك من فرص كثيرة عندما تقلل التواصل مع الآخرين إلى الحد الأدنى, لأن تواصلك مع الآخرين يرفع من درجة فهمك وإطلاعك على الأحداث الجارية من حولك. التواصل مع الآخرين يرفع درجة الوعي بالمحيط الخارجي ويعمل على تغذية أركان

النفس البشرية إن تم إستخدامه وفق النظرية الحدية للعلاقات الإجتماعية. أنت وحدك من تقرر مدى إنخراطك في العلاقات الإجتماعية مع الآخرين, فعندما يتم التواصل مع الأخرين وفق النظرية الحدية للعلاقات الإجتماعية فهذا سيكون معزز ومقوي للثقة بالنفس.

5- التفاؤل هو صديق الثقة بالنفس والتشاؤم هو عدوها, التفاؤل هو التفكير الإيجابي والتشاؤم هو التفكير السلبي, ينبغي الحفاظ على التفاؤل دائماً بغض النظر عن الظروف المحيطة, فعندما تكون الظروف مثالية ولا يوجد تحديات أو صعوبات فعندها يكون التفاؤل أمراً طبيعياً يستطيع القيام به أي شخص كان, إنما الموضع الحقيقي للتفاؤل هو عند وجود التحديات والصعوبات, عندها يكون مطلوب منك التفاؤل. التفاؤل يعني المحافظة على التفكير الإيجابي, والمحافظة على التفكير الإيجابي في ظل الظروف المحيطة ليس أمراً سهلاً, فينبغي التركيز على عملية التفكير وقيادتها بوعي, وعدم إطلاق العنان للعقل ليفكر بما يشاء, السر يكمن في عملية التحكم بالتفكير Thinking Control , واقعك هو انعكاس لمدى قدرتك على التحكم بالتفكير, فلديك نوعين من التفكير, إما تفكر بما تريد أن يحصل على أرض الواقع وهذا هو التفاؤل, أو تفكر بما لا تريد أن يحصل على أرض الواقع وهذا هو التشاؤم, كلما رفعت درجة التحكم بالتفكير كلما كان واقعك مشابهاً لما تريد, لو أن 51% من وقتك تمضيه في التفكير بما تريد, فإن 51% من واقعك سيكون كما تريد, فالواقع هو انعكاس للتفكير, التفكير هو السبب والواقع هو النتيجة. فإذا أردت التحكم بالواقع فعليك التحكم بالتفكير وهذا هو معنى قوله تعالى ﴿ لَهُۥ مُعَقِّبَٰتٌ مِّنۢ بَيۡنِ يَدَيۡهِ وَمِنۡ خَلۡفِهِۦ يَحۡفَظُونَهُۥ مِنۡ أَمۡرِ ٱللَّهِۗ إِنَّ ٱللَّهَ لَا يُغَيِّرُ مَا بِقَوۡمٍ حَتَّىٰ يُغَيِّرُواْ مَا بِأَنفُسِهِمۡۗ وَإِذَآ أَرَادَ ٱللَّهُ بِقَوۡمٖ سُوٓءٗا فَلَا مَرَدَّ لَهُۥۚ وَمَا لَهُم مِّن دُونِهِۦ مِن وَالٍ ١١ ﴾ الرعد 11, أي أن الله لن يغير حالك من فقر أو أولاد أو تعليم أو سكن إلا بعد ما تغير طريقة تفكيرك, فالواقع الخارجي هو انعكاس للعالم الداخلي ,وهذا هو أعظم قانون قدمه الله في كتابه الكريم, وعندما يتم الأخذ بهذا القانون ستستطيع تصميم واقعك بوعي. ومن أهم الممارسات التي تساعدك على التفاؤل هي الابتسامة, فالابتسامة مفعولها سحري, والابتسامة عندما يراها الآخرون على محياك فإن انطباعهم الأول سيكون أنك تمتلك الثقة بالنفس, وسيرتاحون للتعامل معك, الابتسامة يجب أن تبدأ بها في الصباح وتحافظ عليها كل اليوم حتى لو لم يكن هناك سبباً للابتسامة ,فعندما تبادر بالابتسامة سترى كل

شيء جميل ,أما لو انتظرت أن يكون هناك سبباً للابتسامة حت تبتسم فربما يمضي يوم أو يومين ولا تبتسم فيها أبداً, كما يقول شيكسبير (ليس هناك من شيء جميل أو شيء قبيح.. الأشياء كما ننظر إليها) والابتسامة هي التي تساعدك أن ترى النصف الممتلئ من الكأس, فالأشياء بطبيعتها ليست جميلة وليست قبيحة إنما نظرتك إلى الأشياء هي التي تضيف عليها مفهوم الجمال من عدمه ,والإبتسامة تساعد على رؤية الجانب المشرق من الأشياء والأحداث المحيطة, هل تعلم أن الإبتسامة تساعد على التركيز الفكري, ففي دراسة أجريت على أشخاص مبتسمين وأشخاص آخرين غير مبتسمين وجدوا ان الشخص المبتسم قادر على التركيز أكثر بـ 13 مرة من الشخص غير المبتسم, فعندما تبتسم ابتسامة حقيقية يستطيع العقل التعامل بكل هدوء وتركيز مع كافة المواقف المحيطة,ويجب أن تكون الابتسامة حقيقية وليست مصطنعة, فعند عدم القدرة على الابتسامة الحقيقية حافظ على ملامح وجهك الطبيعية , فهذا أفضل بكثير من اصطناع ابتسامة غير حقيقية, فالابتسامة غير الحقيقية هي غير جميلة وغير جذابة, وسيشعر الآخرين بعدم عفويتها وعدم المصداقية. الابتسامة تساعد على التفاؤل والتفاؤل يعزز الثقة بالنفس, لو استطعت أن تبتسم فلا تتردد, لأن طاقتك ستصبح أقوى وأكبر مع الابتسامة ,فالابتسامة تأسر قلوب الآخرين, وتساعدك على التركيز وعلى التفاؤل وترفع ثقتك بنفسك وتجعلك قادراً على رؤية الجانب المشرق مما يحيط بك. ومن الممارسات الأخرى التي تساعد على التفاؤل هي يقينك بأن (هذا الوقت سيمضي) لو كان حلواً أو كان مراً فإنه سيمضي, هذه العبارة كتبتها على ورقة صغيرة ووضعتها أمامي حتى أتذكرها دائماً, وكل مرة أقرأ العبارة أشعر بارتياح كبير, فكتابة العبارات التحفيزية تساعد على التفاؤل والتفاؤل يرفع الثقة بالنفس. ولنحذر كل الحذر من التفاؤل غير الرشيد أو التفاؤل في غير مكانه, فعندما تعقد آمالاً كبيرة على سراب فهذا تفاؤل غير رشيد, يجب أن يكون مصدر التفاؤل هو حسن الظن بالله وأسباب منطقية مبررة له, فالتفاؤل هو توقع الخير, فالله تعالى بيده كل شيء وهذا أكبر سبب يدعوك للتفاؤل, فكل ما يقع هو شيء أراده الله, والله لا يريد إلا الخير, لكن مهمتنا تكمن في قدرتنا على قراءة الخير في الأحداث الجارية, فالإرادة الإلهية هي الحكمة المطلقة والحكمة المطلقة هي الخير المطلق.

عندما تستيقظ من النوم ليوم جديد لديك خيارين الأول أن تكون مبتسماً متفائلاً والثاني أن تكون قاطب الجبين متشائماً, أي الخيارين أفضل؟ الساعات القادمة ستمضيها سواء كنت مبتسماً أو كنت مقطب الجبين, فخيار الابتسامة هو الأفضل

بلا شك. والتفاؤل يضعف ويقوى, ولا يمكن الاستمرار لأي أحد في تفاؤل مستمر أو تشاؤم مستمر, مهمتك هي تقوية التفاؤل كلما شعرت انخفاضه, وذلك يتم بالتفكير الإيجابي والإبتسامة الحقيقية ورؤية الجانب المشرق من الأشياء والأحداث المحيطة. الحذر كل الحذر من اعتبار التفاؤل عملية غير إرادية, فهو عملية إرادية بحتة ينتج عنها الرضا والثقة بالنفس. فالتفاؤل فطري لدى الإنسان, لو نظرت إلى الاطفال وسلوكهم لوجدت التفاؤل في أعلى مستوياته, ويأتي هنا دور الأب والأم في تعزيزه أو تراجعه, حيث يتأثر الطفل كثيراً بسلوك الأب والأم وخاصة سلوك الأم بسبب مرافقته الدائمة لها. فلا تقلق عندما يغلق أحد الأبواب, وتأكد أن باباً أو أكثر سيفتح بدلاً منه, مهمتك هي البحث عن البديل وليس التركيز على الباب المغلق, فالإنسان الناجح يرى حلاً في كل مشكلة .. أما الإنسان الفاشل فيرى مشكلة في كل حل.

6- عليك أن تعلم أن الثقة بالنفس لا تعطى, إنما هي موجودة بداخلك ومهمتك هي إخراجها, فالسلبية والتردد لا تجتمع مع الثقة بالنفس, المفهوم السائد لدى البعض هو أن الثقة بالنفس ترتفع مع الممتلكات المادية, من يمتلك جوالاً أفضل من جوالك هذا لا يعني أن ثقته بنفسه أكبر, ومن يمتلك مالاً أكثر من مالك هذا لا يعني أن ثقته بنفسه أكبر, ومن يمتلك سيارة أحدث من سيارتك فهذا لا يعني أبداً أن ثقته بنفسه أكبر, تأكد أنك تملك أشياء هو لا يمتلكها, ربما لديك أولادك البارين, أو علاقتك الإيجابية مع الله تعالى, أو صحتك الجيدة, أو تصالحك مع ذاتك ورضاك عما قسمه الله لك, الممتلكات هي أشياء خارجية, أما الثقة بالنفس الحقيقية هي موجودة بداخل النفس البشرية, وهي التي تسبب لك الراحة النفسية والثبات على المواقف لأنك تعرف ما تريد. امتلاك بعض الأشياء يضيف إليك ثقة بالنفس كما يفعل مسكن الألم عند وجود الألم, فمسكن الألم هو حل مؤقت وليس دائم, لأنه يعالج الألم لساعات محدودة ولا يعالج المشكلة التي سببت الألم, كذلك الأمر بالنسبة للممتلكات فهي تعطيك ثقة بالنفس مؤقتة مفعولها لا يتجاوز ساعات أو أيام معدودة.

7- الصحة الجسدية تساعد كثيراً في بناء وتعزيز وتقوية الثقة بالنفس, فعندما يكون لديك وزن زائد أو أمراض معينة فهذا سيؤدي إلى زعزعة الثقة بالنفس, عندما تمارس الرياضة, فدماغك يفرز هرمون الأندروفين المعروف بهرمون السعادة, فالصحة الجسدية تؤثر في الصحة النفسية وتتأثر بها, فالعلاقة قوية بين الصحة الجسدية والصحة النفسية, وعندما تعزز صحتك النفسية فهذا يعني تعزيز الثقة بالنفس.

جسدك هو أحد المكونات الثلاثة للنفس البشرية, فيجب الإهتمام به وسلامته, ليس من أجل صحة الجسد فقط, بل لأن الصحة الجسدية تنعكس على الصحة النفسية, فجسدك هو الذي ينقلك من مكان إلى مكان, وإذا أردت القيام بمهمة ما فجسدك هو الأداة التي ستقوم بهذه المهمة, وعندما تكون الأداة فعالة وقوية, فإنجاز المهمة سيصبح أسهل وأسرع وأكثر كفاءة, والثقة بالنفس هي إيمانك بقدراتك وإمكانياتك, والجسد القوي المعافى هو الأداة لتفعيل القدرات والإمكانيات, فعندما تصقل الأداة ستصبح النتائج أفضل, فإذا كان الحطاب لديه فأس لا تقطع بشكل جيد, فالنتائج ستكون تأخير في القطع وتعب إضافي ونتائج غير مرضية, ولكنه عندما يسن الفأس وتكون حادة قاطعة, فالنتائج ستكون أفضل والتعب أقل, جسدك يشبه الفأس, فلا ترضى إلا بفأس حاد يجعل جهدك فعالاً والنتائج مرضية. ومن أوجه الإهتمام بالصحة الجسدية ساعات النوم الكافية خلال الليل, فقلة النوم تجعل الجسد غير قادر على القيام بالوظائف الحيوية بالشكل المطلوب, وتؤثر أيضاً على كفاءة التفكير والعمليات العقلية.

8- في زحمة القرن الحادي والعشرين, يصبح من الصعب أن تجد مساحة يومية مع ذاتك, وهي ضرورية جداً لإعادة ترتيب الأوراق وإعادة بناء التصالح مع الذات, فعندما تخاطب نفسك بعبارات تشجيعية كل صباح, وتضع أوراق ملاحظات (تتضمن عبارات تشجيعية) على مكتبك أو في مكان عملك, هذا يساعدك على تعزيز الثقة بالنفس, فهذا يعطيك رغبة في النجاح وتحقيق المزيد منه, من أهم الادوات التي ترفع وتعزز الثقة بالنفس هي جلسات التأمل التي تعتبر الأداة الأكثر سرعة لتحقيق أهدافك, فعند شعورك بتحقيق النجاح ستطمح للمزيد, والأداة الأسرع هي جلسات التأمل. عند الحديث في الفصل السابق عن التخطيط تم التأكيد على ضرورة وضع الأهداف, وضرورة أن يكون لديك مشروع, وأنه إن لم يكن لديك مشروع فأنت من ضمن مشاريع الآخرين, سوف أفترض وجود قائمة أهداف لديك, فالتأمل هو أن تجلس في مكان هادئ بعيداً عن الضجيج وتغمض عينيك لمدة 15 أو عشرين دقيقة كل يوم وتبدأ بتخيل أهدافك كما لو أنه فعلاً تم تحقيقها وإنجازها, فلو كان من ضمن أهدافك مثلاً أن يكون لديك شركتك الخاصة بك, فإبدأ بتخيل الأرض التي ستقيم عليها الشركة, وإبدا بتخيل عدد الموظفين وأوقات العمل وسياسة الشركة وعلاقاتها مع الأطراف الأخرى وميزانيتها, إبدأ بتخيل كافة التفاصيل التي تراها مناسبة لهذا الهدف بشرط أن تتخيل هذه الأشياء كما لو أنها حقيقة, لا تقول لنفسك أن هذه الأشياء ستحدث في المستقبل, إنما قم بتخيلها كما لو أنها

حقيقة, بعد الإنتهاء من جلسة التأمل ستشعر كما لو أنك فعلاً تمتلك شركتك الخاصة, وهذا بدوره سيعطيك المزيد من الثقة والارتياح وسيجعل كل ما حولك يسير في الطريق الذي أنت رسمته. محاولتك تحقيق أهدافك من خلال التأمل فعال جداً في التقريب بينك وبين أهدافك فهذه الطريقة سترفع ثقتك بنفسك, وثقتك بنفسك هي السبب الأول للنجاح وبنفس الوقت هي مبدأ من مبادئ إدارة النفس البشرية. العبارات التشجيعية أيضاً تساعد كثيراً في بناء الثقة بالنفس, وخاصةً تمرين 14/21 حيث ينص هذا التمرين على أنك تردد الهدف الذي تريد تحقيقه 21 مرة لمدة 14 يوم, فمثلاً هدفك أن تجد وظيفة , اكتب الهدف بصيغة الحاضر كأنك حققته " أنا الآن موظف براتب 4000 " واحرص على حسن الظن بالله والتوكل عليه, وإبدأ بقول: " أنا الآن موظف براتب 4000 " 21 مرة, واحرص على أن تكون إيجابياً ومصدقاً لما تقول في كل مرة تقرأ فيها الهدف, ولا تغير صيغة الهدف خلال الـ 14 يوم, حافظ على نطق نفس الكلمات في كل مرة, واحذر من استخدام صيغة المستقبل, فلا تكتب " أنا سأكون موظف في الفترة القادمة" إنما احرص على استخدام صيغة الحاضر, بإمكانك استخدام التمرين في أي وقت خلال اليوم , ومن الأفضل إستخدامه قبل النوم, الهدف السابق هو مجرد مثال, بإمكانك أن تكتب الهدف الذي تريد, عليك أن تكون طموحاً وواقعياً بنفس الوقت عند كتابة الهدف, فلا تكتب هدفاً أنت غير قادر أصلاً على تصور أنك قادر على تحقيقه, وبنفس الوقت لا تكتب هدفاً بسيطاً يمكن تحقيقه بسهولة, عند تكرارك للجملة عليك أن تستشعر وكأن الهدف قد تحقق, استحضر أي صورة ذهنية تساعدك على تخيل أن الهدف قد تحقق, هذه الطريقة تساعد جداً على التقريب بينك وبين أهدافك ورفع ثقتك بنفسك, وبنفس الوقت عليك أن تكون مستعداً نفسياً في حال عدم تحقيقك للهدف بعد إنتهاء مدة الـ 14 يوم, فربما أنت اقتربت من هدفك خلال أداء التمرين, المهم أن لا تيأس, فكل الإحتمالات واردة, إنما عليك تجريب الطريقة وإحسان الظن بالله تعالى. ومن الطرق التحفيزية المساعدة على تعزيز الثقة بالنفس هي أن تكتب قائمتين, القائمة الأولى فيها إنجازاتك التي حققتها وتفخر بها, والقائمة الثانية فيها نقاط القوة الموجودة لديك, وفي كل مرة تشعر فيها بإنخفاض الثقة بالنفس تقوم بقراءة القائمتين مما يجعل تفكيرك أكثر إيجابية ويساعد على استعادة الثقة بالنفس, ويمكنك أيضاً قراءة القائمتين في كل صباح مما يساعد على بداية اليوم بطريقة إيجابية.

9- تراكم الفشل هو طريق النجاح , والفشل هو وقود النجاح, الاستسلام للفشل هو عدو الثقة بالنفس, عندما تتعرض للفشل فهذا شيء طبيعي حتمي من سنة الحياة, للأسف أن بعض الأشخاص تهتز ثقتهم بأنفسهم في كل مرة يتعرضون فيها للفشل, مع أن العكس هو الصحيح, ففي كل مرة تفشل فيها أنت تقترب من النجاح, فلا يوجد نجاح من غير فشل, والنجاح هو تراكم للتجارب الفاشلة, انظر إلى نجاح توماس أديسون مخترع المصباح الكهربائي, لقد حاول أكثر من 900 تجربة غير ناجحة قبل أن يتمكن من اختراع المصباح الكهربائي, لكنه لم يسميها فشلاً إنما اعتبرها مجرد محاولات للوصول للهدف, وإن تراكم هذه التجارب غير الناجحة هو الطريق للنجاح وتعزيز الثقة بالنفس. وإن فشلت عليك أن تحتفل بالفشل كما تحتفل بالنجاح, فالفشل في أي مشروع يحمل في طياته النجاح بالتأكيد. الفشل هو حالة طبيعية لا بد أن يمر بها الجميع, ولا نجاح من غير فشل, والأهم هو ردة فعلنا اتجاه الفشل, فيجب أن ننظر للفشل على أنه درجة من درجات السلم المؤدي إلى النجاح ,وعندما تنظر للفشل بهذه الطريقة الإيجابية فسوف ترفع من ثقتك بنفسك

10- معرفة نقاط قوتك ونقاط ضعفك, والعمل بمهنة تضمن لك استغلال نقاط القوة وتجنب نقاط الضعف والعمل على تعزيزها على المدى الطويل, فمن يتقن اللغة الإنكليزية ويمتلك هذه المهارة عليه العمل في مهنة تمكنه من استغلال هذه المهارة, ومن يمتلك مهارات تواصل جيدة عليه العمل في مهنة تمكنه من استغلال هذه الميزة, في أحد محاضراتي "دورة تدريب المدربين" التقيت بطبيبة في فترة الإستراحة وتبادلت معها أطراف الحديث, فقالت لي: أنا أخطأت في إختيار مهنة الطب لأنها لا تتناسب مع رغبتي, فقلت لها: ألا تعملين في مهنة الطب حالياً: فقالت: أنا اعمل كمشرفة إدارية ولا أمارس مهنة الطب, هل تعلم أن هذه الطبيبة أمضت من حياتها ما يقارب العشر سنوات في دراسة الطب, وهي الآن لا تعمل في هذه المهنة, ببساطة لأنها لم تعرف كيف تتعرف على نقاط قوتها ونقاط ضعفها, فهي ترغب في عمل إداري يمكنها من التواصل اليومي مع الآخرين ,ولم تتمكن من العمل مع الأدوات الجراحية والأدوية والمعدات الطبية, ومعرفة نقاط القوة ونقاط الضعف ضروري جداً عند إختيار تخصص الدراسة في الجامعة, فبعض الأشخاص الذين أعرفهم لم يحسنوا إختيار التخصص الذي يناسب شخصيتهم وهم الآن يعملون في عمل مختلف تماماً عن دراستهم, خلال دراستي الجامعية, سجلت في دورة بعنوان (العلاقات العامة) وكان المحاضر جداً متميز في إلقاء المحاضرة, فسألته عن

إختصاصه فقال أنا طبيب أسنان, فسألته لماذا تعمل في التدريب على المهارات الإدارية وأنت طبيب؟ فقال بأنه لا يحب مهنة الطب, وقد أخطأ عند إختيار هذا الإختصاص, لكنه للأسف إكتشف الخطأ بعد ضياع أكثر من ست سنوات في دراسة طب الأسنان, لذلك عليك معرفة نقاط ضعفك حتى تتداركها ولا تعمل في مهنة تتطلب وجودها, وتعرف نقاط قوتك حتى تبحث عن مهنة تمكنك من إستغلالها وممارستها بشكل يومي, بعض الأشخاص يناسبهم العمل في مهنة فيها جانب إجتماعي وتواصل مع الآخرين, كالمبيعات مثلاً أو خدمة العملاء, وبعض الأشخاص الآخرين لا يحبون العمل ولا يناسبهم العمل بمهنة فيها تواصل مكثف مع الآخرين, إنما يناسبهم العمل في مهنة تمكنهم من العمل بمفردهم بعيداً عن التواصل مع الآخرين. إعرف نفسك, وإعرف ما هي المهنة التي تناسبك وتمكنك من إستغلال ميزتك النسبية وحاول العمل بها لإستغلال ما لديك من إمكانيات, فالخطأ في هذا الموضوع تكلفته مرتفعة جداً, وعندما تتمكن من معرفة نقاط قوتك وتعززها, وتتمكن من معرفة نقاط ضعفك وتطورها أو تتلافاها, وتعمل بمهنة تناسب شخصيتك وإمكانياتك, فإنك بذلك ترفع من ثقتك بنفسك وتقويها. فوجودك في العمل والمهنة الصحيحة يرفع ثقتك بنفسك, أما وجودك في العمل والمهنة الخاطئة سيضعف بلا شك ثقتك بنفسك.

11- الأصدقاء الإيجابيين يعززوا الثقة بالنفس, والأصدقاء السلبيين يضعفوا الثقة بالنفس لما لديهم من نظرة محبطة للحياة, فالأصدقاء السلبيين دوماً ينتقدون كل شيئ ويركزون على نقاط الضعف, فحفاظك على الإيجابية وسط الأصدقاء السلبيين هو أمر صعب, عليك البحث عن أصدقاء إيجابيين يدفعونك إلى الأمام ويركزون على نقاط القوة ويتحدثون بإيجابية, وجودك مع أصدقاء إيجابيين هو أمر ضروري لتعزيز ثقتك بنفسك, فأنت لا بد لك من التواصل مع الآخرين, وعليك الإختيار بين الأصدقاء الإيجابيين أو الأصدقاء السلبيين, وعندما توسع دائرة المعارف من الأصدقاء الإيجابيين ستجد أن الثقة بالنفس سترتفع بشكل ملحوظ, وبنفس الوقت وجود دائرة محيطة بك من الأصدقاء السلبيين سيضعف ثقتك بنفسك بشكل ملحوظ, ولا يمكنك أبداً التساهل في إختيار الأصدقاء لأن أثر هذا الموضوع كبير جداً على ثقتك بنفسك, وإختيارك للأصدقاء الإيجابيين لن يؤدي فقط إلى زيادة ثقتك بنفسك إنما أيضاً سيؤدي إلى تعزيز مهاراتك وإمكانياتك وقدرتك على استغلال الفرص المحيطة, فالكثير من الأشخاص لديهم نصيب جيد من الإمكانيات الكامنة والقدرات الكبيرة, لكن وجود الأصدقاء السلبيين حولهم يمنعهم من إستغلال هذه الإمكانيات

والقدرات, وربما بعض الأشخاص لديهم كل مقومات النجاح, إنما وجود الأصدقاء السلبيين هو الذي يعيق طريقهم نحو النجاح. سينظر إليك الآخرين باحترام عندما يجدون حولك دائرة من الأصدقاء الإيجابيين, فلا تتهاون في اختيار الأصدقاء وابذل كل الجهد اللازم لمرافقة الأصدقاء الإيجابيين. لو إفترضنا أن أحد الأشخاص حاصل على الشهادة الجامعية, ولديه مهارات تواصل جيدة وإمكانيات تؤهله للنجاح, متصالح مع ذاته ومع الله, وإنما هذا الشخص لم ينجح في إختيار الأصدقاء الايجابيين, فهذا السبب سيكون كافٍ لإضعاف كل إمكانياته وتلاشيها, فالأصدقاء السلبيين يبعثون رسائل سلبية تضعف الثقة بالنفس وتجعل منك دائماً ترى النصف الفارغ من الكأس, ومن أجل إيجاد الأصدقاء الإيجابيين إنظر إلى كلماتهم ونظرتهم إلى الأشياء وتفاعلهم معها, فعندما تجد أنهم يتمتعون بالتفاؤل العقلاني ويبحثون عن استغلال الفرص المتاحة ويدفعونك إلى الأمام ويتركون لديك أثراً نفسياً طيباً عند حديثهم معك, فإعرف أنهم أصدقاء إيجابيين, فتمسك بهم وعزز علاقتك معهم, فقضاء الوقت معهم سيرفع ثقتك بنفسك.

12- الإنشغال بمعرفة الكيفية على حساب الإيمان بتحقيق الرؤية والأهداف هو الذي يضعف ويعيق الثقة بالنفس, فلا تسأل نفسك كيف سأحقق رؤيتي وأهدافي, إنما عليك الإيمان بأنك ستصل, الله سيهيئ لك كل الظروف التي ستساعدك على الوصول لتحقيق رؤيتك وأهدافك, فقط عليك الإيمان بأنك قادر على تحقيقها والأخذ بالأسباب اللازمة لتجسيدها على أرض الواقع. في البداية عندما تضع رؤيتك الطموحة وأهدافك الذكية فأنت عندها لا تعرف كيف ستصل إليها, وهذا أمر طبيعي, فبدلاً من التركيز على فكرة "الكيف", ركز على فكرة الشخص الذي تريد أن تكون, وستجد مع الوقت بأن كل الظروف تتحرك من أجل تحقيق رؤيتك وأهدافك, عليك أن تتخذ قراراً بأنك ملتزم بتحقيق الرؤية والأهداف, وأنك ستعيش وفقاً للرؤية التي وضعتها لنفسك, تفكيرك الدائم بـ " كيف " سأحقق الهدف سيعيق وصولك إليه, هذا لا يعني أن لا نضع خطة للوصول, ولكن يعني عدم وجود شك في إمكانية الوصول, الإيمان بتحقيق الرؤية والأهداف هو شرط أساسي لتحقيقها, وكلما زادت درجة إيمانك بتحقيق الرؤية والأهداف ستزيد إمكانية تحقيقها على أرض الواقع, لا تنشغل بـ " كيف " فقط انشغل بوضع الأهداف الذكية والطموحة, وستجد كل ما يجري من حولك سيوصلك إلى تحقيق تلك الأهداف ورفع الثقة بالنفس. أول شيء تفكر به في الصباح يجب أن يكون حلمك وأهدافك, فكر بها في كل يوم على أنها

حقيقة, وعندما تؤمن بها أنها حقيقة, ستجد الجواب على " كيف " وستجد كل ما حولك يتحرك من أجلك ومن أجل تحقيق رؤيتك وأهدافك.

13- تطوير مهارات التواصل ومن ضمنها مهارات لغة الجسد والتحدث يؤثر بشكل كبير على رفع الثقة بالنفس, وسيتم الحديث عن مهارات التواصل بشكل مفصل في الفصل المخصص لها.

14- من الأشياء الهامة التي ترفع الثقة بالنفس هي " التعليم " أو " العطاء " فعندما تعلم شخصاً آخر معلومة أو مهارة أو تساعده على اكتساب ثقته بنفسك, فهذا سيرفع ثقتك بنفسك عالياً , لأن طاقة العطاء هي طاقة إيجابية مرتفعة, فالعطاء يفرح أكثر من الأخذ, لذلك يقول الله تعالى ﴿ مَّثَلُ ٱلَّذِينَ يُنفِقُونَ أَمْوَٰلَهُمْ فِى سَبِيلِ ٱللَّهِ كَمَثَلِ حَبَّةٍ أَنۢبَتَتْ سَبْعَ سَنَابِلَ فِى كُلِّ سُنۢبُلَةٍ مِّا۟ئَةُ حَبَّةٍ ۗ وَٱللَّهُ يُضَٰعِفُ لِمَن يَشَآءُ ۗ وَٱللَّهُ وَٰسِعٌ عَلِيمٌ ﴿٢٦١﴾ ﴾ البقرة 261, هذا يعني أن الله يحضنا على مساعدة الفقراء والمحتاجين, عندما نعطي المال للفقراء والمحتاجين كأننا أقرضنا الله عز وجل, والله غني عن ذلك, حتى الأموال التي معنا نحن مؤتمنين عليها وهي ملك لله تعالى, إنما يريد الله تعالى أن يعلمنا ضرورة إعطاء المال للفقراء والمحتاجين وأنه سيردها لنا أضعاف مضاعفة, وبلا أدنى شك هذا الفعل سيترك أثراً عظيماً لدى المعطي وسيشعر بثقة عالية بنفسه لأن الله تعالى وعده برد دينه أضعافاً مضاعفة وله أجر كريم, فطاقة العطاء هي طاقة مرتفعة جداً, في كل مرة تجد نفسك قادراً على العطاء, استغل الفرصة وأعط من قلبك كل ما تستطيع, فهذا أثره كبير جداً على نفسك البشرية, وأجره كبير عند الله تعالى, عندما تساعد محتاجاً, وعندما تعلم شخصاً, وعندما تجبر بخاطر شخص ما, وعندما تعطي المال للمحتاج, وعندما تساعد شخص ما على قضاء حاجاته, فأنت ترفع ثقتك بنفسك عالياً جداً, لأنك تعطي, فمن يعطي المال يفرح أكثر من آخذ المال, ومن الأعمال الهامة التي تجسد طاقة العطاء هي المشاركة في الأعمال التطوعية والخيرية, فأثرها عظيم جداً في رفع الثقة بالنفس, في عام 2016 شاركت في عمل تطوعي, قدمت محاضرة على شكل كلمة تحفيزية للأطفال المصابين بمرض السرطان, حضر الأطفال المصابين وحضرت معهم عائلاتهم, لا أستطيع وصف فرحتي كيف كانت عندما رأيت البسمة على وجوه الأطفال, وهذا بلا شك رفع ثقتي بنفسي, وترك أثراً جميلاً لا زال باقياً حتى الآن. ابحث كل يوم عن عمل فيه عطاء, ووفق أحدث نظريات التعليم فإن أفضل طريقة لاكتساب المعلومة هو تعليمها للآخرين, فعندما تعمل على إكساب الآخرين ثقتهم

بأنفسهم فهذا سيزيد من ثقتك بنفسك, فتعليم المعلومة يعتبر أفضل طريقة لإكتسابها, لأنك لن تكون قادرا على تعليمها إن لم تكن أنت أولاً قد أتقنتها, ففاقد الشيئ لا يعطيه.

15- الثقة بالنفس تكتسب وليست فطرية, للأسف البعض يعتقد أن الثقة بالنفس فطرية, ومهما بذل الشخص من جهد لتطويرها فإنه لن يستفيد شيئاً لأنها تتحدد منذ الولادة وهي صفات ثابتة لدى الإنسان لا يمكن تطويرها أو تعزيزها, هذه القناعة الخاطئة تجعل من بعض الأشخاص الذين يفتقدون للثقة بالنفس لا يعملون أي شيء لتطويرها لقناعتهم أن تطويرها غير ممكن, إنما الحقيقة أن الثقة بالنفس تقوى وتضعف, ويمكن للإنسان التحكم بمستواها ويمكن إكتسابها ورفع مستواها من خلال تطبيق الطرق المذكورة لتقويتها, ومن خلال امتلاك المعلومات, ومن خلال التصالح مع الذات ومع الله ومع الآخرين, وإدارة مكونات النفس البشرية من عقل وجسد وروح بطريقةٍ حكيمة رشيدة.

16- الخروج من دائرة الزمن يؤدي إلى انخفاض الثقة بالنفس, والعيش ضمن دائرة الزمن يعني ارتفاع الثقة بالنفس. بعض الأشخاص يتركز معظم تفكيرهم في الماضي, وبعض الأشخاص يفرط في التفكير في المستقبل ومعظم وقته قلق ويفكر في المستقبل, وأشخاص آخرين تفكيرهم في الماضي والمستقبل محدود إنما يتركز معظم تفكيرهم حول الحاضر ويعيشون اللحظة الحالية بكل تفاصيلها. برأيكم أي نوع من الأنواع السابقة هو الأفضل؟ الماضي ذهب ولن يعود ويجب عدم التفكير به إلا لأخذ الدروس والعبر والاستمتاع بالذكريات, وتفكيرنا بالماضي يجب أن لا يتجاوز 5% من وقتنا, أما المستقبل فإنه لم يأت بعد, إنما تفكيرنا به يجب أن يقتصر على نشاط التخطيط فقط, وبما لا يتجاوز 10-15% من وقتنا, معظم وقتنا بما يقارب نسبة 80% تقريباً يجب أن يتركز على الحاضر, فكر باللحظة الحالية, عش اللحظة الحالية بكل تفاصيلها, فإذا صلحت اللحظة الحالية فسوف تصلح اللحظة التي بعدها, دائرة الزمن الحقيقية هي الحاضر, كن مندمجاً مع اللحظة التي تعيشها بكل أبعادها واستمتع بها, فإذا أصلحت حاضرك, فبالتأكيد سينصلح المستقبل, هل تعلم أن السبب الأول لانتشار ظاهرة القلق عبر العالم هو الخروج من دائرة الزمن, الكثير من الأشخاص للأسف يفسدون لحظتهم الحالية ويقلقون دائماً حول المستقبل, فهم في هذه الحالة, قد أفسدوا الحاضر والمستقبل, أما عندما يهتمون باللحظة الحاضرة فإنهم بذلك كسبوا الحاضر وبالتأكيد المستقبل لأن صلاح المستقبل مرهون بصلاح الحاضر, البعض يقول أن التفكير بالمستقبل ضروري من

أجل الاستعداد له, هذا الكلام صحيح, خصص من وقتك كل يوم 10-15% لتضع خطة عملك لليوم التالي أو الأسبوع القادم وخصص بعض الوقت للتفكير بما ستقوم به, وعند الإنتهاء من وضع الخطة, إرجع للحاضر على الفور وأوقف التفكير بالمستقبل. بعض المتدربين الذين حضروا معي بعض الدورات التدريبية ناقشت معهم هذه الفكرة, وكانوا يعانون من التشتت والقلق والتوتر الدائم, فطلبت منهم ان ينظروا بحيادية إلى لحظتهم الحاضرة, فسألت أحدهم: كيف تمضي وقتك خلال اليوم؟ فأجاب أمضي معظم وقتي في المكتب وأتواصل مع العملاء, فسألته: هل وجودك في المكتب وتعاملك مع العملاء هو أمر مقلق ومسبب للتوتر؟ فأجاب: لا, وعند نهاية حديثي معه, اكتشفت أنه يمضي معظم وقته في التفكير في المستقبل وهو دائم التخوف منه, وهو بهذه الطريقة أفسد الحاضر , وبالتأكيد لم يكسب المستقبل, سر بقائك داخل دائرة الزمن هو تكريس معظم وقتك للتفكير باللحظة الحاضرة بكل تفاصيلها وأبعادها, وخروجك من دائرة الزمن يعني أنك جسدياً موجود في المكان أما فكرياً فأنت في مكان آخر, وبقاؤك ضمن دائرة الزمن يعني أنك موجود جسدياً وفكرياً في نفس المكان. الخروج من دائرة الزمن يضعف الثقة بالنفس إلى حدودها الدنيا, أما البقاء داخل دائرة الزمن يعني الحفاظ على الثقة بالنفس. وعندما تروض نفسك على التفكير باللحظة الحاضرة والاستمتاع بها, ستجد أن اللحظات القادمة هي شبيهة باللحظة الحالية, فالرضا يجذب الرضا والحزن يجذب الحزن, سوف تفاجئ بالتغيير الذي سيحدث عندما تهتم فقط بالحاضر وتهمل الماضي وتخطط للمستقبل, أما خروجك الدائم من دائرة الزمن يعني أنك كل يوم تضعف ثقتك بنفسك وتسبب لها مزيداً من الجمود والتوتر والقلق, البقاء والعيش ضمن دائرة الزمن لا يعني فقط تعزيز الثقة بالنفس, إنما يعني أيضاً الإبداع والنجاح في العمل والعلاقات الإجتماعية والشعور بالرضا, البقاء ضمن دائرة الزمن يعني مزيداً من التركيز والاستمتاع بالحياة وطرد للخوف والقلق, لا يستطيع أحد إخراجك من دائرة الزمن إذا لم تقرر أنت الخروج بنفسك, ولا يستطيع أحد إبقاؤك ضمن دائرة الزمن إذا لم تقرر أنت البقاء فيها, فهذا قرار ذاتي محض يعتمد على مدى قدرتك على التحكم بأفكارك, بقاؤك أو خروجك من دائرة الزمن هو الذي يحدد علاقتك بالزمن, فالعلاقة بين الإنسان والزمن علاقة جوهرية أساسية محورية في إدارة ذاته, ولا يمكنه أبداً الحديث عن إدارة النفس البشرية في حال عدم تحقيق العلاقة الصحيحة والتزامن الصحيح بينه وبين الزمن, فالزمن هو عنصر حيادي, إنما نظرتنا إلى الزمن وشكل علاقتنا به, هي من يجعل منه صديقاً لنا أو عدواً لدوداً

يسبب المشاكل والعقد. إبدأ من الآن بتعويد نفسك على البقاء ضمن دائرة الزمن, روض نفسك أن تعيش اللحظة الحالية وتستمتع بها, ولا تجعل تفكيرك بالمستقبل يفسد عليك الحاضر, وإن وقعت بهذا الفخ, ستمضي معظم حياتك في قلق حول المستقبل, توكل على الله, وكن واثقاً أن الله سيجلب لك الخير والسلام لأنه هو السلام, وكل الشر في حياتك هو بسبب تصرفاتك وسلوكك وإدارتك. إذا كنت في عملك حاول أن تستمتع بالعمل, حاول أن تحب العمل, وإذا كنت مع أصدقائك استمتع بالحديث معهم, وإذا كنت مع أسرتك فكر بشؤون الأسرة لا تفكر بالعمل أو الأصدقاء, فإذا كنت مع الأسرة وأنت تفكر بالعمل أو العكس, عندها تكون قد خرجت من دائرة الزمن وأضعفت ثقتك بنفسك. عندما تبدأ بالدخول الحقيقي لدائرة الزمن ستلاحظ كل من حولك بدأ يستمتع بوجودك ويرغب بالتواصل معك.

17- الثقة بالنفس لها مؤشرات, وعليك العمل على تقوية المؤشرات التي تدل على ضعف الثقة بالنفس, وإليك أهم المؤشرات الخاصة بالثقة بالنفس:

- عندما تفعل الشيئ الذي أنت مقتنع به, بغض النظر لو سخر منك الآخرون أو لم يكونوا مقتنعين بما تفعل, فهذا يدل على وجود ثقة عالية بالنفس, أما إذا كانت تصرفاتك وأفعالك تتم وفق ما يريده ويعتقده الآخرون فهذا يدل على ثقة منخفضة بالنفس
- عندما ترغب ان تتحمل مخاطر من أجل تحقيق أهدافك وتقوم بإنجاز أعمال إضافية من أجل الوصول إليها, فهذا يدل على ثقة عالية بالنفس, أما عندما تفضل البقاء في منطقة الراحة الخاصة بك وتخاف من الإخفاق, وتتجنب تحمل المخاطر فهذا يدل على ثقة منخفضة بالنفس.
- الاعتراف بالخطأ والتعلم منه يدل على ثقة عالية بالنفس, أما تغطية الاخطاء وعدم الإعتراف بها يدل على ثقة منخفضة بالنفس

18- وجود شريك في حياتك, فإذا كنت رجلاً فالمقصود هو الزوجة, وإن كنتِ سيدة فالمقصود هو الزوج, فوجود الشريك المناسب في حياتك سيرفع الثقة بالنفس, ووجود الشريك غير المناسب سيضعف الثقة بالنفس, الشريك المناسب هو الشريك الذي تنسجم معه أو تنسجمين معه فكرياً وجسدياً, ولا يمكن للعلاقة أن تكون متوازنة وصحيحة ما لم يتوفر هذين الشرطين (التوافق الفكري والجسدي) , فالشريك هو الذي يعيش معك تحت سقف واحد, وتمضي معه الوقت الأكبر من يومك, ولا يمكنك أبداً تجاهل تأثيره عليك أو تأثيرك عليه, فالتأثير المتبادل موجود وقائم يومياً, فإن كان الشريك إيجابياً متفائلاً فالعدوى ستنتقل إليك, وإن كان

الشريك سلبياً متشائماً فالعدوى ستنتقل إليك أيضاً, كل ما سبق ذكره حول إدارة الذات والثقة بالنفس يمكنك تطبيقه تماماً لو كنت لوحدك, إنما وجود شريك معك يجعل تطبيقه إما أسهل أو أصعب, فلا يمكن أبداً تجاهل الشريك في إما تعزيز ثقتك بنفسك أو إضعافها, المقصود بالتوافق الفكري هو قدرة الشريكين على تبادل أطراف الحديث وإدارة الحوار وتبادل الأفكار حول موضوع ما, وعند وجود الإنسجام أو التوافق الفكري فهذا من شأنه تعزيز الثقة بالنفس لدى الطرفين, وغياب التوافق الفكري سيؤدي إلى وجود طاقة سلبية في المكان ويعطل التفكير الإيجابي ويمنع أي فرصة للنجاح, فغياب التوافق الفكري غير مقبول أبدأ بين الشريكين, تم الحديث سابقاً عن التأثير الإيجابي للأصدقاء الإيجابيين على الثقة بالنفس والتأثير السلبي للأصدقاء السلبيين على الثقة بالنفس, وتم الآن تخصيص فقرة خاصة حول أثر وجود الشريك على ثقتك بنفسك لأن أثره يفوق أثر كل الأصدقاء والأشخاص الآخرين الذين تتواصل معهم, فمن المفترض أن يفضي كل شريك للآخر بأسراره ويشاركه تفكيره ويتبادل معه الأفكار حول المواضيع المختلفة, والإنسان بحاجة لوجود شريك, ومن الصعب عليه جداً أن يكمل مشوار الحياة من غير شريك, وهذه هي سنة الحياة, يقول الله تعالى في كتابه الكريم ﴿ يَٰٓأَيُّهَا ٱلنَّاسُ إِنَّا خَلَقۡنَٰكُم مِّن ذَكَرٖ وَأُنثَىٰ وَجَعَلۡنَٰكُمۡ شُعُوبٗا وَقَبَآئِلَ لِتَعَارَفُوٓاْۚ إِنَّ أَكۡرَمَكُمۡ عِندَ ٱللَّهِ أَتۡقَىٰكُمۡۚ إِنَّ ٱللَّهَ عَلِيمٌ خَبِيرٞ ١٣ ﴾ الحجرات 13, فالعيش يتطلب الشراكة, وهذه الشراكة إما ان تكون على أساس قاعدة رابح-رابح أو رابح-خاسر أو خاسر-رابح أو خاسر-خاسر, وأفضل هذه الانواع هي علاقة رابح – رابح أي علاقة منسجمة متكاملة فيها إنسجام فكري وجسدي بين الطرفين مما يزيد الثقة بالنفس, والعلاقات الأخرى هي علاقات مرضية تؤذي الشريكين وتسبب ضعف الثقة بالنفس للطرفين. كثير من الأشخاص لديه كل مقومات النجاح وتحقيق الاهداف لكن شريكه أو شريكته هو عامل سلبي مثبط يبطئ من خطواته ويجعل حياته أصعب, وأشخاص آخرين إمكانياتهم بسيطة ومؤهلاتهم للنجاح محدودة, لكنهم يمتلكون الشريك المناسب الذي يسرع الخطوات نحو النجاح وتحقيق الأهداف, وكلما كانت العلاقة باتجاه رابح – رابح فالثقة بالنفس سترتفع, وإذا كانت العلاقة رابح-خاسر أو خاسر-رابح, فالثقة بالنفس ستضعف لدى الطرفين بغض النظر من هو الرابح ومن هو الخاسر, أما علاقة خاسر-خاسر فبكل تأكيد ستضعف الثقة بالنفس لدى الطرفين وهذه العلاقة مهددة بأي وقت أن تتلاشى أو تتفكك. أما الإنسجام او التوافق الجسدي فهو يتمثل في مدى تقبل كل شريك لجسد الآخر, وعندما يوجد توافق

جسدي عالي بين الطرفين فهذا من شأنه أن يسبب إرتياح جسدي وفكري للطرفين لأن الدماغ سيفرز هرمون السيروتونين الذي يساعد على تعديل المزاج والتفكير الإيجابي, أما التوافق الجسدي الضعيف فمن شأنه أن تسود حالة من التوتر بين الطرفين, لأن حاجة الإنسان للجنس هي حاجة فطرية لا يمكن تجاهلها لا من قبل الذكر ولا من قبل الأنثى, فالتوافق الجسدي والإنسجام الجسدي بين الشريكين يحفز الجسد لإفراز هرمون السيروتونين الذي يعدل المزاج ويفعل الإيجابية لدى الطرفين وبالمحصلة سيرفع الثقة بالنفس للشريكين. ومن المعلوم أن النجاح خارج البيت يتطلب راحة داخل البيت, والشخص الذي هو غير مرتاح داخل منزله, لو بحث عن الراحة خارجه فلن يجدها, لأن النجاح والراحة النفسية تبدا من البيت اولاً, والتوافق الجسدي هو سبب للراحة داخل البيت وبالتالي سيكون سبباً للنجاح خارج البيت. التوافق الفكري والجسدي بين الشريكين يظهر أثره على تربية الأولاد , فالزوج الذي يحب زوجته فكرياً وجسدياً, والزوجة التي تحب زوجها فكرياً وجسدياً, سينعكس ذلك على محبتهما للأولاد والإهتمام بهم, فمن الصعب أن يقوم الزوج أو الزوجة بواجبهما اتجاه الاولاد في حال غياب التوافق بينهما, وإن السبب الأول لعدم الإهتمام بتربية الأولاد هو غياب التوافق الفكري أو الجسدي أو كليهما معاً. وهذا التوافق هو مسؤولية مشتركة, مهما حاول أحد الطرفين خلق التوافق مع عدم وجود الرغبة للطرف الآخر فمحاولته لن تجدي نفعاً, إنما يجب على الطرفين إدراك مسؤوليتهم المشتركة والعمل نحو تعزيز التوافق بشقيه الفكري والجسدي.

19- الثقة بالنفس ترتفع مع العمل وتنخفض مع كونك عاطلاً عن العمل, الشعور بالإنجاز يرفع الثقة بالنفس عالياً, فمن يعمل وينجز شيئاً كل يوم ستجد أن ثقته بنفسه أفضل ممن لا يعمل, على عكس المفهوم السائد أن العمل متعب وشاق, فحقيقة العمل أنه يرفع الثقة بالنفس ويعزز من فرص النجاح, قيمة العمل مرتفعة جداً, ولا معنى لحياة الرجل أو المرأة لولا وجود العمل, فعندما يمر عدة أيام ويشعر الشخص أنه لم ينجز شيئاً فهذا يجعله يشعر بإنخفاض تقدير الذات, وأفضل علاج له هو تكليفه بمهمة عمل أو أن يكلف نفسه بمهمة عمل وينجزها, عندها سيرتفع تقديره لذاته وسترتفع ثقته بنفسه, عندما تعمل تشعر بأهمية وجودك, وعندما تعمل تشعر بالإنجاز, والشعور بالإنجاز يرفع الثقة بالنفس, في بعض الاحيان عندما أشعر بمعنويات منخفضة وأن ثقتي بنفسي بدأت تتراجع عندها أكلف نفسي بمهمة عمل, حتى لو أني أصلحت شيئاً في المنزل أو كتبت مقالة أو جهزت مادة تدريبية,

أو أي شيء آخر, المهم أن أعمل, وبعد إنجاز مهمة العمل أشعر بارتياح واسترداد لمفهوم الثقة بالنفس, فضغط العمل هو أفضل بكثير من شعور البطالة, حتى لو كان العمل صعباً ويحتاج لوقت وجهد فهذا أفضل بكثير من كونك عاطلاً عن العمل, لأن الفراغ يولد الأفكار السلبية والعصبية والتوتر, وأكثر ما يعاني هذه المشاكل هم المتقاعدون لأنهم اعتادوا على تقدير أنفسهم فهم كانوا يعملون, أما الآن لا يعملوا, فتجد أن تقديرهم لذاتهم انخفض وظهر الإحساس بقيمة العمل وأهميته, العمل والشعور بالإنجاز يرفع الثقة بالنفس, وعند إنجازك لشيء لم يسبق لك إنجازه ستجد الثقة بالنفس تحلق عالياً بسبب الطاقة المتولدة عن الشعور بالإنجاز, وعدم إتقانك لعملك في المقابل يولد الشعور العكسي وهو جلد الذات واللوم وهذا يسبب انخفاضا ملحوظاً في مستويات الثقة بالنفس. من لديه قيمة مرتفعة للعمل تجده قد إعتاد على العمل وروض نفسه عليه, فالفراغ بالنسبة إليه غير مقبول أبداُ, لأنه يعرف تمام المعرفة أن الفراغ قاتل, لذلك تجده منذ الصغر اعتاد على العمل ويستمتع به, ولا يخشى عليه من إنخفاض الثقة بالنفس الناتجة عن عنصر العمل, لذلك من الأفضل أن ندرك قيمة العمل, ونعود أنفسنا على العمل اليومي, فالراحة الحقيقية هي شعورك بالإنجاز الذي يأتي عن طريق العمل, ونبدأ بتعليم أولادنا على قيمة العمل, فإدراكهم لقيمة العمل هو أهم شيء يمكن تقديمه لهم, وهو أهم بكثير من المال أو أي شيء آخر, فبدلاً من أن تعطيني سمكة كل يوم.. علمني الصيد حتى أعتمد على نفسي, عندما نزرع لدى أطفالنا قيمة العمل ستبقى هذه القيمة موجودة معهم لبقية حياتهم وستكون حصناً لهم وسترفع ثقتهم بأنفسهم. والتأجيل هو العدو اللدود للشعور بالإنجاز, فعندما تبدأ بإنجاز شيء ما فعليك إكماله, لأن التأجيل الدائم يعيق الشعور بالإنجاز, فعندما لا يكون هناك مبرر للتأجيل فلا تؤجل فعل الأشياء, وعندما تتخلص من عادة التأجيل سوف يتعزز لديك عادة الشعور بالمسؤولية, وبشكل تلقائي سوف تزيد من إمكانية تحقيق الشعور بالإنجاز من خلال العمل.

20- الثبات والسكون يعيق الثقة بالنفس, أما الحركة والتغيير فتعزز الثقة بالنفس, " الثابت الوحيد في هذا الكون هو المتغير " كل شيء يتغير باستمرار, والتغيير ظاهرة صحية لو تمت بتحكم ووعي, بعض الناس تخاف من التغيير وتعتبره ظاهرة مؤذية, وبالأحرى تخاف من الخروج خارج منطقة الراحة Comfort Zone, المنطقة التي اعتاد الإنسان العيش بداخلها, فإذا اعتاد شخص ما على العمل بمهنة محددة والسكن بمكان معين, واتبع روتيناً معيناً في قضاء وقته, فعندما يعرض عليه أي تغيير فهو

يخاف من هذا التغيير, ويفضل البقاء داخل منطقة الراحة التي اعتاد عليها, هذا الخوف التلقائي من التغيير غير مبرر ويحرم صاحبه من أي فرصة لتعزيز الثقة بالنفس وخوض تجارب جديدة, فالثقة بالنفس هي شعور تمتلكه, وحتى تحصل على هذا الشعور, يجب أن تمتلك الشجاعة بحيث تقدم على التغيير لأنه سنة كونية, فالماء الراكد هو ماء آسن غير قابل للشرب أما الماء المتدفق فهو ماء عذب صالح للشرب, أنت تشبه الماء, فإن أصبحت راكداً ولم يكن هناك تغيير في حياتك ستصبح كالماء الراكد سوف تتقادم ولن تستطيع مواكبة ما يجري من حولك, أما إذا كنت تغير باستمرار وتخوض تجارب جديدة وتجرب أشياء جديدة فهذا سيكسبك المزيد من الثقة بالنفس, الثقة بالنفس لا يمتلكها الإنسان الذي يخاف من التغيير, الثقة بالنفس هي صفة يتمتع بها الشخص الشجاع, وأحد أوجه الشجاعة هو الإقدام على التغيير المدروس المفيد الرشيد العقلاني وعدم الخوف منه, فالثقة بالنفس لا يمكن أن توجد لدى شخص خائف يخشى التغيير. نحن الآن نعيش عصر المعلومات, فكل يوم يظهر ما يقارب 20000 اختراع على مستوى العالم في شتى المجالات, وكمية المعلومات التي يتم طباعتها في اليوم الواحد, أنت تحتاج ما يقارب الـ 50 سنة لقرائتها فقط, فحجم التسارع الآن كبير جداً, وعليك مواكبة ما يجري من حولك, والاستعداد الدائم للتغيير, فإذا كانت الفائدة المتوقعة من التغيير أكبر من حجم المخاوف من التغيير, عندها سيتم التغيير بطريقة سلسة إنسيابية مفيدة لصاحبه, وعندما يكون حجم المخاوف من التغيير أكبر من الفائدة المرجوة منه عندها لن يحدث التغيير بسبب عدم وجود الشجاعة الكافية للبدء بعملية التغيير وستحرم نفسك من فرصة اكتساب المزيد من الثقة بالنفس, لقد كانت مهمة الأنبياء المرسلين عليهم السلام جميعاً هي التغيير, والتغيير يشمل كافة الجوانب في الحياة, كالتغيير في طريقة عملك, التغيير في علاقاتك مع الآخرين, التغيير في كيفية قضاء وقتك, التغيير في مكان إقامتك, التغيير في نمط الحياة ....إلخ , كل ما وجدت فرصة للتغيير الإيجابي المدروس فلا تتردد أبداً فهذا سيكسبك المزيد من الثقة بالنفس. الثبات على ما أنت عليه والسكون لن يساعد أبداً على بناء الثقة بالنفس, لأن سنة الحياة هي التغيير, عود نفسك أن تنظر بإيجابية إلى التغيير, وتستغل كل الفرص المتاحة.

كل الأسباب السابقة تؤدي إلى تعزيز الثقة بالنفس, وينبغي التذكير إلى ضرورة عدم الإفراط في الثقة بالنفس, فالإفراط في الثقة بالنفس يشبه تماماً ضعف الثقة بالنفس,

الإفراط في الثقة بالنفس هي أن تتوهم أن الثقة بالنفس موجودة من غير الإستناد إلى أي مبرر منطقي لوجودها, ومن غير الإستناد إلى أي سبب من الأسباب السابقة, فعندها ستكون ثقة بالنفس غير عقلانية وغير رشيدة, وستؤدي إلى نتائج عكسية غير النتائج التي تحققها الثقة بالنفس العقلانية والرشيدة, فإحذر من إصطناع الثقة بالنفس, فتوهم الثقة بالنفس يكتشف بسهولة من قبل الآخرين, ومظاهره تشبه مظاهر ضعف الثقة بالنفس, الثقة بالنفس يجب أن تكون حقيقية مستندة إلى إيمان بقدراتك ومستندة إلى الأسباب السابقة والأهم مستندة إلى معلومات ومعرفة. فتوهم الثقة بالنفس واصطناعها سيؤدي إلى ولادة ثقة بالنفس معاقة لن تفيد صاحبها بشيء وستفشل عند أول إختبار.

الثقة بالنفس لا يمكن بناؤها بمعزل عن إحترام الذات, فيجب خلق إحترام الذات أولاً, ثم بناء الثقة بالنفس ثانياً, ومن أهم الأسئلة التي يمكن أن تفيد في معرفة وجود إحترام الذات من عدمه ما يلي:

1- هل تحب نفسك ؟ (المقصود بالحب هو الإحترام وليس النرجسية)
2- هل أنت متصالح مع ذاتك وراضٍ عنها ؟
3- هل ترغب بالتخلص من نقاط ضعفك ؟
4- هل تظن أنك عديم الفائدة؟
5- هل تظن أنك غير محبوب من قبل الآخرين ؟
6- هل تعتقد نفسك أنك أقل مرتبة من الآخرين ؟
7- هل لديك الثقة الكافية لتحقيق أهدافك ؟
8- هل ترفض أن تجرب أي فكرة جديدة نتيجة وجود الخوف لديك؟

إذا كانت إجابتك سلبية على أي سؤال من الأسئلة السابقة فهذا يعني وجود ضعف في مفهوم إحترام الذات, ومن الأفضل البدء ببناء مفهوم إحترام الذات قبل البدء ببناء مفهوم الثقة بالنفس, فعند البدء ببناء مفهوم الثقة بالنفس حاول أن تكون جميع الإجابات عن الأسئلة السابقة إيجابية, فهذا يعتبر أفضل تمهيد للبدء ببناء مفهوم الثقة بالنفس.

مبادئ إدارة الذات _ التواصل

مهارات التواصل هي صفات ومهارات شخصية تمكن صاحبها من نقل أفكاره للآخرين, والتعبير عن رأيه وموقفه اتجاه الأحداث المختلفة, وتمكنه من إستخدام أساليب التخاطب المختلفة, ونقل المعلومات من وإلى الآخرين بطريقة فعالة.

أثبت الواقع أن أكثر من 80% من المشاكل التي تحدث بين الأشخاص سببها مهارات التواصل, بين الزوج والزوجة, بين الموظف ورئيسه في العمل, أو بين أي شخصين آخرين, ومن هنا تأتي الضرورة القصوى لتعلم مهارات التواصل وإتقانها, لأنها تساعد في التقليل إلى حدٍ كبير من المشاكل وسوء الفهم بين الأشخاص.

مهارات التواصل هي أهم المهارات التي يجب على الأشخاص تعلمها لما لها من أثر كبير في نجاحهم وجودة حياتهم, وتعتبر أحد مبادئ إدارة الذات, وبنفس الوقت هي أهم المهارات الضرورية لجميع الأشخاص من رجال ونساء وموظفين وتجار وغيرهم, حيث أن دورة " مهارات التواصل " هي أكثر دورة مطلوبة في قطاع الأعمال, وفي كل دورة تدريبية دربتها سابقاً حول تطوير الذات كان لمهارة التواصل وجود ضمن المحتوى الخاص بهذه الدورة, وكان تفاعل المتدربين ملفتاً للانتباه, وبعد انتهاء الدورة وعند قياس الأثر التدريبي تم ملاحظة انعكاس أثر الدورة على سلوك المتدربين ونجاحهم في أداء أعمالهم.

مهارات التواصل هي مبدأ رئيسي مهم من مبادئ إدارة النفس البشرية, فلو كنت تمتلك كل إمكانيات النجاح وإدارة الذات وبنفس الوقت لديك ضعف في مهارات التواصل, فإن طريقك سيكون صعباً, وربما إفتقارك لهذه المهارة يكون سبباً في كثير من الإختناقات والمشاكل في حياتك, فالإنسان هو كائن إجتماعي بطبيعته, ولا يمكنه العيش بمفرده, وهناك حاجة ماسة للتواصل مع الآخرين كل يوم, وجودة التواصل مع الآخرين لها أثر كبير في تحقيق الأهداف المرجوة من هذا التواصل.

النجاح في التواصل مع الآخرين يعني زواج أكثر نجاحاً, وكسب مزيد من الأموال, وتحسين أداء العمل, والتفوق في الدراسة والكثير من المنافع الأخرى في شتى جوانب الحياة.

ثقافة إدارة الحوار, وإستخدام لغة الجسد, والقدرة على ترجمة الأفكار ونقلها إلى الآخرين, القدرة على التأثير في سلوك الآخرين, تقبل آراء الآخرين, استخدام النقد الإيجابي مع الآخرين وتقبل النقد, إستخدام التعابير المناسبة والصوت المناسب والسرعة المناسبة عند الحديث مع الآخرين, حسن الإستماع للآخرين والإنسجام معهم, القدرة على صياغة موقف موحد, و تقليل

المشاكل بين الأشخاص إلى الحد الأدنى, كل ما سبق يتم تحقيقه بإيجابية من خلال التعلم الصحيح والتطبيق لمهارات التواصل الفعال.

المادة الخام للتواصل هي اللغة, فأنت عندما تتواصل مع الآخرين تستخدم اللغة لنقل أفكارك للآخرين, والآخرين يستخدمون اللغة لنقل أفكارهم إليك, حتى عندما تتواصل مع ذاتك من خلال عملية التفكير أو ما يعرف بالمونولوج (حديث المرء مع نفسه) فأنت تستخدم اللغة في هذه العملية, فمعرفتك عن اللغة هامة جداً لإتقان عملية التواصل مع الذات ومع الآخرين, فاللغة هي الأداة التي يتم من خلالها ترجمة الأفكار, ومن أهم خصائص اللغة:

- اللغة وهمية وليست حقيقية: فكلمة (قلم) تتألف من حرف القاف واللام والنون, وإجتماع هذه الأحرف الثلاثة مع بعضها يشير إلى معنى يصف الاداة المستخدمة في الكتابة, فاللغة هي من صنع الإنسان, إضافةً إلى أن المتحدث يمكنه تعديل المعنى على حسب السياق, فعندما يقول كلمة (جميل) فربما يقصد بها كلمة (جيد) أيضاً, فاللغة تفتقر إلى الدقة المطلوبة في توصيل الأفكار وترجمتها ونقلها إلى الآخرين.
- اللغة مقيدة: حتى لو كنت بارعاً في استخدام اللغة ومهارات التواصل, فلن تستطيع نقل الفكرة كما هي في ذهنك للآخرين بنسبة 100%, لأن بعض المعاني ستفقد خلال الترجمة من العقل إلى اللسان, والهدف الرئيسي لمهارة التواصل هو إتقان عملية الترجمة بين العقل واللسان أو العقل واليد حتى يتمكن الإنسان من التعبير عما يريد بأفضل طريقة ممكنة.
- اللغة مجردة: يعني أن دلالة المفردة لا تعني شيئاً محدداً بذاته, إنما تعني معنى عام, فمثلاً كلمة (طاولة) ربما تعني طاولة بطول 2م أو طاولة بطول 1 م , ربما تعني طاولة مصنوعة من الخشب أو طاولة مصنوعة من البلاستيك المقوى أو الحديد, كذلك بقية المفردات في اللغة هي مفردات مجردة لا تعني شيئاً محدداً بذاته, وكون اللغة مجردة هذا من شأنه أن يزيد نسبة الفقد أثناء عملية الترجمة من العقل إلى اللسان أثناء الحديث أو من العقل إلى اليد أثناء الكتابة, وهذا من شأنه أن يجعل اللغة ليست مثالية في عملية التواصل إنما تعاني من بعض المشاكل التجريدية, لذلك عند اهتمامك بعملية التواصل بإمكانك استخدام وسائل أخرى غير اللغة مثل الصور ولغة الجسد.
- اللغة إبداعية: فيمكن للمتحدث أن يستخدم عدة مفردات للدلاة على نفس المفهوم, فيمكن استخدام كلمة (تسلية) أو (ترفيه) أو (استراحة) للإشارة إلى نفس المعنى, فيمكن للمتحدث أن يبدع في استخدام اللغة, وهناك بعض الأشخاص

يمتلكون هذه المهارة, فعندما تستمع إليهم تشعر وكأنك تشاهد فلماً سينمائياً, فهؤلاء الأشخاص يعرفون متى وأين وكيف يستخدمون المفردات بالطريقة المناسبة.

التواصل يحدث بين طرفين أ و ب , وهو عبارة عن نقل الرسالة من أ واستلامها من قبل ب, أي لا بد من وجود طرفين في عملية التواصل, وجوهر التواصل هل نقل رسالة (الفكرة)

يقول علماء الفيزياء الكمية: إن سبب عدم تحقيق الإنسان للأشياء التي يطمح إلى تحقيقها هو " اللغة " , لأن اللغة هي المادة الخام للتفكير, ولا يمكن لأي شيء أن يتجسد على أرض الواقع إلا أن يبدأ كفكرة في الدماغ, وكلما كانت اللغة لديك أفضل ومفردات أوسع كلما كان نطاق التفكير أوسع ,وعندما يكون نطاق التفكير أوسع, عندها سيكون الاحتمال أكبر لتحقيق أشياء على أرض الواقع, لأن التفكير سيصبح أفضل عندما تتحسن المادة الخام للتفكير, والتفكير هو بداية تجسيد الأشياء على أرض الواقع.

يقول الله تعالى في سورة الكهف 109 ﴿ قُل لَّوْ كَانَ ٱلْبَحْرُ مِدَادًا لِّكَلِمَٰتِ رَبِّى لَنَفِدَ ٱلْبَحْرُ قَبْلَ أَن تَنفَدَ كَلِمَٰتُ رَبِّى وَلَوْ جِئْنَا بِمِثْلِهِۦ مَدَدًا ۝١٠٩ ﴾, وهذه الآية فيها تحدي من الله للإنسان وفيها دلالة جداً مهمة, التحدي يكمن في أن الإنسان لو حاول أن يحصي كلمات الله تعالى (اللغة) لما استطاع, حتى لو استخدم البحر حبراً لكتابة هذه الكلمات فإنه لن يستطيع وسينفد البحر, ولو جاء ببحر آخر سينفد البحر الآخر أيضاً, وهذا فيه دلالة واضحة على أهمية اللغة, وإن معرفة الإنسان باللغة هي معرفة محدودة. لو تأملنا في كتاب أفلاطون " المدينة الفاضلة " أو كتاب أرسطو " المقولات" لوجدنا ان معظم أفكارهم هي معروفة بالنسبة لنا, مع العلم ان أفلاطون وأرسطو يعتبروا من أهم الفلاسفة عبر التاريخ, إلا أن قدرة أفلاطون وأرسطو على استخدام اللغة في توصيف الأشياء هي أكبر من قدراتنا على استخدام اللغة, إمتلاكهم للمهارات اللغوية هو ما مكنهم أن يكونوا فلاسفة عظماء عبر التاريخ, فمن يمتلك مهارة التواصل واللغة يمكنه أن يغير حياة المجتمع, ويمكنه أن يؤثر تأثيراً كبيراً في الآخرين. فإمتلاك مهارة التواصل واللغة يعني أنك قادر على نقل أفكارك للآخرين كما هي تماماً من غير أي حذف أو تشويه أو تعديل, وهذه ملكة كبيرة جداً تجعل من صاحبها ناجحاً ومؤثراً.

مهارة التواصل هي أهم المهارات الواجب إكتسابها للنجاح ذاتياً ومهنياً, فلو كان لديك رغبة في إتباع دورة تدريبية لتطوير ذاتك, ولم يكن معك المبلغ الكافي إلا لدورة تدريبية واحدة, لنصحتك بإتباع دورة عن مهارات التواصل Communication Skills

إمتلاك مهارات التواصل يرفع الثقة بالنفس, وإمتلاكك لمفهوم الثقة بالنفس مع إفتقارك لمهارات التواصل هو أمر غير ممكن, في الفصل السابق تم الحديث عن عشرين سبباً تؤدي إلى رفع الثقة بالنفس ومن ضمنها إمتلاك مهارات التواصل, وفي الفصل السابق لم يتم الحديث بالتفصيل حول مهارات التواصل, إنما تم ذكرها فقط كأحد الأسباب التي ترفع الثقة بالنفس, وفي هذا الفصل سيتم الحديث عنها بشيء من التفصيل.

الهدف من تواصلنا مع الآخرين هو تحقيق واحد أو أكثر من الأهداف التالية:

- نطلب معلومات أو توضيحات حول مسألة ما
- نخبر الآخرين بمعلومات عن موضوع ما
- إقناع الآخرين بوجهة نظر معينة
- الاستمتاع والترفيه

ما هي معادلة الاتصال أو معادلة التواصل؟

لنفترض أنك تريد التواصل مع شخص آخر لنقل مجموعة من الأفكار إليه, ولنفترض أنك قمت بهذا العمل, وأن هذا الشخص يريد تقييم تواصلك معه, فلو سألناه عن مدى إتقانك لمهارة التواصل ومدى قدرتك على التأثير به, فكيف سيكون جوابه؟

عندما يريد هذا الشخص تقييم تواصلك معه فسوف يستخدم ثلاث حواس:

- العين : لغة جسدك
- الأذن: نبرة صوتك
- المحتوى: موضوع الحديث

هل تعلم ما هي النسبة المئوية المستخدمة لكل حاسة من هذه الحواس؟ ولو طرحنا السؤال بشكل مختلف: إذا أراد هذا الشخص تقييم تواصلك معه فهو سوف يستخدم عينه وأذنه عند تقييمه لمحتوى حديثك, كم النسبة المئوية المئوية لكل عنصر من العناصر الثلاثة التي تلعب دوراً في عملية التقييم؟

- العين: 50 %
- الأذن: 40 %

- الكلمات: 10 %

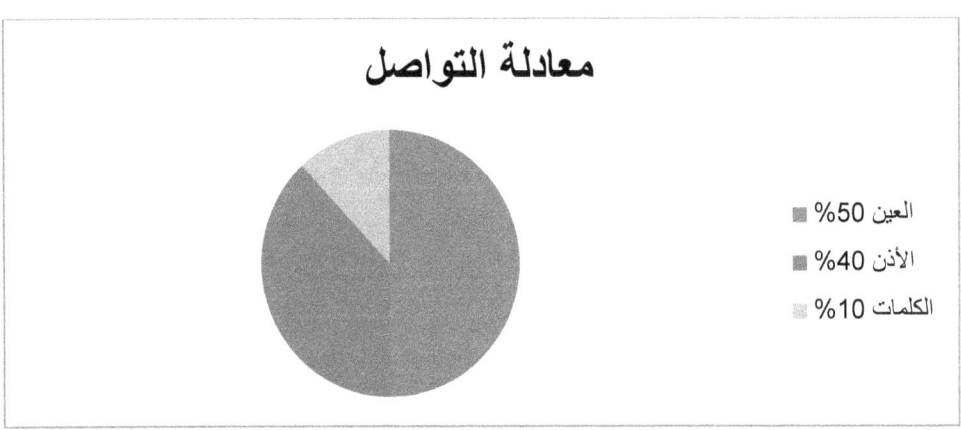

لغة جسدك ومظهرك هما الأهم في تقييم الآخرين لك عندما تتواصل معهم, فأكثر ما يؤثر فيهم هو لغة جسدك ومظهرك العام وتلعب دوراً بمقدار 50% من تقييمهم لك, فنطق الكلمات وحدها لا يكفي, إنما يجب الإهتمام الكافي بلغة الجسد والمظهر, وفي المرتبة الثانية يأتي (نبرة الصوت), فنبرة الصوت هي التي تعطي المعنى للكلمة, وكم من كلمات إيجابية فقدت مضمونها عندما تم نطقها بنبرة صوت عدائية أو نبرة صوت باردة, في أحد الدراسات التي أجريتها على موظفي خدمة العملاء في أحد البنوك, قلت: السلام عليكم, فأجابني الموظف:عليكم السلام, بطريقة ترحيبية, أما موظف آخر فأجاب:وعليكم السلام, بطريقة باردة لا توحي بالترحيب, ففي الحالة الأولى تم استخدام نبرة الصوت بطريقة إيجابية مؤثرة وفاعلة, وفي الحالة الثانية تم استخدام نبرة الصوت بطريقة سلبية تدل على ضعف في مهارة التواصل, لاحظ ان الإجابة هي نفسها في الحالتين وتم استخدام نفس الكلمات, إلا أن الشيء الذي اختلف هو نبرة الصوت, وهذا يعني أن 40 % من عملية التواصل تأثرت نتيجة القدرة على استخدام نبرة الصوت المناسبة. صحيح أن المحتوى يشكل 10% فقط من معادلة التواصل إلا أن هذه النسبة رغم أنها الأقل بالنسبة للمكونات الثلاثة لمعادلة التواصل فهي تبقى مهمة جداً, ولا يمكن المساومة عليها أبداً, وربما ضياع 1% من هذه النسبة يفوق ضياع 10% من نسبة المكونين السابقين (العين والأذن) لأن أي خطأ في المحتوى يؤثر على مصداقية المتكلم وهو أمر غير مقبول أبداً, فيجب إعطاء الاهتمام الكافي للمحتوى والحرص على عدم وقوع أي خطأ فيه, وانخفاض هذه النسبة لا يعني أبداً عدم أهميتها.

معادلة التواصل تفيد معرفتها بأن نعطي الاهتمام الكافي للغة الجسد والمظهر العام أولاً ثم لنبرة الصوت ثانياً مع ضرورة التأكد من صحة المحتوى. لنفترض أن مدرب تواصل مع الحضور

لمدة يوم كامل, وبعد نهاية اليوم تم سؤال الحضور عن تقييمهم لمدى امتلاك المدرب لمهارات التواصل, فإن 50% من تقييمهم له سوف يعتمد على ما شاهدته أعينهم من مظهر عام ولغة جسد, و40% من تقييمهم سوف يعتمد على نبرة صوت المدرب, و10% من تقييمهم سوف يعتمد على المحتوى, بعض الأشخاص للأسف يهتموا فقط بالمحتوى من غير إعطاء أي اهتمام للغة الجسد والمظهر العام ونبرة الصوت, وهذا أكبر خطأ يقع فيه شريحة واسعة من الناس, لأنهم يعتقدوا أن الكلمات وحدها تكفي لإيصال الرسالة, لكن هذه الكلمات إن لم تكن مترافقة مع لغة جسد مؤثرة ونبرة صوت فاعلة فسوف تفقد مضمونها, فاختيار الكلمات الصحيحة وحده لا يكفي لنجاح عملية التواصل, إنما من الضروري أن نهتم بصحة المحتوى (الكلمات) مع عدم إغفال أهمية لغة الجسد ونبرة الصوت.

أحياناً ننطق بعض الكلمات بالتزامن مع لغة جسد غير منسجمة مع معنى هذه الكلمات, وأحياناً أخرى ننطق بعض الكلمات بالتزامن مع نبرة صوت غير منسجمة مع معنى هذه الكلمات, فهذا من شأنه أن يفقد الكلمات معناها, وربما يفهمها الطرف الآخر بشكل يختلف عن الشكل المقصود, وهذا هو الفشل في عملية التواصل, وهو يحدث عندما يفهم الطرف الآخر معنى غير المعنى المقصود من قبل المتحدث, لذلك يجب معرفة مكونات معادلة التواصل والتأكيد على الاستخدام الصحيح لعناصرها الثلاثة, وبعض الأشخاص ربما يستمر لديهم الضعف في مهارات التواصل بسبب إغفالهم الدائم لأحد مكونات المعادلة, وعدم إعطائه الاهتمام الكافي عند التواصل مع الآخرين.

إتقان استخدام معادلة التواصل يعني وجود فاعلية في عملية التواصل, وهذا سبب للنجاح وتحقيق الاهداف وتجسيد لمبدأ من مبادئ إدارة الذات.

عامل النجاح في التواصل

هل تعلم أن كيفية التواصل في موضوع ما هي أهم من المعلومات التي تمتلكها حول هذا الموضوع ! فعندما تريد مناقشة موضوع ما مع شخص آخر, فإن طريقة تواصلك مع هذا الشخص هي أهم بكثير من المعلومات التي تعرفها عن هذا الموضوع, لأن استجابة وتفاعل الطرف الآخر معك تعتمد على طريقة تواصلك معه أكثر من كمية المعلومات التي تعرفها حول الموضوع.

ولو قدرنا الأهمية لطريقة تواصلك مع الآخرين فهي ما يقارب الـ 70% تعبر عن كيفية تواصلك مع الآخرين مقابل 30% لما تمتلكه من معلومات حول الموضوع. وهذا يدفعنا للاهتمام أكثر بطريقة تواصلنا فهي العامل الحاسم في نجاح عملية التواصل.

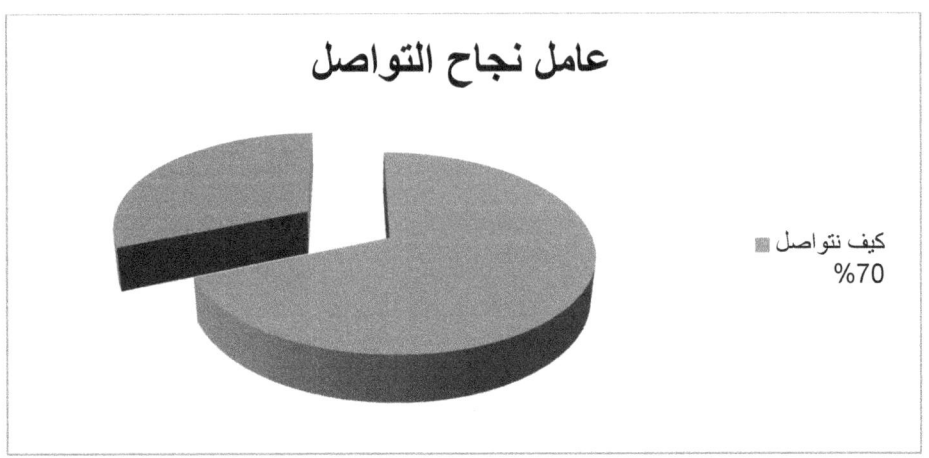

التحدث هو ليس الطريقة الوحيدة للتواصل, فهناك أربع طرق رئيسية للتواصل:

- التحدث
- الكتابة
- لغة الجسد
- الصور

فأنت تستطيع أن تستخدم الطريقة التي تراها مناسبة وتتناسب مع الموقف الذي أمامك, فبعض الحالات ينجح فيها التواصل عبر الكتابة أكثر من نجاح التحدث المباشر, وبعض الحالات ربما من الحكمة استخدام الصور لإيصال الفكرة, وفي بعض المواقف يمكنك إستخدام لغة الجسد لإيصال الرسالة فربما تكون أكثر تعبيراً من الطرق الأخرى.

عندما تريد التواصل مع شخصٍ ما فعليك التفكير في الطريقة الأنسب للتواصل التي تختلف من موقف إلى آخر, فعندما يكون الموقف مشحون بينك وبين زميلك في العمل مثلاً, فمن الأفضل أن تحاول إيصال فكرتك من خلال الكتابة وليس الحديث المباشر, وعندما تريد شرح فكرة لمجموعة من الحضور فمن الأفضل استخدام الصور, وعند حديثك مع شخص آخر وعندما تريد إيصال فكرة بأنك غير مهتم بهذا الموضوع فمن الأفضل النظر إلى الساعة أو استخدام لغة جسد تعبر فيها عن فكرتك, وعندما تريد تقديم اقتراح لمديرك مثلاً, فمن الأفضل صياغته بطريقة مكتوبة حتى يتسنى لك تجسيد كل أفكارك بالشكل الصحيح وعدم نسيان أي جانب من الموضوع, لا

يوجد طريقة أفضل من الثانية, أنت من يقرر طريقة التواصل المناسبة التي تتناسب مع الموقف الذي تواجهه.

طرق التواصل	
التحدث	مكالمات هاتفية – اجتماعات – مؤتمرات – محاضرات – المحادثة وجهاً لوجه
الكتابة	المذكرات – الرسائل – الإيميلات – التقارير – المنشورات – البروشورات – كتابة الملاحظات
لغة الجسد	الاتصال البصري – حركات اليد – طريقة الجلوس - الإيماءات
الصور	عرض صور على الطرف الآخر لايصال فكرة ما

أخطاء شائعة في التواصل

- من أكثر الأخطاء شيوعاً في التواصل هو الإعتقاد أن عملية التواصل سهلة فيها طرف واحد, وفي الحقيقة فإن عملية التواصل فيها طرفين: المرسل والمستقبل, بعض الأشخاص يظنوا أن عملية التواصل هي أن أقول ما لدي وعندها تنتهي العملية, وهذا خطأ شائع في التواصل, لأن ردة فعل الطرف الآخر تعتبر أيضاً جزء من عملية التواصل, فعملية التواصل لن تكون مكتملة إذا لم يشترك فيها الطرفين, وعليك الأخذ بعين الاعتبار وجهة نظر الطرف الآخر وردة فعله قبل ان تبدأ بعملية التواصل, وإغفال الطرف الآخر عند بدء التواصل يؤدي إلى فشل العملية بالكامل, فخمسين بالمائة من العملية يعتمد على الطرف الأول وخمسين بالمائة يعتمد على الطرف الثاني, وعليك إعادة النظر في الإعتقاد حول أن التواصل الفعال يمكن تحقيقه بسهولة, في الحقيقة التواصل الفعال ليس سهل أبدأ فهو يتألف من طرفين, ويجب التدريب الكافي للتأكد من القدرة على القيام بالتواصل الفعال.
- الرسالة المرسلة (الفكرة) هي نفس الرسالة المستلمة (الترجمة من المستقبل), في الحقيقة أن أكثر الأخطاء شيوعاً في عملية التواصل هو أن المقصود غير المفهوم, فعندما تتكلم مع شخص ما في موضوع ما, وبعد الانتهاء من حديثك, عليك أن لا تفترض أن ما قصدته من حديثك هو نفسه الذي فهمه الطرف الآخر, فبعض الأشخاص يقول ما عنده ويمشي, وهو يظن في نفسه أن الطرف الآخر فهم تماماً القصد الذي يعنيه, لكن هذا ليس بالضرورة صحيح دائماً, فكثير من الأحيان يفهم الطرف الآخر شيء مختلف عن

الشيء الذي ترغب في إيصاله, لذلك من أهم الملاحظات الخاصة بعملية التواصل هي ضرورة التلخيص قبل انتهاء الحديث حتى تتأكد أن ما قصدته هو نفس الذي فهمه الطرف الآخر. فمثلاً عندما يدخل المدير إلى الغرفة التي يتواجد فيها الموظفون ويلقي كلمة لمدة نصف ساعة حول متطلبات العمل, فبعد انتهاء الكلمة وعند سؤالك للموظفين عن فهمهم لخطاب المدير, ستجد كل موظف فهم شيئاً مختلف عن الآخر, فبعض الموظفين يقول أن الهدف من الكلمة هو شرح كيفية إنجاز العمل, وموظف آخر يقول أن الهدف من الكلمة هو لفت انتباه الموظفين إلى ضرورة التقيد بإجراءات العمل, وموظف آخر يقول ان المدير يريد فقط إثبات وجوده من خلال إعطاء توجيهات العمل, أما لو قام المدير بتلخيص القصد من كلمته في الدقائق الخمسة الأخيرة من كلمته, وسألت جميع الموظفين عن قصده من الخطاب, لأجابك الجميع نفس الإجابة, فالتلخيص قبل الانتهاء من الحديث أمر ضروري جداً في عملية التواصل ويجنب الطرفين سوء الفهم.

- مهارة التواصل هي مهارة فطرية تتكون منذ الولادة ولا يمكن تطويرها, هذا اعتقاد خاطئ حول مهارة التواصل, لأنها مهارة مكتسبة ويمكن صقلها من خلال التجارب والخبرات والتدريب, وحضور الدورات التدريبية ومخالطة الأشخاص الذين يتقنون مهارات التواصل والقراءة حول تطوير مهارة التواصل, وأهم شيء التمرين على استخدام مهارة التواصل, كل هذه الممارسات تساعد في تطوير مهارة التواصل, فيمكنك التعلم وإكتساب معلومات عن لغة الجسد وعن أسلوب الحديث وعن مهارة الكتابة بحيث تتطور لديك في المحصلة مهارات التواصل الفعال.

التواصل عملية شخصية أو موضوعية؟

التواصل هو عملية شخصية بحتة, وليست موضوعية, بإمكانك إستخدام المفردات والكلمات والصور ولغة الجسد التي تريد أثناء عملية التواصل, ولن تجد أسلوب التواصل متشابه بين شخصين, مما يؤكد كونها عملية شخصية تنصبغ بأسلوب صاحبها وطريقته في التواصل, وهذا يفتح مجال الإبداع في استخدامها, لأن الخبرات ستتراكم مع كل عملية تواصل, والخبرة سوف تنصقل عبر الزمن, مما يجعل قدرتك على التواصل تصبح أفضل عبر الوقت. ولو أنها كانت عملية موضوعية ويجب عليك الإلتزام بخطوات محددة في كل مرة تجري فيها التواصل لأصبحت عملية التواصل مملة وغاب الجانب الإبداعي فيها, أي أن أسلوبك في التواصل هو الذي يعتبر أحد أهم ملامح شخصيتك, وبإمكان الأشخاص الآخرين تقييمك من خلال أسلوبك في التواصل. وتجدر الإشارة إلى أن أسلوب التواصل يصبح أفضل مع تطور المعرفة لديك, فكل ما خصصت وقتاً أكبر

للقراءة, والحصول على معلومات جديدة سيصبح أسلوبك أفضل في التواصل, فالمعلومات الجديدة ترفع الثقة بالنفس مما يعتبر عاملاً مساعداً في تطوير أسلوب التواصل لديك.

التواصل وتغيير السلوك والتأثير في الآخرين

أحد أهم أهداف عملية التواصل هو تغيير السلوك, فإذا أردت تغيير سلوك إبنك, أو إذا أراد المدرس تغيير سلوك الطالب, أو إذا أردت تغيير أسلوب الموظفين الذين يعملون معك, فيجب أن تمتلك مهارات عالية في التواصل حتى تتمكن من تغيير السلوك, فنجاحك في مهنتك يتطلب إمتلاكك لمهارات التواصل, حيث أن الكثير من المهن نجاحها مرهون بإمتلاكك لمهارات التواصل, والتواصل هو أهم المهارات التي يجب تدريب الموظفين عليها قبل الإنخراط في العمل. قدرتك في التأثير على الآخرين مرهون بمدى توفر مهارات التواصل لديك, وجميعنا يرغب أن يمتلك هذه الميزة " التأثير في الآخرين " لأنها ضرورية لوظيفتك كأب أو وظيفتك كأم, أو كمدرب أو كمدير, أو كمشرف, الكثير من المهن تتطلب إمتلاكك لمهارات التواصل, ولا يمكن لأي قائد ان ينجح بدون إمتلاكه لمهارات التواصل الفعال. فالتحفيز صفة أساسية من صفات القائد, والتحفيز لا يتم إلا من خلال مهارات تواصل فعال.

التواصل يزيل التوتر

الطريقة الوحيدة التي تعبر بها عن أفكارك ومشاعرك تتم من خلال عملية التواصل, وعدم تعبيرك عن أفكارك ومشاعرك يؤدي إلى توتر وحالة دائمة من عدم الرضا, إمتلاكك لمهارات التواصل يرفع من قدرتك على التعبير عن أفكارك ومشاعرك, وعدم إمتلاكك لمهارات التواصل يجعل من أفكارك ومشاعرك محبوسة داخل رأسك, فتشعر وكأن لديك الكثير لإحداث التغيير, وبنفس الوقت تشعر بالعجز عن البدء بعملية التغيير, وهذا يحدث بسبب عدم إمتلاك مهارات التواصل الفعال, وفي زحمة القرن الحادي والعشرين نحن جميعاً بحاجة إلى التعبير عن أفكارنا ومشاعرنا, وهذا يتم فقط من خلال طرق التواصل الفعال عبر الحديث أو الكتابة أو الصور أو لغة الجسد. ومعظم حالات التوتر المنتشرة بين الناس هي بسبب عدم القدرة على التعبير عن الأفكار والمشاعر, فالتعبير عن الأفكار والمشاعر يزيل التوتر ويحسن الصحة النفسية. لأن إمتلاك مهارات التواصل يعني تعزيز الجانب الإجتماعي لدى الإنسان, والإنسان كائن إجتماعي لا يمكنه أبداُ التخلي عن هذا الجانب, فإنخراطه في الجانب الإجتماعي يحسن الجانب العاطفي ويزيل التوتر ويساعد على تحقيق الأهداف المرجوة.

ما هو التواصل الفعال؟

الكثير يسأل هذا السؤال, متى أعتبر ان تواصلي مع الآخرين هو تواصل فعال, ففي كل يوم نحن نتواصل مع إخوتنا وأصدقائنا وزملائنا, والتواصل يتم في مواقف مختلفة ولأسباب مختلفة, فبعد إنتهاء عملية التواصل, كيف أستطيع تقييم نفسي لأعرف فيما إذا كنت قد أجريت تواصلاً فعالاً أو تواصلي مع الآخرين غير فعال؟

البعض يعتقد أن التواصل الفعال يكمن في حسن الإستماع, وإستخدام أسلوب الحديث المتوازن, والبعض الآخر يعتقد ان التواصل الفعال هو أن تنقل رسالتك وأفكارك بأفضل الطرق المتاحة, في الحقيقة التواصل الفعال يتحقق عندما تحقق الهدف المنشود من عملية التواصل, وهذا هو المعيار الذي تعرف من خلاله فيما إذا كان تواصلك فعالاً أم لا, لا تغرق نفسك في التفاصيل, فإذا تواصلت مع الآخرين وحققت الهدف المنشود والاستجابة المرجوة من عملية التواصل, فإن تواصلك هو تواصل فعال. فإذا تواصلت مع زميلك بخصوص إقناعه بضرورة عقد إجتماع لمناقشة أمر ما وإقتنع بما تقول, فإنك قد أجريت تواصلاً فعالاً, وإذا تواصلت مع مديرك بخصوص طلب إجازة إستثنائية, وإقتنع المدير, فإنك قد أجريت تواصلاً فعالاً, وإذا تواصلت مع ولدك بخصوص ضرورة تغيير سلوك معين, وإقتنع بذلك, فإنك قد نجحت في عملية التواصل, فالتواصل الفعال هو تحقيق الاستجابة المرجوة من عملية التواصل.

ولتحقيق التواصل الفعال عليك أن تأخذ بعين الإعتبار وجهة نظر الطرف الآخر ولا تعتبر أن التواصل هو عملية من طرف واحد, بل التواصل هو عملية تتألف من طرفين, ولا تكتمل إلا بأخذ الطرفين بعين الإعتبار, فعليك أن تأخذ بعين الإعتبار إحتياجات الطرف الآخر وليس فقط إحتياجاتك, وتأخذ بعين الإعتبار خلفية الطرف الآخر عن الموضوع قبل البدء بالحديث معه, وتأخذ بعين الإعتبار ردة فعل الطرف الآخر وتكون مستعداً لها, كل هذه الإعتبارات سوف تساعدك على إجراء التواصل الفعال.

عناصر عملية التواصل

حتى نتمكن من القيام بالتواصل الفعال, علينا التعرف على عناصر عملية الاتصال أو عناصر عملية التواصل, لأن عملية التواصل نجاحها مرهون بأن يتم أخذ كل العناصر بعين الإعتبار عند إجراء التواصل, يوجد ستة عناصر لعملية التواصل كما يلي:

1- السياق

2- المرسل

3- الرسالة

4- الوسيط

5- المستقبل

6- التغذية العكسية

أولاً: السياق

تختلف عملية التواصل على حسب السياق, وإن عدم معرفة السياق هو سبب لإعاقة التواصل الفعال, فعندما تبدأ عملية التواصل بين طرفين, ولا يكون السياق واضح لأحد الأطراف, فإن التواصل سيكون أشبه بمحاولة التوفيق بين نقيضين, وسيصبح التواصل صعباً, فمثلاً عندما تبدأ بحديثك مع رئيسك في العمل حول موضوع ضرورة إجراء بعض التغييرات في العمل, فإن السياق من وجهة نظرك هو (ضرورة تحسين أساليب العمل من أجل تحقيق الاهداف) إلا أنك بدأت بحديثك مباشرةً مع رئيسك في العمل من غير توضيح قصدك قبل البدء بالحديث, فمن المحتمل أن رئيسك في العمل سيفهم سياقاً مختلفاً عن السياق المقصود, ربما يعتبر أن السياق هو (إثبات قدرتك على إدارة العمل) وعندها سيبدأ التصعيد في النقاش, حتى نقاط الاتفاق التي من المفترض أنها واضحة للطرفين, ربما ستصبح نقاط إختلاف, ببساطة لأن السياق غير متفق عليه.

> من أهم الملاحظات الخاصة بعملية التواصل هي ضرورة توضيح السياق قبل البدء بالحديث, وإن عدم توضيح النية قبل البدء بالحديث سيكون سبباً لسوء الفهم من الطرف الآخر, وربما يؤدي إلى فشل عملية التواصل

ثانياً: المرسل

عندما تريد إيصال رسالة أو فكرة إلى الطرف الآخر فانت المرسل, فالمرسل هو الشخص الذي يريد إرسال معلومة أو فكرة أو رسالة إلى طرف آخر, فالمرسل يمكن أن يكون متحدثاً أو كاتباً, أو يمكن إستخدام طرق أخرى لنقل رسالته إلى الطرف الآخر, يسمى المرسل أيضاً بالمشفر Encoder أي هو الذي يشفر الفكرة وينقلها على شكل كلمات أو كتابة أو صور أو لغة جسد, تبدأ عملية التواصل من المرسل, فالمرسل يجب عليه الترجمة الصحيحة للفكرة قبل البدء بإرسالها إلى الطرف الآخر, وعليه أن يختار طريقة التواصل المناسبة للموضوع, وعليه أن يأخذ

بعين الإعتبار إحتياجات المستقبل وردة فعله قبل البدء بعملية التواصل, فكل ما يجري في عملية التواصل سوف يعتمد على دقة الترجمة الفكرية لدى المرسل, فإذا استطاع المرسل أن يترجم فكرته إلى كلمات بشكل صحيح, ويختار الطريقة والأسلوب المناسب للتواصل, فإنه بذلك يكون قد بدأ بداية صحيحة, وأي خطأ في الترجمة الفكرية من قبل المرسل سيؤدي إلى تزايد احتمال الفشل في عملية التواصل.

ثالثاً : الرسالة

الرسالة هي الفكرة التي يود المرسل إيصالها للطرف الآخر, أو هي موضوع التواصل بين الطرفين, وهي أهم مكون من مكونات عملية التواصل, ويمكن أن يتم التعبير عن هذه الرسالة على شكل محادثة أو كتابة أو صور أو لغة جسد, فإختيار الطريقة أمر مهم جداً لنقل الرسالة إلى الطرف الآخر, والرسالة يجب أن تكون واضحة وسهلة الفهم, الرسالة المعقدة يجب تبسيطها حتى يسهل نقلها للطرف الآخر. وتبسيط الرسالة يعتبر من المهارات الإحترافية في عملية التواصل.

ويجب الأخذ بعين الإعتبار لإحتياجات المستقبل عند تصميم الرسالة, فالرسالة تختلف من مستقبل إلى آخر, فيجب معرفة كيف سيقوم المستقبل بترجمة الرسالة.

فالرسالة الخاطئة يمكن أن تؤدي إلى إفساد العلاقة بين المرسل والمستقبل, فبعض الأفكار يجب العناية بترجمتها إلى كلمات, ووضعها في سياق معين, لأن الخطأ في ترجمة الفكرة إلى رسالة سيؤثر على نجاح عملية التواصل, فبعض الأفكار لا يجب ترجمتها كما هي إلى رسالة, إنما من الأفضل وضعها في سياق يتناسب مع إحتياجات ووعي المستقبل, فالرسالة يجب أن تتناسب مع البيئة الثقافية والإجتماعية للمستقبل, لذلك يعتبر نقل الرسالة هو أحد المراحل الهامة جداً في عملية التواصل.

رابعاً : الوسيط

الوسيط هو القناة التي تمر الرسالة من خلالها وتصل إلى المستقبل, والقناة طبعاً تختلف من موقف إلى آخر, ويجب تغيير القناة من موقف إلى آخر.

لنفترض أن الحكومة تريد أن توصل رسالة إلى مواطنيها, وعليها أن تختار الوسيط المناسب لنقل الرسالة, فربما تختار التلفزيون أو الراديو أو الصحف المحلية أو جميعها معاً لإيصال الرسالة, فبعض الرسائل يناسبها التلفزيون وبعض الرسائل الأخرى يناسبها التحدث بشكل مباشر مع المستقبل, فإختيار الوسيط هو مسألة هامة في عملية التواصل, وينبغي أن يتم إختيار الوسيط

بعد المعرفة الدقيقة لكل مكونات عملية التواصل الأخرى, فعندما يكون لدى المرسل مهارات جيدة في الكتابة, فيمكنه إختيار الوسيط الذي يعرض من خلاله شيئاً مكتوباً, وعندما يكون لدى المرسل مهارات جيدة في المحادثة فيمكنه إختيار الوسيط الذي يعرض من خلاله محادثة مع الطرف الآخر, فالميزة النسبية تختلف من شخص إلى آخر.

خامساً : المستقبل

المستقبل هو الشخص الذي يستلم الرسالة, فإذا كنت كاتباً فالمستقبل هو القارئ, أو كنت متحدثاً فالمستقبل هو الطرف الآخر المستمع, ويعرف المستقبل بالشخص الذي يفك التشفير Decoder , لأن المرسل قام بتشفير أفكاره على شكل محادثة أو كتابة, ومهمة المستقبل هي فك تشفير الكلمات للوصول إلى الفكرة التي يريد المرسل إرسالها إليه.

مهمة المستقبل الرئيسية هي فك التشفير وإكتشاف الفكرة التي هي داخل الكلمة أو الصورة المنطوقة أو المكتوبة أو المرسومة, وأحياناً أخرى عليه فك تشفير لغة الجسد ومعرفة دلالاتها لاكتشاف الفكرة الكامنة ورائها.

المستقبل هو هدف عملية التواصل, لذلك يجب أن يتم الاخذ بعين الإعتبار لإحتياجاته, وبنفس الوقت أن يكون المستقبل قادراً على فهم الفكرة المشفرة على شكل لغة.

سادساً : التغذية العكسية

التغذية العكسية أو التغذية المرتدة هي ردة فعل المستقبل بعد إستلامه للرسالة, وهي من أهم مكونات عملية التواصل, والكثير من الأشخاص يهملون هذا العنصر, ولا يعطونه أي إهتمام, إلا أن عملية التواصل لن تكتمل إن لم يتم الأخذ بالاعتبار لردة فعل المستقبل.

فبعض المرسلين عندما ينتهوا من قول ما يريدوا قوله يظنوا أن عملية التواصل قد انتهت لأنهم نقلوا الرسالة, لكن يجب عليهم معرفة ردة فعل المستقبل اتجاه الرسالة, فمثلاً المدرب عندما يقوم بإلقاء محاضرة, يجب عليه أن يتعرف على ردة فعل الحضور على هذه المحاضرة, وإذا أراد تقييم مهاراته في التواصل, فيتم سؤال المستقبل (الحضور) عن رأيهم في المحاضرة, فالمستقبل هو الذي يعطي التغذية العكسية, ومن خلاله نعرف مدى فعالية عملية التواصل. فالمرسل هو بحاجة لمعرفة ردة فعل المستقبل ليعرف فيما إذا رسالته وصلت أو لم تصل للمستقبل, وبشكل آخر المرسل يستطيع تقييم نجاح عملية التواصل من خلال معرفة ردة الفعل التي هي التغذية العكسية من المستقبل.

التغذية العكسية يمكن أن تكون إيجابية أو سلبية, ويجب أخذ التغذية العكسية مهما كان نوعها, صحيح أن التغذية العكسية الإيجابية هي مرغوبة أكثر من التغذية العكسية السلبية, لكن يجب الحصول على هذا العنصر وقبوله مهما كان نوعه.

وعند إعطائك التغذية العكسية للمرسل فيجب أن تكون موضوعياً في ذلك, وتبتعد عن الشخصنة قدر الإمكان, فإعطاء التغذية العكسية هو فن لا يتقنه إلا الأشخاص المحترفين في إستخدام مهارات التواصل.

فيجب إعطاء التغذية العكسية لتحقيق هدف وليس لمجرد النقد, وأن تتأكد أن التغذية العكسية هي مفهومة من قبل المرسل وأنك استطعت إيصالها إليه, وأن يكون موضوع التغذية العكسية تحت تحكم المرسل, فلا يمكنك أن تقول للمتحدث مثلاً: شعرك قصير أو أنت سمين أو لون قميصك لا يعجبني أو ما شابه ذلك, لأن هذه التغذية العكسية غير موضوعية وغير هادفة, ولن تفيد في تعزيز مهارة التواصل.

مهارة الاستماع

مهارة الاستماع هي أهم مهارة يجب إمتلاكها لتحقيق التواصل الفعال, فالمتحدث الجيد أو الكاتب الجيد يجب أن يكون أولاً مستمع جيد, فالإستماع هو ميزة للمحترفين في التواصل, فهم يعلمون أن إمتلاكهم لمهارة الإستماع هو شرط أساسي لتحقيق الإحتراف في التواصل, الإستماع يتطلب صبر ورغبة, ويجب أن لا يكون مجرد مجاملة او استماع إنتقائي, فالإستماع هو مفيد لأنك من خلاله تحصل على المزيد من المعلومات حول الموضوع, وتجعل الآخرين يحبونك ويرغبون بالتواصل معك.

الإستماع يتم من خلال إستخدام المهارة اللغوية لدى المستمع فهو يحاول ترجمة الأصوات اللغوية التي يسمعها, ومحاولة الربط بين المعرفة السابقة لديه والمعرفة المقدمة له, وذلك يتم بهدف استكشاف الفكرة المراد إيصالها للمستمع.

الإستماع لا يتم فقط في الوقت الذي يتحدث فيه المرسل, إنما يمكن أن يكون قبل أن يبدأ المرسل بالكلام وهذا ما يسمى (الاستماع القبلي), فإذا كنت ذاهباً لحضور محاضرة, فيمكنك البدء بالإستماع قبل أن تبدأ المحاضرة من خلال التحضير وجمع معلومات عن الموضوع وتجهيز أسئلة, والاستماع يتم أيضاً أثناء المحاضرة من خلال التركيز وأخذ الملاحظات اللازمة والإجابة

على الأسئلة المطروحة, ويوجد أيضاً إستماع بعد إنتهاء المحاضرة وهذا ما يسمى (الإستماع البعدي) وذلك للربط بين المعرفة السابقة لدى المستمع والمعرفة المكتسبة مؤخراً. ومن اهم الأشياء التي تساعد على الاستماع هي الاتصال البصري مع المتحدث والتركيز وإبداء لغة جسد تفيد بالرغبة في الاستماع.

عوائق الاستماع

- السمع بدلاً من الاستماع: حيث أن بعض الأشخاص يسمعون الأصوات فقط ولا يبحثون عن الفكرة وراء الكلمات المسموعة.
- البعض يعتقد أن امتلاك مهارة الاستماع يتطلب امتلاك مهارة القراءة, وأن القراء الجيدون هم مستمعون جيدون, صحيح أن القراءة تساعد قليلاً في تطوير مهارة الاستماع لكنها ليست شرطاً لإتقانه.
- البعض يعتقد أن الاستماع هو ملكة فطرية موجودة فقط لدى الناس الأذكياء ولا يمكن تطويرها, وهذا اعتقاد خاطئ, حيث أن عضلات الاستماع يمكن تقويتها بالتمرين والممارسة.
- الاعتقاد الخاطئ السائد بان مهارة الاستماع تتطور مع تقدم العمر, حيث أن مهارة الاستماع يمكن تطويرها في جميع المراحل العمرية.
- أن يفكر المستمع أثناء الاستماع بما سيقوله بدلاً من التركيز على الكلام المسموع, وهذا يمنع فهم الفكرة أو الحصول على المعلومة.
- التكلم أثناء الاستماع, فالاستماع يتطلب الصمت والتركيز, وإذا تكلم المستمع فإنه سيحرم نفسه فرصة التركيز والفهم.
- أكبر عائق للاستماع الفعال هو الاستماع الانتقائي: حيث أن بعض الأشخاص لا يستمعون إلا عندما يتكلم المتحدث بما يريدون أن يسمعوا, وعندما يتكلم في موضوع آخر تجدهم يتوقفوا عن الاستماع, الحقيقة هي أن الاستماع يحتاج إلى صبر, فلن يكون كل ما يقال لك موافقاً لما تريد أن تسمعه, واللباقة في الاستماع تتطلب أن تستمع لكل ما يقال لك حتى لو أنك غير مهتم بجزء منه.
- التمركز حول الذات, والحكم المسبق على الأشياء يمنع من الاستماع الفعال, فمن يعتقد في نفسه أنه يعرف كل شيء, فهو لن يكون مستمع جيد, وهذه تنتج عن الثقة الزائدة بالنفس وعدم الرغبة في معرفة أي معلومات جديدة.

- عدم إبداء الرغبة في الاستماع, فيجب على المستمع أن يظهر رغبته في الاستماع من خلال لغة جسد مناسبة كإيمائة في الرأس, وإن عدم إبداء الرغبة في الاستماع أو عدم إعطاء الراحة الكافية للمتحدث يعيق عملية الاستماع.
- عدم تقبل النقد, الشخص الذي لا يتقبل من أحد أن ينتقده لن يستطيع أن يكون مستمعاً جيداً.

عوائق الاتصال الفعال

مجموعة من الظروف إن توفرت فإنها ستعيق التواصل, من أهمها ما يلي:

- الإنارة الضعيفة والحرارة الزائدة والروائح غير المرغوبة, مظهر المتحدث, عدم وجود الرغبة لدى المستقبل للاستماع, كلها تعتبر مشتتات للتواصل الفعال, فإذا أردت إجراء تواصل فعال, تأكد من عدم وجود المشتتات.
- المعرفة غير الكافية لدى المرسل تعتبر من أهم عوائق الاتصال الفعال, فيجب على المرسل أن يكون ملماً بالموضوع, فعندما لا يكون لديه خلفية كافية عن الموضوع, فهذا سيعيق الاتصال الفعال.
- التخطيط غير الكافي لإجراء التواصل هو أهم أسباب فشل التواصل بين الطرفين, فالتواصل الفعال يحتاج إلى تخطيط جيد, فإذا أردت التواصل مع شخص آخر في موضوع مهم, فعليك الإعداد لذلك ومعرفة الطريقة التي ستتواصل من خلالها وتعرف السياق وتختار الوسيط, وتتنبأ بردة فعل الطرف الآخر وتكون مستعداً لها.
- الضعف في مهارة الاستماع يعيق التواصل الفعال, فبعض الأشخاص لا يحبون الاستماع للآخرين, وهذا سيعيق تواصلهم مع الآخرين, لأن ضعف مهارة الاستماع يعني عدم رغبة المستقبل بالتواصل, وهذا سبب كافٍ لفشل التواصل.
- الاختلاف في فهم الرسالة, فلا يوجد شخصين لديهم تماثل في فهم الرسالة المرسلة من المرسل, فعندما تتحدث أمام مجموعة من الناس حول موضوع ما, وبعد انتهاء الحديث لو سألت الحاضرين عن كيفية فهمهم لما قلت, ستجد أن كل شخص قد فهم بطريقة فيها اختلاف عن طريقة فهم الشخص الآخر, الفلترة الفكرية لا يمكن أن تتطابق بين شخصين, فهي كبصمة الإصبع تختلف من شخص إلى آخر, وتتأثر بالمهارات ومستوى التعليم والبيئة الثقافية وغيرها من العوامل, وهذا بدوره يعيق عملية التواصل.

- العواطف والمشاعر الشخصية تلعب إما دوراً إيجابياً أو سلبياً في عملية التواصل, فعندما تتواصل ومشاعرك تكون إيجابية فهذا سيكون سبباً لنجاح التواصل, وبالمقابل عندما تتواصل وتكون مشاعرك سلبية اتجاه الموضوع أو اتجاه المستقبل, فهذا سيكون سبباً كذلك لفشل التواصل, فالتواصل الفعال يتطلب مشاعر إيجابية, لأن التواصل عملية شخصية وليست موضوعية فهي تتأثر بالمشاعر السلبية وتتطلب طاقة إيجابية لنجاحها, لأن الكلمات وحدها لا تكفي لإيصال الرسالة, إنما الفاعلية في إيصال الرسالة تعتمد على العين والأذن والكلمات, لذلك المشاعر السلبية ستكون معيقة للتواصل الفعال.

- التغذية العكسية الغامضة أو غير المفهومة تعيق عملية التواصل, فعندما تتواصل مع المستقبل ولا تستطيع معرفة ردة فعله اتجاه تواصلك معه, فهذا سيثبط همة المرسل في إكمال عملية التواصل.

- اختلاف اللغة يعيق عملية التواصل, أصلاً في اللغة الواحدة يوجد اختلاف في فهم الرسالة من شخص إلى آخر, وعندما تختلف اللغة سيكون هذا الاختلاف أكبر, مما يعيق التواصل الفعال, لعدم القدرة على ترجمة الأفكار إلى لغة مفهومة من الطرفين, أو الترجمة غير الدقيقة للأفكار هي التي تتولد عن اختلاف اللغة بين طرفي عملية التواصل.

- الإطناب او الإسهاب في الفكرة يعيق عملية التواصل, فعندما تكون فكرتك بسيطة ويمكن التعبير عنها بخمس دقائق من المحادثة فلا ينبغي أن تسهب في الحديث لأن ذلك سيعقد عملية التواصل وسوف تضيع الفكرة الرئيسية, فالاحتراف في التواصل يتطلب الاختصار وليس الإسهاب.

- تم الحديث عن خصائص اللغة, وأن مفردات اللغة مجردة, لذلك المرسل مهما بلغ من الاحترافية في التواصل فإنه لن يستطيع من خلال اللغة نقل فكرته كما هي إلى الطرف الآخر, فكلمة (بعيد) يفسرها البعض على أنه خارج الحدود, ويفسرها البعض الآخر على أنه يحتاج أكثر من ساعة للوصول. فمحدودية اللغة كوسيلة للتواصل يعيق التواصل الفعال بسبب عدم القدرة على ترجمة الفكرة كما هي ونقلها للطرف الآخر.

- غياب نبرة الصوت المناسبة يعيق عملية التواصل الفعال, فيجب على المتحدث البارع أن يغير نبرة صوته لتتناسب مع الفكرة التي يود إيصالها للمستقبل, والحفاظ على نبرة صوت واحدة يجعل من المستقبل غير راغب بالاستماع ويشعر كأنه يستمع لنشرة أخبار.

- السرعة أو البطئ في الحديث يعيق التواصل الفعال, فعندما يكون المتحدث يتحدث بسرعة أكبر من قدرة المستمع على فهم الأفكار الموجودة, فهذا سيجعل من المستقبل غير راغب في إكمال الاستماع, وكذلك البطئ في الحديث يجعل المستقبل يشعر بالملل وعدم الرغبة في الاستماع, فعندما تقود السيارة بسرعة عالية فإن هذا يسبب التوتر للأشخاص المرافقين, ونفس الشيء بالنسبة لمن يتحدث بسرعة فهو يسبب التوتر لمن حوله, وإذا كنت تقود على طريق سريع بسرعة بطيئة جداً فهذا له نفس تأثير السرعة الزائدة, فسوف يشعر المرافقين بالملل وعدم الرغبة بالاستماع, ومن أجل ضبط سرعة الحديث, اسأل من حولك عما إذا كانت سرعة حديثك مناسبة أم لا, فهي من الملاحظات الهامة في عملية التواصل.
- الاستجابة السريعة للمرسل, أو الغضب أثناء التواصل, فهذا من شأنه أن يفسد عملية التواصل بالكامل, وبعد انتهاء المتحدث من حديثه, انتظر ثانيتين قبل الإجابة, لأنك لو لم تنتظر لأصبحت سرعة الحديث عالية جداً, وهذا من شأنه توتر الطرفين والمستمعين. لا تسرع في حديثك مع الآخرين, ومن الأفضل الانتظار ثانيتين قبل الرد, وذلك حتى تضمن أنك لن تقاطع المتحدث, وتعطي للمتحدث انطباعا إيجابياً يفيد بأنك تفكر بالرد قبل الإجابة, وهذا من شأنه توليد مزيد من الاحترام المتبادل بين الطرفين, إضافةً إلى أن الانتظار ثانيتين قبل البدء بالحديث يعطيك فرصة للتفكير بما تريد قوله, أما الاستعجال في الرد أو الغضب فهو مؤشر على عدم نجاح التواصل
- الحديث في مكان مليئ بالضجة سوف يعيق التواصل لأن الطرفين لن يكونوا قادرين على السماع و الاستماع لبعضهم.
- عندما تفترض ضمنياً أن كل الأشخاص يتوافقون معك, فهذا من شأنه إعاقة التواصل, فهذا غير ممكن, وفي حال اختلاف أي أحد معك فإنك لن تتمكن من تفهم أو احتواء هذا الاختلاف.

- مقاطعة المتحدث هي من أهم عوائق الإيصال الفعال, فالمقاطعة المتكررة للمتحدث تجعل من التفاهم أمراً مستحيلاً, ومن أدب الحوار والتواصل عدم مقاطعة المتحدث, وإن كنت من الأشخاص الذين يقاطعون المتحدث باستمرار فهذا سيعيق بناء مهارة التواصل لديك. مقاطعة المتحدث أشبه بقطع للفكرة وعدم السماح باستكمالها, والفكرة لن تكون مفهومة إن لم تكتمل, مقاطعة المتحدث هي من صفات الأشخاص قليلي الخبرة في التواصل, ومن أشكال مقاطعة المتحدث محاولة الاستنتاج أثناء حديثه قبل أن يكمل فكرته, والمقاطعة المتكررة للمتحدث تعني غياب الاستماع الذي هو أهم المهارات اللازمة لبناء مهارة التواصل, والشيء الوحيد الذي نستفيده من مقاطعة المتحدث هو

منع بناء الألفة ومنع حدوث التقارب معه. يمكن مقاطعة المتحدث في حالة واحدة, وهي في حال كون المتحدث لا يعطي المجال للطرف الآخر لإبداء وجهة نظره, عندها يمكن مقاطعة المتحدث حتى يكون الحوار متوازناً بين الطرفين.

نصائح لتحقيق الاتصال الفعال

- توضيح الرسالة شرط أساسي لنجاح عملية التواصل, فالرسالة الغامضة أو عدم القدرة على صياغة الرسالة يؤثر على نجاح التواصل, من المعلوم أن فاقد الشيء لا يعطيه, لذلك الشرط الأول لتوضيح الرسالة هي أن تكون جداً واضحة في ذهن المرسل, ويعمل على ترجمتها بدقة إلى كلمات, حتى لو كانت كل عناصر التواصل صحيحة ومجسدة, فإن عدم وضوح الرسالة يعيق التواصل, والحرفية في التواصل تتطلب قدرات عالية في ترجمة الرسالة أو الفكرة كما هي من دون أي حذف أو إضافة أو تشويه, ومن أجل توضيح الرسالة عليك استخدام مفردات واضحة والابتعاد عن الكلمات غير واضحة الدلالة, فإنها مربكة للطرفين, فلا تستخدم مصطلحات إنكليزية أو تخصصية إذا لم تكن مضطراً لذلك, فاستخدامها يضعف عملية التواصل, ولا تعتقد أبداً أن استخدامها يعطيك مزيداً من الفعالية في التواصل.
- الاستعداد للتواصل يزيد من فرص نجاحه, هذا لا يعني أن الارتجال في التواصل سيفشل العملية, لكن الاستعداد والتخطيط يزيد من فرص النجاح, وخاصةً عندما تريد التواصل في مسألة هامة, فمن الأفضل أن تخطط لكل عناصر عملية الاتصال فتعمل على التعريف الدقيق للسياق والصياغة الواضحة للرسالة واختيار الوسيط المناسب ومعرفة احتياجات المستقبل والتغذية العكسية, والجهد المبذول في التخطيط للتواصل سيزيد فرص النجاح. فكر قبل أن تتكلم, ولا تستعجل الكلام, فعليك وزن كلماتك قبل النطق بها.
- إذا أردت ان تمتلك مهارة التواصل الفعال, فيجب عليك أولاً أن تمتلك مهارات الاستماع, لأنها ضرورية جداً لتحقيق التواصل الفعال, فلا يمكنك أن تكون متحدثاً جيداً أو كاتباً جيداً إن لم تكن مستمعاً جيداً, امتلاكك لمهارة الاستماع يجعلك محبوباً من قبل الآخرين ويزيد من رغبتهم في التواصل معك, فحسن الاستماع هو ميزة للمحترفين في التواصل.
- دائماً اسأل حول توضيحات عن الأشياء غير الواضحة, وإن كان هناك شيء غير واضح ولم تسأل فهذا من شأنه تكوين خارطة ذهنية مشوهة لديك, لأنك استمعت إلى معلومة غير واضحة ولم تعرف ما هي المعلومة الصحيحة, فالسؤال هو ميزة للناس

الأذكياء, والسؤال ليس عيب, في كل مرة تجد فيها أن هناك معلومة غير واضحة اسأل من غير أي تردد, وينبغي أن لا يكون سؤالك على شكل مقاطعة للمتحدث, إنما عليك اختيار التوقيت المناسب للسؤال بحيث تتجنب المقاطعة المتكررة للمتحدث.

- من أهم الأشياء التي تساعد في بناء مهارة التواصل هي تحسين مستوى اللغة لديك, فاللغة هي المادة الخام للتواصل, وعندما تكون هذه المادة الخام صحيحة ومنقحة وواضحة, فهذا من شأنه زيادة فاعلية التواصل. المقصود بتحسين مستوى اللغة لديك هو تحسين معرفتك بالمفردات اللغوية التي تستخدمها يومياً ومعانيها والقواعد الناظمة لها, وليس المقصود أن تتعلم لغة جديدة غير لغتك التي تتحدث بها.

- تطوير النطق, فهذا أمر ضروري لتحقيق الوضوح في الرسالة, فالنطق غير الواضح يسبب إرباك لدى المستقبل, والنطق الواضح الذي يرتفع وينخفض من فكرة إلى أخرى , هو أفضل من النطق الذي يحافظ على نفس المستوى.

- الاحتكاك بالأشخاص الإيجابيين الذين يمتلكون مهارات جيدة في التواصل, فهذا من شأنه تعزيز مهارة التواصل لديك.

لــغــة الــجسد

لغة الجسد هي تلك الحركات التي يقوم بها بعض الأفراد مستخدمين أيديهم أو تعبيرات الوجه أو أقدامهم أو نبرات صوتهم أو هز الكتف أو الرأس, ليفهم المخاطب بشكل أفضل المعلومة التي يريد أن تصل إليه, ولغة الجسد من أكبر المؤثرات في الإقناع والتفاعل مع الآخرين.

يجب الأخذ بعين الاعتبار السياق العام عند تفسير إيماءات وإشارات لغة الجسد. على الرغم من أن هناك تفسير معين لكل إيماءة وحركة, ولكن ليس دائماً تفسر نفس الحركة بنفس المعنى. فعلى سبيل المثال تعتبر حركة "شبك الذراعين" من الحركات التي تعبر عن الانغلاق والتي تفسر بأنها حركة دفاعية تصد الشخص المقابل ولا تقبل أفكاره, ولكن قد يكون الطقس بارداً ويستخدمها أحد الأشخاص لحماية نفسه من البرد وتعتبر أغلب إيماءات وحركات لغة الجسد هي نفسها في جميع أنحاء العالم. وفي المقابل كما أن اللغات المحكية تختلف من بلد لآخر ومن منطقة لأخرى كذلك هناك اختلاف في تفسير معنى بعض الإيماءات والحركات الجسدية من بلد لآخر ومن منطقة لأخرى. لذلك من الضروري الإلمام بلغة الجسد واختلافات تفسير بعض حركاتها, كما أن الحركة الواحدة قد تفسر بطرق مختلفة بالاستناد إلى الجو العام, فمثلاً حك الرأس قد تشير إلى (عدم التصديق – العرق – نسيان – عدم الثقة –القشرة).

حركات الجسد تمثل ما يفكر به العقل ولا يريد اللسان النطق به. وكل حركات الجسد اللاشعورية هي عبارة عن علامات مرئية لما نخفيه من تفكير ومشاعر, وحركات الجسد دائماً تسبق اللفظ عند التواصل.

في معادلة التواصل تشكل لغة الجسد 50% من المعادلة, أي أن الكفاءة في مهارة التواصل 50% منها يعتمد على لغة الجسد. لغة الجسد من العلوم الحديثة, حيث انصب الاهتمام مؤخراً بتفسير لغة الجسد, وظهرت العديد من المؤلفات حول هذا الموضوع, وأود التنبيه إلى أن كافة التفسيرات المتعلقة بلغة الجسد هي تفسيرات ليست أكيدة بنسبة 100%, إنما هي عبارة عن دراسات تمت على عينة كبيرة من الناس, وتم ملاحظة أن هذه الحركة تفيد هذا المعنى, لذلك سوف أتناول الحديث عن بعض حركات لغة الجسد التي تفسيراتها شبه مؤكدة, وأثبت الواقع صحتها.

وتجدر الإشارة إلى أن لغة الجسد لا شعورية, أي أن الجسد وحركاته اللاشعورية إن تم تفسيرها بالشكل الصحيح فإنها ذات مصداقية عالية, وعليك معرفة دلالة هذه الحركات حتى تعرف معناها عندما تتعامل مع الآخرين, وليس من أجل ان تقوم أنت بتطبيقها, لأن تطبيقها صعب نسبياً فهي حركات لا شعورية, إلا ان محاولتك الواعية لتطبيق بعض الحركات التي تعزز الثقة بالنفس هو أمر مرغوب ويجب العمل عليه على المدى البعيد.

الـعـيـن

تمنحك واحدًا من أكبر مفاتيح الشخصية التي تدل بشكل حقيقي على ما يدور في عقل من أمامك، فإذا اتسع بؤبؤ العين وبدا للعيان فإن ذلك دليل على أنه سمع منك توًا شيئا أسعده، أما إذا ضاق بؤبؤ العين فالعكس هو ما حدث، وإذا ضاقت عيناه أكثر أو فركهما ربما يدل على أنك حدثته عن شيء لا يصدقه. وأكدت الدراسات بأن حدقة العين تكبر عند رؤية شخص نحبه

والعكس صحيح. أو إذا حاول أن يتجنب النظر في عيون الناس ومن حوله فهذا يدل على أنه فاقد الثقة بنفسه ليس دائما فأحيانا تجنب النظر في أعين الناس يدل على الخجل او أنه يحاول الانسحاب من الحوار الجاري, وإن الاتصال البصري مع الآخرين يدل على الثقة بالنفس, بل ويفتح آفاقاً واسعة للتواصل مع الناس, ويساعد على تكوين العلاقات الجيدة، كما أن الاتصال البصري يساعد المتحدث على الاسترخاء, ويخفف من الإحساس بالعزلة. دلت التجارب أن أفضل اتصال بصري يكون من 1-3 ثانية لكل شخص, ولا ينصح أن يتجاوز الاتصال البصري 3 ثوانٍ لأنه سيشعر الطرفين بالحرج, ويمكن تقسيم الاتصال البصري إلى نوعين:

- النظرة المهنية Business Gaze : وتكون أثناء المحادثة مع الآخر, حيث يكون النظر إلى المنطقة بين العين والحاجب, وتعبر عن الثقة بالنفس والمهنية, وينصح بها في محيط العمل مع الزملاء.
- النظرة الاجتماعية Social Gaze : وتكون أثناء المحادثة مع الآخر, حيث يكون النظر إلى المنطقة بين العين والفم, وتعبر عن الارتياح والود, وتستخدم بين الأصدقاء والعلاقات الاجتماعية الأخرى خارج محيط العمل.

العين هي المؤشر الوحيد على ما يدور داخل دماغ الإنسان, وبإمكانك من خلال مراقبة وتتبع حركات العين أن تعرف الإطار العام لما يدور في ذهن محدثك, ولن تعرف بالتحديد ما يدور في ذهنه, إنما ستعرف إن كان يتذكر صورة ما, أو ينشئ (يؤلف) صورة معينة أثناء حديثه, أو يشعر مشاعر معينة, فالعين مرتبطة مع الدماغ بالعصب البصري, والدماغ مقسم إلى عدة مناطق بعضها مسؤول عن التذكر والآخر مسؤول عن التأليف أو إنشاء الصور, وعندما يعمل جزء معين من الدماغ, فإنه يأمر العصب البصري أن يتحرك باتجاه معين, وأكرر التنبيه على أن دقة تفسير لغة الجسد ليس 100%, إنما أثبت الواقع والدراسات أن التفسير شبه مؤكد.

- العين (يسار للأعلى): تعني تذكر شكل أو صورة بشكل صادق.
- العين (يمين للأعلى): تعني استخدام الجزء الإبداعي والتخيلي من المخ
- العين (يسار وسط): تعني محاولة تذكر حديث أو مناقشة بشكل صادق.
- العين (يمين وسط): تعني استخدام الجزء الإبداعي والتخيلي من المخ
- العين (يسار للأسفل): تعني التحدث مع الذات.
- العين (يمين للأسفل): تعني مشاعر وعواطف صادقة.

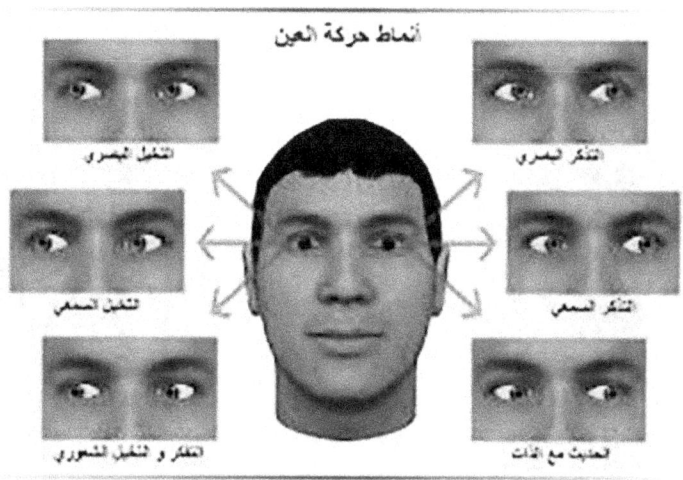

الذراعين

عندما يربط الشخص بذراعيه على صدره: فهذا قد يعني أن هذا الشخص يحاول عزل نفسه عن الآخرين أو يدل على أنه غير واثق من نفسه .

- عندما تكون راحة اليد ممسكة براحة اليد الأخرى خلف الظهر تشير إلى الهدوء والثقة الكبيرة.
- عندما يقبض الشخص إحدى يديه بذراعه الآخر خلف ظهره فهذه دلالة على عصبية مبطنة وخوف من الانفلات

- فرك اليدين ببعضهما: فهذا يدل على الانتظار. أي انتظار شيء إيجابي.
- وضع اليد على الخد: فذلك إشارة إلى التمعن والتأمل.

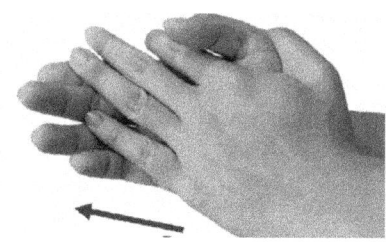

راحة اليد تواجه راحة الأخرى وتلامس رؤوس الأصابع فهذا يشير إلى الثقة بالمعلومة والفكرة عند التكلم. وكذلك تشير إلى الثقة والإنصات الجيد عند الاستماع, أما تشبيك الأصابع داخل بعضهما البعض فيدل على التوتر

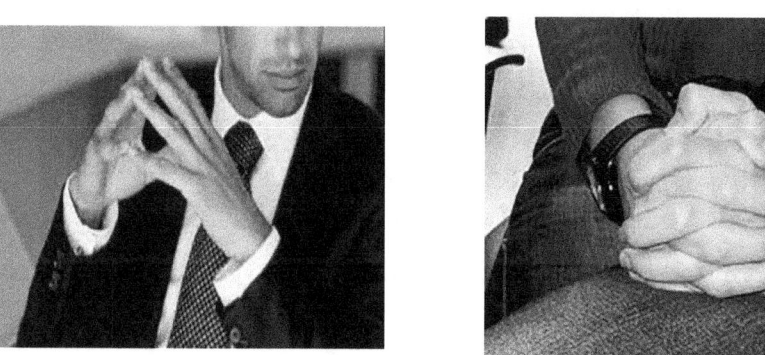

الحواجب

إذا رفع المرء حاجبًا واحدًا فإن ذلك يدل على أنك قلت له شيئا إما أنه لا يصدقه أو يراه مستحيلًا، أما رفع كلا الحاجبين فإن ذلك يدل على المفاجأة.

ا لأذنـا ن

فإذا حك أنفه أو مرر يديه على أذنيه ساحبًا إياهما بينما يقول لك أنه يفهم ما تريده فهذا يعني أنه متحير بخصوص ما تقوله ومن المحتمل أنه لا يعلم مطلقًا ما تريد منه أن يفعله أو أنه يشك بصحة ما تقوله

ا لأنـف

عندما يلمس البالغ أنفه وهو يتحدث فهو دليلاً على أنه ليس صادق في الحديث الذي يقوله.

الجبين

فإذا قطب جبينه ونظر للأرض في عبوس فإن ذلك يعني أنه متحير أو مرتبك أو أنه لا يحب سماع ما قلته، أما إذا قطب جبينه ورفعه إلى أعلى فإن ذلك يدل على دهشته لما سمعه منك.

الأكتاف

عندما يهز الشخص كتفه فيعني أنه لا يدري أو لا يعلم ما تتحدث عنه

الأصابع

نقر الشخص بأصابعه على ذراع المقعد أو على المكتب يشير إلى العصبية أو نفاذ الصبر

الفم

حينما يكذب الطفل على والديه فهو يضرب يديه على فمه في إشارة إلى إخفاء ما قاله عن والديه، وعندما يكذب المراهق فهو يلمس أو يحك فمه بخفه.

وعندما يخفى الشخص المستمع فمه براحته فهذا دليل قاطع باعتقاده أنه يسمع أكاذيب.

اتجاه الأقدام

وقد عرف بالملاحظة الدقيقة أن قدمي الشخص دائمًا ما تتجه إلى موضوع التفكير فمثلًا الطالب الذي يتعرض للتوبيخ أمام أقرانه من معلمه فعادةً ما تشير قدميه إلى مكان جلوسه أو في الأحوال الأكثر سوءًا إلى خارج الصف. أو الضيف غير الراغب في الدخول فيشير بوقفته واتجاه قدميه لرغبته في الانصراف

التثاؤب

إذا كنت تتحدث مع شخص ما وأردت أن تنهي الحديث معه فإن التثاؤب يعطيه خير دليل على ذلك. لذلك يجب تفادي التثاؤب عند الحديث مع الآخرين

السبابة

إشارة التوجيه أو التحديد بإصبع السبابة: تعتبر حركة سلبية وعدائية تهجمية. لا ينصح باستخدامها أثناء الحديث مع الآخرين

حك الـرأس

حك المرء لرأسه أثناء الحديث يعني أنه يفكر في شيء ما أو يحاول أن يتذكره.

إن لغة الجسد الإيجابية تتسم بالقوة, كم أن الرسائل السلبية غير الشفهية التي تبعث بها إلى الآخرين عادةً ما تكون قوية, وتأخذ اتجاها معاكساً لما تريد, لذلك تجنب الآتي عند التواصل مع الآخرين:

- إمالة الرأس إلى أسفل عند المشي أو عند الوقوف: فيجب أن يكون الرأس منتصباً للأعلى, ليس منخفضاً للأسفل, وإن انخفاض الرأس للأسفل أثناء المشي أو عند الوقوف يدل على عدم الثقة بالنفس, ويسبب أمراضاً مختلفة كمرض يسمى Text Neck وهو مرض شائع لدى المفرطين في استخدام الجوال, ودائماً يكون رأسهم في وضعية الانخفاض للأسفل

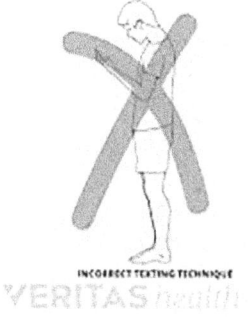

- الدخول المتردد: لا تجر قدميك أو تتسلل إلى الغرفة, تحرك مباشرةً وفي ثقة كما لو أن هناك هدفاً تمشي نحوه.

- النظرات المسدلة: لا تجعل نظرتك مسدلة أو مكتئبة, ابدأ بالتخاطب بالعيون " الاتصال البصري " وحافظ عليه معظم الوقت.
- مصافحة الأيدي ببرود: وهي تعني قلة الاهتمام بالشخص الآخر
- الضغط بقوة كبيرة على اليد عند المصافحة: لن تستفيد أبداً إذا جعلت الشخص الذي تصافحه يشعر بعدم الراحة
- التململ: إن التململ مثل التثاؤب وطقطقة الأصابع والنقر بالمفتاح أو القلم هو ظاهرة تسبب التوتر وتنتقل بالعدوى, عندما تبدأ بالتململ سيبدأ جميع من حولك يشعرون بالعصبية والإحباط والرغبة في الرحيل.
- التنهد: إن التنهد يدق ناقوس الإنذار وهو يعني أن الموقف سيخيم عليه اليأس.
- هرش الرأس: ويعتبر دليلاً على الارتباك, وهذا من شأنه أن يسبب عدم الارتياح للآخرين ويسود جو من التوتر في المكان.
- عض الشفة: وهي إشارة قوية على القلق, فيجب تجنبها
- فرك مؤخرة الرأس أو العنق: وهذه إيماءة تفيد بالإحباط ونفاذ الصبر
- تضييق العينين: إيماءة سلبية قوية وتعني عدم الموافقة والاستياء أو الغضب, أما العينين المغمضتين بالكامل فتعني الحيرة
- رفع الحاجبين: لا ترفع الحاجبين كثيراً, فإن ذلك يعني عدم التصديق, بمعنى أنك لا تصدق ما يقوله الشخص الآخر.
- النظر إلى الشخص الآخر من فوق قمة نظارتك: وهذا يعني أيضاً عدم التصديق

- فرك العينين والأذنين وجانب الأنف: كل هذه الإيماءات تعني الشك وعدم الثقة بالنفس, وهي إيماءات يمكن أن تفسد أي رسالة.

The nose touch　　　　The eye rub

- وضع الذراعين على الخصر: هي طريقة للتعبير عن القوة والسيطرة، وعندما تقوم بفعلها سيفهمها الآخرون على أنها تحدي لهم

مبادئ إدارة الذات _ إدارة الوقت

يقول عالم الإدارة الشهير بيتر دراكر " إن الشخص الذي لا يستطيع إدارة وقته لا يستطيع إدارة أي شيء آخر" أنت مسؤول عن إدارة مالك وإدارة أسرتك وإدارة علاقاتك مع الآخرين والأهم أنك مسؤول عن إدارة ذاتك, وأحد جوانب الإدارة التي أنت مسؤول عنها هو إدارة الوقت أو إدارة الزمن, حيث أن النجاح الحقيقي في حياتك هو نجاحك في الإدارة, إدارة الزمن موضوع محوري في حياة الأشخاص, لأن إدارة كل ما سبق يوجد فيها عنصر الزمن, فالكفاءة في إدارة كافة جوانب حياتك المختلفة تعتمد على الكفاءة في إدارة الزمن.

إدارة الوقت تعتبر أحد المبادئ الستة لإدارة النفس البشرية, حيث لا يمكن الحديث عن إدارة الذات بمعزل عن عنصر الزمن, لأن كل الأحداث والأهداف والمواقف مرتبطة بالزمن ولا يمكن تجريدها عنه أبداً. فالنجاح في إدارة الوقت سينعكس نجاحاً على بقية مبادئ إدارة الذات الستة الأخرى, بل إن النجاح في إدارة الذات يعتمد وبشكل كبير على النجاح في إدارة الوقت, ومن أحد أهم الاهداف النهائية لإدارة الوقت هو أن تعمل بذكاء وليس بصعوبة, فحسن التعامل مع عنصر الزمن يجعل الأداء أفضل والجهد المبذول أقل لإنجاز نفس الأعمال.

قبل الحديث عن إدارة الوقت, يجب التذكير بضرورة الانسجام بينك وبين عنصر الزمن, فعندما تفكر في الماضي أو تفرط في التفكير في المستقبل, فأنت تخرج من دائرة الزمن, أي أنك جسدياً موجود في مكان وفكرياً في مكان آخر, وهذا من شأنه أن يسبب القلق والتشتت وعدم القدرة على تحقيق الاهداف, يجب التفكير باللحظة الحاضرة وعيشها بكافة تفاصيلها, وبذلك نكون ضمن دائرة الزمن.

من عدل الله سبحانه وتعالى أن الوقت متوفر بالتساوي لجميع الناس بغض النظر عن العمر والمركز الاجتماعي, وهذا ما يجعل إدارة الوقت ممكنة للجميع لأن الوقت ثابت وليس متغير, فاليوم هو 24 ساعة يمر على الجميع 24 ساعة, فالبعض يستغل 4 ساعات والبعض الآخر يستغل 12 ساعة, وبعض الأشخاص لا يستغلون شيئاً, والعلاقة بين النجاح وبين استغلال الوقت هي علاقة طردية, فكلما زادت نسبة استغلالك للوقت المتاح خلال اليوم كلما زادت احتمالية نجاحك وتحقيقك للأهداف المرجوة. وعندما نعلم أن الوقت موزع بالتساوي على الجميع, هذا يعني أن فرصة استغلاله وتحقيق النجاح متاحة للجميع أيضاً, فالوقت هو أهم مورد للنجاح, وأهم مورد للنجاح هو متاح لك ولغيرك بالتساوي.

استغلال الوقت يزيد من قيمته، فكلما تعرفنا على أهمية هذا المورد الهام، كلما سارعنا في استغلاله والاستفادة منه، لأن الوقت الذي يمضي لا يعود ابداً، ولا يمكن إذخار الوقت للمستقبل، فلو كان لديك الآن وقت فراغ 4 ساعات في اليوم، فإنك لن تستطيع إدخارها والاستفادة منها في السنة القادمة، وهذا ما يجعل الوقت عنصراً متوفراً للجميع وبنفس الوقت هو مورد نادر ويعتبر أندر الموارد المتاحة نظراً لعدم إمكانية إدخاره او إستلافه من الآخرين، ولأنه يمر بسرعة محددة وثابتة منذ بداية خلق الكون وحتى الآن لا يوجد أي تغيير في سرعة الوقت، فاليوم هو 24 ساعة لم يتغير، والأسبوع سبعة أيام، والشهر ثلاثين يوم، والسنة 360 يوم، والوقت لا يمكن تراكمه أو تغييره أو إحلاله أو إيقافه او بيعه أو تصنيعه، فليس بالإمكان تجميع الوقت في خزانة معدنية وليس بالإمكان أن نستبدل الوقت الحالي بوقت مضى، وليس بالإمكان شراء الوقت أو صناعته، فكل شيء تنقص قيمته عندما نستهلكه إلا الوقت قيمته ترتفع كلما زاد الاستهلاك.

بسبب الأهمية العظيمة للوقت، نجد أن الله تعالى أقسم بالوقت ﴿ وَٱلۡعَصۡرِ ١ إِنَّ ٱلۡإِنسَٰنَ لَفِي خُسۡرٍ ٢ ﴾ 1-2 العصر، والله تعالى لا يقسم إلا بشيء عظيم الأهمية والدلالة.

هناك مفهوم سائد بأن إدارة الوقت تعني وضع جدول زمني والتقيد به حرفياً، وأنها تسبب الرتوب والروتين المتكرر في الحياة اليومية، في الحقيقة هذا اعتقاد خاطئ، فإدارة الوقت لا تعني أبداً وضع جدول زمني وقوائم لإنجاز الأعمال فقط، إنما إدارة الوقت في حقيقتها هي إدارة الأولويات وعدم القيام بعمل أقل أولوية على حساب عمل أكثر أولوية وهذا سيتم توضيحه عند الحديث عن مصفوفة إدارة الوقت.

إدارة الوقت تعني الترتيب وتنظيم مهام العمل اليومية، وهي تعبر عن الاستعداد للالتزام الشخصي وتحمل المسؤولية، فلا يمكن الحديث عن إدارة الذات بمعزل عن إدارة الوقت، وأي تقدم يتحقق في إدارة الوقت فهو بلا شك يصب في صالح إدارة الذات.

الوقت أكبر قيمة من المال

تخيل أن لديك حساب في البنك، ورصيدك في بداية كل يوم هو 86400 دولار، غير مسموح لك ترحيل الحساب إلى يوم آخر، ويجب عليك استخدامه في نفس اليوم، والأموال التي لا تستخدمها خلال اليوم يتم شطبها من حسابك، فماذا ستفعل عندها؟ سوف تسحب كل دولار متوفر في حسابك كل يوم، فكل شخص يوجد لديه فعلاً مثل هذا الحساب، إنه الوقت، في كل

صباح يودع في حسابك 86400 ثانية, وسوف تخسر أي ثانية لم تستخدمها بالحكمة المطلوبة, ومن غير المسموح ترحيل حسابك إلى يوم آخر, وكل يوم يفتح لك حساب جديد, وإذا لم تستطع أن تستغل الحساب كل يوم فأنت الخاسر, ولا يوجد هناك عودة للماضي, يجب أن تعيش الحاضر, وحتى تدرك قيمة السنة الواحدة اسأل طالباً رسب سنة دراسية, وحتى تدرك قيمة الشهر الواحد اسأل أم ولدت طفلاً غير مكتمل النمو, وحتى تدرك قيمة أسبوع واحد اسأل رئيس تحرير جريدة أسبوعية, وحتى تدرك قيمة ساعة واحدة اسأل شخصاً فاته القطار, وحتى تدرك قيمة الثانية الواحدة اسأل شخص بالكاد تجنب حادث سيارة, وحتى تدرك قيمة ملي ثانية واحدة اسأل شخصاً عداءً فاز بالميدالية الفضية في الأولومبياد. الوقت لا ينتظر أحد وقيمته عالية جداً أكثر من أي شيء آخر, فالأمس رحل ولن يعود والمستقبل لم يأت بعد, عليك بالحاضر. قيمة الوقت عالية جداً, وعلينا إدراك هذه القيمة التي تكمن في تركيز كل الاهتمام على الحاضر. فقيمة المال يمكن تعويضها, أما قيمة الوقت فلا يمكن تعويضها أبداً.

الرقابة على الوقت

كما يوجد رقابة على أموالنا وممتلكاتنا الخاصة, يجب أن يحظى الوقت بالرقابة الكافية, فتجد بعض الأشخاص لا يوجد عنده أي رقابة على الوقت, فلو ضاع منه ساعة أو ساعتين أو يوم أو يومين فهو لا يكترث, لكنه لا يرضى أبداً ان يضيع منه مبلغ صغير من المال, ولا يسمح لأحد أن يقترب من ممتلكاته الخاصة, فهو يراقب عن قرب, أما الوقت فلا يوجد أي رقابة عليه, وغياب الرقابة على الوقت يعني لا يوجد تقدير لأهمية الوقت, فالإنسان الناجح يرى في العمل أمل فهو يعرف قيمة وأهمية الوقت, أما الإنسان الفاشل فيرى في العمل ألم, لأنه لا يعرف قيمة وأهمية الوقت.

نقطة البداية في إدارة الوقت هي الشعور بأهميته والرقابة عليه, عندما نبدأ الشعور بأهمية الوقت, ولا نسمح أبداً بتضييع أوقاتنا, عندها نكون قد بدأنا بالإدارة الفعلية للوقت.

فالرقابة على الوقت أهم من الرقابة على الأموال أو الممتلكات, لأن الممتلكات أو الأموال إذا نقصت يمكن تعويضها, أما الوقت فلا يمكن تعويضه أبداً, وكلما زادت رقابتنا على الوقت دل ذلك على ارتفاع الوعي العام والحكمة, فأهم جوانب الحكمة هي استغلال الوقت, ولا يمكن الحديث عن الحكمة لدى شخص لا يقدر قيمة الوقت, والحكمة كما وصفها الله تعالى هي خير كثير ﴿ يُؤْتِي ٱلْحِكْمَةَ مَن يَشَآءُ ۚ وَمَن يُؤْتَ ٱلْحِكْمَةَ فَقَدْ أُوتِيَ خَيْرًا كَثِيرًا ۗ وَمَا يَذَّكَّرُ إِلَّآ أُو۟لُوا۟ ٱلْأَلْبَٰبِ ﴿٢٦٩﴾ ﴾ البقرة 269

رقابتك على الوقت تمنحك الحكمة, ووجود هذه الرقابة هو الشرط الأول لإدارة الوقت, وفشلك في إدارة الوقت يعني فشلك في إدارة أي شيء آخر, فالوقت من ذهب, هذا التشبيه يليق بقيمة الوقت, بل يمكن القول أن الوقت هو الحياة, لأنه أهم مورد لديك.

وإذا كان الوقت مهم عبر الأجيال, فإنه أكثر أهمية في وقتنا الحالي, ففي القرن الحادي والعشرين يوجد تسارع كبير جداً للأحداث والمعلومات, ما يقارب عشرين ألف معلومة جديدة كل يوم, والتطور الحاصل في الخمسين سنة الاخيرة يعادل كل التطور الحاصل عبر التاريخ, وكمية المعلومات التي تطبع في يوم واحد يحتاج الشخص الواحد إلى أكثر من خمسين سنة لقرائتها, ومطلوب من أي شخص أن يعاصر هذه الأحداث والمعلومات ويواكبها, وحسن إدارة الوقت هي السبيل لتجنب التقادم, وهي السبيل لمواكبة الأحداث والمعلومات المتسارعة.

أثر البيئة المحلية على إدارة الوقت

للبيئة المحلية أثر خاص في عدم الاستفادة من الوقت, لما تلعبه الأعراف والقيم والعادات الاجتماعية من دور رئيسي مؤثر في إدارة وقت الناس, ومن أهم انعكاسات أثر البيئة المحلية على إدارة الوقت هو موضوع عدم تعود الناس على تحديد الأهداف, فغياب الهدف يعني غياب الداعي والدافع لتنظيم الوقت, فالهدف هو الذي يدفع صاحبه لتقدير قيمة الوقت, وعند وجود الهدف ستجد التقدير والاهتمام بقيمة الوقت, والأعراف الاجتماعية السائدة في مجتمعاتنا المحلية من ولائم ومناسبات والزيارات المفاجئة لا تساعد أبداً في تنظيم الوقت واستغلاله, ومن أجل البدء بالتغلب على هذه الأعراف عليك ان تتعلم أن تقول (لا), فليكن لديك مشروع ولا تكن ضمن مشاريع الآخرين, نظم وقتك بحيث يكون تفاعلك مع الاخرين تحت التحكم, ولا تنجرف نحو المجاملات والعواطف.

كما تعتبر ظاهرة التأجيل المتعدد أو التسويف ظاهرة منتشرة تعيق إدارة الوقت, فمن ملامح الإدارة الناجحة للوقت أنك إذا بدأت عملاً فلن تتركه حتى الانتهاء منه, أما وجود ظاهرة التأجيل أو التسويف يعني ضعف الكفاءة في إدارة الوقت, وللتخلص من ظاهرة التسويف ينبغي تعزيز حس المسؤولية والالتزام, لأن غياب المسؤولية والالتزام ينتج عنه التسويف والتأجيل, فالإنسان الناجح يعتبر الإنجاز التزاما يلبيه, أما الفاشل لا يرى في الإنجاز أكثر من وعد يعطيه.

مركز التحكم وإدارة الوقت

يعرف مركز التحكم بأنه اعتقاد الفرد لكل ما يحدث له من أحداث في حياته إنما هي محكومة بتصرفاته أو أنها خاضعة لعوامل خارجة عن إرادته مثل الحظ أو الصدفة.

مركز التحكم لدى الإنسان على درجة عالية من السيطرة الداخلية ودرجة عالية من السيطرة الخارجية , فالذي يسيطر عليه المرجع الخارجي يعتقد أن ما يتعرض له خارج عن إرادته , بينما صاحب المرجع الداخلي يعتقد أن باستطاعته التأثير على ما يحدث له.

يجب أولاً أن نعرف مركز التحكم لدينا هل هو داخلي أم خارجي, فمركز التحكم الداخلي يساعد في حسن إدارة الوقت, أما مركز التحكم الخارجي لا يساعد أبداً في حسن إدارة الوقت, لاكتشاف مركز التحكم لدينا ينبغي الإجابة على خمسة أسئلة ووضع الجواب على مقياس من 1 إلى 5 , ثم جمع الدرجات لكل الإجابات, والنتيجة سوف تكون ما بين 5-25 , فرقم 5 هو أقرب للمرجع الداخلي ورقم 25 هو أقرب للمرجع الخارجي.

يمكن لنا اكتشاف مركز التحكم لدينا من خلال الإجابة على الأسئلة التالية, وإذا كانت الدرجات التي تحصل عليها 20 أو أكثر فمرجعك داخلي, أما لو كان مجموع الدرجات التي تحصل عليها أقل من 20 فمرجعك خارجي, وينبغي العمل على التغيير إلى المرجع الداخلي.

1- أنا الذي أقرر ما الذي أعمل وما الذي أقول , بدلاً من أسمح للأشخاص والمواقف أن تؤثر وتملي علي تصرفي.

2- إن الترقي والتقدم في العمل يعتمد على العمل الجاد بدلاً من الاعتماد على الشخص الذي تعرف.

3- أنا الذي أقرر ما الذي يحدث في حياتي بدلاً من أن أكون تحت رحمة الأشخاص الآخرين والظروف.

4- إن الطلبة هم الذين يحددون الدرجات التي يحصلون عليها وذلك من خلال جهودهم بدلاً من كون الأساتذة هم الذين يحددون درجات الطلاب

5- عندما أشتري سلعة معينة فقراري يعتمد على قناعتي بها أكثر من قناعة المجتمع بهذه السلعة

1	2	3	4	5
غير موافق		محايد		موافق

يوجد لديك مجموعة من القيم كقيمة العمل وقيمة المال وقيمة الشرف وقيمة الأم, ويجب أن تكون قيمة الوقت من ضمن القيم الموجودة لديك, فهي لا تقل أهمية عن أي قيمة أخرى.

مصفوفة إدارة الوقت

من أهم الأدوات التي تساعد على إدارة الوقت هي مصفوفة الأولويات أو مصفوفة أيزنهاور, وهي من أكثر الأدوات العالمية شيوعاً في إدارة المهام وترتيب الأولويات وإدارة الوقت.

سميت بهذا الاسم لأن مخترعها هو الرئيس الأمريكي الأسبق دوايت أيزنهاور, وهي تقوم على أساس ضرورة وضع قائمة للمهام التي سيتم إنجازها في اليوم أو الأسبوع أو الشهر القادم على حسب المدة الزمنية التي يتم بموجبها وضع المهام, بعد أن يتم كتابة المهام لليوم التالي مثلاً يتم تصنيفها في المصفوفة التالية:

	عاجل	غير عاجل
هام	عليك فعله فوراً	خطط له بهدوء
غير هام	فوض شخص للقيام به	أسقطه من حساباتك

إدارة الوقت تعني إدارة الأولويات, وهذه المصفوفة تساعد في ترتيب المهام على حسب أولوياتها واتخاذ القرار اللازم بشأنها, المصفوفة تأخذ عاملين بعين الاعتبار لاتخاذ القرار وهما عاملي الإلحاح والزمن, فالمهمة التي تكون ملحة وعاجلة يختلف قرارنا اتجاهها عن المهمة التي تكون غير ملحة وغير عاجلة, وأنت وحدك من يقرر هل هذه المهمة عاجلة أم غير عاجلة, هامة أم غير هامة.

وإن استخدام هذه المصفوفة يتطلب أن يكون لديك قائمة مكتوبة لمهامك اليومية أو الأسبوعية.

بعض المهام لها صفة عاجل-هام وهذه المهام يجب القيام بها على الفور, كحضور اجتماع مثلاً أو موعد مهم أو كتابة رسالة. المهام التي لها صفة هام-غير عاجل ينبغي التخطيط لها بهدوء, فمثلاُ أنت تريد تطوير مهارتك بالعمل على الكمبيوتر, فيمكن اعتبار هذه المهمة هامة إلا أنها غير عاجلة وليس بالضرورة تأديتها اليوم فيمكن تصنيفها في هذا المربع والتخطيط لها بهدوء. بعض المهام لها صفة غير هام-عاجل مثل الرد على مكالمة هاتفية أو استقبال زوار غير متوقعين أو التوقيع الروتيني لاستلام البريد الوارد, فهي أحداث عاجلة بطبيعتها إلا أن تقييمك لها بانها غير هامة فيتم تصنيفها في هذ المربع ومن الأفضل " إن أمكن " تفويض شخص آخر للقيام بتلك المهمات, وفي المربع الأخير يوجد مهمات العمل غير عاجل-غير هام, مثل تصفح الفيس بوك أو حل الكلمات المتقاطعة أو مجالس النميمة أو غيرها من المهام غير الهامة وغير العاجلة, فيجب تركها وإسقاطها من سلم الأولويات, وللأسف هذه المهمات تستنزف من 10-40 % من وقت بعض الموظفين وخاصةً موظفي القطاع العام.

مصفوفة أيزنهاور هي أداة فعالة تساعد في ترتيب الأولويات, وهي الأداة العالمية الأكثر إنتشاراُ في هذا المضمار, فوقتك محدود خلال اليوم ويجب توزيعه بطريقة رشيدة على المهام الموجودة لديك, والخطأ الأكبر هو أن تبدأ يومك بالمهام الأقل أولوية, عندها لن تجد الوقت الكافي لإنجاز الاعمال الأكثر أولوية, وستعاني من عدم الإنجاز, فلو كان لديك وعاء زجاجي ولديك كمية من الأحجار الكبيرة وكمية من الاحجار الصغيرة وكمية من الرمل, والمطلوب أن تملئ تلك الكميات داخل الوعاء الزجاجي بحيث تتسع جميعها داخله, لنفترض أن الأحجار الكبيرة تمثل المهام الأكثر أولوية, والأحجار الصغيرة تمثل المهام متوسطة الأهمية, والرمل يمثل المهام ذات الأولوية المنخفضة, والوعاء يمثل الوقت المتاح لك خلال اليوم. فلو بدأت بملئ الوعاء بالرمل ثم بالأحجار الصغيرة, فإنك بذلك تكون قد شغلت المساحة الأكبر من الوعاء ولن تجد متسعاً للأحجار الكبيرة, أما لو بدأت ملئ الوعاء بالأحجار الكبيرة ثم الأحجار المتوسطة ستجد أن هناك متسعاً حتى للرمل داخل الوعاء, الوعاء هو يومك, فإذا بدأت يومك بالمهام الأقل أهمية عندها لن تجد متسعاً

للمهام الأكثر أهمية, أما لو بدأت يومك بالمهام الأكثر أولوية عندها ستجد متسعاً من الوقت لإنجاز كل ما لديك من المهام, فالسر في إدارة الوقت هو ترتيب الأولويات, والمثال السابق يشير إلى ضرورة أن تبدأ يومك بالمهام الأكثر أولوية وأكثر أهمية.

اجعل الوقت يعمل لصالحك و تجنب مضيعات الوقت

مجموعة من الممارسات التي تساعد على حسن استغلال الوقت والتعامل بحكمة مع المعطيات اليومية من أحداث ومهام وأهداف وتجنب أكثر المضيعات للوقت شيوعاً:

- اعمل بذكاء وليس بصعوبة: وأكثر ما يساعد على تجسيد هذا المبدأ هو التخطيط, عندما نخطط ولو حتى فكرياً قبل إنجاز الأعمال فإن نسبة النجاح ستكون أكبر, حتى الأعمال الصغيرة ينبغي التخطيط لها, ذهابك إلى رحلة من غير تخطيط لمسار الرحلة والأغراض اللازمة يمكن أن يؤدي إلى جعل الرحلة مربكة, أما لو خططت لمسار الرحلة وخططت للأغراض اللازمة فإنه من المتوقع أن تكون الرحلة ميسرة أكثر منها في حالة غياب التخطيط, ليس فقط الرحلة بل كافة المسائل الأخرى ينبغي التخطيط لها, عدم التخطيط يعني العمل بصعوبة والعمل مع التخطيط يعني العمل بذكاء. وكل ساعة في التخطيط توفر عليك ساعتين في التنفيذ, لذلك يعتبر التخطيط عاملاً مساعداً في تحسن مستوى إدارة الوقت

- تعامل مع الأعمال الصعبة في الفترة الصباحية: كما ذكرت في المثال السابق المتعلق بملئ الوعاء الزجاجي أن الاعمال الأكثر أهمية يجب البدء بها في بداية اليوم, طاقتك في الصباح ليست كما هي في المساء, قدرتك على الإنجاز في الصباح ليست مثل قدرتك في الليل, فوقت الصباح الباكر هو أفضل الاوقات للتفكير الهادئ والإنجاز واتخاذ القرار, لو أردت إنجاز مهمة معينة -وخاصةً المهام الفكرية- فإن الساعة العاشرة صباحاً ستكون قدرتك على إنجازها أكبر مما لو أنجزتها الساعة العاشرة ليلاً, لذلك يجب استغلال الأوقات التي تشعر فيها بطاقة مرتفعة بالإنجاز والعمل, ومن أجل تعزيز فكرة

استغلال ساعات الصباح, يجب النوم باكراً, فالنوم بين الساعة العاشرة ليلاً والساعة الرابعة صباحاً هو أفضل وقت للنوم على الإطلاق, أما لو كان نومك في ساعات متأخرة من الليل أو في النهار, فإن هذا لن يساعدك على إدارة الوقت بحكمة

- حاول أن تعمل الأشياء الصحيحة أكثر من أن تعملها بشكل صحيح: وهذا هو الفرق بين الفعالية والكفاءة , فالفعالية هي (فعل الشيء الصحيح) التي هي من صفات القيادة أما الكفاءة فهي (فعل الأشياء بشكل صحيح) وهي من صفات الإدارة, في الحقيقة كلا المفهومين يؤثر في كفاءة استغلال الوقت المتاح, إنما مفهوم الفعالية يؤثر بشكل أكبر وفعل الأشياء الصحيحة هو أكثر ما يهتم به القادة والمخططون الاستراتيجيون, لأن العمل إن لم يتمتع بالفعالية فيتم خسارة كل الوقت, أما غياب الكفاءة فيؤدي إلى خسارة جزء من الوقت.

- حدد النشاطات والمهام التي تنوي القيام بها: وهذا يعبر بشكل خاص عن نوع معين من أنواع التخطيط المسمى Rolling wave Planning التخطيط المرحلي وهو الذي يعتمد على فترات قصيرة جداً, فبدلاً من وضع خطة سنوية يمكنك وضع خطة يومية, وفي كل يوم سيتم اكتشاف معلومات جديدة, وبناءً على المتغيرات اليومية الحاصلة يمكنك وضع خطة اليوم التالي, وكل ما تم اكتشاف معلومة جديدة يتم تغيير خطة اليوم التالي, فالواقع الآن يتغير بسرعة, والتخطيط المرحلي يتناسب مع معطيات القرن الحادي والعشرين الذي يتميز بسرعة التغيرات, أما لو وضعت خطة سنوية, فإنها ستكون جامدة ومن الصعب تغييرها, لذلك التخطيط المرحلي يضمن مبدأ هام من مبادئ التخطيط وهو المرونة, لذلك من الضروري جداً أن تكون الربع ساعة الأخيرة من يومك مخصصة لوضع قائمة مهام اليوم التالي, وعندما تكتسب هذه العادة ستشعر بإنجاز أكبر, واستغلال أفضل للوقت المتاح.

- تبنى مبدأ الأولويات وضعها عادة من عاداتك الرئيسية: إدارة الوقت في حقيقتها هي إدارة الأولويات, وأهم فكرة في إدارة الوقت هي فعل الأشياء وفق أولويتها, في أحد المرات كنت مسافراً في مهمة عمل في مدينة الخفجي في السعودية وهي مدينة ساحلية, زرت الشاطئ وجمعت مجموعة من الأصداف أحضرتها معي إلى الرياض, زارني أحد الأصدقاء في الرياض وشاهد الأصداف وسألني من أين حصلت عليها؟ فأجبته بأني أحضرتها من مدينة الخفجي عند زيارتي الأخيرة لها, فطلب مني أن أحضر له بعض الأصداف عند زيارتي القادمة للخفجي, وفعلاً عند زيارتي القادمة للخفجي جمعت له بعض الأصداف وأحضرتها له, رجعت إلى الرياض في يوم الأربعاء مساءً, وعندما خططت لليوم التالي وجدت أن لدي مهمتين علي القيام بهما في يوم الخميس, المهمة الأولى

وهي تسليم مجموعة من الملفات لأحد الشركات التي كان يجب علي تسليمها في يوم الخميس, والمهمة الثانية هي زيارة صديقي وتسليمه الأصداف, في يوم الخميس خرجت من المنزل بعد صلاة الظهر, وذهبت لزيارة صديقي لتسليمه الأصداف, وهذا هو الخطأ الذي ارتكبته بأني فعلت الشيء الأقل أولوية على حساب الشيء الأكثر أولوية, الشيء الأكثر أولوية هو تسليم الملفات للشركة لأنه كان آخر يوم في الأسبوع وتبقى ساعتين أو ثلاث ساعات فقط على موعد إغلاق الشركة, أما بالنسبة لزيارة صديقي وتسليمه الأصداف فكان من الممكن أن تتم في أي وقت آخر, جلست مع صديقي وسلمته الأصداف وتأخرنا في جلستنا في تبادل أطرف الحديث, وفجأة نظرت للساعة تشير إلى الثانية والنصف بعد الظهر, فتوجهت مسرعاً للشركة من أجل تسليمها الملفات, أسرعت في القيادة على الطريق ولكني وصلت متأخرا حيث أغلقت الشركة, وهذا ما سبب إشكالية بيني وبين الشركة بسبب تأخري في موعد تسليم الملفات, كل هذا حصل بسبب عدم قدرتي على ترتيب الأولويات بين مهمتين, وعندما قمت بإنجاز المهمة الأقل إلحاح وأولوية على حساب المهمة الأكثر إلحاح وأولوية, وتسببت لنفسي بالمشاكل وعدم الإنجاز, ومنذ ذلك اليوم تعلمت درساً بأن أتبنى مبدأ الأولويات وأضعه مبدأ من المبادئ الرئيسية في حياتي, لأن إدارة الأولويات تعني حسن إدارة الوقت.

- قم بعمل واحد في وقت واحد: هذا المبدأ صحيح نسبياً, فبعض المهام يجب عدم جمعها مع مهام أخرى والقيام بها بمفردها لأنها تتطلب الكثير من التركيز, ولكن هذا المبدأ ليس صحيحاً مطلقاً, بإمكانك في كثير من الأحيان فعل شيئين في وقتٍ واحد, فمثلاً يمكنك الاستغفار أثناء ممارسة الرياضة, فبدلاً من تخصيص وقت لممارسة الرياضة ووقت للاستغفار يمكنك القيام بهما معاً, ويمكنك طباعة بعض الأوراق على الطابعة وأثناء الطباعة تقوم بإنجاز مهمة معينة على الكمبيوتر, وبإمكانك التواصل مع أصدقائك القدامى أثناء فترة انتظارك عند طبيب الأسنان, اليوم نحن نعيش في عصر السرعة, ويمكن إنجاز عدة مهام في وقت واحد multitasking, ولكن هذا لا ينطبق على بعض الأعمال التي تتطلب درجة عالية من التركيز, فمن الأفضل القيام بها لوحدها وعدم جمعها مع عمل آخر Single- task.

- استفد قدر الإمكان من مبدأ التفويض: التفويض هو مبدأ من مبادئ إدارة الوقت, يلجأ إليه الأشخاص عندما تتراكم لديهم الأعمال, فالأعمال العاجلة وغير الهامة من الأفضل تفويض الآخرين للقيام بها, بعض الأشخاص غير مقتنعين بتطبيق مبدأ التفويض ويقوموا بإنجاز كل شيء بأنفسهم, حتى لو تراكمت أعمالهم وأصبحت أكبر من طاقتهم على

إنجازها تجدهم مصرين على فعل كل شيء بأنفسهم, عدم الاستفادة من التفويض يخلق صعوبة في إدارة الوقت وخاصةً في الأوقات التي تتراكم فيها المهام و الأعمال.

- حدد أهدافك لتكون واقعية وقابلة للتطبيق: إدارة الوقت مع وجود أهداف تكون فعالة أكثر من إدارة الوقت عند غياب الأهداف, فالأهداف هي الدافع والحافز لاستغلال الوقت, وغياب الأهداف يجعل من إدارة الوقت أمراً مملاً وغير مجدياً على الإطلاق, فيجب أن يكون لديك أهداف حتى تتمكن من إدارة الوقت بفعالية وكفاءة, وأن تكون هذه الاهداف ذكية SMART أي أنها واقعية وقابلة للتطبيق والقياس, أما الأهداف الغير واقعية سوف يكون أثرها نفس أثر غياب الأهداف, ففي حالة كون أهدافك غير واقعية هذا سيجعلك تشعر بعبئ وثقل إدارة الوقت, فتشعر وكأنك تسعى لإنجاز هدف لن تتمكن من تحقيقه, مما يسبب عدم رغبة في المضي قدماً في تطبيق مبادئ إدارة الوقت.
- لا تنقل عمل المكتب إلى المنزل: فهذا يتعارض مع نظرية الأدراج المذكورة سابقاً والتي تنص على ضرورة عدم فتح درجين في نفس الوقت , وهذا الفعل يجعل الحياة الشخصية تختلط مع الحياة العملية, مما يؤدي إلى التأثير السلبي على الإثنتين معاً.
- تنظيم المكتب أو تنظيم مكان العمل: إن كنت موظفاً ولديك مكتب, فإن ترتيب المكتب يساعد في إدارة الوقت, فإن كانت الأوراق والبريد والدعايات والمراسلات دائماً متراكمة على المكتب فهذا يشتت الذهن, يجب أن يكون سطح المكتب خالياً تماماً من أي شيء إلا المهمة التي تقوم حالياً بإنجازها, فإذا كنت تقوم حالياً بمراجعة عقد مثلاً, فينبغي أن يكون أمامك على المكتب العقد الذي تراجعه فقط, وبقية الأوراق والملفات محفوظة في مكانها, مما يعطيك مزيداً من القدرة على التركيز واستغلال الوقت المتاح, وهذا يجسد المبدأ الأهم في إدارة المعلومات المكتبية Clean Desk Clear Screen, بمعنى أن يكون سطح مكتبك دائماً نظيف وخالٍ من أي أوراق أو أشياء أخرى ولا يوجد عليه إلا المهمة التي تقوم حالياً بإنجازها, ونفس المبدأ ينطبق على سطح المكتب الخاص بالكمبيوتر, فيجب أن بكون هو الآخر نظيف تماماُ ولا يوجد عليه إلا الملفات التي تستخدمها حالياً و وبقية الملفات محفوظة في أماكنها الأصلية, وأن لا يكون سطح مكتب الكمبيوتر مكاناً تحفظ فيه كل المجلدات والملفات, فهذا يؤدي إلى التشتت وعدم القدرة على التركيز, مما يعيق استغلال الوقت المتاح. تنظيم مكان العمل يساعد في عملية تصنيف المعلومات, وعملية التصنيف بحد ذاتها تساعد في حسن إدارة الوقت المتاح واستغلاله.

- إذا كنت طالباً أو أستاذا جامعيا أو مدرساً أو تعمل في المجال الأكاديمي والفكري فأنت تمضي معظم وقتك في محاولة لاكتساب المعلومات, فإذا كان لديك معلومة ما تريد حفظها, فلا تمضي كثيراً من الوقت في اليوم الواحد لحفظها, إنما اقرأها مرة واحدة, وبعد ثلاثة أيام اقرأها مرة اخرى وبعد أسبوع اقرأها مرة ثالثة, فهذا أفضل من محاولتك استيعابها وحفظها من المرة الأولى, فالعقل يخزن المعلومات المتكررة, فلا تمضي كل يومك لحفظ أو استيعاب معلومة ما , وإن كان لديك بحث تريد استيعابه وحفظه, فمن الأفضل أن تقرأه ساعة كل يوم لمدة أسبوع, فهذا أفضل من تخصيص 10 ساعات في اليوم الواحد. فالتكرار أفضل من تكريس كل الوقت المتاح دفعة واحدة., وبهذا ستتمكن من استغلال الوقت المتاح بطريقة أكثر فاعلية.

- الهاتف الجوال والتلفزيون والإنترنت: في دراسة أجريت على عدد من الأشخاص في مجتمعاتنا المحلية لمعرفة الوقت المخصص كل يوم لمشاهدة التلفاز وتصفح الإنترنت واستخدام الهاتف الجوال, توصلت الدراسة إلى أن أكثر من 50% من الوقت المتاح يستنزف عبر تصفح الإنترنت ومشاهدة التلفزيون واستخدام الهاتف الجوال, طبعاً هذه النسبة ترتفع وتنخفض من شخص إلى آخر لكنها بالمتوسط ما يقارب الـ 50 %. التلفزيون والهاتف الجوال وتصفح الإنترنت لا يعتبر إستغلالاً حكيماً للوقت ولا يعتبر مضيعة للوقت, إنما يعتمد ذلك على الطريقة التي نستخدم بها تلك الاجهزة, فيمكن لنا استغلال الوقت إيجابياً من خلالها ويمكن أيضاً تضييع الوقت من خلالها, ولكن الواقع أن الشريحة التي تمت دراستها في معظمها تستخدم هذه الأجهزة لتضييع الوقت, فتجد أنهم يفتحون متصفح الإنترنت ولا يعرفون ماذا يريدون, وكلما وجدوا خبراً أو مقطع فيديو أو قصة تشدهم فإنهم يضغطون على الرابط ويقومون بإضاعة وقتهم, هذا يعني بكل وضوح أن مثل هؤلاء الأشخاص لا يوجد لديهم مشروع ولا يوجد لديهم جدول أعمال واضح كل يوم, لو كان لديهم ما ينجزوه لما كان أصلاً ليتاح لهم أن يمضوا 50% من وقتهم على هذه الأجهزة, عندما تشاهد التلفزيون فأنت تمضي وقتك لتحقيق مشاريع الآخرين, فمخرج هذا البرنامج أو مخرج ذاك الفلم قد أنفقوا الملايين ضمن مشروع لهم وأهداف خاصة بهم, وأنت سلعتهم, إنما لو كان لديك عملاً تقوم به كل يوم وتنظيماً لوقتك لما سمحت بإضاعة 50% من وقتك على هذه الأجهزة, جرب ولمدة شهر واحد أن توقف مشاهدة التلفزيون وتوقف تصفح الإنترنت, ويقتصر استخدام الهاتف الجوال على الضرورة فقط, ستتفاجئ بكمية الوقت المتاح, وبعدها ستبدأ بالاستخدام الحكيم للإنترنت والهاتف الجوال والتلفزيون, ولن تسمح أبداً لهذه الأجهزة أن تشغل 50% من وقتك الثمين. يمكنك معرفة الأخبار من خلال الاشتراك بأحد مواقع الأخبار العالمية عبر

الإنترنت الذي يمكنك وخلال دقيقة واحدة من معرفة ما يجري كل يوم, وهذا أفضل من أن تضيع ساعات كل يوم لتعقب الأخبار ومتابعتها, وبإمكانك أن تجعل الهاتف الجوال للضرورة فقط وليس للتسلية, وبإمكانك التوقف كلياً عن مشاهدة التلفاز, واقتصار ذلك في أوقات فراغك وللتسلية فقط, اجعل التلفزيون ضمن مشروعك ولا تكن أبداً ضمن مشاريع الآخرين.

- التزام الصبر: الصبر من الأشياء التي تساعدك على حسن استغلال الوقت المتاح, ربما تتفاجئ كيف أتحدث عن الصبر كعامل إيجابي يساعد على استغلال الوقت, وبنفس الوقت الصبر يوحي بأنه يتطلب مزيداً من الوقت؟ الحقيقة أن الصبر يعني أن الوقت يعمل لصالحك, فأنت عندما تقوم بما يجب أن تقوم به وتتأخر النتائج التي تريد الحصول عليها, فاعلم أن ذلك يتم لحكمة يريدها الله تعالى, وهي لصالحك أصلاً, فإصرارك المتزايد وإضاعة وقتك على تحقيق هدف ما ربما لا يكون في صالحك, لأن الله يعلم ما هو لصالحك أكثر منك, فالصبر على ما يريد الله أفضل من الإصرار المتزايد على تحقيق هدف ما, ربما تكون خطواتك لتحقيق الهدف هي صحيحة أي أن عملك يتمتع بالكفاءة, ولكن من المحتمل غياب الفعالية, أي أن هذا الهدف برمته ليس في صالحك أن يتحقق, في عام 2009 كنت أعمل موظفاً في أحد الشركات براتب جيد, فتركت العمل في نهاية عام 2010 وحزنت لما حدث, إلا أنني وبعد شهر فقط من تركي للعمل, حمدت الله ألف مرة أني تركت العمل, لأن الله تعالى فتح لي باباً أفضل من الباب الذي أغلق, ثق تماماً أن الباب الذي يغلق سيفتح أبواباً بدلاً منه, فالله تعالى يقول ﴿ يَٰٓأَيُّهَا ٱلَّذِينَ ءَامَنُواْ ٱسۡتَعِينُواْ بِٱلصَّبۡرِ وَٱلصَّلَوٰةِۚ إِنَّ ٱللَّهَ مَعَ ٱلصَّٰبِرِينَ ١٥٣ ﴾ البقرة 153, أي أن الصبر هو أداة لقضاء حاجات الإنسان, الصبر في تأخر الزواج هو خير والصبر في تأخر الحصول على سكن هو خير والصبر في تأخر الإنجاب هو خير, فهناك حكمة ندركها أحياناً وأحياناً أخرى لا نستطيع معرفتها , والله وحده العالم بما هو لصالحنا, فكل ما يجري من حولك هو بإرادة الله, وهو لصالحك, ومهمتك أن تحسن الظن بالله, حتى الصبر في قيادة السيارة يؤدي إلى توفير الوقت بدلاً من اختصاره .. كيف؟ عندما تقود سيارتك بسرعة جنونية فلا تظن أنك تختصر الوقت, بالعكس أنت تستنزف الوقت, فإذا كنت مسافراً على طريق بطول 400 كم, بإمكانك أن تقود السيارة بسرعة 120كم في الساعة فتصل إلى وجهتك مرتاحاً, أما لو جعلت السرعة 180 كم في الساعة فهذا سيسبب لك كثيراً من التوتر أثناء القيادة, وعندما تصل إلى وجهتك, ستحتاج إلى أكثر من الوقت الذي اختصرته لتتخلص من هذا التوتر, فقيادتك للسيارة بسرعة 180 كم في الساعة ستحقق لك توفيراً للوقت بمقدار

ساعة تقريباً, ولكنك ستحتاج إلى أكثر من ساعة عند وصولك للتخلص من هذا التوتر, هذا عدا عن المخاطر المرافقة للسرعة العالية, فالصبر هو اختصار للوقت وليس تضييعاً له.

- الاعتماد على الذاكرة: هذا يؤدي إلى إضاعة الوقت, لأن الذاكرة مداها قصير وربما بعد ساعات ستنسى المعلومة, فالتوثيق هو ميزة للأشخاص المحترفين, في كل مرة تجد فيها ضرورة للتوثيق فلا تتردد, لأن المعلومة أو الملاحظة التي توثقها الآن ربما ستستفيد منها حين الحاجة إليها, ولو أنك لم تسجلها فاحتمال النسيان قائم, اجعل ورق الملاحظات موجود دائماً على مكتبك وفي بيتك وفي كل مكان تتواجد به, فالأفكار الخلاقة أحياناً تأتي ولمرة واحدة في حياتنا في أوقات غير متوقعة, فلا تتردد في تدوينها على الفور, وهذا من شأنه اختصار الوقت الذي يمكن أن يضيع نتيجة محاولة التذكر أو البحث عن المعلومة, وإن اتخاذ القرار يتطلب اكتمال المعلومات, ونقص المعلومات يؤدي إلى تأخر في اتخاذ القرار, وهذا ما يزيد من أهمية تسجيل المعلومات فهي تساعد في اتخاذ القرار, وتجنبك إضاعة الوقت التي تنتج بسبب عدم التسجيل.

- التسويف هو أهم مشتتات ومضيعات الوقت: عادة التسويف أو التأجيل تعني أنك دائماً تبدأ بالأعمال ولا تكمل الإنجاز, وبذلك تبقى أعمالك ومهامك نصف منجزة, وهذا يضيع الوقت ويسبب الإرباك في إدارته, وجود عادة التسويف لديك يعني وجود عدم الالتزام ويعني غياب حس المسؤولية, فالإنسان المسؤول الملتزم عندما يقول لنفسه مثلاً سأنتهي من كتابة الإيميل قبل الظهر, فإذا لم يكن هناك سبباً قاهراً يمنعه من كتابة الإيميل قبل الظهر فيجب أن يلتزم مع نفسه على الأقل ويعمل بما التزم به, أما لو ترك العمل بسبب الملل أو بسبب رغبته في تصفح الإنترنت, فهذا يدل على أنه إنسان غير ملتزم, صفة الالتزام ووجود حس المسؤولية لدى الأشخاص هي من أهم الصفات التي تبحث عنها إدارات الموارد البشرية في الشركات, لإدراكهم أن الموظف الملتزم المسؤول هو موظف يستطيع إنجاز عمله, أما الموظف الذي يؤجل دائماً فهو موظف غير مسؤول وغير ملتزم, عليك أن تراقب نفسك وتلتزم بإنجاز قائمة المهام لديك, وتعود نفسك على ذلك, وبهذه الطريقة ستتغلب على أكثر العادات المؤدية إلى إضاعة الوقت وعدم الاستفادة منه. ومن الاستراتيجيات المتبعة للتغلب على عادة التسويف هي أن تتذكر الهدف النهائي في كل مرة تشعر فيها بأنك تسوف الأعمال وتؤجلها, فمثلاً إذا كنت تريد تأدية عمل ما من شأنه تحسين وضعك في العمل وزيادة موارد الدخل لديك وبنفس الوقت تشعر بالرغبة في التسويف, فتذكر أن هذا العمل سيستفيد منه أولادك ويجعل واقعهم أفضل وسيؤدي إلى تحسين مستوى عائلتك بشكل عام, عندها

ستتلاشى الرغبة في التسويف وستبدأ بإنجاز الأعمال من غير أي تأجيل, وما يحصل هو تبادل للمواقع بين رغبتك في التأجيل وهدفك النهائي والهدف النهائي سيحل مكان الرغبة بالتأجيل, وخاصةً إذا ذكرنا أنفسنا باستمرار أن التسويف هو صفة للإنسان الفاشل, وأنت بالتأكيد لا تريد أن تكون كذلك.

- الزيارات الودية والمقاطعات أثناء العمل: إذا كنت في العمل ووقتك محدود وتقوم بإنجاز مهمة ما, وفجأة زارك زميل أو ضيف غير متوقع, فتعلم أن تقول (لا) بطريقة ودية, مثل أن تقول: أنا على وشك الانتهاء من العمل لو أمكن الانتظار بعض الوقت, أما المجاملات فهي لا تؤدي إلا إلى إضاعة المزيد من الوقت, ربما رغبتك في تلقي الاستحسان والقبول هي التي تدفعك أن تقول نعم في الوقت الذي يجب أن تقول فيه لا, لكن عليك أن لا تتعهد بشيء لا تستطيع عمله وعليك أن تمتلك مشروعك الخاص, وتجعل علاقتك بالآخرين تحت مظلة مشروعك الخاص وليس تحت مظلتهم, وإن غياب وجود الأهداف هو السبب الأكبر لعدم قدرتك على قول (لا), ضع أهدافاً واضحة ورتب أولوياتك واجعل علاقاتك مع الآخرين ضمن أهدافك وأولوياتك. اجعل علاقتك بالآخرين ضمن نطاق العمل والزيارات من خلال المواعيد, وحاول قدر الإمكان تقليل الزيارات الشخصية المفاجئة ومقاطعات العمل غير المتوقعة واجعل الآخرين يتعودون عليك بهذا الشكل.

- الاجتماعات: صحيح أن الاجتماعات هي الطريقة الأمثل لتبادل المعلومات بين الموظفين, إلا أن الاجتماعات يجب أن تتم بالشكل الصحيح حتى تكون كذلك, الاجتماعات تفقد مضمونها وتضيع وقت الموظفين إذا لم يتم إدارتها بالشكل الصحيح, فكل اجتماع تحضره يجب أن يكون جدول الأعمال واضحاً قبل حضور الاجتماع, فغياب جدول الأعمال يتسبب في إضاعة الكثير من الوقت أثناء الاجتماع ومناقشة قضايا جانبية كثيرة لا تصب في الموضوع الرئيسي, فوجود جدول أعمال والالتزام به أمر ضروري جداً قبل حضور الاجتماع, الاجتماع يمكن أن يكون مغلق (وقت بداية ونهاية محدد) أو مفتوح (وقت بداية معلوم, لكن وقت الانتهاء غير معلوم) العدد الأكبر من الاجتماعات التي تحضرها يجب أن تكون مغلقة ويتم توزيع الوقت على المحاور الموجودة, أما الاجتماع المفتوح فيمكن أن يتسبب في إضاعة الكثير من الوقت وعدم التركيز في نقاط محددة. والتحضير لحضور الاجتماع جداً مهم, بحيث تكون مشاركتك فاعلة في الاجتماع, فتعطي المعلومات التي تمتلكها وتأخذ المعلومات التي أنت بحاجة إليها, وبذلك أنت تساعد في عملية صناعة القرار الذي يتم داخل الاجتماع.

- غياب التنظيم في العمل الإداري: عدم وضوح خطوط السلطة والمسؤولية, بحيث لا يعرف الإداري ما هو مطلوب منه بالضبط, وذلك يخلق طبقة من الموظفين الاتكاليين

داخل بيئة العمل, وشيوع ظاهرة الدفع بعدم الاختصاص وما يترتب على ذلك من تهرب من أداء الأعمال, وشيوع مساوئ الروتين وتعقد وطول الإجراءات دون مبرر, مما يترتب عليه زيادة الوقت المستغرق في إنجاز الأعمال, إضافةً إلى عدم مراعاة العدالة في توزيع أعباء العمل بين المرؤوسين وبقاء بعضهم دون العمل بعض الوقت بينما يتعرض البعض الآخر لضغوط عمل تتجاوز إمكانياتهم في ظل وقت عمل محدود, والنتيجة المحققة هي تشتت الجهود مع احتمال القيام بأعمال متكررة أو غير مطلوبة, وأكثر ما يضيع الوقت في العملية الإدارية هو غياب القانون الداخلي أو دليل أعمال الشركة, وغياب التنظيم الإداري يؤدي إلى فقدان الثقة بين الموظفين فنرى الرؤساء الإداريين يخشون تحمل المسؤولية فيشيع فيما بينهم ظاهرة التعامل من خلال المذكرات الداخلية مما يترتب عليه تعطل الأعمال وضياع الوقت. وكذلك الأمر بالنسبة للتنظيم على الصعيد الشخصي, فالكثير من وقتنا يهدر في البحث عن ورقة مفقودة أو ملف لا يمكن الوصول إليه أو معلومة لا ندري أين كتبناها, كل الظواهر السابقة تدل على غياب التنظيم على الصعيد الشخصي الذي يعتبر أحد أهم مضيعات الوقت, فكونك منظماً في غرفتك ومكتبك وتعرف أين أغراضك الشخصية فهذا سيؤدي إلى توفير المزيد من الوقت وسيساعدك في إدارته.

- المفهوم الخاطئ للرقابة في العمل الإداري: عندما يتم النظر إلى الرقابة على أنها غايةً في حد ذاتها تصبح سيفاً مسلطاً على رقاب العاملين, وتهتم بتصيد الأخطاء أكثر من اهتمامها بمنبع الانحرافات وتقليل الأخطاء, وفي مثل هذه الظروف يشيع جو من الخوف لدى العاملين بالمنشأة, وبدلاً من أن يفكروا في العمل والإنجاز فإنهم يفكرون في كيفية الوقوع في الخطأ مما يؤثر سلباً في وقت العمل, فالمفهوم الحقيقي للرقابة هو أنها رقابة استباقية " تمنع وقوع الخطأ قبل حدوثه " أما المفهوم السائد للرقابة في مجتمعاتنا المحلية فهو أنها "مراقبة" تسعى لمعرفة المسؤول عن الخطأ بعد وقوعه, وعندما تكون الإجراءات الرقابية الموضوعة تزيد عن الحد المناسب فإن ذلك يعطل التنفيذ ويتسبب في ضياع الوقت, وفي المقابل فإن قصور وضعف الإجراءات الرقابية إلى الدرجة التي تدفع إلى اللامبالاة بسبب عدم وجود حساب أو عقاب مما يترتب عليه تأخر إتمام الأعمال وضياع الكثير من الوقت المتاح للعمل. هذا الخلل في تطبيق مفهوم الرقابة يضيع وقت الموظفين ويجعلهم منشغلين بحماية أنفسهم بدلاً من أن يكونوا منشغلين بإنجاز أعمالهم, ومن أجل تحقيق مفهوم الرقابة على وقتك سواءً كنت موظفاً أو غير موظف, فمن الأفضل مراقبة نفسك لمدة شهر وتعبئة هذا الجدول الذي يوضح لك نوعية

وكمية المقاطعات التي تهدر الوقت, وبعد ذلك يمكن البدء بالتقليل قدر الإمكان من هذه المقاطعات:

سجل المقاطعات

الوقت	كمية الوقت	نوعية المقاطعة	الهدف/الإنجازات	كيفية الحد منها
بداية-نهاية				

من أجل تحقيق الاستفادة القصوى من الوقت عليك استغلال الوقت الذي تكون فيه في ذروة طاقتك لإنجاز المهام ذات الأولوية العالية وتجنب تضييع هذا الوقت, لأن الساعة التي تشعر بها بالرغبة في الإنجاز خلال اليوم ربما لن تتكرر طول هذا اليوم, فمن الأفضل استغلالها في إنجاز الأعمال ذات الأولوية المرتفعة, ولا بد من وجود ساعة أو ساعات ذهبية لدى كل شخص على حسب ظروفه, والتوقيت الأرجح للساعة أو الساعات الذهبية هو في وقت الصباح الباكر, وهذا ما ينسجم مع نظرية 20/80 في إدارة الوقت التي تنص أن 20% فقط من المهام التي تقوم بها هي مسؤولة عن 80% من النتائج التي تحصل عليها, مما يؤكد أن إنتاجية الوقت ليست متشابهة, فإنتاجية ساعات الصباح تختلف عن إنتاجية ساعات المساء, ومهمتك هي الاستغلال الأمثل لنسبة الـ 20% من وقتك, فهي مسؤولة عن 80% من النتائج التي تحصل عليها.

- عدم السماح لنفسك بالبقاء ساكناً والشعور بوقت الفراغ, فالفراغ قاتل, عود نفسك على عدم تقبل وجود وقت الفراغ, وأفضل أداة لفعل ذلك هي وضع الأهداف, فمن غير المرجح أن تشعر بوقت فراغ عندما يكون لديك أهداف, انشغل بتحقيق أهدافك, او انشغل بإنجاز الأعمال الهامة وغير العاجلة, ولا ترضى أن تشعر بوقت الفراغ والملل, فضغوط العمل – إن وجدت – هي أرحم من وجود وقت الفراغ لأن وجود وقت الفراغ يفتح الباب واسعاً أمام التفكير السلبي ويسود جو من التوتر والعصبية, وأحياناً تفعل أشياء غير مقتنع فيها أصلاً بسبب الفراغ, فوجود الفراغ في حياتك يعني أنك ضمن فئة البطالة

المقنعة, فلا تسمح لنفسك أبداً أن تكون ضمن هذه الفئة, وهي الفئة التي تستطيع أن تعمل ولكنها لا ترغب في العمل, وأخطر ما في وقت الفراغ هو عدم القدرة على التفكير في موضوع ما, بسبب الفراغ لا نستطيع اختيار موضوع ما للتفكير به, وعندها سيصبح تفكيرنا جاهزاً لالتقاط أي فكرة كانت سواء إيجابية أو سلبية, ولتجنب أحد أخطر نتائج وقت الفراغ المتمثل بالتفكير السلبي' يجب عليك التفكير بأهدافك عندما تجد ذهنك خالياً ولا تجد أي موضوع للتفكير به, فهذا أفضل من أن تترك الدماغ يذهب يميناً ويساراً, فإذا كان التفكير تحت التحكم فهذا أفضل بكثير من غياب التحكم بالتفكير, ووقت الفراغ هو الذي يسبب غياب التحكم بالتفكير, أما إذا وضعنا قائمة للأهداف التي نريد تحقيقها فعندها لن نشعر بوقت الفراغ الذهني لأن العقل دائماً مشغول بالتفكير بما نريد.

- كل المهام التي تقوم بإنجازها يجب أن تكون محددة بإطار زمني, فعدم وضع إطار زمني للمهام وتركها مفتوحة يمثل هدراً للوقت, فيجب وضع زمن الانتهاء لكل المهام والأهداف ولا ننسى أن الهدف يجب أن يكون ذكي SMART والشرط الأخير لكلمة ذكي SMART هو أن يكون الهدف محدد بإطار زمني Time-bounded
- قم بالعمل لمرة واحدة فقط: وهذا يتم من خلال إتقان العمل, أما غياب مفهوم الجودة والإتقان فيؤدي إلى الاضطرار لتنفيذ العمل أكثر من مرة وهذا من شأنه ضياع الوقت, فمثلاً عندما تنتهي من قراءة مذكرة ما فقم بالرد عليها فوراً وتخلص من التسويف.
- لا تضع أمامك ساعة, فإدارة الوقت لا تعني الإفراط في مراقبة الذات, إنما تعني العمل بحكمة مع الزمن والانسجام معه, ولا تكذب على نفسك في كيفية استخدامك لوقتك, فعندها سيكون الخاسر الوحيد هو أنت, وعود نفسك أن تحب العمل وتقدر قيمته, وبمجرد أنك أحببت العمل فهذا سيساعدك كثيراً في تقدير قيمة ومعنى الوقت. الوقت لا يمكن إدارته أبداً كإدارة المال أو العمل أو العلاقات, إنما الوقت يمكن لنا التعامل معه بحكمة وتطبيق عدد من المبادئ والأدوات التي تساعد في حسن التعامل معه.
- من أكبر مضيعات الوقت الصحبة السيئة, فعندما تمضي بعضاً من وقتك مع أصحاب لا يقدرون أبداً قيمة الوقت, وهمهم الأول متعهم الشخصية والسهر وتضييع الأوقات, فإنك بذلك تتأثر بهم, ويتضاعف أثر الصحبة السيئة عند عدم وجود مفهوم محاسبة النفس, فكلما عززت علاقتك بمثل هؤلاء الأصدقاء كلما فقدت المزيد من الوقت وابتعدت عن معرفة قيمته الحقيقية, فالصحبة السيئة تمنعك من معرفة قيمة الوقت الحقيقية وتجعلك مثلهم في اللامبالاة والاستهتار, فهم لا يعرفون عواقب عدم استغلال الوقت

التي تظهر نتائجها لاحقاً في حياتهم على شكل خيبة أمل وشعور بالذنب وعدم قدرة على النجاح أو تحقيق الأهداف.

- التوتر أو ضغط العمل يمنع من إدارة الوقت, كما أن إدارة الوقت تسهم في تخفيف التوتر الناتج عن ضغط العمل, فإذا كنت تعاني من ضغط العمل Stress فأفضل أداة تمتلكها هي إدارة الوقت حيث ثبت أنها الأداة الأفضل للتخلص من ضغوط العمل, وعند تطبيق إدارة الوقت في العمل ستحقق نتائج أفضل وتقلل الأخطاء وتحسن من نوعية العمل, حيث أن تطبيق مفهوم إدارة الوقت يخلصك من الصفات السلبية كالكسل والتردد والترويح الزائد عن النفس والتسويف.
- قانون باركنسون من أهم القوانين المتعلقة بإدارة الوقت وهو قائم على مفهوم أن العمل يتوسع حتى يملأ الوقت المتاح لإنجازه, وهذا يدعو إلى عدم تخصيص وقت أطول لتنفيذ عمل ما, فإذا تم تكليف مجموعتين بإنجاز عمل ما, المجموعة الأولى تم إعطاؤها ثلاث ساعات لإنجاز العمل, والمجموعة الثانية, تم إعطاؤها ست ساعات لإنجاز العمل, فإنه عند نهاية الوقت المحدد ستجد المجموعتين أنجزوا نفس العمل, أي أن العمل يتمدد حتى يملأ الوقت المتاح لإنجازه, ومن خلال معرفة هذا القانون نستفيد أنه يجب تحديد وقت محدد لبداية كل عمل ووقت محدد لإنهائه, والاجتماعات يجب أن تكون مغلقة أي لها وقت محدد للبداية ووقت محدد للنهاية والالتزام بذلك, ويجب الحذر من ترك النهايات مفتوحة لإنجاز الأعمال, فذلك يؤدي إلى تمدد العمل وتوسعه حتى يشغل كل الوقت المتاح.
- الالتزام بالمواعيد يمثل أعلى درجات احترام الوقت, فإذا لاحظت أحد الأشخاص لا يلتزم بمواعيده بشكل متكرر فإعلم علم اليقين أنه لا يمتلك الكفاءة في إدارة الوقت, فالالتزام بالمواعيد هو مؤشر على درجة الوعي التي نصل إليها في إدارة الوقت, ويجب مراقبته باستمرار لتقييم أنفسنا ومعرفة مدى التزامنا بقيمة الوقت وأهميته والشوط الذي قطعناه في إدارة الوقت.
- أن تكون عبداً للتكنولوجيا, أو مدمناً على استخدام الهاتف الجوال أو معتاداً على السهر لوقت متأخر, الإدمان على العادات السيئة يعيق إدارة الوقت, فالإنسان الحر لا يعلق قلبه بشيء أكثر مما يجب, لأن التصرف الذي يصدر منك عندما يتكرر عدة مرات فإنه يتحول إلى عادة, وإذا تحول إلى عادة فمن الصعب جداً التخلص منها, فلا تسمح لنفسك أن تعتاد على عادة سيئة لأنها تبدد الوقت وتعيق إدارته.
- من أهم مضيعات الوقت هو تبني بعض الخرافات الشائعة حول الوقت ومن أهمها:

- أنه كلما عملت لوقت أطول وبجهد أكبر كلما أنجزت المزيد من الأعمال, في الحقيقة أنه ليس بالضرورة أن العمل المجهد و الشاق يؤدي إلى إنجاز أكبر ونتائج أفضل, فأحياناً نعمل ساعة بتركيز أفضل من ساعتين بلا تركيز, مدة الوقت المستغرق في إنجاز الأعمال هي ليست الحكم على مدى الإنجاز الحاصل, إنما الإنجاز الحاصل يتحدد بمدى انسجامه مع الأهداف ومدى استغلالنا للوقت المتاح وفق مبدأ الأولويات, فنبدأ بالأعمال الأكثر أهمية ثم الأقل أهمية .. وهكذا دواليك, فالوقت لا يمكن إدارته, إنما يمكن التعامل معه بحكمة وفق مبدأ الأولويات, والفخر لا يكون بالعمل الشاق والصعب, إنما عليك أن تفخر بالإنجاز وبالتخطيط لوقتك بحكمة ومسؤولية وتحكم, وإن الاعتقاد السائد أن عليك إنجاز الكم الأكبر من الأعمال في أقصر وقت ممكن هو أيضاً هو اعتقاد خاطئ, فالعبرة تكمن في التخطيط ووضع الأهداف واستخدام الزمن بما ينسجم مع الأهداف.

- إذا أردت أن تنجز عملاً ما بشكل صحيح, فأنجزه بنفسك, هذا الكلام لا ينطبق على كافة الأعمال, فبعض الاعمال يمكن أن تفوض الغير للقيام بها, ومن يعتقد أنه يجب عليه إنجاز كل شيء بنفسه, سيجد نفسه في النهاية غير قادر على إنجاز الأعمال المطلوبة منه, يجب التفكير بكفية الاستفادة من مبدأ التفويض, فبعض الاعمال بحكم طبيعتها يمكن تفويض الغير للقيام بها.

- عليك أن لا تستمتع بأداء عملك: هذه أكبر خرافة تعيقنا من استغلال أوقاتنا, فأحد أهم أسباب النجاح هو حب العمل, وأن تستمتع بأداء عملك, فهذا شيء جداً طبيعي, والشيء غير الطبيعي أن لا تستمتع بأداء عملك, الذين يعتقدون أنه عليك أن لا تستمتع بأداء عملك ينظرون إلى الوقت كعدو في حالة صراع دائم مع الزمن, وهم خارج دائرة الزمن أصلاً, ابحث عن عمل تحبه, أحياناً ظروفك والأوضاع المحيطة تكون صعبة بحيث أنك تضطر للعمل في مهنة لا تحبها, اعرف نفسك, واسأل نفسك ما هي المهنة التي تحبها, امنح نفسك شهر أو شهرين أو أكثر حتى تعرف ما هو طبيعة العمل الذي تحبه, وبعد معرفتك بالعمل الذي تحبه, إترك عملك الحالي وابدأ بالعمل الذي تحبه, ولا تخف من إغلاق الباب, فالله تعالى سيفتح لك أبواباً كثيرة بدلاً من الباب الذي أغلقته إذا توكلت عليه وعملت العمل الذي تحبه وتتقنه, أما بقاؤك لفترة طويلة في إنجاز عمل لا تحبه, فهذا من شأنه أن يجعل حاجزاً كبيراً بينك وبين إدارة الوقت, ولن تتمكن -مهما بذلت من جهد- من الانسجام مع الزمن والتعامل معه بحكمة.

استراتيجيات إدارة الوقت

بعض من الاستراتيجيات المتبعة في إدارة الوقت يمكن تطبيق أحدها أو بعضها، ويمكن الاستفادة من الأفكار الواردة في هذه الطرق لتحسين الكفاءة في إدارة الوقت، وتجدر الإشارة إلى أن ليس كل الاستراتيجيات يتم تطبيقها دفعة واحدة، إنما هي أشبه بنظريات ومدارس مختلفة لتحسين كفاءة إدارة الوقت، وليس بالضرورة أن تكون جميعها استراتيجيات تنطبق على جميع الأشخاص بنسبة 100%، إنما هي أفكار ونظريات لتحسين مهارة إدارة الوقت، فبعض الاستراتيجيات الواردة ربما تتناسب مع شخص معين في ظروف معينة وهي لا تتناسب مع نفس الشخص في ظروف مختلفة، وربما تتناسب مع أشخاص ولا تتناسب مع أشخاص آخرين، فينبغي الحذر عند استخدامها:

- **استراتيجية المحارب:** التركيز في هذه الاستراتيجية يتم على حماية وقتنا الشخصي لنتمكن من الإنجاز والتركيز، وتنص هذه الاستراتيجية أنه في حال لم نحمي أوقاتنا فسوف نغرق في التفاصيل الكثيرة وتسارع الأحداث المستمر الذي يتسم به القرن الحادي والعشرين، وأفضل طريقة لحماية أوقاتنا الشخصية تتم من خلال التفويض والانعزال، التفويض من أجل إنجاز الأعمال العاجلة وغير الهامة والانعزال من أجل تجنب المقاطعات قدر الإمكان.

- **استراتيجية الأهداف:** تنص هذه الاستراتيجية على ضرورة شغل أوقاتنا بتصرفات وأعمال تصب في صالح تحقيق أهدافنا طويلة أو متوسطة او قصيرة المدى، وأي عمل لا يصب في صالح هذه الأهداف فهو عمل غير مجدي، ومن يتبنى هذه الاستراتيجية عليه تفعيل قوى التحفيز الذاتي، وجلسات التأمل وامتلاك توجه ذهني إيجابي معظم الوقت.

- **استراتيجية ABC:** وتنص هذه الاستراتيجية على أنه يمكنك القيام بأي شيء تريده، ولكن لا يمكنك القيام بكل شيء تريده، بل ضرورة إدارة أوقاتنا وفق مبدأ الأولويات، فالعمل الذي لديه أولوية مرتفعة نبدأ به أولا، والعمل الأقل أولوية نبدأ به ثانياً، فالعمل الذي نقوم به أولاً هو العمل الأكثر أولوية.

- **استراتيجية التكنولوجيا:** تقوم هذه الاستراتيجية على افتراض أن استخدام التكنولوجيا يسهل حياتنا ويزيد الكفاءة في إدارة أوقاتنا، فاستخدام التقويم المناسب وبرامج الكمبيوتر المناسبة سيزيد من كفاءتنا في إدارة الوقت، ويضيف مزيد من الجودة والفعالية على أسلوب حياتنا.

- **استراتيجية الإلهام:** وتنص هذه الاستراتيجية أن أفضل طريقة لإدارة الوقت هي ترك النفس على هواها وفعل الشيء الذي يشعرك بالراحة، الإلهام يدلك على الطريقة الأفضل

لإدارة الوقت, فهذه النظرية تدعو إلى الاستماع لإحساسك في كيفية استغلال وقتك وتغليب الحدس على الأساليب العلمية في إدارة الوقت.

- **استراتيجية الاسترجاع:** وتنص هذه الاستراتيجية على أن مجتمعاتنا المحلية والعادات السائدة مليئة بالأعراف التي تمنع من تطبيق مبادئ إدارة الوقت, وتنصح هذه الاستراتيجية بالتحرر من العادات والأعراف الاجتماعية التي تعيق تطبيق مبادئ إدارة الوقت وتسبب معظم المشاكل في إدارة الوقت.

- **استراتيجية التقسيم:** المهمات الكبيرة الحجم تجعل من صاحبها يتكاسل عند إنجازها, وأفضل طريقة لإنجازها هي تقسيمها لمهمات صغيرة الحجم وبذلك يسهل إنجازها, فالفراغات الموجودة في الجبن السويسري الهدف منها أن يسهل تقطيعه وأكله, كذلك المهمات الكبيرة تصبح أسهل عند تقسيمها لمهمات أصغر, وهذه الاستراتيجية فعالة عند التعامل مع المهمات الصعبة.

- **استراتيجية إدارة الوقت 101:** وهذه الاستراتيجية تفترض أن إدارة الوقت هي مهارة مثل أي مهارة أخرى كالمحاسبة مثلاً, وحتى نتمكن من امتلاك هذه المهارة يوجد 101 من الأعمال والعادات التي يمكن الالتزام بها لبناء هذه المهارة وزيادة الإنتاجية خلال اليوم, ويمكن تلخيص هذه الأعمال فيما يلي:[2]

1- تنفس ببطئ: بشير توم إيفانس إلى ضرورة تحسين العلاقة بين الإنسان والزمن, لاحظ إيفانس أن متوسط عمر حياة السلحفاة 120-140 سنة وهي تتنفس بمعدل 4 مرات كل دقيقة, ومتوسط عمر الفيل 80-90 سنة وهو يتنفس بمعدل 8 مرات كل دقيقة, وأن متوسط حياة الإنسان 50-60 سنة وهو يتنفس بمعدل 12-15 مرة كل دقيقة. أكد إيفانس على وجود علاقة بين متوسط العمر الذي يعيشه الإنسان أو الحيوان وسرعة التنفس وأكد وجود علاقة بين سرعة التنفس وجودة إدارة الوقت, وإذا أردنا تحسين العلاقة مع الزمن علينا أن نتنفس ببطئ, ونجري تمارين للتنفس ببطئ كل يوم, فالتنفس البطيئ يحسن من إدارتنا للوقت, لأن التنفس البطيئ يساعد على إمداد الجسم بكمية الأوكسجين اللازمة للقيام بالوظائف الحيوية المطلوبة, وعلينا أن نروض أنفسنا على التنفس ببطئ كل يوم, وليس بالضرورة أن نفعل ذلك كل الوقت, إنما سبع إلى تسع مرات عند بداية كل يوم تؤدي إلى نتائج أفضل في إدارة الوقت, ويمكن كذلك القيام بالتنفس ببطئ قبل بداية أي مهمة تتطلب تركيزاً عالياً, وأيضاً عند

---

[2] John Rampton – Enterpreneur.com

التوتر التنفس ببطئ سيساعد على التخفيف من حالات التوتر, وفي كل مرة نتنفس فيها ببطئ فنحن نوسع الزمن ونخلق إمكانية أكبر للتركيز وإنجاز المزيد.

2- قم بالقياس مرتين واقطع مرة واحدة Measure Twice, Cut Once : وهذا فيه إشارة واضحة لإتقان العمل, وهي حكمة قديمة متداولة بين النجارين وعاملين البناء تشير إلى ضرورة قيامنا بالأعمال بالشكل الصحيح من المرة الأولى, والسبيل إلى ذلك هو التأكد مرتين من صحة ما نفعل قبل البدء به, وبذلك نحسن العلاقة مع الزمن ونتجنب هدر الوقت غير المبرر.

3- أطفئ التلفاز: نحن نمضي ما يقارب ثمان سنوات وعشرة أشهر من حياتنا في مشاهدة التلفاز, وعشرة أشهر أخرى نناقش فيها ما ورد على التلفاز من برامج وشخصيات إعلامية وأفلام درامية, بدلاً من مشاهدة التلفاز استغل هذا الوقت في أعمال أكثر إنتاجية من مشاهدة التلفاز.

4- قم بأكل الضفدع أولاً: وهذا إشارة واضحة لضرورة أن نبدأ يومنا بالأعمال الأكثر صعوبة والأعمال الأكثر إلحاح وأولوية, فأكل ضفدع حي عند الصباح هو عمل صعب, إنما في ذلك إشارة إلى ضرورة اختيار أكثر الأعمال صعوبة للبدء بها عند الصباح, وضرورة عدم بدء اليوم بالأعمال الأقل أهمية, وعندما نبدأ يومنا بالأعمال الكبيرة والصعبة فإن الإنجاز سيكون أفضل خلال اليوم وسوف يكون لدينا متسع من الوقت لفعل المزيد.

5- جدول أعمالك وفقاً لمستوى الطاقة: مستوى الطاقة يرتفع وينخفض خلال اليوم, ومستوى الطاقة في الصباح هو الأفضل طبعاً, فعليك معرفة الأوقات التي يكون فيها مستوى الطاقة مرتفع لديك والقيام بالإنجاز في هذه الأوقات, وهذا فيه إشارة واضحة إلى ضرورة معرفة الساعة السحرية التي يكون فيها مستوى الطاقة في أعلى حالاته وضرورة استغلال هذا الوقت في الأعمال الهامة والصعبة.

6- استيقظ مبكراً: عند الاستيقاظ مبكراً سيكون لديك المزيد من الوقت لإنجاز المزيد من الأعمال, فساعات الصباح الأولى فيها بركة وقدرتك على التركيز والإنجاز ستكون أعلى.

7- احتفظ بمفكرة يومية: وهي طريقة بسيطة لاكتشاف كيف تمضي وقتك, سجل على المفكرة لمدة شهر أو شهرين كيف تقوم بقضاء وقتك خلال اليوم, وعند مراقبتك لنفسك بهذه الطريقة ستتخلص من الأعمال والسلوكيات التي تضيع الوقت وسوف تعزز من الأعمال والسلوكيات التي تساعدك في حسن إدارة الوقت وزيادة الإنتاجية خلال اليوم.

8- استغل أوقات الانتظار: فإذا كان لديك موعد مع طبيب وعليك الانتظار بعض الوقت, كن مستعداً دائماً لاستغلال وقت الفراغ, مثل قراءة كتاب أو الاطلاع على بريدك الإلكتروني أو التخطيط للقيام بعمل ما.

9- اكتب قائمة مهام يومية وأنجزها: من الضروري كتابة المهام التي تريد إنجازها خلال اليوم التالي, فعدم الكتابة يجعلك مشوشاً غير قادر على التركيز, اكتب القائمة والتزم بتحقيق ما ورد فيها.

10- فكر بالطريقة التي تضاعف فيها الوقت المتاح: مثلاً إذا أردت تحضير وجبة الغداء, اجعل الكمية مضاعفة واحتفظ بنصفها في الثلاجة, وفي اليوم التالي لن تكون مضطراً لخسارة الوقت اللازم لتحضير الطعام مرة أخرى.

11- تخلص من الالتزامات التي تضيع وقتك وتبدد طاقتك: تعرف على الالتزامات التي تضيع وقتك كل يوم وتخلص منها, ولا تكتبها ضمن قائمة مهامك اليومية في المفكرة, والالتزامات التي تضيع الوقت هي غالباً أعمال ذات إنتاجية منخفضة.

12- كن حاسماً وحازماً: هذه الأوقات التي تمضيها في التردد في اتخاذ القرار وعدم القدرة على الحسم يمكن استغلالها للقيام بأعمال أكثر إنتاجية, ادرس القرار وتبناه ثم أكمل طريقك بدون أي تردد.

13- اشطب كل المهام التي لن تقوم بإنجازها من قائمة مهامك: بما أنك لن تنجزها فمن الأفضل حذفها من القائمة, وبهذه الطريقة سوف تتجنب أن تكون قائمة مهامك اليومية خارج نطاق التحكم, وسوف تتجنب الإفراط في الالتزام في المرات القادمة.

14- تغيير معايير النظافة: أنت تريد أن يكون مكتبك ومنزلك نظيفاً بلا شك, فلا تترك الأوساخ تتراكم بحيث يصعب إزالتها و تضطر لبذل الكثير من الوقت لتنظيفها, فبدلاً من تضييع الكثير من الوقت لتنظيف المطبخ أو الحمام أو السيارة كل أسبوع أو كل شهر, يمكن مسح الغبار يومياً لتجنب تراكم الأوساخ بدلاً من تركها لفترة طويلة و ضياع الكثير من الوقت في محاولة تنظيفها. فالتنظيف المستمر اليومي يتطلب وقتاً قليلاً على عكس التنظيف الذي يتم على أساس شهري فإنه يتطلب جهداً ووقتاً كبيراً, بالإضافة إلى أن بيئة العمل النظيفة تساعد على الإنجاز والتركيز أكثر من بيئة العمل الغير نظيفة.

15- خصص أيام للنظافة والصيانة: عندما يكون هناك وقت مخصص للاهتمام بالنظافة والصيانة, فلن تؤثر عليك هذه الأعطال عند وجود مهام صعبة لديك.

16- قم بجدولة أعمالك المتشابهة: ابدأ بإنجاز الأعمال المتشابهة مع بعضها البعض, خصص يوم للكتابة ويوم للاجتماعات ويوم للزيارات الميدانية, فمبدأ التخصيص يساعد على إتقان العمل واختصار الوقت.

17- جولة واحدة لأكثر من غرض: في كل مرة تخرج فيها في جولة قصيرة لإحضار الثياب من المغسلة أو لشراء أغراض من البقالة أو لزيارة صديق, حاول أن تقوم بأكثر من عمل

في كل مرة تخرج فيها من المنزل. وبذلك تتجنب الخروج مرات متكررة وإضاعة المزيد من الوقت.

18- تعلم الاختصارات الخاصة بلوحة المفاتيح: مستخدمي الإنترنت الذين تتراوح أعمارهم بين 18-24 سنة يمضون شهرياً ما يقارب 1779 دقيقة في تصفح الإنترنت, وعند أخذ ذلك بعين الاعتبار فإن تعلم الاختصارات الموجودة على لوحة المفاتيح سوف يختصر الكثير من الوقت ويجعل عملية تصفح الإنترنت والعمل على البرامج المكتبية الأخرى أسهل وأكثر إختصاراً للوقت.

19- اختصر رسائلك الإلكترونية: اجعل رسالتك الإلكترونية (الإيميل) مختصرة وتكلم بشكل مباشر, وحاول أن لا يزيد الإيميل عن خمس جمل إن أمكن.

20- فوض و أوكل غيرك للقيام بالمهام: التفويض تم الحديث عنه سابقاً أما المقصود بالتوكيل Outsource فهو خاص ببيئة الاعمال, فإذا كنت تعمل في شركة وتحتاج إلى قسم شؤون قانونية في الشركة فبإمكانك التعاقد مع مكتب استشارات قانونية للقيام بالأعمال القانونية بدلاً من تأسيس مكتب قانوني, وبذلك أنت تتفرغ لعملك ولا تنشغل عنه بمهام ثانوية, إضافةً إلى أن جودة العمل ستصبح أفضل لأن مكتب الاستشارات القانونية لديه الخبرة والتخصص وهو قادر على إنجاز العمل بشكل أفضل واختصار الوقت الخاص بإنجاز العمل, وأيضاً تم التأكد من أن التكلفة المالية لتوكيل الأعمال هي أقل من التكلفة المالية التي سيتم دفعها في حال تأسيس خدمة جديدة لديك في العمل, هذا لا ينطبق فقط على الشؤون القانونية, إنما يمكن تطبيق نفس المفهوم على التسويق والمحاسبة وبقية الأنشطة الاخرى التي يمكن توكيلها للغير للقيام بها مقابل عائد مالي.

21- أتمتة المهام المتكررة: المهام الروتينية المتكررة يمكن أتمتتها لاختصار الوقت, مثل الفواتير وجدولة الاجتماعات وغيرها من الأعمال الروتينية المتكررة الأخرى, فالأتمتة تؤدي إلى حسن استغلال الوقت المتاح.

22- عدم الالتزام بما لا تستطيع فعله أو لا يصب في صالح تحقيق الهدف: دائماً نجد جدول الأعمال مزدحم بالكثير من المهام, قم بإعادة النظر في هذه المهام ولا تلتزم بما هو أكثر من قدرتك على الإنجاز أو لا يصب في صالح تحقيق أهدافك.

23- اعمل أربع ساعات في اليوم: أثبتت التجارب أنك تستطيع العمل بتركيز عالي لمدة أربع ساعات في اليوم, هذا لا يعني أن تعمل فقط لمدة أربع ساعات إنما عليك اختيار المهام الأكثر صعوبة وإنجازها خلال الساعات الأربع, وبقية المهام يمكن إنجازها خلال

ما تبقى من اليوم, والمقصود هو ضرورة استغلال الساعات الأربع في كل يوم للتعامل مع المهمات الأكثر أهمية.

24- توقف عن إنجاز المهام المتعددة في وقت واحد: عندما نعمل على أكثر من محور في نفس الوقت فذلك يؤدي إلى تأخر في الإنجاز بسبب ضعف القدرة على التركيز.

25- لا تلوم نفسك على الأوقات الممتعة: فإذا خرجت في نزهة أو أمضيت سهرة مع أصدقائك, فهذا لا يعتبر تضييعاً للوقت, إنما أنت بحاجة لتجديد قوة العمل, فالنفس البشرية بحاجة للترويح والخروج من الروتين, وعندما تجدد قوة عملك فإنتاجيتك وإقبالك على العمل سيصبح أفضل.

26- تقنية الطماطم أو تقنية بومودورو Pomodoro Technique: هي تقنية لتنظيم الوقت, سميت بهذا الاسم لأن مبتكرها فرانشيسكو سيريلو كان يستخدم مؤقتاً على شكل ثمرة طماطم عندما كان طالباً في الجامعة, ليطور فكرته بعد ذلك في أواخر الثمانينات فتصبح من أشهر تقنيات تنظيم العمل وإدارة الوقت, وتنص هذه التقنية على ضرورة أخذ استراحة لمدة 5 دقائق بعد 25 دقيقة من العمل المركز, لأن التركيز سينخفض بعد 25 دقيقة, لذلك لا بد من إعادة تجديد قوة العمل كل 25 دقيقة مما يتيح تركيزاً ذهنياً أكبر وإنتاجية أعلى سواءً في الدراسة أو العمل أو أي نشاط آخر.

27- طريقة (لا تكسر السلسلة): تعود هذه الطريق للكاتب جيري سينفيلدز, الذي يقترح أن يكون لديك تقويماً معلقاً على الجدار في غرفتك أو مكتبك, وفي كل يوم تنجز فيه قائمة المهام تقوم بوضع إشارة باللون الاحمر على ذلك اليوم, وبعد أسبوعين أو ثلاثة ستحصل على سلسلة, ومهمتك هي عدم كسر السلسلة, لأن السلسة ستنمو وتصبح أكبر مع الأيام , وسوف تتعود على رؤية هذه السلسلة وهذه الطريقة ستساعدك على الإنجاز وتقدير قيمة الوقت.

DON'T BREAK THE CHAIN													The Writers Store		
													1	2	3
4	5	6	7	8	9	10	11	12	13	14	15	16	17		
18	19	20	21	22	23	24	25	26	27	28	29	30	31		
32	33	34	35	36	37	38	39	40	41	42	43	44	45		
46	47	48	49	50	51	52	53	54	55	56	57	58	59		
60	61	62	63	64	65	66	67	68	69	70	71	72	73		

28- قاعدة الدقيقتين: وفقاً لمؤلف هذه الطريقة دافيد آلينز صاحب كتاب Getting Things done من الكتب الأكثر مبيعاً في العالم, أن المهمة التي تحتاج منك أقل من دقيقتين لإنجازها اعملها على الفور, وبهذه الطريقة ستتغلب على التسويف والكسل, وبذلك ستشعر بالإنجاز وهذا يدفعك للمزيد من الإنتاجية وتحقيق النتائج واستغلال الوقت.

29- طريقة تقسيم الزمن إلى خمس دقائق: وفقاً لإيلون ماسك مخترع هذه الطريقة ضرورة تقسيم كل وقتك خلال اليوم إلى كتل زمنية على شكل خمس دقائق-خمس دقائق, وبهذه الطريقة ستبقى متيقظاً لأهمية الوقت وستشعر بضرورة تحقيق الإنتاجية خلال اليوم.

30- أسلوب الأسئلة الثلاثة: Jay Shirley's يقترح أن تبدأ يومك كل صباح بالإجابة على ثلاثة أسئلة:

- ماذا يجب أن تفعل اليوم لتخلق أكبر أثر ممكن؟
- ماذا يجب أن تفعل لبناء مستقبل أفضل؟
- ماذا تريد أن تفعل لتحقق المتعة في يومك وحياتك ؟

الإجابة على هذه الأسئلة يجعلك تبدأ يومك بالشكل الصحيح وتستغل أوقاتك بحكمة وتحقق مزيداً من الإنتاجية

31- أسلوب مصفوفة أيزنهاور لإدارة الوقت.

32- طريقة (أيام الطيران): في إحدى الدراسات التي أجرتها شركة Hughes Airplanes للطيران في الولايات المتحدة تم إجراء مقارنة بين رحلات الدرجة الأولى والرحلات على الدرجة الاقتصادية, وكان عالم الإدارة الشهير برايان تريسي مشاركاً في هذه الدراسة, وتم التوصل إلى نتيجة أن العمل لمدة ساعة واحدة بدون أي مقاطعة على متن الطائرة يعادل العمل ثلاث ساعات في ظروف العمل الاعتيادية, ووفقاً لذلك ينصح برايان تريسي بضرورة التخطيط لما سوف تعمله على الطائرة قبل الصعود, فإنه بالإمكان استغلال وقت الطيران بإنتاجية عالية وتحقيق الاستفادة القصوى من الوقت.

33- أسلوب إيقاع الألترادايان Ultradian Rhythms: هذه الطريقة يقترحها عالم علم النفس بيترز لافي, حيث أن الجسد له إيقاعات تختلف كل 90-120 دقيقة, وهي معقدة وتختلف عدة مرات خلال اليوم, أهم شيء أنك تراقب نفسك فعندما تشعر بالرغبة في العمل ابدأ فوراً واستغل هذا الإيقاع, وعندما تشعر بعدم القدرة أو ضرورة التوقف عن العمل فتوقف على الفور وخذ استراحة لتجديد قوة عملك.

34- أسلوب الاحجار الكبيرة: هذا الأسلوب مقترح من قبل ستيفين كوفي مؤلف كتاب العادات السبع للناس الأكثر فاعلية, حيث يقترح أنه عليك أن ترتب المهام التي مطلوب منك إنجازها وفق مبدأ الأحجار الكبيرة والمتوسطة والرمل التي يجب عليك وضعها جميعاً في إناء زجاجي, فالإناء الزجاجي هو يومك, والأحجار الكبيرة تمثل المهام الكبيرة والهامة والأحجار المتوسطة تمثل المهام الأقل أهمية والرمل يمثل المهام القليلة الأهمية, ويقترح كوفي ضرورة البدء بالأحجار الكبيرة ثم المتوسطة ثم الرمل, وبذلك سوف يتسع الإناء لكل المهام, أما لو بدأت بالرمل أو الأحجار المتوسطة فإن الوقت لن يكفي لإنجاز كل المهام المجدولة.

35- أسلوب (لا اجتماعات يوم الأربعاء): بعض الشركات كشركة فيس بوك لديها قاعدة بأنه لا يوجد اجتماعات يوم الأربعاء, وشركات أخرى غير فيس بوك لديها نفس القاعدة لكن ربما تختار يوم آخر غير يوم الأربعاء, الفكرة هي أنك تجد يوماً خلال الأسبوع تنجز فيه أعمالك ومهامك بتركيز ومن غير مقاطعة, وكل من طبق هذه الطريقة وجد فيها فائدة كبيرة وحقق إنجاز أكبر في هذا اليوم.

36- أسلوب قائمة المهام الممنوعة: في العادة نكتب في قائمة المهام اليومية كافة المهام المطلوب إنجازها, أما هذه الطريقة تقترح كتابة كافة المهام الممنوع إنجازها, ويمكن أن نختار كافة مضيعات الوقت كتصفح وسائل التواصل الاجتماعي أو الدردشات لمدة طويلة لوضعها في هذه القائمة, وهي أصلاً للمساعدة في التخلص من مضيعات الوقت.

37- المتابعة يوم الجمعة: العديد من المدراء التنفيذيين والمستثمرين يقومون بالتأكد من جدول أعمالهم الخاص بالأسبوع القادم يوم العطلة ويقوموا بالمتابعة مع فريقهم, وذلك لتجنب الانقطاع فترة طويلة عن العمل, ولتجنب نسيان بعض التفاصيل الخاصة بالعمل, حيث المطلوب هو كتابة جدول أعمالك والتأكد منه في يوم الجمعة أو يوم العطلة.

38- أسلوب الهندسة الاجتماعية Social Engineering: وهذا الأسلوب يتعلق ببيئة عملك, من طاولات وكراسي وألوان وتوفر أدوات لازمة للعمل, حيث بيئة العمل لها دور كبير في الإنتاجية, فعليك اختيار الألوان والتصاميم المناسبة لمكان العمل التي تجعلك تعمل بمزيد من الإنتاجية وضرورة توفر كل الوسائل التي تساعدك على الإنجاز, وبلا أدنى شك فإن توفر البيئة المناسبة له كبير الأثر في الإنتاجية والاستغلال الأمثل للأوقات المتاحة.

39- أسلوب إقفال كل تنبيهات وسائل التواصل الاجتماعي: نظراً للتأثير السلبي للمقاطعة على جودة العمل, فهذا الأسلوب يقترح أن تقوم بإقفال كل التنبيهات الخاصة بحسابك

على الفيس بوك أو تويتر أو الإيميل لأنها تقاطع عملك, وخاصةً عند إنجاز الاعمال الهامة والمهمات الصعبة فيجب عدم السماح لأي شكل من أشكال المقاطعة.

40- التخطيط للمقاطعة: هذا الأسلوب يعتمد على ضرورة أن تكون قائمة المهام مرنة, بحيث لو حدثت أي مقاطعة غير متوقعة فلا تؤدي إلى تخريب القائمة بالكامل, إنما هناك أوقات احتياطية يمكن استخدامها للمقاطعات غير المتوقعة, وفي نفس الوقت يجب بذل كل الجهد من أجل تجنب المقاطعات بشكل كامل.

41- أسلوب تخفيض الموعد النهائي: إذا كان لديك مهمة ما, وتتوقع أنك تحتاج ساعة إلى إنجازها, امنح نفسك 40 دقيقة فقط, هذا سيجعلك تعمل بشكل أسرع وتحسن مهارة التركيز لديك.

42- وضع قائمة بالأشياء المؤجلة: كما اتفقنا أنه ينبغي التخلص من عادة التسويف, إنما في الحالات التي ينخفض فيها نشاطك أو الحالات التي تواجه فيها أحداثاً غير متوقعة تستهلك منك وقتاً إضافياً, فيمكنك تأجيل بعض النشاطات غير الهامة مثل تصفح مجلة أو ترتيب الملفات في الكمبيوتر أو مراجعة قائمة الأسماء في جهاز الجوال, مثل هذه الأشياء ينصح بتأجيلها ووضعها ضمن قائمة في الحالات التي لا تملك فيها متسعاً من الوقت لإنجاز كل ما هو موجود في قائمة المهام.

43- وضع قائمة بالإنجازات التي تفخر بها في حياتك: أي إنجاز متميز أنجزته في حياتك اكتبه في هذه القائمة, كل مرة تقرأ فيها القائمة ستشعر بالحماس والرغبة في إنجاز المزيد, ويمكن قراءة هذه القائمة في الأوقات التي تشعر فيها بانخفاض النشاط وعدم الرغبة في العمل.

44- الاستماع إلى الموسيقى الهادئة عند الشعور بالتوتر وعدم القدرة على التركيز أو ما يسمى بتقنية Brainwave Entrainment , فهذه التقنية تساعد على تغيير حالة الدماغ والوصول إلى التركيز, وبالتالي تجنب ضياع الوقت نتيجة التوتر. اكتب اسم التقنية المذكور أعلاه في اليوتيوب وستجد الكثير من المقاطع التي تساعدك على التركيز وتعديل حالة الدماغ.

45- استخدم تقنية Focus@will وهي تقنية تساعدك على التركيز بالاعتماد على الموسيقى, وتختلف قليلاً عن التقنية السابقة Brainwave Entrainment في أن هناك أنواع مختلفة من الموسيقى تختلف من مهمة عمل إلى أخرى, فعند تنزيل برنامج Focus@will على هاتفك الجوال أو كمبيوترك فإن البرنامج سوف يختار الموسيقى التي تناسبك, فالتركيز في الدراسة له أنواع معينة من الموسيقى والتركيز في العمل له أنواع أخرى والتركيز في التفكير له أنواع اخرى, مع ضرورة ملاحظة أن هذه التقنية

ربما تناسب بعض الأشخاص ولا تتناسب مع البعض الآخر وهذا يعتمد على نمط الشخصية من سمعي إلى مرئي لدى كل شخص, وهذه الطريقة بالمحصلة تساعد على استغلال الوقت من خلال رفع القدرة على التركيز والإنجاز.

46- استخدم التقنيات الخاصة بإدارة كلمات السر: الشخص البالغ لديه في المتوسط ما يقارب 27 موقع على الإنترنت يستخدم فيه كلمة السر, فمحاولتك تذكر كلمة السر من موقع إلى آخر يسبب ضياع الوقت, لذلك من الأفضل أن تستخدم كلمة سر ذكية للدخول إلى مواقعك, أي أنك تستخدم كلمة سر واحدة ولكن تغير فيها بعض الشيء من موقع إلى آخر, فمثلاً كلمة السر لكمبيوترك هي: Bm54rty7 فعندما تريد الدخول إلى فيس بوك مثلاً facebook.com تستخدم نفس كلمة المرور مع إضافة الحرف الأول والأخير من الموقع الذي ترغب بالدخول إليه, فتصبح كلمة المرور عند الدخول إلى فيس بوك على الشكل التالي: FBm54rtyk وبذلك أنت حفظت في دماغك كلمة مرور واحدة وبنفس الوقت غيرتها من موقع إلى آخر, ويمكنك بدلاً من إضافة الحرف الأول والأخير أن تضيف رقماً في البداية ورقماً في النهاية على كلمة المرور الأصلية لكل موقع تدخل إليه, المهم أن يكون لديك إدارة جيدة لكلمات السر لديك بحيث تتجنب ضياع الوقت عند كل مرة تدخل فيها, وبنفس الوقت تحافظ على أمان وسرية معلوماتك الشخصية.

47- حافظ على حاسة البصر: لأنها من أهم الحواس التي تساعد في استغلال الوقت فيجب المحافظة عليها وتقليل التعرض للأجهزة التي تصدر إضاءة مرتفعة خاصةً قبل النوم .

48- تطوير مهارة الاستماع لديك: الجدال هو من مضيعات الوقت, دخولك في جدال غالباً يضيع الوقت والجدال يحدث بسبب نقص في مهارة الاستماع, فعليك تطوير مهارة الاستماع وفقاً للمعلومات الواردة في فصل مهارات التواصل.

49- لا تعمل باستمرار: العمل باستمرار دون توقف يخفض الإنتاجية, فيجب أخذ استراحات متتالية وتجنب العمل المستمر لما له من تأثير كبير على الإنتاجية, ومفتاح الإنتاجية هو الصحة الجسدية, فينبغي المحافظة عليها لتعزيز إمكانيات استغلال الوقت.

50- التمارين الجسدية: نظراً للعلاقة المتبادلة بين الصحة الجسدية والصحة النفسية, فقد ثبت أن ممارسة التمارين الرياضية يجعل الدماغ يفرز هرمون الدوبامين الذي يساعد على التركيز والإنجاز, ومن أفضل الطرق التي تساعدك على الإنجاز واستغلال الوقت المتاح هي طريقة التمارين الرياضية اليومية التي ترفع من قدرتك بشكل كبير على استغلال الوقت ورفع الإنتاجية.

51- تزود بالوقود الصحيح: نظراً لأن الطعام هو الوقود الذي نتزود به يومياً, فيجب تجنب بعض الأطعمة التي تخفض من كفاءتك في استخدام الوقت مثل السكر والكربوهيدرات التي تعطيك طاقة مؤقتة ولا تقوم بتغذية الجسم بما يلزمه فعلاً لأداء وظائفه الحيوية.

52- تجنب الإفراط من الكافيين: الشاي والقهوة والمنبهات الأخرى تحتوي مادة الكافيين التي يجب عدم الإفراط في استهلاكها, أما استهلاكها بكميات معقولة فهو يساعد على التركيز ورفع النشاط.

53- احصل على معدل نوم كافٍ من 7-8 ساعات يومياً أثناء الليل: فهذا يحسن من قدرتك على التركيز والإبداع واتخاذ القرار ويحسن صحتك بشكل عام ويجنبك حالات التوتر والقلق.

54- تجنب التفكير قبل النوم: من أهم أسباب القلق قبل النوم هو التفكير المستمر, فطالما أن الدماغ يعمل فلن تستطيع النوم, ومن أجل أن تنام عليك أن توقف عملية التفكير تماماً, فكثير من الأشخاص يعانون يومياً من تضييع ساعة أو أكثر قبل النوم والسبب الأهم لذلك هو التفكير المستمر, فكل ما عليك فعله هو إيقاف عملية التفكير بالكامل عند النوم.

55- توقف عن العمل وقم بشم الليمون: أثبتت الدراسات أن شم الليمون يحسن الحالة المزاجية, وفي دراسة أجريت في اليابان أثبتت أن شم الليمون يزيد من دقة العمل ويقلل الأخطاء, فالموظفين الذين شموا الليمون انخفضت نسبة أخطائهم في الطباعة على لوحة المفاتيح إلى 54%.

56- جلسات التأمل: الأداة الأهم والأسرع التي تساعدك في الوصول إلى هدفك هي جلسات التأمل, أغمض عينيك لمدة عشر دقائق أو عشرين دقيقة وفكر بالهدف الذي تريد تحقيقه كما أنه تحقق فعلاً. فجلسات التأمل تسرع من تحقيق الهدف.

57- لغة الجسد تساعد في استعادة الثقة بالنفس: عند انخفاض الثقة بالنفس, خذ وضعية الجسد التي تساعدك على استعادة الثقة بالنفس والشعور بالسيطرة على الموقف أو ما يسمى Power Pose , فهذه الوضعية تخبر الدماغ أنك مسيطر وتتحمل المسؤولية وبالتالي سوف ترتفع الإنتاجية ويتم السيطرة على الوقت واستغلاله, وأهم وضعية لاستعادة الثقة بالنفس هي الوقوف مع المباعدة بين القدمين والمباعدة بين اليدين مع وضعهما على الخصر, هذه ليست الطريقة الوحيدة لتعزيز الثقة بالنفس من خلال لغة الجسد إنما هي أحد الطرق المقترحة, والأهم لاستعادة الثقة بالنفس من خلال لغة الجسد هو الحركة وعدم السكون, فهذا يزيد من الإنتاجية والقدرة على التحكم بالوقت, خذ الوضعية المناسبة لمدة دقيقتين وسوف تشعر بالفرق الواضح.

58- خذ قيلولة: إنها ضرورية جداً لاستعادة الطاقة خلال اليوم, فإذا استيقظت الساعة السابعة صباحاً, فإن طاقتك ستنخفض وقدرتك على التركيز ستنخفض بين الظهر والعصر, القيلولة لمدة 15-30 دقيقة ستكون كافية لإعادة شحن البطارية وتجديد قوة عملك وزيادة قدرتك على التركيز وبالمحصلة الاستفادة القصوى من الوقت المتبقي خلال اليوم.

59- اضبط درجة الحرارة المناسبة:الحرارة المرتفعة أو الحرارة المنخفضة تؤدي إلى انخفاض الإنتاجية وبالتالي عدم الاستفادة من الوقت, الحرارة المثالية لتحقيق أعلى معدلات الإنتاجية في العمل هي 21-22 درجة مئوية.

60- ضرورة التعرض إلى أشعة الشمس:الضوء الطبيعي يزيد من مستويات الطاقة, يساعدك على التركيز وتقليل التوتر ويساعدك على نوم أفضل.

61- ابتسم: الابتسامة مفعولها سحري لتعزيز الثقة بالنفس والسيطرة على الأمور من حولك, وقدرة الشخص المبتسم هي أعلى بكثير من قدرة الشخص غير المبتسم على التركيز, والابتسامة تساعدك على رؤية الصورة الكاملة وبالتالي الاستفادة من الوقت المتاح.

62- الصور الجدارية: اجعل بيئة عملك أو بيئة المكان الذي تتواجد فيه بيئة محببة إلى نفسك, إذا كانت صورة شلال مع أشجار خضراء تشعرك بالسعادة عند النظر إليها علقها على الجدار وسوف ينعكس ذلك على إنتاجيتك, أو أي صورة أخرى تساعدك على التذكر الدائم لأهدافك وما تريد تحقيقه, اجعل المكان الذي تتواجد به مليء بالصور التي تساعدك على الابتسامة وعدم نسيان أهدافك التي تريد تحقيقها.

63- الاجتماعات المتحركة: عادةً يتم قضاء كثير من الوقت بحالة سكون (جلوس) أثناء الاجتماع, حاول إدارة اجتماعاتك وأنت واقف أو تتحرك, فهذا أفضل من وضعية الجلوس, فذلك يعزز التعاون بين الحضور ويختصر الوقت.

64- ضرورة وجود خطة: كل جهود إدارة الوقت مرهونة بوجود خطة (أهداف) فعدم وجود الخطة هو السبب الأهم لتضييع الوقت وعدم القدرة على إدارته, فلن تتمكن من بناء المنزل الذي تريد لولا وجود مخططات للتصميم وخطة للبناء, وكذلك الأمر بالنسبة لواقعك, فلن تستطيع عيش الواقع الذي تريد لولا وجود خطة تجعلك دائماً تدير وقتك وفقاً لها.

65- قاعدة الثلاث دقائق: قبل القيام بأي عمل سواءً مكالمة هاتفية أو كتابة إيميل أو شراء أغراض من السوبر ماركت خذ ثلاث دقائق للتفكير بما تربد تحقيقه من أداء هذه

المهمة, هذا يساعد جداً في الوصول إلى النتيجة المرغوبة قبل أن تبدأ العمل ويساعد على تحقيقها.

66- عقلية النمو: هذه الطريقة تم وضعها بواسطة العالم النفسي كارول دويك من جامعة ستانفورد, " عندما يكون لديك عقلية النمو فأنت تعتقد أن قدراتك وإمكانياتك يمكن تطويرها بالتعلم والعمل الجاد " وجود هذه العقلية لديك يجعل التعلم أمراً ممتعاً الذي هو ضروري لتحقيق المزيد من الإنجاز.

67- المراجعة المستمرة للأسبوع الماضي: هذه الطريقة تم وضعها من قبل دافيد آلين الخبير في الإنتاجية حيث يقترح أنك تراجع كافة الاعمال غير المنجزة قبل بداية الأسبوع الجديد وتقوم بترتيب ملفاتك وكافة الأغراض الأخرى, وتبدأ بمراجعة جدولك للأسبوع القادم, وتعالج كل المهام التي تم تأجيلها سابقاً, المهم في الموضوع أن تقوم بالمراجعة للمهام العالقة وغير المنجزة قبل بداية الأسبوع الجديد.

68- الشعور بالامتنان من خلال الكتابة: كل يوم اكتب ثلاثة أشياء إيجابية حدثت معك خلال الـ 24 ساعة الماضية, هذا يساعد في جعل العقل يركز على الأشياء الإيجابية ويزيد من إمكانية واحتمال حدوثها, كما يمكن كتابة التجارب والدروس المستفادة خلال هذا اليوم, وعند الاستمرار في التسجيل كل يوم لمدة سنة أو أكثر ستحصل على سجل يحتوي الكثير من الأحداث الإيجابية والدروس المستفادة, وفي كل مرة يتم تذكرها يتم تعزيز إمكانية حدوثها مجدداً أو حدوث أحداث إيجابية مشابهة لها.

69- حقق الشعور بالإنجاز: صحيح أنه يجب أن تبدأ في الصباح بإنجاز المهام الصعبة والهامة (أكل الضفدع) إلا أن بعض الأعمال الصغيرة تعطيك إحساساً بالإنجاز فيجب عدم التغافل عن أدائها مثل ترتيب السرير عند الصباح فهذا يعطيك شعوراً بالإنجاز يدفع لإنجاز آخر أكبر منه, فينبغي عدم إغفال هذه الأعمال الصغيرة لما لها من أثر كبير في تحقيق نتائج أخرى أكبر منها.

70- تعلم أن تقول (لا): إذا عرض عليك أحد الأصدقاء القيام بعمل ما وفي نفس الوقت لديك قائمة مهام كثيرة في هذا اليوم, فيجب أن تقول " لا ", المجاملة ومحاولة الظهور بمظهر الكمال لن تفيدك شيئاً في إدارة الوقت, لأن النجاح في إدارة الوقت يتطلب الالتزام والقدرة على الموازنة بين أهدافك ومهامك الشخصية مع العلاقات الاجتماعية.

71- الميزة النسبية: لكل إنسان مزايا نسبية يتمتع بها, والميزة النسبية هي أن تقوم بعمل تستغل من خلاله المهارات المتوفرة لديك وتحقق أفضل النتائج, تعرف على الأعمال التي تناسب إمكانياتك ومهاراتك وحاول التركيز عليها, فقدرتك على إنجاز الأعمال الإدارية ليست كقدرتك على المبيعات, حاول الوصول إلى حالة الـ Flow State

التي تستغل كل إمكانياتك من خلال العمل بمهام فيها تحدي وبنفس الوقت ضمن الإمكانيات.

72- لا تنسى وضع أوقات الاستراحة ضمن قائمة المهام اليومية: الإنتاجية تتطلب تجديد قوة العمل من خلال أوقات استراحة, فيجب أخذ هذا الموضوع بعين الاعتبار عند وضع قائمة المهام اليومية, فإذا وضعت قائمة المهام اليومية بحيث لا يوجد أوقات استراحة فإن قدرتك على الإنجاز ستكون أقل مما لو وضعت أوقات استراحة في قائمة المهام اليومية.

73- اقطع الإيصال مع كل شيء من حولك: يجب على الأقل مرة واحدة خلال اليوم قطع الإيصال مع كل شيء من حولك, أقفل الجوال وأعد ترتيب أوراقك بحيث لا يكون هناك أي مقاطعات, وقطع الإيصال ضروري لإعادة شحن الطاقة وإعادة الحيوية للجهاز العصبي والتأكد من أنه يتم السير على السكة الصحيحة.

74- تدرب على مقاومة الإغراءات: فإذا كان لديك برنامج عمل ومهام محددة يجب تأديتها خلال اليوم, وبنفس الوقت كان بالإمكان التملص منها والبحث عن المتعة الشخصية, فعليك أن تدرب نفسك على الالتزام, فالالتزام هو صفة مرادفة لإدارة والوقت ولا يمكن تحقيق تقدم في إدارة الوقت مع غياب الالتزام.

75- المساومة مع الذات: لتحقيق الالتزام المذكور أعلاه, يجب إتباع مبدأ المساومة مع الذات, فإذا شعرت أنك لا تريد فعل شيء ما مكتوب في قائمة المهام , فخصص 5 دقائق فقط للبدء بفعل هذا الشيء وعندها ستبدأ بالتدريج تعود نفسك على الالتزام بقائمة المهام.

76- اصقل عاداتك الإيجابية: الالتزام بإدارة الوقت يتطلب بناء مجموعة من العادات, والعادات ليس بالسهل تكوينها, وكما يقول الفيلسوف الصيني لاوتسو: راقب أفكارك فإنها ستصبح كلمات .. راقب كلماتك لأنها ستصبح أفعال ..راقب أفعالك لأنها ستتحول إلى عادات, فالعادة تمر بسلسلة من الخطوات تبدأ من التفكير, فعليك أن تسعى بوعي وتحكم لتكوين العادات الإيجابية التي تساعد في إدارة الوقت مثل عادة التخطيط لليوم التالي وعادة إتباع التمارين الرياضية وعادة الالتزام بقائمة المهام والسعي لترسيخ هذه العادات في منظومة اللاوعي لديك.

77- يجب أن تكون أهدافك ذكية SMART : فوجود الخطة والأهداف لديك هذا شيء بديهي ومفروغ منه, لكن الخطورة تأتي من أنك تتبع هدفاً غير قابل للقياس أو غير قابل للتحقيق, فهذا يؤدي إلى تضييع الكثير من الوقت, يجب أن تكون اهدافك محددة وقابلة للقياس والتحقيق وواقعية ومحددة بإطار زمني.

78- توقف عن مراقبة تحقيق الهدف: وفقاً لأخصائية علم النفس Kelly Mcgonigal المحاضرة في جامعة ستانفورد التي تقترح ضرورة التوقف عن مراقبة الأهداف كل يوم لمعرفة فيما إذا تم تحقيقها أو لا, فمراقبة الأهداف بشكل مستمر يمنع تحقيق أي نجاح, وبدلاً من ذلك انظر إلى أفعالك كأنها دليل على التزامك اتجاه أهدافك, وذكر نفسك دائماً بأن تسأل نفسك لماذا أريد تحقيق هذه الأهداف, فهذا من شأنه خلق التحفيز الكافي للعمل على تحقيقها, وهذا أفضل وأكثر فعالية من مراقبة تحقيق الهدف.

79- صمم العمليات لتحقيق الاهداف: المقصود بالعملية هي الخطوات اللازمة لتحقيق الهدف الأكبر, فإذا أردت مثلاً تحقيق زيادة في المبيعات بنسبة 25%, فعليك معرفة الخطوات اللازم فعلها لجذب المزيد من العملاء, وهذا ينطبق على كل أهدافك فينبغي تصميم الخطوات اللازمة للوصول إلى الهدف.

80- توقع وجود العقبات: بما أنك لا تستطيع ان تتنبأ بكل الأحداث, فعليك أن تتنبأ بوجود عقبات محددة وتضع الخطط اللازمة لمواجهتها, توقع وجود العقبات ليس من باب التشاؤم, إنما توقع العقبات يجعلنا نعد الخطط اللازمة لمواجهتها إن حدثت, أما في حال غياب خطط الطوارئ أو خطط استمرارية العمل فإننا سنضيع الكثير من الوقت للتعامل مع هذه الأحداث الطارئة.

81- ضرورة الاستفادة من الأخطاء أو " الدروس المستفادة ": الوقوع بالخطأ هو شيء طبيعي, فجميع الناس معرضة للوقوع بالخطأ, الأهم هو أن نستفيد من هذا الخطأ الذي وقع, ونعزز خبرتنا في هذا الموضوع ونتجنب الوقوع في الخطأ مرة أخرى. هذه الطريقة تساعد في اختصار الوقت في إنجاز الأعمال نتيجة التعلم من الاخطاء, وطريقة التعلم من الأخطاء هي طريقة فعالة لمواجهة القلق وحالة عدم الرضا الناتجة عن الوقوع بالخطأ, فأي شخص ربما يصاب بحالة يأس وعدم رضا نتيجة وقوعه بالخطأ, لكنه عندما يعاهد نفسه بأنه لن يقع فيه مرة أخرة وأنه استفاد من هذه التجربة فهذا سيساعده جداً في التغلب على حالة اليأس وعدم الرضا.

82- اختتم يومك بالقيام بتصرف ناجح: عندما تنهي يومك وتقوم بتصرف إيجابي قبل النوم فإن هذا سيدفع إلى المزيد من الأحداث الإيجابية في اليوم التالي.

83- ضع جدولاً زمنياً لكل أوقات يومك: ليس فقط المهام التي تريد القيام بها, إنما أيضاً ينبغي عليك وضع جدول زمني لكل الأوقات خلال اليوم, فهذا يعزز من قدرتك على التخطيط ويعزز من إمكانياتك في استغلال الوقت خلال اليوم, حيث يقول بينجامين فرانكلين " إذا فشلت أن تخطط فأنت خططت للفشل "

84- حافظ على مكتبك نظيفاً من تراكم أي أغراض عليه: وجود الركام والفوضى على مكتبك يعطي إشارة بصرية إلى الدماغ تخلق التوتر, لذلك فإن سطح المكتب النظيف يساعد على التركيز واستغلال الوقت بكفاءة.

85- استخدم تقويم عبر الإنترنت: كتابة جدول أعمالك عبر الإنترنت يساعدك أكثر من كتابتها على ورقة أو دفتر, لأنه بإمكانك الوصول إلى التقويم بسهولة من أي مكان وعبر أي جهاز كالجوال أو الكمبيوتر, الاجتماعات والمواعيد ورسائل التذكير كلها يجب أن تكون متضمنة ضمن التقويم.

86- تخلص من الحشو الزائد في التقويم: هذه الفكرة شبيهة بالفكرة رقم 84 الخاصة بالمكتب, نفس الشيء ينطبق على التقويم, اجعل تقويمك خالياً من أي حشو زائد أو مهام لن تقوم بفعلها, فوجود المهام التي لا تفعلها ضمن التقويم يعطي انطباع بعدم الإنجاز, لذلك تخلص من أي حشو زائد في التقويم, واجعل تقويمك معقولاً يتضمن فقط المهام التي تقوم فعلاً بإنجازها.

87- ادمج برامج وتطبيقات إدارة الوقت في أداة واحدة: رغم وجود المئات من البرامج التي تساعد في إدارة الوقت والإنتاجية, لكن استخدام أكثر من برنامج يشتت الجهود, يجب عليك تقليل استخدام هذه البرامج إلى الحد الأدنى, ولو أمكن استخدم أداة واحدة فقط لإدارة الوقت وتعزيز الإنتاجية.

88- شارك التقويم: من الأفضل ان تشارك تقويمك مع فريق العمل الذي تعمل معه ومع أفراد أسرتك, فذلك يجنبك الكثير من التنسيق بينك وبين زملائك في العمل, وكذلك فإن أسرتك تعرف مكان وجودك وتستطيع الوصول إليك عند حاجتهم إلى ذلك.

89- ثلاث مهمات ذات أولوية مرتفعة كل يوم: قائمة مهامك اليومية الطويلة هي غير فعالة, لأنه ليس لديك الطاقة والوقت للقيام بالكثير من المهام والأعمال, لذلك من الأفضل أن تحدد 3 مهام – على الأكثر- ذات أولوية مرتفعة

90- حدد ثلاث مخرجات في كل صباح: قبل أن تبدأ يومك, حدد ثلاث مخرجات outcome تريد الحصول عليها في هذا اليوم, وهذا يختلف عن قائمة المهام To do list.

91- اكتب الأفكار التي تخاف أن تنساها: عند الانهماك في أداء المهام اليومية ربما يخطر على بالك فكرة هامة, فليس من الحكمة أن تتجاهلها وتستمر في التركيز في عملك, إنما من الأفضل تسجيلها على ورقة حتى يمكن الرجوع إليها لاحقاً وتجنب نسيانها وبإمكانك إكمال العمل بعد تسجيل الأفكار الهامة.

92- لا تنسى الجدولة ووضع فواصل زمنية بين المهام: وهذا تحذير من أن تتعامل مع نفسك كآلة بشرية بحيث تضع كل المهام وراء بعضها البعض بشكل متتابع من غير أي فواصل

زمنية, إنما يجب ترك فواصل زمنية بين المهمة والأخرى, لتجديد قوة العمل وإعادة شحن الطاقة, ومن أهم الأشياء التي تساعد في إعادة شحن الطاقة وتجديد قوة العمل هو السفر بحيث ترى أماكن جديدة ووجوه جديدة وتخرج كلياً من دائرة الروتين اليومي.

93- قسم المشاريع الكبيرة إلى أجزاء صغيرة: من الصعب إدارة المشاريع الكبيرة دفعة واحدة, فكلما قسمتها إلى أجزاء صغيرة كلما أصبحت الإدارة ممكنة, وهذا ينطبق على التعامل مع كل المهمات الصعبة والكبيرة الحجم.

94- وضع مواعيد لإنهاء العمل: عندما تكون نهايات مهمة العمل مفتوحة فهذا يفتح الباب واسعاً أمام التسويف, ومن مواصفات الهدف الذكي أن يكون محدد بإطار زمني, كذلك الأمر بالنسبة إلى مهمات العمل فيجب أن تكون جميعها محددة بإطار زمني, فإن لم تكن محددة بإطار زمني فسوف يتمدد العمل ليشغل كل الوقت المتاح وفق قانون باركنسون.

95- تحقيق الأهداف من خلال التخيل Visualization : من اهم المقولات المأثورة عن أنشتاين " التخيل هو كل شيء " فهو يعتبر أن كل اختراعاته تمت من خلال الاعتماد على أسلوب التخيل لإنجاز العمل, فعليك تحديد الصورة الذهنية للنتيجة ورؤيتها قبل البدء بالعمل, هذا يساعد جداً في تحقيق النتائج على أرض الواقع.

96- أوراق الملاحظات المكتوبة: إن كان هناك حكمة تلهمك في عملك, أو مقولة تشحن طاقتك, فإكتبها على ورق ملاحظات وضعها أمامك بحيث تراها معظم الوقت لمساعدتك على البقاء محفزاً نحو النجاح.

97- معلمك الخاص: حاول الاستعانة بمعلمك الخاص أو مستشارك Mentor لأخذ النصيحة منه حول كيفية إدارة الوقت, فيمكنه تزويدك بنصائح وتوجيهات, وتحذيرك من الأخطاء التي يجب تجنبها.

98- طور مهاراتك: تعلم المهارات يساعدك في إنجاز المهام بشكل أسرع, ليس بسبب المعرفة فقط, وإنما من خلال ارتفاع قدرتك على حل المشكلات وتعزيز الثقة بالنفس, فكل مهارة إضافية تكتسبها ستؤدي إلى رفع معدل الثقة بالنفس.

99- خطوة واحدة في الوقت الواحد: لا تنظر إلى المهمة وتفكر فيها كشيء واحد, فهذا يمنعك من إنجازها, إنما فكر فقط بالجزء الذي تعمل عليه الآن, فمثلاً عند كتابتي لموضوع إدارة الوقت يوجد عشرات الفقرات في هذا الموضوع, لكني لم أكن أفكر في كل الموضوع عند العمل يه, إنما كنت أحصر تفكيري فقط في الفقرة التي أكتبها حتى أتجنب تشتت الانتباه وأحافظ على التركيز.

100- لا يمكنك أن تكون كاملاً والكمال غير موجود: لا تحاول الوصول إلى الكمال في أعمالك, إنه غير موجود وهو من وحي الخيال, اعمل أفضل ما يمكن وتابع تقدمك إلى الأمام من غير أن تقلق حول ضرورة وجود الكمال.

101- كافئ نفسك: من أهم الأشياء التي تحافظ على نشاطك وحماسك وترفع إنتاجيتك هي أن تكافئ نفسك في كل مرة تحقق فيها هدفاً من أهدافك, وعندما تعرف أن هناك مكافأة عند تحقيق الهدف فهذا سيزيد من نشاطك في سبيل الوصول للهدف المنشود, وبذلك تدير وقتك بحكمة وتستغله بإنتاجية عالية.

مهارة إدارة الوقت مثلها مثل أي مهارة أخرى تحتاج إلى تدريب من أجل تحقيق النتائج المرجوة, التدريب ينصب على التوثيق واستخدام المفكرة والتفويض والتنظيم ووضع الأهداف. فإذا لم تستخدم عقلك ستستخدم أقدامك, فغياب التخطيط اللازم لإدارة الوقت يؤدي إلى مضاعفة جهودك مرة أو مرتين للوصول إلى نفس النتيجة.

> إدارة الوقت هي مبدأ من مبادئ إدارة الذات, وهي ليست كأي إدارة أخرى, إنما هي إدارة علاقتك مع الزمن, الالتزام بما ورد في موضوع إدارة الوقت سيؤدي إلى حدوث نتائج إيجابية في حياتك الشخصية أكثر مما تتوقع.
>
> لا تهمل إدارة الوقت, حاول البدء بتطبيق ما ورد فيها, لأنك ستحقق المزيد من التحكم بما يجري من حولك عندما تتحسن العلاقة بينك وبين الزمن.

مبادئ إدارة الذات _ التفكير الإبداعي

سأبدأ حديثي عن التفكير الإبداعي والإبداع والموهبة بقصة قصيرة عن إيرل ديكسون من الولايات المتحدة الأمريكية. في عام 1917م تزوج إيرل ديكسون من جوزفين فرانسيس, اكتشف ديكسون أن زوجته لا تتقن التعامل مع أدوات المطبخ, وقلما تخرج من مطبخها دون جروح أو خدوش أو إصابات أو كدمات أو حروق مما كان يستلزم إجراء إسعاف فوري وعاجل لها. مع تكرار حدوث مثل تلك الإصابات والحوادث والتي لم يكن من المناسب استخدام الضمادات الكبيرة الشائعة الاستخدام في حينه والتي كانت تغطي مساحة كبيرة من العضو المصاب, كان لا بد من إيجاد حل جذري وفوري لتلك المشكلة, فعمد ديكسون إلى لصق قطعاً صغيرة من القماش النظيف والمعقم في منتصف شريط لاصق, بحيث تبقى هذه القطع جاهزة للاستعمال فوراً عند حدوث أي طارئ, وبالفعل نجحت الفكرة وأخذت زوجته بمعالجة نفسها وتضميد جراحها بعد كل إصابة.

تحدث ديكسون مع أصدقائه بالعمل في شركة جونسون آند جونسون عن ابتكاره الجديد, وكيف تمكن من حل مشكلة زوجته, فشجعوه على عرض هذه الفكرة على إدارة الشركة التي رحبت بالاختراع, وبدأت الشركة بتزويد المستشفيات بها, لكن الإقبال عليها كان ضعيفاً في البداية, حيث بلغ ما تم بيعه في السنة الأولى 3000 دولار فقط, لذلك لجأت الشركة إلى إنتاج أحجام متفاوتة منها وبدأت بتوزيعها مجاناً على الفرق الكشفية في كافة أنحاء الولايات المتحدة الأمريكية حتى حظي ديكسون بتقدير شركته فعين نائباً للرئيس حتى عام 1957م عندما تمت إحالته للتقاعد, واستمر بعدها عضواً في مجلس أمناء الشركة حتى توفي في عام 1961م بعد أن وصل اختراعه (لاصق الجروح) إلى كافة أصقاع الأرض.

لو حللنا فكرة ديكسون (اختراعه) لوجدناها فكرة بسيطة, لكن ما الذي جعله يبتكر هذا الاختراع؟ ببساطة إنه التفكير الإبداعي.

يتألف دماغ الإنسان من عشرات المليارات من الخلايا العصبية, وكل خلية من هذه الخلايا تستطيع تخزين أكثر من واحد مليون معلومة, فلا يمكن تصور كم المعلومات التي يستطيع الدماغ تخزينها, ويستطيع دماغ الإنسان احتواء معلومات نحو 15000 كتاب كل منها مكون من 1000 صفحة, كل هذه السعة الكبيرة موجودة في الدماغ الذي يتفوق على أكثر أجهزة الكمبيوتر تطوراً في العالم, فما يستطيع الدماغ القيام به يعجز عنه أحدث أنواع الكمبيوترات والأجهزة التكنولوجية حول العالم.

ربما تكون كلمة إبداع غير مألوفة لدى البعض, ويعتقد أن هذه الصفة خاصة بأشخاص بعينهم يمتلكونها بالفطرة, لكن في الحقيقة الإبداع الكامن موجود لدى جميع الأشخاص, وكل ما عليك هو استكشافه وتفعيله, فالدماغ هو مصدر الإبداع, والدماغ موجود لدى جميع الناس, مما يعني أن متطلبات الإبداع ومستلزماته موجودة لدى الجميع, وسوف نتناول في هذا البحث كيفية تفعيل التفكير الإبداعي وتبني الإبداع في حل المشاكل وتطوير الحلول.

الإبداع يعني خلق شيء جديد والإيمان بالقدرة على توليد أفكار جديدة, وتوليد الأفكار الجديدة يتطلب الربط بين شيئين واكتشاف العلاقة بينهما, فعندما تدرس العلاقة بين متغيرين, المتغير X والمتغير Y , وتكتشف علاقة جديدة بين هذين المتغيرين فهذا هو الإبداع, وفي الحقيقة أن كل مراكز الأبحاث في العالم تقوم على مبدأ واحد وهو العلاقة المتبادلة بين متغيرين Correlation , ومحاولة اكتشاف شيء جديد من خلال دراسة هذه العلاقة.

في أحد المرات درست العلاقة بين متغيرين, المتغير الأول هو نجاح الشركات والمتغير الثاني هو الاسم التجاري, وأجريت دراسة حول هذا الموضوع, واكتشفت وجود علاقة قوية بين هذين المتغيرين وأن الاسم التجاري يلعب دوراً كبيراً في إما نجاح أو فشل الشركة, كتبت مقالة عن هذا الموضوع في أحد المجلات التجارية, وعند صدور المجلة تفاجئت بأن المقال كان في الصفحة الأولى من المجلة, وقد حصد المقال الكثير من الاهتمام وأخبرني رئيس التحرير أن هذه هي المرة الأولى التي نضع فيها مقالاً في الصفحة الأولى, وعندما سألته عن السبب فقال أن هذا الموضوع جذب انتباه الكثير من المتابعين لذلك تم وضعه في الصفحة الأولى.

المثال السابق هو مثال بسيط عن الإبداع, والإبداع هو خلق شيء جديد أو فكرة جديدة, وغالباً يتم خلق الفكرة الجديدة من خلال دراسة العلاقة بين متغيرين ومحاولة اكتشاف معلومة جديدة من خلال هذا الربط, في أحد المرات قرأت في مجلة طبية عن وجود علاقة بين صحة اللثة وأمراض القلب, وأن الدراسة توصلت إلى وجود علاقة قوية بين هذين المتغيرين وأن إهمال صحة اللثة يتسبب في زيادة احتمال الإصابة بأمراض القلب, تفاجئت عندما قرأت المعلومة لأنها لم تكن مألوفة, كل ما فعله الباحث هو أنه أتى بمتغيرين يشك في وجود علاقة بينهما ودرس هذه العلاقة وتوصل إلى نتائج غير مسبوقة.

بإمكانك وبإمكان أي شخص أن يدرس العلاقة بين متغيرين ويكتشف شيء جديد يربط بين هذين المتغيرين, فالإبداع متاح للجميع وهو أعلى مستوى من مستويات التفكير, ولا يمكن الحديث عن تطوير الذات في حال عدم تبني التفكير الإبداعي كمنهج للتفكير لأنه مبدأ من مبادئ إدارة الذات.

فالمفكرين والباحثين والمخترعين جميعهم انطلقوا من هذه الفكرة correlation في محاولة اكتشاف شيء جديد والوصول إلى نتائج مرضية وحلول للمشكلات القائمة.

التفكير الإبداعي هو أفضل من التفكير التقليدي، فالتفكير التقليدي يأتي بحلول من داخل الصندوق، أما التفكير الإبداعي يأتي بحلول من خارج الصندوق، التفكير الإبداعي أصبح ضرورة اليوم بسبب أننا بدأنا نشهد ولادة إرهاصات مرحلة جديدة وعصر جديد يسمى بعصر الإبداع، فلا يكفي اليوم أن تمتلك المعلومات إنما ينبغي أن يكون لديك لمسة إبداعية في أداء المهام، فعصر المعلومات شارف على الانتهاء، وأي مهنة كانت فإنها تتطلب الإبداع، فلا يكفي لطبيب الأسنان أن يعرف كيف يعالج السن المصاب، إنما يجب أن يستطيع طبيب الأسنان أن يبني علاقة ودية مع المريض حتى يستطيع النجاح في عمله، فعصرنا اليوم هو عصر التفكير السامي الذي يتجلى بالقدرة على الربط بين المتغيرات وإضافة لمسة إبداعية على الأداء، لذلك تجد معظم الشركات تبحث عن موظفين متعددي المهارات لديهم المقدرة على الإبداع في أداء العمل، وبدأت مفاهيم جديدة تظهر في إدارة المؤسسات والشركات الخاصة والعامة من أهمها مفهوم إدارة المواهب، فامتلاك الموهبة لا يمكن أن يتم في حال غياب التفكير الإبداعي، لأن التفكير الإبداعي هو المفتاح لامتلاك الموهبة، والمجتمعات على اختلاف درجات تقدمها تولي أهمية كبرى لرعاية الموهوبين والمتفوقين، فأولئك يمتلكون قدرات متميزة يجب متابعتها وتنميتها، وهم يمثلون قطاعاً مهماً من القوى والإمكانات البشرية، فالتفوق والموهبة يعدان من أهم أسس التقدم الحضاري وعاملاً مهماً في تقدم الإنسان المعاصر، وفي مواجهة مشكلات حياته الراهنة وتحدياته المستقبلية.

ومنذ أكثر من خمسة آلاف سنة طور الصينيون نظاماً متقناً لاختيار الموظفين الحكوميين من ذوي الكفاءة والاقتدار، وكان الأساس الذي اعتمدوه لهذا الغرض خضوع المتقدمين أو المرشحين لتلك الوظائف لاختبارات تنافسية تقرر نتائجها من هم الأجدر بشغل الوظائف الرسمية، وبعد ذلك بألفي سنة تقريباً أشار أفلاطون في جمهوريته الفاضلة إلى أهمية الفروق الفردية في القدرات العقلية والخصائص الشخصية بالنسبة لميادين العمل التي تناسب الأفراد في ميادين الحياة المختلفة، وصنف في نظريته الأفراد مستخدماً المعادن المختلفة لوصف الأفراد الذين ينتمون لكل صنف، فهذا مركب من معدن الذهب وذلك مركب من معدن النحاس أو الفولاذ، وكان يرى أن الفرد المركب من معدن الذهب يتمتع بنسبة عالية من الذكاء مقارنةً بالرجل الفضي أو النحاسي، ورأى أن من ينتمي إلى الصنف الأول هو الأرفع يجب أن يتوجه لدراسة الفلسفة وعلوم ما وراء الطبيعة باعتبارها موضوعات تتجاوز قدرات الأفراد من الأصناف الأخرى الذين يصلحون لأعمال الجندية أو الأعمال الحرفية والزراعية.

تعتبر الموهبة قضية العصر, إذ أن العصر الذي نعيشه الآن هو عصر علم وتقنية ونبوغ معرفي وتقدم مذهل يعتمد في أساسه على تخطي الحواجز وتغيير المألوف وإبداع جديد متطور دائماً, ولا يتسنى ذلك للمجتمعات النامية إلا بالاعتماد على دور كل فرد من أفرادها عامة والموهوبين خاصة, فتقدم الأمم ورقيها مرهون بتقدم فكرها ونتاجها العلمي والتقني.

المجتمعات المتقدمة تولي ما لديها من طاقات بشرية كل اهتمامها ورعايتها لكي يصل كل فرد منها إلى أقصى مدى ممكن تحقيقاً لإنسانيته, وبالقدر الأكبر على عقول الموهوبين من أبنائه, خاصةً وأن الكثير من الأعمال أصبحت تتطلب مستوى عقلياً مرتفعاً.

وقد تأثر تطور التفكير الإبداعي والاهتمام بالموهوبين بتطور حركة القياس العقلي, وهي المحاولات التي وضعت من أجل قياس القدرات العقلية وتحديد نسب الذكاء, ذلك أن عملية الكشف عن الموهوب والمتفوق تتطلب من دون أدنى شك قياساً لقدراته بطريقةٍ ما, ولذلك ساعدت حركة القياس العقلي والنفسي على زيادة الاهتمام بتعليم الموهوبين ودعمهم ودفع البرامج لرعايتهم.

كما أن الحرب الباردة وسباق التسلح ساعدت في زيادة الاهتمام بالموهبة والموهوبين, حيث شهدت الساحة الدولية بعد الحرب العالمية الثانية بروز قوتين عظيمتين هما الولايات المتحدة الأمريكية والاتحاد السوفييتي, ومن الطبيعي أن يكون للموهوبين دوراً فعالاً في جميع الميادين والمجالات لأن الأمم في صراعها من أجل البقاء لا تجد بداً من الاعتماد على أبنائها الأكثر قدرة وكفاءة في تنفيذ المهمات الصعبة ولا سيما عند اندلاع الحروب ونشوب الأزمات والشعور بالتهديد, كما ساهم الانفجار السكاني والثورة التقنية والمعرفية في زيادة الاهتمام بالتفكير الإبداعي والموهوبين, حيث شهد العالم خلال العقود الثلاثة الأخيرة انفجار معرفي في تاريخ البشرية, وبالقدر الذي تحل فيه مشكلات كثيرة مع زيادة المعرفة, يوجد للانفجار السكاني والعولمة مشكلات أكثر, ليس على المستوى المحلي فحسب بل على المستوى العالمي بشكل عام, لأن الثورة في مجال الاتصالات والمعلومات أزالت الحدود والحواجز ولم تترك خياراً لأي دولة في هذا العالم سوى أن تؤثر وتتأثر بالأحداث الجارية أينما كانت, وأيضاً الجمعيات والمؤتمرات العلمية ساهمت في زيادة الاهتمام بالتفكير الإبداعي ورعاية الموهوبين.

وعلى صعيد إدارة المؤسسات والشركات التجارية تزايد الاهتمام مؤخراً بموضوع إدارة المواهب Talent Management لأن القائمين على بيئة الأعمال أدركوا أن العنصر البشري هو العنصر الأهم في منظومة العمل وأنه يجب التمسك بمفهوم " عمالنا هم أصولنا " ولكن هناك صعوبة بإدارة هذا العنصر وخاصةً في عصرنا الحالي, فالعاملين يمكن أن يتصرفوا ويمارسوا أعمالاً خارج

الإطار المحدد لهم من قبل الإدارة التي يعملون بها, والتحدي هو خلق البيئة التي تمكن من دمج وتشجيع المواهب الفردية داخل المنظمة, والتركيز على الإنتاجية والرضا أكثر من أي شيء آخر وأيضاً التركيز على خلق إطار جوهري يتم من خلاله معرفة من هم أفضل الناس الذين يجب أن يستمروا ويبقون في المنظمة, حيث بدأ ظهور مصطلح إدارة المواهب لأول مرة من قبل ديفيد واتكنس في عام 1998 في مقال نشره في العام نفسه, ومن خلال الاطلاع على أدبيات إدارة المواهب نكتشف أنه امتداد لمفهوم إدارة الموارد البشرية.

استمر العمل بمفهوم إدارة المواهب بعد تكييفه واستخدامه من قبل عديد من الشركات, واكتشفت إدارة الشركات أن مهارات وموهبة العاملين يجب العناية بها وأنها يجب أن تكون مركز العمليات وهي التي تقود الأعمال إلى النجاح وتحقيق الأرباح وقد سارعت العديد من الشركات العالمية الطموحة إلى أن تخطط وتطور مواردها البشرية ومواهبها, كما طورت مفهوم عملياتها وأساليبها في إدارة مواردها ومواهب موظفيها والعاملين فيها.

يوجد عدة أسباب أدت إلى زيادة الاهتمام بمفهوم إدارة المواهب الذي تسعى إليه أي منظمة أعمال في وقتنا الحالي, ومن أهم هذه الأسباب ما يلي:

- تغيير ملامح الوظيفة ومتطلبات الاداء: أدى النمو السريع في فنون صنع الأشياء Technological Know-How إلى إحداث عدة تغييرات في نوعية وطبيعة القوى العاملة, أحد هذه التغيرات هو ازدياد الحاجة لعاملين أكثر معرفة وأكثر مهارة وأكثر تخصص, فقد ولت أيام المتخصص العام Generalist وأصبح عصر اليوم هو عصر التخصص Specialist

- ارتفاع مستويات التعليم: شهدت الأربعين سنة الماضية نمواً مضطرداً وسريعاً في المستوى المتوسط للتعليم, هذا يعني أن العاملين الجدد سيحلون محل أفراد من أسلافهم أقل تعليماً منهم بكثير, وقد تصل الفروق في مستوى التعليم الرسمي إلى أربع سنوات أو أكثر.

- تعقد المهام الإدارية: وذلك بسبب ازدياد حدة المنافسة بالإضافة إلى بروز المنافسة الأجنبية, التطور التكنولوجي الهائل, ثورة المعلومات, تزايد معدلات الابتكار والتطوير وعدم الاستقرار البيئي, نتيجة لذلك تحتاج المنظمات إلى تصميم البرامج الفعالة لاستقطاب الكفاءات وتنمية قدراتها وتحسين أدائها.

- زيادة درجة التدخل الحكومي: تطالب قوانين وتشريعات العمل المعاصرة في غالبية الدول الإدارة في مختلف المؤسسات باستقطاب أفضل العناصر المؤهلة لشغل الوظائف دون النظر إلى اللون أو النوع أو أي اداة تمييزية أخرى.

نتيجة لذلك أصبح امتلاك الموهبة ضرورة ملحة في وقتنا الحالي, والمفتاح لامتلاك الموهبة هو تبني نمط التفكير الإبداعي.

ومن يمتلك ملكة التفكير الإبداعي والموهبة فإنه سيمتلك عدة صفات مرتبطة إرتباطاً وثيقاً بهذا النوع من التفكير وأهم هذه الصفات هي :

- العبقرية: قوة فكرية فطرية من نمط رفيع كالتي تعزى إلى من يعتبرون أعظم المشتغلين في أي فرع من فروع الفن أو التأمل أو التطبيق, فهي طاقة فطرية وغير عادية, وذات علاقة بالإبداع التخيلي, وفي أوائل القرن العشرين تم استخدام مفهوم العبقرية للدلالة على أولئك الذين يستطيعون أن يقدموا إنتاجاً جديداً مبتكراً.
- الإبداع: إنتاج الجديد النادر المختلف المفيد فكراً أو عملاً, وهو بذلك يعتمد على الإنجاز الملموس.
- الذكاء: وهو القدرة الكلية العامة على القيام بفعل مقصود والتأقلم والتفكير بشكل عقلاني والتفاعل مع البيئة بكفاية, فالذكاء هو قدرات الفرد في عدة مجالات كالقدرات العالية في المفردات والأرقام والمفاهيم وحل المشكلات والقدرة على الإفادة من الخبرات وتعلم المعلومات الجديدة.
- التميز: أصحاب التفكير الإبداعي أو الموهوبون أو المتميزون هم الذين يتم الكشف عنهم من قبل أشخاص مهنيين ومتخصصين, وهم الذين تكون لديهم قدرات واضحة ومقدرة على الإنجاز المرتفع.
- **التفوق التحصيلي:** يشير إلى التحصيل العالي, والإنجاز الأكاديمي المرتفع, فالتحصيل الجيد قد يعد مؤشراً على الذكاء, ويعرف المتفوق تحصيلياً بأنه الطالب الذي يرتفع في إنجازه أو تحصيله الدراسي بمقدار ملحوظ فوق الأكثرية أو المتوسطين من أقرانه.

التفكير الإبداعي وامتلاك الموهبة هو صفة تطلق على الشخص الذي يتمتع بمستوى ذكاء عالٍ, وهو حصيلة التكامل المتقدم والمتسارع لوظائف الدماغ بما في ذلك الإحساس المادي والعواطف والمعرفة والحدس, وتتجلى هذه الوظائف المتقدمة في قدرات معرفية وإبداع وتفوق أكاديمي, وقدرات قيادية وقدرات فنية تعبيرية, حيث يستطيع الموهوب القيام بهذه الوظائف وتحقيق إنجازات تعكس مستوى عالٍ من الذكاء.

وحتى نكشف عن الموهوبين وإذا أردت أن تعرف نفسك فيما إذا كنت تمتلك الموهبة, نحتاج إلى التعرف على عدة مداخل يتم من خلال واحد منها أو أكثر الكشف عن وجود الموهبة:

- **مدخل الذكاء**: يعتبر أصحاب هذا المدخل أن الموهوب والمتفوق عقلياً هو من يحصل على درجات على مقياس الذكاء (ستانفورد بينيه) بحيث تضعه ضمن الأفضل من المجموعة التي ينتمي إليها في ضوء مستوى الذكاء.
- **مدخل التحصيل الدراسي**: وحسب هذا المدخل يشمل التفوق أولئك الذين يتميزون بقدرة عقلية عامة ممتازة ساعدتهم على الوصول في تحصيلهم الأكاديمي إلى مستوى رفيع.
- **مدخل التفكير الابتكاري**: ويعتمد هذا المدخل على إظهار المبدعين والموهوبين الذين يتميزون بدرجة عالية من الطلاقة والمرونة والأصالة في أفكارهم, بحيث يحاول هذا المدخل الكشف عن الفرد المميز والفريد وغير المألوف, وبيان مدى تباين الموهوب عن غيره في طريقة تفكيره, ويتطلب هذا المدخل الاهتمام بدراسة التكوين العقلي للفرد والتعرف على تلك القدرات التي تسهم في عملية الابتكار.
- **مدخل الموهبة الخاصة**: اتسع مفهوم التفوق العقلي بحيث لم يعد قاصراً على مجرد التحصيل في المجال الأكاديمي فقط, بل نجده في مجالات خاصة تعبر عن مواهب معينة لدى الأفراد, أهلتهم كي يصلوا إلى مستويات أداء مرتفعة في هذه المجالات مثل مجالات الفنون والعلاقات العامة والمجالات الاجتماعية.
- **مدخل الأداء أو الإنتاج**: في هذا المدخل يتوقع من الموهوبين أن يعطوا الأداء والإنتاج المتفوق في مجال متخصص.

خصائص الموهوبين والمبدعين

الموهوبون تلك الفئة التي وصفت بأصحاب التفكير خارج الصندوق, مجازاً لوصف أولئك الذين يمتلكون القدرة على التفكير بشكل مختلف خارج العرف التقليدي المحدد والجامد, ولا يستطيع فعل ذلك إلا المتمردون على الروتين, الذين يتمتعون بقدر كبير من الرغبة في التميز والتجديد ومواجهة التحديات, ويتميز الموهوبون والمبدعون بما يلي:

- **الدافعية**: من أهم صفات الأشخاص الموهوبين الذين يمتلكون التفكير الإبداعي وجود الدافعية والتحفيز, فوجود الدافع هو السبب الأهم للإنجاز, الأشخاص المبدعين يستطيعون خلق الحافز والدافع للإنجاز والعمل, فهذه هي كلمة السر الخاصة بالإنتاجية وهي وجود الدافع للعمل, فالأشخاص الأذكياء دائماً يخلقون الدافع قبل البدء بالعمل

لأنهم يعرفون أن نجاح العمل يعتمد على وجود الدافع القوي, وأقوى دافع للعمل هو وجود الهدف والرغبة, فإذا أردت الإنجاز فعليك بخلق الدافع الذي يؤدي إليه.

- الاستقلالية: من يمتلك التفكير الإبداعي والموهبة يستطيع بأقل توجيه استخدام مصادر المعلومات المتوافرة وتنظيم وقته ونشاطاته ومعالجة المشكلات التي تواجهه بالاعتماد على نفسه, فالاستقلالية هي ميزة الأشخاص الناضجين الأذكياء, والاعتمادية هي ميزة الأشخاص الأقل نضجاً, فاعتمادك على ذاتك يزيد من خبرتك ويصقل شخصيتك ويجعلك تمتلك الموهبة والإبداع.

- الأصالة: من يمتلك الأصالة في التفكير يبتعد عن تكرار ما هو معروف ويعطي أفكاراً وحلولاً جديدة وغير مألوفة, فالإبداع والموهبة يعني الأفكار الجديدة والحلول غير المألوفة والتوصل إلى نتائج مرضية قابلة للتطبيق.

- المرونة: يستطيع تغيير أسلوبه في التفكير في ضوء المعطيات ولا يتبنى أنماطاً فكرية تقليدية. أحياناً تتغير الظروف الحالية بشكل معاكس للظروف التي كانت سائدة عند وضع الهدف, لذلك يجب تغيير أساليب العمل بما يتوافق مع الظروف الحالية ويجب أن يكون صاحب الهدف مرناً في كيفية الوصول إليه, فالمرونة هي أهم صفات المبدع , وإن التمسك بنفس الأساليب القديمة وعدم الخروج عنها ربما لا يؤدي إلى تحقيق الاهداف المرجوة.

- المثابرة: الموهوب صاحب الفكر الإبداعي يعمل على إنجاز المهمات والواجبات بعزيمة وتصميم, فهو يعرف كيف يخلق الدافع للعمل, ويقدر قيمة العمل, لذلك تجده دائماً يحرص على العمل والإنجاز.

- الطلاقة: الطلاقة تعني القدرة على توليد عدد كبير من الحلول, عن طريق استخدام أساليب العصف الذهني لإنتاج الأفكار والحلول, والتفكير التقليدي عاجز عن تحقيق الطلاقة الفكرية, أما التفكير الإبداعي فهو قادر على إنتاج الأفكار بكمية كبيرة.

- حب الاستطلاع: الشخص الموهوب صاحب الفكر الإبداعي يتساءل حول أي شيء غير مفهوم له وميال لاستكشاف المجهول, فالسؤال ليس عيباً أبداً, وفي كل مرة نجد فيها معلومة أو فكرة غير واضحة فيجب أن نسأل عنها, وعن طريق السؤال يمكن تنمية الخارطة الذهنية للأفراد, وإن إخفاء الأسئلة وعدم البوح بها يؤدي إلى تشوه الخارطة الذهنية للأفراد.

- الملاحظة: دقة الملاحظة وشدة الانتباه هي صفة الأشخاص الموهوبين المبدعين, فمن يفكر تفكيراً تقليدياً لا يهتم بالكيفية التي تجري بها الأشياء من حوله, أما صاحب

الفكر الإبداعي تجده دائماً يبحث في أدق التفاصيل لاكتشاف الملاحظات وبناء النماذج الفكرية.

- التفكير التأملي: يستطيع الشخص الموهوب أن ينتقل من عالم المحسوس والواقع إلى عالم التجريد والخيال لمعالجة الأفكار المجردة فهو يعلم أن العقل لا يميز بين الحقيقة والخيال, وأن بداية تجسيد الأشياء على أرض الواقع يبدأ من الفكر والخيال, والمقولة الشهيرة لأنيشتاين " الخيال هو كل شيء " يثبت أن للخيال قدرة كبيرة على تجسيد الأشياء على أرض الواقع, وأن كافة العلماء والمبدعين استخدموا خيالهم للوصول إلى اختراعاتهم واكتشافاتهم.
- المبادرة: في الكتاب الشهير لستيفن كوفي "العادات السبعة للناس الأكثر فاعلية " اعتبر كوفي أن المبادرة هي إحدى العادات السبعة للناس الأكثر فاعلية, فعليك أن تكون مبادراً وليس صاحب ردة فعل, الأشخاص أصحاب ردة الفعل دائماً أفعالهم تكون مجرد ردة فعل لما يجري من حولهم, فهم لا يمتلكون المشروع والأهداف التي يعملون من أجلها, أما الأشخاص المبادرين تجدهم دائماً يبادرون بالتغيير والإنجاز, فهم يمتلكون مشروعاً وأهدافاً واضحة.
- النقد: الموهوب صاحب الفكر الإبداعي يمارس النقد البناء الموضوعي, ولا يقبل الأفكار أو البيانات أو التعليمات دون فحصها وتقييمها, فالتفكير الناقد هو ميزة للمجتمع الناضج فكرياً, والفكرة غير الناضجة يتم معالجتها و غربلتها من خلال النقد الهادف البناء.
- المجازفة: الموهوب صاحب الفكر الإبداعي لا يهتم بصعوبة المهمات التي يمكن أن يواجهها لإثبات فكرة أو لحل معضلة حتى لو كانت نتائجها غير مؤكدة, الوصول إلى الإبداع يتطلب شيئاً من المجازفة, لأنه من المعلوم وفق منهجية إدارة المخاطر أن غياب المخاطر تماماً أمر غير ممكن, وأن النتائج المتميزة الكبيرة غالباً تترافق مع حجم أكبر من المخاطر, فمن يبحث عن التميز والإبداع عليه أن يمتلك حس المغامرة والقدرة على تحمل المخاطر.
- الاتصال: مهارات التواصل هي أحد مبادئ إدارة الذات التي تم الحديث عنها, وهي من أهم مبادئ إدارة الذات, فتطوير الذات لا يمكن أن يتم قبل إدارتها, وإن امتلاك مهارات التواصل هو شيء أساسي لا يمكن المساومة عليه لنتمكن من إدارة ذاتنا بنجاح, فالإنسان كائن اجتماعي لا يمكنه العيش بمفرده, فهو بحاجة للتواصل مع الآخرين, وامتلاكه لمهارات التواصل يجعل منه قادراً على التعبير عن فكرته وتجسيدها على شكل كلمات وحروف وفهم أفكار الآخرين وتطوير منظومته الفكرية.

- **الـقيـادة**: الإبداع والقيادة هما كلمتان مترادفتان، فالقائد مطلوب منه أن يأتي بالأفكار الجديدة الخلاقة ليتمكن من حل المشكلات القائمة، والقائد ينبغي أن يكون منفتحاً على كل جديد غير متقوقعاً على ذاته، فمن يمتلك مهارات القيادة يظهر نضوجاً واتزانا انفعاليا ويحترمه زملاؤه ويستطيع تحقيق الأهداف من خلال الإبداع في المنهج والأسلوب.

- **الـتعلم**: الموهوب صاحب الفكر الإبداعي يتعلم بسرعة وسهولة ولديه ذاكرة قوية، فهو يعلم أن التعلم المستمر هو مبدأ من مبادئ إدارة الذات، لذلك تجده يحرص على تبني هذا المبدأ والمحافظة على التعلم المستمر طوال حياته.

- **الحس بالمسؤولية**: الإحساس بالمسؤولية يعني الالتزام، والالتزام هو صفة الشخص الموهوب، والالتزام هو الصفة التي يبحث عنها مدراء الموارد البشرية في الموظفين الجدد، وأعلى درجات المسؤولية هو المبادرة بحل المشكلة وعدم تجاهلها، أما التسويف والتهرب من الحل فيعني غياب صفة الالتزام.

- **الثقة بالنفس**: لا يمكن أن تجد الإبداع والموهبة لدى شخص غير واثق من نفسه، فعندما يتم بناء الثقة بالنفس والوصول بها إلى أعلى درجاتها عندها ينضج مفهوم الإبداع والموهبة، لأن المصدر الأهم للثقة بالنفس هو المعلومات، وتراكم المعلومات يؤدي إلى امتلاك الموهبة والوصول إلى مستوى الإبداع.

- **الـتكيف**: اختلف علماء الاجتماع في تعريف الذكاء، فمنهم من اعتبر أن الذكاء هو القدرة على تخزين المعلومات، ومنهم من اعتبر أن الذكاء هو القدرة على استرجاع واستدعاء المعلومات بالوقت المناسب، ومنهم من اعتبر أن الذكاء هو تحقيق الاهداف، وفي النهاية اتفقوا على تعريف واحد للذكاء وهو " القدرة على التأقلم " أي التكيف، والمرونة التي تم الحديث عنها سابقاً هي أحد أشكال التكيف، فالجمود والسكون لا يؤدي إلى الإبداع، وكلما ارتفعت قدرتك على التكيف كلما ارتفع معدل الذكاء لديك، فتحقيق الإبداع وامتلاك الموهبة لا يمكن الحديث عنه من غير وجود مستوى مقبول من الذكاء، وفي كتاب ستيفن كوفي الشهير " العادات السبعة للناس الأكثر فاعلية " المبدأ السابع هو (اشحذ المنشار) والمقصود به التجديد والتغيير والتكيف، فعليك أن تكون قادراً على أن تتكيف مع الظروف المتغيرة بسرعة في القرن الحادي والعشرين، وأن تشحذ المنشار فيما يتعلق بعقلك من خلال امتلاك المعلومات الجديدة، والقدرة على تغيير المسار عند تغير الظروف، وكذلك يجب شحذ المنشار على مستوى الجسد والروح.

- **الـتعـامـل مع الـغموض**: الشخص غير المسؤول والشخص غير الموهوب يبحث دائماً عن ذريعة للتهرب من المشاركة، ووجود الغموض مثل نقص المعلومات يشكل ذريعة

جاهزة لمن يريد التهرب من أداء الأعمال, أما الشخص الموهوب صاحب الفكر الإبداعي تجده دائماً يمتلك القدرة في التعامل مع المشكلات والمواقف والمسائل المعقدة التي تحتمل أكثر من معنى أو حل, ولا يزعجه عدم الوضوح في الموقف.

- الحساسية للمشكلات Sensitivity to Problems : وهي تعني قدرة الإنسان المبدع على الإحساس بمظاهر النقص والقصور والضعف الكامنة في الأشياء وأيضاً ما هي الثغرات الظاهرة والكامنة في مجال معين من المعرفة الإنسانية, ثم قدرته على اقتراح حلول إبداعية أو تقديم أعمال إبداعية تمثل حلوله او وجهات نظره التي يراها مناسبة, بالإضافة إلى بعض القدرات الأخرى مثل النفاذ (النظر إلى ما وراء الواضح) والتحليل والتركيب والتفصيل والتقويم ومواصلة الاتجاه وغيرها من قدرات التفكير الإبداعي.

- اتخاذ القرار: يعتبر اتخاذ القرار من أهم المهارات التي يمكن امتلاكها من قبل الأفراد, فحياتنا كلها تتضمن اتخاذ قرار, ولا يكاد يخلو يوم من اتخاذ القرار, فمن يمتلك هذه المقدرة يكون قد امتلك أهم مهارات النجاح, فالشخص الموهوب صاحب الفكر الإبداعي يستطيع تقييم البدائل على أساس ملائمتها وفاعليتها في حل المشكلة, والقدرة على النجاح هي مرهونة بالقدرة على اتخاذ القرار, فكلما زادت مهارتنا في اتخاذ القرار كلما زادت مقدرتنا على النجاح والإبداع.

امتلاك الموهبة والتفكير الإبداعي لا يمكن أن يتم من غير معرفة ماهية عملية التفكير, ومعرفة أنواع ومستويات التفكير, والتمييز بينها, وذلك حتى نتمكن من تمييز التفكير الإبداعي عن بقية أنواع التفكير الأخرى.

تم الحديث في البداية عن قانون التفكير الإيجابي و التركيز على نوع واحد من أنواع التفكير وهو التفكير الإيجابي لأنه الأساس في أي شيء يحدث على أرض الواقع ولأن إدارة وتطوير الذات لا يمكن الحديث عنها بمعزل عن التفكير الإيجابي, إنما في الحقيقة يوجد عدة انواع للتفكير ومن ضمنها التفكير الإبداعي, وإن موضوع التفكير بشكل عام هو نقطة البداية في إدارة وتطوير الذات, فيجب الاهتمام بكل أنواع التفكير والتعرف عليها حتى تزداد قدرتنا على إدارة وتطوير أنفسنا وتحقيق ما نصبو إليه من أهداف و تحقيق النجاح.

أنواع التفكير

البعض يعرف التفكير بأنه سلسلة من النشاطات العقلية يقوم بها الدماغ, والبعض الآخر عرف التفكير بأنه عبارة عن سلسلة من النشاطات العقلية تتم في الدماغ بهدف اتخاذ قرار أو البحث عن حل لمشكلة.

يختلف مستوى هذه النشاطات العقلية من شخص لآخر حسب المعلومات التي يخزنها العقل الباطن للشخص عن هذه المشكلة أو موضوع القرار الذي ينوي اتخاذه, ونستطيع القول أن هناك أكثر من مستوى أو نوع للتفكير ولكل نوع خصائص معينة, إلا أنه من الممكن تطوير التفكير للارتقاء به إلى الأفضل, ويجب التحكم بالتفكير, ويمكن تقسيم التفكير إلى الانواع التالية:

1- التفكير التقليدي

هذا النوع من التفكير هو أبسط الأنواع, ولا يتطلع صاحبه إلا لما هو موجود أمامه, وليس له طموح بتطوير عمله, وغالباً ما تكون خبرته عبارة عن تجربة مكررة. أصحاب التفكير التقليدي غالباً يتحدثون عن الأشخاص ومن النادر أن تجد أحدهم يناقش فكرة مع الآخر, فهم لا يؤمنون إلا بما هو حاصل فعلياً على الأرض, ولا يفكرون بالتغيير, لذلك لا يحبون مناقشة الأفكار, إنما يتكلمون عن تجارب حصلت مع أشخاص, ومركز التحكم لدى هذه الفئة هو غالباً مركز تحكم خارجي, أي أنهم يحكمون على الأشياء بما ينظر إليها المجتمع, وليس لديهم القدرة على تكوين وجهة النظر الخاصة بهم.

2- التفكير المعرفي

ويمكن اعتبار هذا النوع المستوى الثاني من التفكير, لأن التفكير المعرفي هو نسخة مطورة عن التفكير التقليدي, حيث يعتمد أصحاب هذا النوع من التفكير على المعلومات المتراكمة في عقلهم, وتكون هذه المعلومات هي الأساس في اتخاذ القرار, لذلك تجد أصحاب التفكير المعرفي لديهم قدرة عالية على توضيح الفكرة وتحديد الهدف, فهم يعملون بشكل منهجي يعتمد على معلومات متراكمة, وإذا أرادوا اتخاذ قرار حول أي موضوع يبدؤوا بجمع المعلومات أولاً حول الموضوع, ولديهم قدرة على الربط بين الأحداث والعلاقات بين الأشياء, مما يمكنهم من التوصل لنتائج سليمة وقدرة جيدة على حل المشكلات. فهم يختلفون عن أصحاب التفكير التقليدي في أنهم يعتمدون ليس فقط على الواقع, إنما أيضاً على المعرفة لاتخاذ قراراتهم.

3- التفكير النقدي

يمكن اعتبار هذا النوع المستوى الثالث من التفكير, فهو يجمع بين الواقع والمعرفة لاستخلاص النتائج ولا يرضى بأي فكرة مقدمة إلا بعد تمحيصها بمرجعهم الداخلي, فهم يعتمدون على

قدرتهم الشخصية في الحكم على الأشياء, مما يجعل هذا النوع من التفكير مستقل أكثر من النوعين السابقين, ويعرف التفكير النقدي بأنه العملية التي يستخدمها الفرد للتفكير من أجل التقييم والحكم على الافتراضات الشخصية وعلى آراء وأفكار الآخرين, ويمتاز التفكير النقدي بقدرته على اكتشاف قيمة الأفكار والمعتقدات, بالإضافة إلى اعتباره أساس التواصل الفعال, وصنع القرار وخلق معارف جديدة, وإن التفكير النقدي يعبر عن درجة الوعي التي وصل إليها المجتمع, فالمجتمع الناضج فكرياً يتمتع أصحابه بوجود التفكير النقدي البناء, وليس كل تفكير نقدي هو بناء, فيجب أن يعتمد التفكير النقدي على الموضوعية في توجيه الأحكام, وإن غياب التفكير النقدي في مجتمع ما يعني أن أفراد هذا المجتمع يمكن تلقينهم أي معلومة ببساطة شديدة, فالتفكير النقدي هو وعي ونضج في عملية التفكير, وأي فكرة تطرح على أصحاب التفكير النقدي يقيمونها بالمنطق والحجة والدليل ولا يقبلون أبداً الأفكار التقليدية وإنما تجدهم يبحثون عن حلول جديدة للمشاكل المطروحة, وينبغي التحذير من الإفراط في استخدام هذا النوع, لأن الإفراط في استخدامه يعني ترسيخ للصفة النقدية لدى هؤلاء الأشخاص, فتجدهم ينتقدون أي فكرة سواءً موضوعياً أو شخصياً, وهذا أمر غير مقبول.

4- التفكير الإيجابي

تم الحديث عنه في قانون التفكير الإيجابي, وهو الإطار العام للتفكير, وهو النوع الذي يجب تبنيه في كل الأوقات مع كل الأحداث, فالتفكير النقدي والتقليدي والإبداعي وجميع أنواع التفكير الأخرى يجب أن تتمتع بالإيجابية حتى تصبح الفرصة أكبر لتجسيد هذه الأفكار على أرض الواقع, فالفكرة الإيجابية طاقتها مرتفعة وتكون أقرب للتحقق من الفكرة السلبية.

5- التفكير الإبداعي

الإبداع هو قدرة الفرد على الإنتاج إنتاجاً يتميز بأكبر عدد ممكن من الطلاقة الفكرية والمرونة التلقائية والأصالة, والتفكير الإبداعي هو نشاط عقلي مركب وهادف توجهه رغبة قوية في البحث عن حلول أو التوصل إلى نواتج أصيلة لم تكن معروفة سابقاً.

مستويات التفكير [3]

---

[3] التدريب على التفكير الإبداعي – المهندس نوبي محمد حسن عبد الرحيم

يوجد أربع مستويات للتفكير, ويمكن أن توجد هذه المستويات في أي نوع من الأنواع السابقة :

- تفكير أساسي: وهو النشاطات العقلية غير المعقدة التي تتطلب ممارسة إحدى مهارات التفكير الأساسية للمستويات الثلاثة الدنيا (المعرفة – الاستيعاب – التطبيق) والمهارات الفرعية التي تتكون منها عمليات التفكير المعقدة كمهارات الملاحظة والمقارنة ويتضمن مهارات كثيرة من بينها المعرفة (اكتسابها وتذكرها), والملاحظة والمقارنة والتصنيف وهي مهارات أساسية لا بد من إجادتها قبل الانتقال إلى التفكير المركب, وتضم مهارات التفكير الأساسية مهارات المعرفة والاستدعاء والاستيعاب والتفسير والتطبيق والاستدلال والتفكير الناقد.

- تفكير مركب: هو مجموعة من العمليات العقلية المعقدة التي تضم التفكير الناقد والتفكير الإبداعي وحل المشكلات واتخاذ القرارات والتفكير فوق المعرفي ويستخدم للإشارة إلى المستويات الثلاثة العليا من تصنيف بلوم للأهداف التربوية والتي تضم مهارات التحليل والتركيب والتقويم وهو تفكير لا تقرره علاقات رياضية ولا يمكن تحديد خط السير فيه بصورة وافية بدون عملية تحليل المشكلة ويتضمن حلول مركبة أو متعددة ويوجد خمسة أنواع من التفكير تندرج تحت مظلة التفكير المركب (التفكير النقدي – التفكير الإبداعي أو المتباعد – حل المشكلة – اتخاذ القرار – التفكير فوق المعرفي)

- تفكير متقارب (إتباعي) convergent Thinking : وفيه تتم تنمية وإصدار معلومات جديدة من معلومات متاحة, لكن التأكيد هنا يتم في أهمية التوصل إلى حلول سبق الوصول إليها ومتفق عليها من قبل, وتكون الاستجابة هنا مرتبطة بنوعية المنبه وقريبة منه, كما أنه يعتمد على الذاكرة أو الإدراك والتعرف, وبالتالي هو يتضمن طريقة معيارية قياسية للإجابة والبحث عن الحل الصحيح والوحيد.

- تفكير متباعد (إبداعي) Divergent Thinking: وهو يتعلق بنتيجة المعلومات وتطويرها والوصول إلى معلومات وأفكار ونواتج جديدة من خلال بعض المعلومات المتاحة, ويكون التأكيد هنا على نوعية الناتج وطبيعته أكثر من كميته وعدده, وهذه العملية هي أهم العمليات المتضمنة في الاستعداد الإبداعي العام, ويؤكد هذا النوع من التفكير على أهمية الجدية والأصالة والندرة والتغيير, وتكون الاستجابة هنا بعيدة عن طبيعة المنبه, وقد تكون غير متوقعة على الإطلاق, وهو يعتمد على الخيال النشط في القيام بتركيبات جديدة وقدرة على إنتاج أنساق جديدة لم يسبق إليها.

إن القدرات العقلية المسؤولة عن عملية التفكير الإبداعي في أي مجال من مجالات الحياة هي نفس القدرات في مجال آخر, فمن يستطيع الإبداع في أي مهنة أو عمل, فهو كذلك الأمر يستطيع أن يقوم بالتفكير الإبداعي.

مراحل العملية الإبداعية

أي عملية إبداعية تمر بمراحل متتالية, ومن الصعب الوصول لفكرة إبداعية أو حل إبداعي من غير المرور بهذه المراحل, فالعملية الإبداعية هي مراحل متداخلة تتولد في أثنائها الفكرة الجديدة, وتمر هذه العملية بأربع مراحل:

1- **مرحلة الإعداد:** وفي هذه المرحلة تحدد المشكلة أو القضية وتفحص من جميع جوانبها, وتجمع حولها المعلومات ويتم استخدام المهارات واستدعاء الخبرة من الذاكرة.
2- **مرحلة الاحتضان:** وفيها يتم التركيز على الفكرة أو المشكلة بحيث تصبح واضحة في ذهن المبتكر, وهي مرحلة ترتيب الأفكار وتنظيمها.
3- **مرحلة الإلهام:** وتتضمن هذه المرحلة إدراك الفرد العلاقة بين الأجزاء المختلفة للمشكلة والبحث عن الحلول الإبداعية.
4- **مرحلة التحقق:** وهي المرحلة الأخيرة من مراحل تطوير الإبداع, وفيها يتعين على المبدع أن يختبر الفكرة ويعيد النظر فيها ويعرض جميع أفكاره للتقويم وهي مرحلة التجريب للفكرة الجديدة المبدعة.

معوقات التفكير الإبداعي[4]

يمتلك كل إنسان قدراً لا بأس به من القدرة على التفكير الإبداعي أكثر مما نعتقد عن أنفسنا, ولكن يحول دون تفجر هذه القدرة ووضعها موضع الاستخدام والتطبيق عدداً من المعوقات التي تقيد الطاقات الإبداعية ومنها:

1- **المعوقات الإدراكية:**

[4] العصف الذهني والتفكير المبدع – فاطمة أحمد العابد2015

وتتمثل بتبني الإنسان طريقة واحدة للنظر للأشياء والأمور, فهو لا يدرك الشيء إلا من خلال أبعاد تحددها النظرة المقيدة التي تخفي عنه الخصائص الأخرى لهذا الشيء, وهذا أشبه بمركز التحكم الخارجي , حيث أصحابه يعتمدون على الإدراك العام للأشياء من حولهم وليس لديهم القدرة على تشكيل اعتقاداتهم الذاتية.

2- العوائق النفسية :

وتتمثل في الخوف من الفشل, ويرجع هذا إلى عدم ثقة الفرد بنفسه وقدرته على ابتكار أفكار جديدة وإقناع الآخرين بها, وللتغلب على هذا العائق يجب أن يدعم الإنسان ثقته بنفسه وقدرته على الإبداع, وبأنه لا يقل كثيراً في قدرته ومواهبه عن كثير من العلماء الذين أبدعوا واخترعوا.

3- التركيز على ضرورة التوافق مع الآخرين :

يرجع ذلك إلى الخوف أن يظهر الشخص أمام الآخرين بمظهر يدعو للسخرية لأنه أتى بشيء أبعد ما يكون عن المألوف بالنسبة إليهم.

4- القيود المفروضة ذاتياً :

يعد هذا العائق من أكثر عوائق التفكير الإبداعي صعوبة, ذلك أنه يعني أن يقوم الشخص من تلقاء نفسه بوعي أو بدون وعي بفرض قيود لم تعرض عليه لدى تعامله مع المشكلات.

5- التسليم الأعمى للافتراضات:

وهي عملية يقوم بها الكثير منا بغرض تسهيل حل المشكلات وتقليل الاحتمالات المختلفة الواجب دراستها.

6- التقيد بأنماط محددة للتفكير:

كثيراً ما يذهب البعض إلى اختيار نمط معين للنظر إلى الأشياء, ثم يرتبط بهذا النمط مطولاً لا يتخلى عنه, كذلك قد يسعى البعض إلى افتراض أن هناك حلاً واحداً للمشكلة يجب البحث عنه.

7- التسرع في تقييم الأفكار :

وهو من العوائق الاجتماعية الأساسية في عملية التفكير الإبداعي, وهناك العديد من العبارات التي عادةً ما تفتك بالفكرة في مهدها مثل: لقد جربنا هذه الفكرة من قبل, من يضمن نجاح هذه الفكرة, هذه الفكرة سابقة جداً لوقتها, وهذه الفكرة لن يوافق عليها المسؤولون.

8- الخوف من اتهامات الآخرين:

وهو من أقوى العوائق الاجتماعية للتفكير الإبداعي, و يعد العصف الذهني أحد الأساليب الناجحة المهمة في التفكير الإبداعي, حيث يمكن من خلاله التغلب على هذا العائق.

تعرفنا في الفقرات السابقة على أهمية التفكير كونه أحد أسباب النجاح وكونه المولد الأساسي للثقة بالنفس التي هي أحد مبادئ إدارة الذات, وإن عملية التفكير هي الركن الأول الذي يجب بناؤه والاهتمام به, لأن كل جهود تطوير الذات لن تجدي نفعاً إن لم نمتلك مهارة التفكير الإيجابي والإبداعي ومهارات التفكير الأخرى, وانطلاقا من هذا الفهم حول التفكير فإن موضوع التفكير يجب أن يعتمد في المناهج الدراسية كمادة أساسية في كافة المراحل الدراسية وخاصةً الإعدادية والثانوية حتى يمتلك الطالب المهارات الأساسية للتفكير التي هي الأساس وراء أي نجاح وتفوق, وينبغي أيضاً الاهتمام بحضور الدورات التدريبية الخاصة بعملية التفكير.

> تعليم الطالب لمهارات التفكير لا يقل أهمية عن تعليمه الرياضيات والفيزياء والتاريخ وخاصةً في المراحل المتوسطة والثانوية, بل إن تعليم الطالب لمهارات التفكير هو السبب الأهم لنجاحه في الرياضيات والفيزياء والتاريخ وبقية المواد الأخرى.
>
> فتعليم المهارات والتفكير يجب أن يتم النظر إليه كأولوية قصوى في المناهج الدراسية المختلفة.

أحد أشهر البرامج العالمية المعتمد لتعليم التفكير لكافة المراحل العمرية هو برنامج كورت CORT, وهذه نبذة مختصرة عن محتويات هذا البرنامج

مهارات التفكير الأساسية " الكورت " [5] (عطار 2013)

يعد برنامج الكورت من أكثر البرامج المستخدمة عالمياً لتعليم التفكير بشكل مباشر, حيث أنه يتناول ذلك النوع من التفكير الذي يدعو إلى مجال الإدراك الرحب, ويسعى إلى الإحاطة بجميع

---

[5] فاعلية إستخدام برنامج الكورت تقنياً في تنمية مهارات التفكير الرياضي – ناهد عطار 2013

جوانب أي موضوع أو معضلة في سبيل البحث عن حلول لها, وتتعلق مواضيع الكورت بالإدراك الحسي فيما يختص بالتفكير.

قام دي بونو De Bono بتصميم برنامج الكورت لتعليم التفكير, إذ أسهم بابتكار أفكار وفرضيات جزئية لعبت دوراً كبيراً في تطوير دراسات تعليم التفكير في العالم, وكانت المنطلق الأساسي في تصميم برنامج الكورت الذي بدأ استخدامه في عام 1970م, وتعود كلمة CORT إلى مصطلح Cognitive Research Trust مؤسسة البحث الاحترافي التي كان يديرها دي بونو, وأضيف الحرف O لتيسير قراءة المصطلح.

وينطلق دي بونو في برنامجه للتفكير من مسلمة قوامها أنه يمكن تعليم التفكير على اعتبار أن التفكير يبسط الأشياء والمواقف, ويستخدم برنامج الكورت في الوقت الحاضر على نطاق واسع في العالم لتعليم التفكير , حيث يقوم باستخدامه ما يزيد عن سبعة ملايين طالب في المرحلة الابتدائية, وحتى الجامعية في أكثر من ثلاثين دولة بما فيها الولايات المتحدة الأمريكية وبريطانيا وكندا وإستراليا ونيوزيلاندا وفنزويلا واليابان وروسيا وبلغاريا والهند وسنغافورة.

إن برنامج الكورت يركز على مفهوم خاص للتفكير والإدراك والعلاقة بينهما, فعندما نتعامل مع التفكير فإننا نتعامل مع الإدراك الواعي, وحينما نتعامل مع الإدراك الواعي فإننا نتعامل مع أنماط التفكير, وعندما نتعامل مع أنماط التفكير, علينا استخدام موجهاته أي الأدوات التي سيتم التعرف عليها وهي ست أدوات للتفكير وفق برنامج الكورت.

وإن تعلم مهارات التفكير شبيه بتعلم مهارات ركوب الدراجة الهوائية أو السباحة, حيث في بداية تعلمها يشعر المتعلم بالارتباك, إذا يبدو تعلمها للمتعلم الجديد صعباً, وبعد تعلمها واكتساب درجة معينة من المهارة فيها, يصبح الحديث عن وجود ارتباك أمر غير معقول, وبذلك نجد أن مهارات التفكير تماثل مهارات القيادة والخياطة والسباحة وما شابهها, ويمكن تعلمها عند توفر الدافعية والتدريب المناسبين.

والشيء الأهم الذي يقود إلى إتقان مهارات التفكير هو الممارسة والتدريب, فتعلم مهارات التفكير يتم بالعمل والممارسة.

ومن أهم النتائج التي يؤدي إليها تعلم برنامج الكورت هو المساهمة في نمو مهارات التفكير, وإحداث بعض التغييرات الإيجابية في حالات النقاش التي تدور بين الأفراد, مثل زيادة الرغبة في الإصغاء للآخرين, ونقص التمركز حول الذات, ونقص الاستخفاف أو التحقير لآراء الآخرين, وزيادة القبول أو التسامح بالنسبة لوجهات نظر الآخرين, وتناقص الابتعاد عن صلب الموضوع, وزيادة

الرغبة في التفكير في الموضوعات الجديدة بدلاً من رفضها على اعتبار أنها سخيفة, واستخدام التفكير للاستكشاف بدلاً من استخدامه لتدعيم وجهة نظر معينة أو الدفاع عنها, واستخدام أشكال من التفكير غير تلك التي تتسم بالنقد المحض, ومعرفة ما ينبغي عمله بدلاً من انتظار فكرة من الأفكار.

ويرى دي بونو أن التعريفات المتداولة للتفكير لا تمثل التفكير في كل أوجهه, وإنما هي تعرفه من وجه واحد فقط, لذلك هو يرفض بعض التعريفات المتعارف عليها للتفكير كالقول بأنه (نشاط عقلي) أو القول بأنه (المنطق أو تحكيم العقل) لأنه يعتقد أن أمثال هذه التعريفات – وإن كانت صحيحة في ناحية- إلا أنها قاصرة لا تشمل جميع مظاهر التفكير, وإنما هي تشير إلى جزء منه فقط, لذلك يختار دي بونو لتعريف التفكير القول بأنه التقصي المدروس للخبرة من أجل غرض ما, وقد يكون ذلك الغرض هو الفهم أو اتخاذ القرار أو التخطيط أو حل المشكلات أو الحكم على الأشياء أو القيام بعمل ما.

وفي الحقيقة أن دي بونو تطرق إلى مناقشة التفكير برؤية عميقة وشاملة مما دعاه إلى أن يلفت الأنظار إلى ما أسماه بالتفكير الطرفي Lateral Thinking وهو ذلك النوع من التفكير الذي يدفع بالإنسان إلى أن يخرج عن النطاق التقليدي المحدود ليبحث عن نقاط أكثر بعداً وعمقاً في نواحٍ مختلفة تتعلق بالموقف المستدعي للتفكير, ليولد جميع البيانات المطلوبة سعياً وراء إيجاد طرق بديلة لتحديد أو تفسير أو فهم ذلك الموقف.

والأهم أن يتم النظر إلى برنامج كورت كبرنامج يقوم على معالجة التفكير كمهارة واسعة ينبغي استخدامها وليس تعلمها فقط, حيث إنه برنامج يساهم في التعريف بالتعليمات المباشرة لمهارات التفكير, ويؤدي إلى إحداث تنوع بالأفكار بالقدر الذي يساعد فيه المستخدم على تقرير الأهداف ووضع الأولويات وتحسين التفاعل مع الآخرين.

وإن المهارة في التفكير لا تختلف عن أي مهارة أخرى تكتسب في أي ناحية من النواحي, فهي تكتسب وتصقل عن طريق التعلم والممارسة والتعامل مع العالم من حولنا, والمهارة في التفكير تتضمن معرفة ماذا سنفعل؟ ومتى تفعله؟ وكيف؟ وما الأدوات اللازمة؟ وما هي النتائج؟ وما الذي ينبغي أخذه بالاهتمام ؟ فالمهارة في التفكير تولي إهتماماُ كبيراً بالإدراك, وبالقدرة على الفهم وتوجيه الانتباه, وهي مسألة استكشاف للخبرة وتطبيق للمعرفة ومعرفة كيفية التعامل مع المواقف المختلفة والخواطر الذاتية وأفكار الآخرين, كما أنها تشتمل على التخطيط واتخاذ القرار والبحث عن الابتكار.

وإن الطريقة الوحيدة عند دي بونو لتوجيه الانتباه نحو الاتجاه المرغوب تتمثل في تأسيس طريقة خارجية لتوجيه الانتباه لأي طريقة يمكن تطبيقها من الخارج على أي موقف بدلاً من أن تنبع من الموقف نفسه, وهو لذلك يعرض طريقته الخاصة التي أسماها طريقة الأداة ويقصد بها تعليم الأفراد استعمال أداة معينة تساعدهم على التفكير ليستخدموها في مواقف مختلفة, ولنجاح هذه الطريقة يتم تعريض المتدرب لمواقف مختلفة كثيرة يمارس فيها تدريبه على استخدام الأداة لترسيخ استخدام الأداة في ذهنه لتصبح جزءاً من ممارساته اليومية في المواقف المختلفة.

أما بالنسبة للسن التي يقدم فيها برنامج CORT فإن البرنامج لم يصمم ليلائم فئة عمرية معينة أو تدرجاً خاصاً في المعرفة, حيث إن هدفه تحسين عملية التفكير لدى المتدربين عليه, وليس تقديم قدر معين من المعارف, لذا فإنه يلائم الصغار والكبار بعد إجراء تعديلات طفيفة ليتلائم مع كل سن, ومن الأفضل أن يتم التدرب على البرنامج في الصغر (بعد سن العاشرة) بحيث يصبح تعليم التفكير موضوعاً تأسيسياً لهذه الفئة العمرية ويرسخ في الذهن ليتم استعماله في المراحل العمرية التالية لهذا العمر.

يتألف برنامج الكورت من 60 أداة للتفكير موزعة على 6 أجزاء, يتكون كل جزء من 10 أدوات

وإن برنامج الكورت يهدف إلى تعليم مهارات التفكير الناقد والتفكير الابتكاري, حيث يهتم كل درس من دروسه بتنمية ناحية تفكيرية معينة, ويمكن عرض أجزاء برنامج الكورت كما يلي:" الراعي ونصار [6] "

1- توسعة مجال الإدراك: النظر إلى الموقف من جميع جوانبه وتوسيع دائرة الفهم والإدراك
2- التنظيم: يهتم بالانتباه والتركيز على المواقف بفعالية
3- التفاعل: يعنى بمناقشة الأدلة والحجج المنطقية وتنمية التفكير الناقد والتفاوض
4- الابتكار او الإبداع: يعرض استراتيجيات توليد الأفكار ومعالجتها وتنمية التفكير الإبداعي كجزء طبيعي من عملية التفكير
5- المعلومات والعواطف: يعنى بالعوامل الانفعالية المؤثرة في التفكير, وكيفية جمع وتقييم المعلومات بشكل فاعل
6- الفعل: يعنى بتقديم إطار عام لحل المشكلات إبتداءً باختبار الهدف وإنتهاءً بتشكيل الخطة لتنفيذ الحل.

---

[6] برنامج الكورت لتعليم مهارات التفكير- أمجد الراعي , أحمد نصار

الجزء الأول: توسعة مجال الإدراك

هذا الجزء يعد أساسي في البرنامج, لأنه يتضمن التدرب على مهارات تقوم عليها بقية الأجزاء, فعند تدريس برنامج الكورت يجب أن يتم البدء بالجزء الأول (توسعة مجال الإدراك) باعتباره من الأجزاء الأساسية التي يفترض تدريسها أولاً, وبعد ذلك يمكن استخدام بقية الأجزاء, ويهدف هذا الجزء إلى توسيع الإدراك بحيث يتمكن المتدرب في أي موقف تفكيري من النظر إلى جوانب الموقف المختلفة بما في ذلك العواقب المحتملة والأهداف والبدائل ووجهات نظر الآخرين, إذ أن المتدربين يجب أن يعمدوا إلى تفكيرهم لكشف مشاكلهم بدلاً من إطلاق الأحكام بسرعة, ويشمل هذا الجزء المهارات التالية:

1- **معالجة الأفكار**: ويهتم بفحص فكرة ما من خلال التعرف على الجوانب الإيجابية والسلبية والمثيرة بدلاً من التسرع في القبول أو الرد.
   - ما هي النقاط الجيدة لفكرة ما – لماذا تحبها؟
   - ما هي النقاط السيئة لفكرة ما – لماذا لا تحبها؟
   - ما الذي تشعر بأنه مثير أو مشوق فيها؟

فمثلاً لو أن هناك فكرة لصنع النوافذ من البلاستيك الشفاف بدلاً من الزجاج , النقاط الإيجابية: إذا انكسرت النوافذ لا تشكل الخطورة التي يشكلها الزجاج وهي بالأصل لا تنكسر بسهولة, النقاط السلبية: يتأثر البلاستيك بإمكانية كشطه بسهولة أكثر من الزجاج, النقاط المثيرة: ربما من المسلم به أن الزجاج هو الأفضل لأننا اعتدنا استخدامه لكن يمكن أن تتلون النوافذ إن كانت من البلاستيك.

2- **اعتبار جميع العوامل**: ويهتم بضرورة خلق الاهتمام بالعوامل المختلفة الكامنة في الموقف, وليس الظاهر منها فقط, وذلك قبل التوصل إلى استنتاج أو تكوين فكرة.
   - ما هي العوامل الممكنة التي قد تؤثر عليك؟
   - ما هي العوامل الممكنة التي قد تؤثر على الآخرين؟
   - ما هي العوامل الممكنة التي قد تؤثر على المؤسسة أو المجتمع عموماً؟

فمثلاً عند شرائك لسيارة جديدة, ما هي العوامل التي ينبغي أخذها بعين الاعتبار: (سعر السيارة – لون السيارة – قوة المحرك- مواصفات الأمان ...إلخ)

3- **القوانين**: ويهتم بالتركيز على وضع القوانين التي تنظم تفكيرهم, وفحص مدى سلامتها بين فترة وأخرى, حيث يتم استخدام الأداتين السابقتين في فحص القوانين والعوامل الواجب النظر فيها لصنع القوانين الجديدة, وإن أخذك لجميع العوامل بعين الاعتبار سوف تجعل قراراتك سليمة ولن تندم على أي قرار تتخذه. فمثلاً لو كنت مشاركاً في حملة لنظافة مكان العمل والمحافظة عليه, فما هي القوانين التي ستضعها موضع التطبيق؟

4- **النتائج المنطقية وما يتبعها**: ويهتم بتعليم المتدرب الانتباه للمستقبل من خلال النظر إلى العواقب والنتائج الفورية والمتوسطة والبعيدة المدى لكل حدث وخطة وقانون واكتشاف, فمثلاً ما هي النتائج المحتملة لو انتهى البترول من العالم؟ ماذا يمكن أن يحدث؟

5- **الأهداف**: ويهتم بتعليم المتدرب كيفية تصنيف أهدافهم وأهداف الآخرين, كما يركز على الفكرة النابعة من الهدف وتمييزها عن ردة الفعل, فمن الضروري جداً أن تعرف أهدافك بالضبط حتى يصبح من السهل تحقيقها.
    - ما هي الغايات التي تسعى إلى تحقيقها من وراء عمل ما؟
    - ما هي الأهداف الفرعية أو الجزئية التي تؤدي لتحقيق تلك الغايات؟
    - ما هي العلاقة بين أهدافك وأهداف الآخرين؟
    - ما هي أهدافك لو تمكنت من السفر إلى الخارج؟

6- **التخطيط**: ويهتم بالتركيز على كيفية التخطيط باستخدام الأدوات السابقة, وتنظيم الخطوات نحو الهدف وإزالة العقبات, فالتخطيط هو تصميم خطة عمل تستجيب للتغييرات وتأخذ بالاعتبار الأهداف والنتائج وجميع العوامل التي تدخل في عملية التخطيط, فمثلاً لو تم تكليفك بوضع خطة لإدارة مدرسة, ما هي الأهداف التي يجب أن تتبناها؟ وما هي الخطة التي يجب وضعها؟

7- **ترتيب الأولويات المهمة**: ويهتم بترتيب الأولويات حسب الأهمية بعد توليد الاحتمالات والبدائل المختلفة, فمثلاً تم تكليفك بوضع مقترحات للحد من مشكلة إسراف المياه, ما هي المقترحات التي سوف تطرحها وترتيبها حسب الأولوية؟

8- **البدائل والاحتمالات والخيارات**: ويهتم باستنباط البدائل والتفسيرات الواضحة بدلاً من اللجوء إلى ردود أفعال انفعالية وعاطفية, وإيجاد جميع البدائل والاحتمالات والخيارات الممكنة وأخذها في الاعتبار في اتخاذ القرار, فمثلاً افترض أنك تريد إكمال الدراسة بعد الجامعية, ما هي الخيارات والبدائل المتاحة؟

9- القرارات: ويهتم بالتركيز على عملية اتخاذ القرار مطبقاً الأدوات السابقة من أجل الوصول إلى قرار أكثر دقة ونجاح, فمثلاً إذا تم تعيينك رئيساً للقسم, فما هي القرارات التي سوف تتخذها؟ وكيف سيتم اتخاذ القرار؟

10- وجهات نظر الآخرين: ويركز على ضرورة الأخذ بعين الاعتبار لوجهات نظر الآخرين, وتجاوز النظرة الأحادية للأمور أو العالم, افترض أنك تتخذ قرار بخصوص المدرسة, فعندها يجب معرفة وجهة نظر المعلم والطالب.

الجزء الثاني: التنظيم

هذا الجزء يساعد على تنظيم الأفكار, وفي هذا المستوى تتم دراسة القضايا المبنية على الكلمات التالية: تعرف- حلل – قارن – اختر – ابدأ – نظم - ادمج – ركز – استنتج, ويتضمن هذا الجزء المهارات التالية:

1- ميز: وتبين أهمية التعرف على أنماط المشكلات والمواقف لفهمها بطريقة أفضل, وجمع معلومات أكثر لمعرفة المزيد عن الفكرة, فإنك عندما تستطيع تمييز شيء ما فإنك تستطيع تمييز كافة المعلومات المتوفرة لديك عن هذا الشيء.

2- حلل: يتم التدريب على طريقتين لتجزئة المشكلات الصعبة إلى عناصر أصغر يمكن التعامل معها. فمن خلال التحليل سوف تستطيع التفكير بكل جزء على حدة.

3- قارن: إن المقارنة المقصودة بين شيئين مختلفين قد تؤدي لظهور أفكار إضافية, فالمقارنة هي أحد أدوات التفكير المهمة لاستنتاج أفكار جديدة.

4- اختر: يتم هنا تحديد المعالم الرئيسية لمتطلبات الموقف ووضع الحلول أو التفسيرات المتعددة لهذه المتطلبات, وبعد ذلك اختيار الحل أو التفسير الأنسب, وأول شيء في عملية الاختيار هو معرفة متطلباتك ومن ثم معرفة متى يكون الشيء مناسب لتلك المتطلبات.

5- أوجد طرقاً أخرى: إن التوجه لإيجاد وجهات نظر بديلة لأي موقف قد ينجم عنه أفكار مبدعة وجديدة لا يمكن أن تظهر بغير ذلك, وهناك أكثر من طريقة واحدة للنظر لأي شيء, وسوف يكون تفكيرك أكثر فاعلية إذا بذلت جهداً مقصوداً لإيجاد طرق بديلة للنظر للأشياء.

6- ابـد أ: التفكير في مشكلة ما بالاختيار الواعي لأساليب النظر لتلك المشكلة, وليس بالاندفاع السريع إلى المشكلة من أي جهة كانت, وإذا كنت تعرف بالضبط كيف تفكر بشيء ما, فإن كل ما يتبع البداية يكون سهلاً.

7- نـظم: تؤكد على أهمية تعريف المشاكل بخطة معينة للتفكير والحل, ويهدف التنظيم إلى تجنب الارتباك والفوضى أثناء التفكير, فإذا عرفت ما هو بحاجة لأن يتم عمله, وما يتم عمله في اللحظة الحاضرة, وما يجب عمله لاحقاً فأنت منظم.

8- ركـز: يحث على توجيه السؤال التالي: ما الذي ننظر له الآن؟ أو ما الذي نركز عليه؟ وذلك لتحديد الجانب من الموقف الذي ينبغي أن نضعه في عين الاعتبار.

9- ادمـج: وذلك من خلال استرجاع التفكير لتحديد ما تم إنجازه, وما إذا كان هناك نقاط يجب أن تؤخذ بعين الاعتبار

10- اسـتـنـتـج: المحاولة يجب أن تكون بهدف الوصول إلى نهاية لكل ما تم التفكير فيه.

الـجـزء الـثـالـث: الـتـفـاعـل

هذا الجزء يهتم بتطوير عملية المناقشة والتفاوض, وذلك حتى يستطيع المتدرب تقييم مداركه والسيطرة عليها, والأهم هو حدوث التفاعل بين تفكيره وتفكير الآخرين , وعدم الاكتفاء بالنظرة الأحادية, وفي هذا المستوى تتم دراسة القضايا التالية:

1- **التحقق من الطرفين:** ويتطلب فحص مسألة متعارضة فيها وجهتي نظر حتى يتمكنوا من تصويب المسائل بأنفسهم.

2- **الدليل (أنواع الأدلة):** يحث المتدربين على ضرورة التفريق بين الحقيقة والرأي, حتى يتمكنوا من فحص الدليل بتمعن وأسلوب مقبول وطبيعي.

3- **الدليل (قيم الدليل):** يحث المتدربين على تقييم الدليل الذي يطرحه الآخرون وذلك لأهميته بالنسبة للمسألة ككل

4- **الدليل (البنية):**وفيه يتم فحص بناء المسألة لتحديد الأدلة التي بنيت عليها الآراء, والأدلة التي قامت عليها آراء الآخرين

5- **الاتفاق والاختلاف وانعدام العلاقة:** ويهتم بالتعرف على جوانب الاتفاق والاختلاف والنقاط التي لا علاقة لها بالمسألة, فمثلاً لو حصل جدال ما, فإنه من الخطأ أن نفترض أن الطرفين مختلفان حول كل شيء, فهناك عادةً اتفاق على نقاط واختلاف في أخرى, وهناك أيضاً نقاط لا علاقة لها بالموضوع بحيث أن الاتفاق أو الاختلاف عليها ليس أمراً

مهماً، ومن المهم أن نقوم بجهد مقصود بهدف إيجاد نقاط الاتفاق والاختلاف والنقاط غير ذات العلاقة.

6- **ان تكون على حق " 1 "**: تعرض هذه الفكرة على شكل طريقتين لإثبات أنك على حق هما: البيان (السبب في قبول الفكرة ورفضها) والمرجعية (الرجوع للحقائق المتضمنة للحقائق والأرقام والمشاعر) والأهم أن تعرف كيف تثبت أنك على حق بالبيان والمرجعية.

7- **أن تكون على حق " 2 "**: طريقتان تضافان إلى الطريقتين السابقتين لإثبات أنك على حق هما: التسمية (استخدام الأسماء والملصقات والتصنيفات) وإصدار الاحكام (الأحكام القيمية ذات الجدوى)

8- **أن تكون على خطأ " 1 "**: طريقتين للخطأ يمكن التعرف عليهما في تفكيرك أو تفكير الناس هما: المبالغة (معرفة مواقع المبالغة المثارة) والتجاهل (إهمال أدلة ونقاط معينة)

9- **أن تكون على خطأ " 2 "**: طريقتين أخريين للتفكير الخطأ هما: الخطأ (التركيز على المسائل التي لا تخلو من أخطاء) والتحيز (الميل لفكرة دون دليل)

10- **المحصلة النهائية**: وفي هذه المرحلة يقيم المتدرب ما تم إنجازه في المناقشة حتى لو لم تتم الموافقة عليه.

الـجـزء الـرابـع: الإبـداع

في الجزء الرابع يتم تناول الإبداع كجزء طبيعي من عملية التفكير, وبالتالي يمكن تعليمه للمتدربين والتدرب عليه, والهدف الأساسي منه هو التدريب على الهروب الواعي من حصر الأفكار وبالتالي إنتاج الأفكار الجديدة وفي هذا المستوى تتم دراسة القضايا التالية:

1- **نعم - لا إبداعي**: لتحديد الفكرة الإبداعية من غيرها.

2- **الحجر المتدحرج**: لتوليد أفكار إبداعية من أفكار نعتبرها سخيفة.

3- **المدخلات العشوائية**: وهي أداة لتوليد أفكار جديدة لمشكلة ما, ويتم ذلك بطرح أفكار عشوائية غير مرتبطة ببعضها البعض.

4- **تحدي المفهوم**: الهدف من تحدي المفهوم ليس لإثبات أنها خطأ, بل لتحاول أن تجد بديل للتعامل معها, فإنك عندما تعرض مفهوم ما, فإنك في الحقيقة تسأل الأسئلة التالية: هل هي ضرورية؟, ما هي الطرق البديلة لذلك؟ أي أنك تبدأ النظر إلى طرق أخرى عندما لا تنفع الطرق الموجودة امامك.

5- **تحدي الفكرة**: نفس الأداة السابقة، ويتم تطبيقها على الأفكار بدلاً من المفاهيم.
6- **الفكرة السائدة**: يتم التشجيع هنا على تجديد الفكرة التي تسيطر على موقف ما بهدف الوصول لأفكار جديدة.
7- **إزالة الأخطار**: عن طريق تضييق حدود المشكلة لتصبح سهلة الحل.
8- **إزالة الأخطاء**: كيفية تحسين فكرة ما من خلال إزالة النقاط السلبية فيها.
9- **المتطلبات**: دمج أفكار المتطلبات بهدف الوصول إلى فكرة جديدة.
10- **التقييم**: الحكم على الأفكار بالاعتماد على أسس معينة

الجزء الخامس: المعلومات والمشاعر

في هذا الجزء يتم توضيح كيفية جمع وتقديم المعلومات بشكل فاعل، كما يتعلم المتدرب كيفية التعرف على السبل التي تجعل مشاعرهم وقيمهم وعواطفهم مؤثرة في عمليات بناء المعلومات، وفي هذا المستوى تتم دراسة القضايا التالية:

1- **المعلومات**: المعلومات هي ما نعرفه عن شيء ما، وهذه المعلومات في بعض الأحيان نحصل عليها بأنفسنا، وفي أحيان أخرى تعطى لنا، وسواءً حصلنا عليها أو أعطيت لنا فإنها تظل ناقصة وتحتاج لأشياء نود معرفتها.
2- **الأسئلة**: طرح أسئلة متنوعة، والتركيز على التفسيرية منها، " هل " للحصول على المعلومات.
3- **مفاتيح الحل**: البحث في مضمون الحل لاكتشاف ما تعنيه المعلومات.
4- **المتناقضات**: البحث عن الاستنتاجات الخاطئة
5- **التوقع**: عند عدم وجود معلومات كافية
6- **المعتقدات**: مناقشة الأساس الذي بني عليه هذا المعتقد للمصادقة على صحة المعلومات.
7- **الآراء والبدائل الجاهزة**: وذلك بهدف استثمار الآراء الجاهزة والبناء عليها.
8- **الانفعالات والعواطف**: للعواطف أهمية كبرى في عملية التفكير، وعادةً ما تأتي العواطف أولاً، ثم يستخدم التفكير لدعم ومساندة العواطف، وحتى عندما يأتي التفكير أولاً فإن العواطف تعطيه قوة.
9- **القيم**: تحديد الأولويات حسب القيم: قيمة الجمال – المال – الإتقان ...إلخ

10- **التوضيح و التبسيط:** نستخدمها عند كثرة وتعقيد المعلومات وعند حدوث تشويش.

الجزء السادس: العمل

الوحدات الخمسة الأولى من الكورت تختص بجوانب خاصة من التفكير, أما الجزء السادس فمختلف تماماً, إذ أنه يهتم بعملية التفكير في مجموعها بدءاً باختيار الهدف وإنتهاءً بتشكيل الخطة لتنفيذ الحل, ويمكن تقسيم هذا الجزء إلى قسمين:

- القسم الأول: يتعامل مع المواقف والظروف العادية (الهدف – التوسع – الاختصار)
- القسم الثاني: يتعامل مع المواقف والمشاكل التي تحتاج إلى حل منظم (الهدف – المدخلات – الحلول – الاختيار – التنفيذ)
- **الهدف:** كيفية توجيه التفكير نحو الهدف
- **التوسع:** حلل الهدف ذاته واربطه مع الأهداف الأخرى
- **الاختصار:** بعد نظرتك الشمولية أنت بحاجة إلى تبسيط الفكرة وصياغتها في نقاط.
- **الهدف التوسع الاختصار** : الآن حاول استخدام النقاط الثلاثة بشكل أكثر مرونة لرؤية الأهداف بالصورة النهائية.
- **الهدف النهائي :** حدد الهدف.. إلى أين تريد أن تصل لمعرفة ما تريد من هدفك.
- **المدخلات:** للوقوف على ما يجب إدخاله في التفكير
- **الحلول:** لتنشيط عملية التفكير واختيار حلول بديلة.
- **الاختيار:** حدد حل واحد من بين الحلول المقترحة
- **التنفيذ:** ويعتبر الخطوة الأخيرة في حل المشكلة, ويتم من خلال ترتيب خطوات الحل وتنفيذها.
- **جميع العمليات السابقة:** تعلم كيف تستخدم الدروس السابقة عند دراسة أي مشكلة لإصدار الأوامر للبدء بالعمل. يكون لدينا هدف ثم نبحث عن مدخل لهذا الهدف, بعد ذلك نستطيع أن نضع عدة حلول لهذا الهدف الذي نريد تحقيقه, ثم نختار من هذه الحلول, بعد ذلك نبدأ بالجانب العملي لتحقيق الأهداف.

إن كل جزء من أجزاء برنامج الكورت يهدف إلى تنمية ناحية تفكيرية معينة, فمثلاً جزء العملية يعمل على تنمية القدرة على توجيه الانتباه نحو أشياء معينة كالناس أو النتائج وما شابه ذلك, وجزء التركيز ينمي التعود على التأني للتأمل أثناء عملية التفكير لتحديد ما يجري تداوله في تلك اللحظة, وجزء احتمال الوقوع في الخطأ يوضح المصادر الرئيسية للوقوع عادةً في الخطأ أثناء التفكير وهي المبالغة والتعميمات الخاطئة والتمسك بوجهة نظر من جانب واحد للموقف, وفي جزء المدخلات العشوائية يطبق استخدام العشوائية لتنمية أفكار جديدة لتنمية التفكير الإبداعي, أما جزء القيم فإنه يوجه إلى تصنيف القيم إلى عليا ودنيا حتى يمكن تسهيل عملية فحص القيم المتضمنة في موقف ما بدقة أكثر, في حين أن جزء العمليات يركز على الشروع المنظم لخطوات العمل نحو التفكير.

التفكير الإبداعي هو مبدأ من مبادئ إدارة الذات, وحتى نتمكن من ممارسة التفكير الإبداعي يجب الإلمام بعملية التفكير أولاً و أدواتها وأهم أداة هي برنامج كورت للتفكير, علينا مراقبة تفكيرنا لأن كل شيء يحدث على الأرض لا بد وأن يبدأ كفكرة, فالفكرة هي نقطة البداية لتجسيد أي شيء على أرض الواقع, فالتفكير هو السبب والواقع هو النتيجة, فصناعة الواقع تبدأ من عملية التفكير, وأدوات التفكير السابقة لو تدربنا عليها لأصبحت سمة الإبداع فطرية لدينا, لأن الادوات السابقة تحث على توليد الأفكار وخاصةً الجديدة منها, فمن يتقن استخدام الأدوات الستين المذكورة في برنامج كورت للتفكير سيستطيع التعامل بكفاءة أكبر مع كل التحديات والمواقف, والأهم من إتقان أدوات برنامج كورت هو المحافظة على التفكير الإيجابي والتدرب على ذلك

هذا الفصل (التفكير الإبداعي) هو نقطة البداية نحو إحداث التغيير, وأي عملية تغيير لا بد أن تبدأ من التحكم بالتفكير وتوجيهه نحو الهدف, وهذا لا يعني أن العشوائية في التفكير ستؤدي حتماً إلى الفشل, ولكن التحكم في التفكير يزيد من احتمال التغيير وتحقيق الهدف.

مواضيع التفكير تحتاج إلى القراءة بتأني للتمكن من فهمها بالشكل الصحيح, وربما تحتاج للقراءة أكثر من مرة ومحاولة تطبيق الأدوات على مواقف حقيقية لنتمكن من تجسيدها في تفكيرنا ومن ثم في أفعالنا والنتائج التي نحصل عليها

مبادئ إدارة الذات _ التعلم المستمر

يقول الله تعالى ﴿ أَمَّنْ هُوَ قَانِتٌ آنَاءَ اللَّيْلِ سَاجِدًا وَقَائِمًا يَحْذَرُ الْآخِرَةَ وَيَرْجُو رَحْمَةَ رَبِّهِ ۗ قُلْ هَلْ يَسْتَوِي الَّذِينَ يَعْلَمُونَ وَالَّذِينَ لَا يَعْلَمُونَ ۗ إِنَّمَا يَتَذَكَّرُ أُولُو الْأَلْبَابِ ﴿٩﴾ ﴾ الزمر 9

هذه الآية الكريمة تعتبر كافية ووافية للدلالة على أهمية العلم والتعليم والمعرفة, فالله تعالى يسأل سؤال يستنكر فيه وجه الشبه بين الذين يعلمون ويمتلكون المعرفة وبين الذين لا يعلمون ولا يحرصون على التعلم.

التعلم المستمر أو التعلم مدى الحياة هو مبدأ من مبادئ إدارة الذات الستة, والبعض يعتقد أن التعلم يتوقف عند مرحلة عمرية معينة كالمرحلة الجامعية أو مرحلة الدبلوم أو مرحلة الثانوي, ويعتقدون أنه بمجرد الحصول على الشهادة فإن رحلة التعلم تكون قد توقفت, وهذا الاعتقاد غير صحيح على الإطلاق, فالتعلم يجب أن يكون من المهد إلى اللحد, (وإن كلمة " العلم " ومشتقاتها ذكرت في القرآن"[7] الكريم أكثر من خمس مئة مرة, وهذا يدل على اهتمام الإسلام بالعلم)

وإن تطبيقك لمبدأ التعلم المستمر ليس صعباً في هذه الايام, فالمعلومات متوفرة في كل مكان, في المكتبات وعبر الإنترنت والتعليم عن بعد والدورات التدريبية والكتب الإلكترونية وغيرها, فيجب أن تخصص ساعة كل يوم مثلاً لتبدأ بتطبيق مبدأ التعلم المستمر, فكل معلومة جديدة ستحصل عليها سترفع ثقتك بنفسك, وارتفاع معدل الثقة بالنفس يعني الاقتراب من النجاح.

كل المجتمعات والأعراق والاديان تجمع على ضرورة وأهمية العلم والتعليم, وهذا الإجماع ليس من فراغ, إنما بسبب ما ينعكس على النفس البشرية من فوائد اجتماعية واقتصادية وثقافية نتيجة المعرفة, والمعرفة هي سبب تطور أي مجتمع, فالقوة العضلية ليست هي معيار الحكم في القوة بين شخصين, إنما المعرفة هي المعيار, فمن يمتلك كماً أكبر من المعرفة يكون أقوى إجتماعياً وإقتصادياً وثقافياً, وهذا المعيار ينطبق على المؤسسات التجارية والدول أيضاً, فالدولة التي تمتلك المعرفة هي أقوى من الدولة التي لا تمتلكها, وإن معيار البحث العلمي هو أهم المعايير التي تميز المجتمعات المتقدمة عن غيرها المتأخرة, فالدولة التي تنفق بشكل أكبر على البحث العلمي هي الدولة الأكثر تطوراً من مثيلاتها أصحاب الإنفاق الأقل, فليس المعيار الخاص بقوة الدول هو عدد السكان وليس المساحة وليس الموارد, إنما هو المعرفة, فكثير من

---

[7] أسرار الإعجاز العلمي – عبد الدائم الكحيل

المجتمعات والدول لا تمتلك موارد طبيعية وعدد سكانها ليس بالعدد الكبير, ومساحتها صغيرة جغرافياً, تجدها حققت معدلات مرتفعة من النمو الاقتصادي وأمنت حياة كريمة لمواطنيها بسبب امتلاكها للمعرفة.

إننا اليوم نعيش في عصر المعلومات, والمعلومات هي مصدر القوة للأشخاص والمؤسسات والدول, والمعلومات هي المصدر الأهم للثقة بالنفس, فامتلاك المعلومات يرفع الثقة بالنفس التي هي ضرورية جداً لتحقيق الأهداف الشخصية, ولقد بدأت ملامح عصر جديد بالظهور وهو عصر الإبداع, أي أن امتلاكك للمعلومات بعد سنوات قليلة سيصبح شيئاً بديهياً من الماضي, لأن ميزة الإبداع والقدرة على التفكير السامي والربط بين الأشياء هي التي بدأت بالظهور وسيزداد الطلب على الأشخاص المبدعين في السنوات القليلة القادمة.

التعليم هو أحد أهم المؤشرات التنموية, فإذا أردنا الحديث عن مستوى التنمية في بلدٍ ما, فسوف يتم النظر إلى مؤشراتها الاجتماعية والاقتصادية, ومؤشرات التعليم هي الأهم التي تدخل في تشكيل مؤشر التنمية, ولا يمكن الحديث عن مؤشر التنمية بدون تحقيق معدلات عالية على مستوى قطاع التعليم, ولا يمكن الحديث عن دولة متطورة وقطاعها التعليمي متأخر, فالمورد البشري هو أهم مورد تمتلكه المجتمعات, لأن المورد البشري هو الذي يضع الإجراءات والقوانين وهو الذي يقرر كيفية استغلال الموارد المتاحة, والاستثمار في المورد البشري هو الاستثمار الأهم الذي يجب أن تقوم به الدولة, فالعائد على هذا الاستثمار يكون على شكل تنمية بكافة أبعادها الاجتماعية والاقتصادية والثقافية, والتعليم هو أداة للاستثمار في الموارد البشرية.

أهمية التعليم بالنسبة للأشخاص هي نفس الأهمية بالنسبة للدول, وكما أن الدولة لا تحقق التنمية بدون العلم والمعرفة, وكذلك الأشخاص لا يحققون النجاح على الصعيد الشخصي بدون امتلاك العلم والمعرفة, وأهم ما في الموضوع أن يتم النظر إلى التعلم على أنه عملية مستمرة مدى الحياة, وليست عملية مؤقتة خلال مرحلة عمرية, للأسف هناك الكثير من الأشخاص لا يطبقون مبدأ التعلم المستمر رغم حصولهم على أعلى الشهادات الجامعية, فتجد أن رحلة التعلم لديهم توقفت عند الحصول على الشهادة الجامعية, وهذا أكبر خطر يهدد تطبيق مبدأ إدارة الذات (التعلم المستمر)

المعرفة التي نحصل عليها من خلال التعليم هي محدودة جداً وتشكل جزءاً صغيراً من المعرفة التي يحتاجها الفرد, بينما الجزء الأكبر من المعرفة يتم الحصول عليه من خلال التجربة ونشاطات

التعلم الذاتي المستمر, والمعرفة لا يمكن ان تنحصر في مرحلة واحدة من حياة الأفراد, إنما هي رحلة مستمرة لا تتوقف أبداً حتى آخر العمر.

ينبغي الحرص على تغيير البرامج العقلية الغير صحيحة, والعمل الدائم على تحسين برامجنا العقلية, وأهم برنامج عقلي ينبغي التأكد منه هو البرنامج الخاص بالتعلم المستمر.

وقتك الثمين يجب استغلاله بحكمة, وأفضل طريقة لاستغلال الوقت هي التعليم, فالعائد على التعليم هو أعلى من أي عائد آخر, والوقت سيكون أكثر إنتاجية ومنفعة لو تم استغلاله في التعليم المستمر يومياً, وأن يكون التعلم جزءاً من برنامجك اليومي, وأهميته لا تقل أبداً عن تناولك لوجبة الإفطار, فالإفطار هو غذاء للجسد, والمعلومات هي غذاء للعقل, الجسد والعقل هما من ركنان من أركان نفسك البشرية, لكن العقل هو الأهم من جميع أركان النفس البشرية (عقل – جسد – روح) لأن العقل هو الذي يتحكم بكامل المنظومة.

إذا كنت مهتماً بتحسين وضعك الاجتماعي بين الناس, فأفضل طريقة لتحسين صورتك ومركزك الاجتماعي هي اهتمامك بالتعليم وتطبيقك لمبدأ التعلم المستمر, ولا يخفى على أحد النظرة الاجتماعية المتميزة لأصحاب الشهادات العلمية, وينبغي زرع هذه القيمة لدى أبنائنا وتنشئتهم على تطبيق هذا المبدأ, لأن العلم في الصغر كالنقش على الحجر, ومن شب على شيء شاب عليه, وأفضل استثمار نستثمره في أبنائنا هو الاهتمام بتعليمهم, لأن المال ربما لا يدوم لديهم, أما الذي يدوم معهم طول العمر هو المعلومات التي اكتسبوها ومستواهم التعليمي الذي سيكون درعاً لهم في المستقبل, فتعليم أبنائنا هو أهم من إعطائهم المال.

كل من يتوقف عن التعلم يكبر فجأة, ومن أقوال هنري فورد الشهيرة " كل من يتوقف عن التعلم يصبح كبيراً, سواءً كان في العشرين أو الثمانين من العمر, وأي شخص يستمر في التعلم يبقى شاباً ", فإذا أردت الحفاظ على صحتك النفسية والمحافظة على شبابك فعليك بتطبيق مبدأ التعلم **المستمر**, فالتعلم المستمر هو مصدر غذاء العقل, ومجرد ما توقفت عن تغذية العقل فإن مصدر القيادة لديك يصبح عاجزاً عن أداء مهامه, وسيؤثر سلباً على بقية الأركان من جسد وروح, وبالتالي كل منظومة الذات سوف تعاني نتيجة نقص غذاء العقل, أما من يطبق مبدأ التعلم المستمر تجده يحقق التوازن بين أركان النفس البشرية.

وإذا كنت مهتماً بتطوير وضعك الاقتصادي وتحسين مركزك المالي, فأفضل ما تقوم به لتحقيق ذلك هو التعليم, لان التعليم يعطيك مهارات ترفع من قيمتك في سوق العمل وتجعلك مؤهلاً للفوز بفرص وظيفية متميزة, ومعظم المهارات المطلوبة اليوم في سوق العمل يمكن الحصول

عليها من خلال التعليم, فتطبيق مبدأ التعلم المستمر يضمن لك الوضع الاجتماعي المتميز والوضع المالي الذي تطمح إليه, وكل ما رفعت من درجة اهتمامك بتطبيق هذا المبدأ كل ما تحسنت النتائج التي تحصل عليها على الصعيد الاجتماعي والمالي والنفسي.

البطالة والطلاق والفقر والجهل والعزلة الاجتماعية والفشل, كل هذه الصفات هي نتيجة لغياب تطبيق مبدأ التعلم المستمر بالدرجة الأولى, أما من يطبق مبدأ التعلم المستمر فقدرته على حل المشاكل ستصبح أفضل وبالتالي سيستطيع معالجة المشاكل السابقة وتجنب الوقوع فيها.

ولا ننسى أن أول آية نزلت من القرآن ﴿ ٱقۡرَأۡ بِٱسۡمِ رَبِّكَ ٱلَّذِي خَلَقَ ۝١ ﴾ العلق 1 , وأول كلمة نزلت من

القرآن هي كلمة " اقرأ " وهذا يدل على أهمية القراءة كمصدر من مصادر المعرفة, وأن القراءة هي أفضل طريقة للحصول على المعلومات, فيوجد اليوم مصادر كثيرة للمعلومات وطرق عديدة للحصول عليها (الاستماع إلى أشرطة تعليمية – المناقشة مع الآخرين – مشاهدة أفلام تعليمية- حضور دورات تدريبية) جميعها طرق جيدة للتعلم, لكن القراءة هي الطريقة الأفضل للتعلم واكتساب المعرفة, لأن المعلومة ترسخ في الذهن من خلال القراءة أكثر من أي وسيلة أخرى.

ولتطبيق مبدأ التعلم المستمر يمكن تفعيل مبدأ التعلم الذاتي Self Learning الذي أصبح شائعاً في هذه الايام, (وهو الطريقة التي يعلم فيها المرء نفسه بنفسه بدون معلم, حيث إن العالم اليوم يشهد ثورة معرفية تتطور باستمرار الأمر الذي يتطلب من الأفراد مواكبة هذه التطورات دون الاعتماد على جهة معينة لمساعدتهم وإنما يواكبون التطورات بأنفسهم, وإن التعلم الذاتي يعد طريقة مثلى يتعلم فيها كل مرء ما يناسبه ويناسب ميوله ورغباته وبالتالي تحقيق فائدة أكبر)[8]

هناك بعض الاعتقادات القديمة حول كيفية التعلم التي تعتبر عائقاً أمام تطبيق مبدأ التعلم المستمر:

- يسود الاعتقاد بأن المعرفة هي شيء يتم انتقاله من شخص إلى شخص آخر, بينما الحقيقة أن المعرفة هي علاقة بين من يمتلك المعرفة (كتاب – موقع إنترنت

[8] موضوع – أكبر موقع عربي بالعالم

– مقالة) ومن يطلبها, فليس من الضروري أن نحصل على المعرفة من خلال الأشخاص.

- أن المعرفة هي موضوعية ومحددة, لكن في الحقيقة المعرفة ذاتية تتأثر بميول الشخص وتوجهاته وهي ليست محددة إطلاقاً وحدودها مفتوحة يمكن التوسع بها إلى ما لا نهاية.
- أن جميع الناس تتعلم بنفس الطريقة من خلال المدارس والجامعات, إنما في الحقيقة يوجد مصادر متعددة للتعليم, وأن الأفراد قادرين أيضاً على خلق المعرفة وليس فقط تلقيها.
- أن المال والعلاقات الاجتماعية الجيدة والصحة الجيدة تغني عن تطبيق مبدأ التعلم المستمر, فبعض الأشخاص الذين يمتلكون المال والسلطة يعتقدون أنهم ليسوا بحاجة إلى تطبيق مبدأ التعلم المستمر, وهذا اعتقاد خاطئ لأن المال والسلطة ربما لا تبقى متوفرة دائماً, وإن التعلم المستمر هو الذي يمكننا من الحصول على المال واستخدام السلطة بطريقة صحيحة.
- الاعتقاد الخاطئ الأهم هو أن التعلم ينحصر في مرحلة عمرية معينة من حياة الإنسان ويحصل عليه من خلال المدرسة والجامعة, إنما الحقيقة أن التعلم يجب أن يستمر مدى الحياة في كل المراحل العمرية للإنسان, ويمكن الحصول عليه من مصادر متنوعة غير الجامعة والمدرسة.

التعلم المستمر هو ضرورة قصوى لكل الأفراد وليس رفاه كما يعتقد البعض, ومن يتعمق في العلم والمعرفة فهو يؤدي عبادة ويتقرب من الله ويزيد من خشيته لرب العالمين الذي يقول ﴿ وَمِنَ ٱلنَّاسِ وَٱلدَّوَآبِّ وَٱلۡأَنۡعَٰمِ مُخۡتَلِفٌ أَلۡوَٰنُهُۥ كَذَٰلِكَۗ إِنَّمَا يَخۡشَى ٱللَّهَ مِنۡ عِبَادِهِ ٱلۡعُلَمَٰٓؤُاْۗ إِنَّ ٱللَّهَ عَزِيزٌ غَفُورٌ ٢٨ ﴾ فاطر 28,

فكل معلومة جديدة عن هذا الكون تقربك من الله تعالى وتزيد من معرفتك بعظمته وقدرته, فإذا أردت التقرب إلى الله تعالى فعليك بالعلم والاهتمام به, ومن يطبق مبدأ التعلم المستمر منذ الصغر فهو مرشح لأن يكون عالماً ومنتجاً للمعرفة, والتعلم المستمر هو أفضل طريقة لمواجهة الفراغ الذي يعاني منه فئة واسعة من الشباب, فعندما يتبنى الشاب مبدأ التعلم المستمر فإنه سيواجه مشكلة الفراغ القاتلة ويتغلب عليها, ومن يتعود على تطبيق مبدأ التعلم المستمر فمن الأرجح أنه سيستمر عليه, لأنه إعتاد على التغذية المستمرة للعقل, وعندما يتوقف سيشعر بتغيير سلبي في حياته واختلال لمنظومة النفس البشرية مما سيجعله يعرف أهمية المبدأ ويعيد الالتزام به من جديد, والتعليم الذاتي يكون وفق مبدأ " اعرف كل شيء عن شيء

وشيئاً عن كل شيء " فأول ما تبدأ به في رحلة التعليم الذاتي هو تخصصك في الحياة, فإن كنت مهندساً فإبدأ بالحصول على معلومات هندسية وإن كنت طبيباً ابدأ بالحصول على معلومات طبية وإن كنت مزارعاً ابدأ بالحصول على معلومات زراعية, وبعد أن تصل إلى درجة جيدة ترضى فيها عن نفسك في تخصصك, يمكنك الانتقال بعدها إلى المعلومات والثقافة العامة, واحذر أن تبدأ باكتساب معلومات عامة وأنت تعاني من قصور في تخصصك, فهذا خلط للأولويات يؤدي إلى اضطراب في المشهد العام للشخصية, أما الذي يغفل عن تطبيق مبدأ التعلم المستمر فسوف يعاني من نتائج النقص في تغذية العقل, وهذا بدوره سينعكس سلباً على الجسد والروح وتحقيق الأهداف وكافي نواحي الحياة الأخرى.

التعليم يساعدك على التخلص من جميع الصفات السلبية التي ترغب بالتخلص منها, فالعادة السيئة ليس من السهل التخلص منها, إلا من خلال المعرفة بكفية تشكلها وضرورة وجود بديل ليحل مكانها, فأي صفة أو عادة سيئة تريد التخلص منها, فالمعرفة والتعليم هما أداتك نحو التخلص من العادات والصفات السيئة.

(وتجدر الإشارة إلى أن المقصود بالتعليم ليس التعليم الذي يعتمد على نقل المعلومات فحسب, وإنما يتعداها إلى تعليم الصنعات والمهن المختلفة, وهو يطلق على أي عملية حدث فيها التعلم سواءً مقصودة أو غير مقصودة)[9]

الواقع الصعب الذي تعيشه المنطقة العربية اليوم, وتراجع المؤشرات التنموية بكل أبعادها التعليمية والصحية والاقتصادية والثقافية والاجتماعية والعسكرية يعود بشكل رئيسي إلى غياب تطبيق مبدأ التعلم المستمر, فمعدل قراءة الفرد العربي سنوياً لا تتعدى الـ 6 دقائق, أما الفرد الأوروبي فمعدل قراءته للكتب سنوياً 200 ساعة, الفرق بين النهضة الأوربية والنهضة العربية هو نفس الفرق بين معدل قراءة الكتب بين المواطن العربي والمواطن الأوروبي, فمفتاح النهضة والتنمية هو العلم, وعندما تشيع ثقافة تطبيق مبدأ التعلم المستمر عندها سنجد تقلص للفجوة التنموية بين العرب وغيرهم من الأمم المتقدمة, ومن يبني الأمة ويخلق التنمية هم العلماء والمفكرين, وهم الذين يخلد ذكراهم في ذاكرة الشعوب وتاريخ الأمم.

كل ما سبق ذكره عن أهمية مبدأ التعلم المستمر يبطل حجة البعض بأن تطبيق مبدأ التعلم المستمر يحتاج إلى تحفيز, فالتحفيز يجب أن يكون ذاتي, لأن المنفعة الكبيرة من تطبيق المبدأ تعود على صاحبها بالأصل, وغياب تطبيق المبدأ يؤدي إلى اضطراب ومشاكل واختلال بتوازن

---

[9] موضوع – أكبر موقع عربي بالعالم

النفس البشرية, فأنت لا تحتاج إلى تحفيز لتقرأ كل يوم وتدأب على اكتساب المعلومات بكل الطرق الممكنة والمتاحة, ابدأ من اليوم بتطبيق مبدأ التعلم المستمر, وحافظ عليه كما تحافظ على تناول الطعام كل يوم, فغذاء العقل لا يقل أهمية عن غذاء الجسد.

وإن أخطر مشكلة يعاني منها الأفراد هي غياب تطبيق مبدأ التعلم المستمر, فكل المشاكل تتقزم أمام الجهل, لأن المعرفة والمعلومات سوف تساعد في حل جميع المشاكل الأخرى كالمشاكل الزوجية والمالية والاجتماعية وغيرها, فتطبيق مبدأ التعلم المستمر كمبدأ من مبادئ إدارة الذات سوف يساعد في تطبيق مبادئ إدارة الذات الأخرى, فهو يساعد على تعلم مهارات التواصل وتعلم إدارة الوقت وتعلم مهارة التخطيط, وسوف يسهم في رفع الثقة بالنفس, ويساعد على تعلم التفكير الإبداعي, وتحقيق التوازن بين الجانب الشخصي والجانب العملي من حياتك, مما يعني أن تطبيق مبدأ التعلم المستمر يعتبر أساسي وجوهري لإدارة النفس البشرية ولا يمكن الحديث عن إدارة عقلانية رشيدة للذات في حال غياب مبدأ التعلم المستمر.

تطبيق مبدأ التعلم المستمر

بعد التعرف على أهمية وضرورة التعلم المستمر, ينبغي معرفة الأدوات والكيفية التي يتم بها التعلم, بالنسبة لأدوات التعلم, أهم أداة هي التعلم الذاتي, تفعيل التعلم الذاتي يؤدي إلى تطبيق مبدأ التعلم المستمر, فالتعلم الذاتي هو أفضل طرق التعليم وأيسرها, وهو يتميز عن التعلم التقليدي بالكثير من المزايا, أهمها أنه متاح في كل زمان ومكان, وأن نتيجة التعلم تثبت لدى المتعلم أكثر من أساليب التلقين الأخرى.

التعلم بشكل عام هو عملية تنمية معرفية شاملة للفرد, لا تحتاج إلى هدف وظيفي محدد ومن خلالها يتم تنمية القدرات الفكرية والتطبيقية بشكل عام, ويوجد عدة نظريات للتعلم نتعرف من خلالها على الطريقة والكيفية التي نتعلم من خلالها ونحقق أقصى استفادة ممكنة, وقبل التعرف على نظريات التعلم, ينبغي الإشارة إلى:

مخروط إدغار ديل للخبرات التعليمية

حاول المختصون على مدى فترات طويلة تصنيف الوسائل التعليمية ، وبالفعل نتج لنا في الميدان العديد من التصنيفات وكان من أهمها تصنيف (ادغار ديل) فهو من أكثر التصنيفات أهمية ومن أهمها انتشاراً وذلك لدقة الأساس التصنيفي الذي تم الاعتماد عليه في التصنيف

وهذا التصنيف يطلق عليه العديد من المسميات فأحياناً يسمى بـ (مخروط الخبرة) وأحياناً أخرى يسمى بـ (هرم الخبرة) ، وهناك من يطلق عليه تصنيف (ديل) للوسائل التعليمية ، ومنهم من يطلق عليه تصنيف (ادغار ديل) للوسائل التعليمية , أكد ديل بأن ما يتم تذكره بعد أسبوعين من عملية التعلم:

- 10% من ما نقرأ
- 20% من ما نسمع
- 30% من ما نرى
- 50% من ما نرى ونسمع
- 70% من ما نقول ونكتب
- 90% من ما نقول ونفعل

طبيعة التعامل		ما يتم تذكره بعد أسبوعين/ نتاج التعلم	
استقبال لفظي/شفهي	قراءة	10% من ما نقرأ	يحدد ... يصف
	سماع لكلمات	20% من ما نسمع	يعدد ... يوضح
استقبال بصري	ينظر إلى صور	30% من ما نرى	يعرض ... يطبق
	مشاهدة أفلام مشاهدة معارض مشاهد عروض مشاهدة عرض عملي في نفس المكان	50% من ما نسمع ولرى	
استقبال ومشاركة	المشاركة في مناقشة التحدث	70% من ما نقول ونكتب	يحلل ... يصمم يبتكر ... يقيم
فعل	عمل عروض درامية محاكاة الخبرات الحقيقية عمل أشياء حقيقية	90% من ما نقول ونفعل أو ما نقول أثناء العمل	

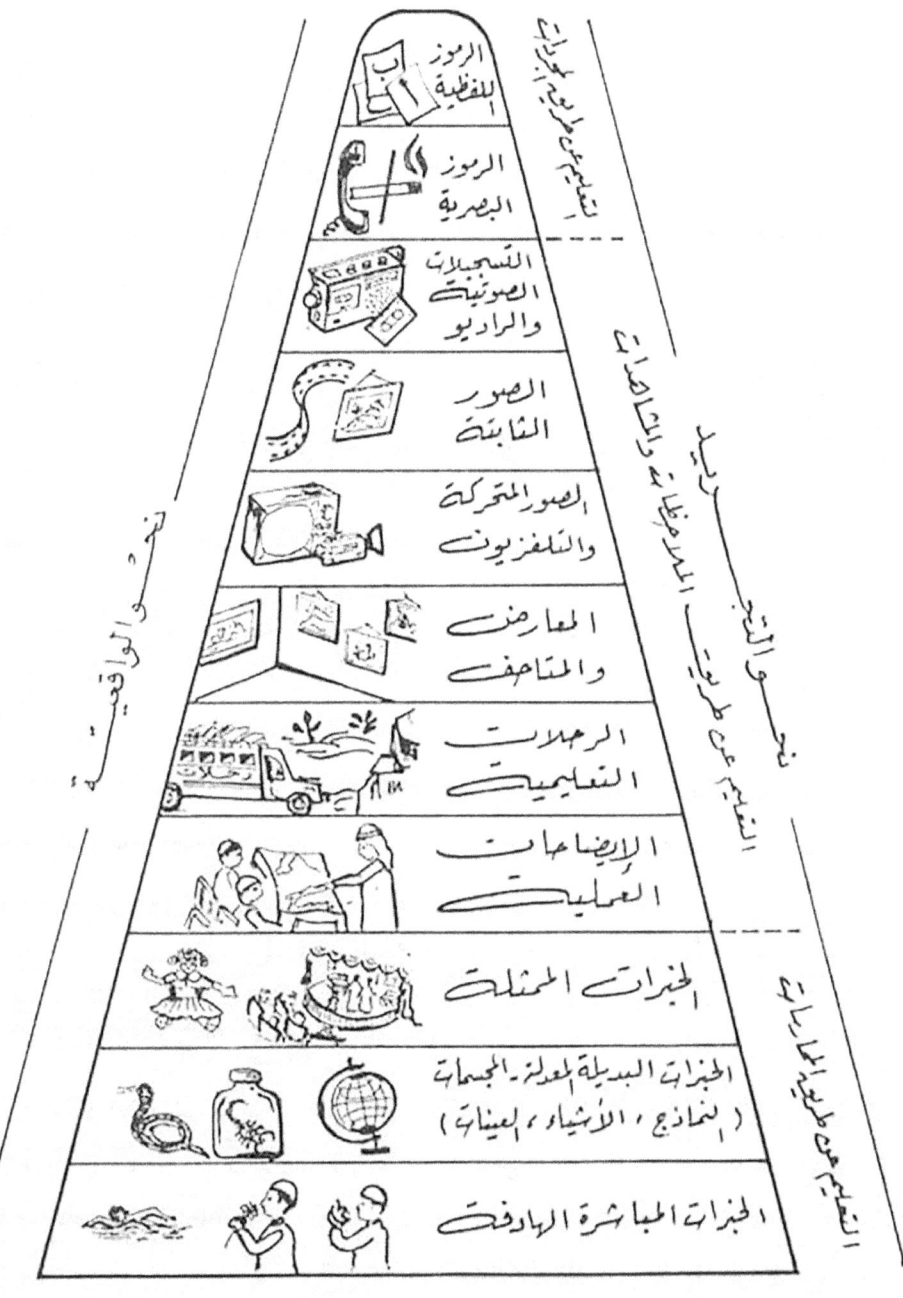

- خبرات مباشرة هادفة
- خبرات غير مباشرة بديلة

فالخبرات المباشرة هي الخبرات التي يتعلمها الفرد من المواقف الحقيقية، وهى أساس التعليم عن طريق العمل والإدراك الحسي المباشر للأشياء وذلك باستخدام الحواس الخمس مثل السمع والبصر والذوق واللمس والشم أو بعض هذه الحواس كالسمع والبصر، وهى لا تقتصر على ما يتعلمه الطالب في المدرسة فحسب، بل تتعدى ذلك لتشمل الحياة العامة خارج المدرسة كالبيت والشارع وغيرها من الأماكن العامة، مثل أن يتعلم التعامل مع التجار في الأسواق بشراء سلعة معينة مثلا ويدفع الثمن ويسترد باقي المبلغ ويمارس تجارب عملية أخرى. فتلك إذاً خبرة مباشرة يتحمل المتعلم نتائجها سواء كانت إيجابية مرغوب فيها أم سلبية غير مرغوب فيها، كما أن تعلم قيادة الدراجة في الشارع دون خبرة سابقة بها تعتبر خبرة مباشرة، والأمثلة على التعليم عن طريق الخبرة المباشرة كثيرة فهي الخبرة التي يمارسها المتعلم عملياً سواء كانت في المدرسة أو خارجها.

أما الخبرات غير المباشرة فهي الخبرات التي يتعلمها المتعلم بالممارسة الفعلية بالاستعانة بخبرات وإرشادات المعلم، ولذلك فتكون المسئولية مشتركة بين المعلم والمتعلم، إذاً فهي خبرة يكتسبها المتعلم من خلال خبرات المعلم ويمكنه الاستفادة منها في حل المشكلات التي تواجهه في مواقف مماثلة, ولا تقتصر الخبرات غير المباشرة على النواحي العملية فحسب، بل يمكن أن تكتسب عن طريق المعرفة الذهنية من خلال الاستعانة بأنواع الوسائل التعليمية البصرية أو السمعية أو السمعية البصرية، فمشاهدة فيلم عن الجهاز الهضمي للإنسان في التليفزيون، أو في غرفة العرض السينمائي كفيل بأن يزود المتعلم بمعلومات كان يجهلها من قبل، وبذلك لا يتطلب اكتساب الخبرات غير المباشرة الممارسة الفعلية لها دائماً بل يمكن الاكتفاء بمشاهدة صورة أو فيلما أو رسماً توضيحياً عنها أحياناً.

والخبرات غير المباشرة كما صنفها إدغار ديل كما يلي:

- الخبرات المعدلة: وهى تقليد للواقع، فإذا اعتبرنا أن قيادة الدراجة في الشارع العام خبرة فعلية مباشرة، فإن ركوب نموذج غير متحرك لدراجة من نفس الحجم في غرفة التربية الرياضية في المدرسة أو في إحدى صالات الأندية الرياضية للتدريب على مهارات القيادة الأساسية تعتبر خبرة معدلة وذلك لأننا قلدنا الواقع باستبدال الدراجة الحقيقية بنموذج لها في نفس حجمها، والأمثلة كثيرة فالخبرة المعدلة ليست واقعا حقيقياً إنما هي تقليد للواقع.

- **الخبرات الممسرحة:** هي الخبرات التي تمثل أمام المتعلمين، وذلك لعدم القدرة على تعلمها عن طريق الخبرة المباشرة, لأن أحداثها قد مرت وانقضت وطواها الزمن، والتمثيلية كالخبرات المعدلة ليست هي الشيء الحقيقي، وإنما هي مجرد تمثيل لهذا الشيء, ولكن لها مكانتها في التعليم كوسيلة اتصال ولا تقتصر على مرحلة تعليمية واحدة بل تصلح لجميع مراحل التعليم. ودور المعلم هو إشراك المتعلم في التمثيلية حتى لا يقتصر دوره على المشاهدة فقط وعدم التفاعل مع المواقف التمثيلية التعليمية.

- **البيان العملي:** يتمثل البيان العملي في قيام المعلم بأداء عمل أو تجربة أمام المتعلمين ليبين لهم طبيعة هذا العمل أو التجربة وتفاصيله ليصل معهم إلى النتائج المرجوة بمشاركة المتعلم في أداء العمل أو التجربة بدلاً من الاقتصار على المشاهدة, وإن مشاركة المتعلم للمعلم في أداء العمل يكسبه الخبرة في تعلم الحقائق والمفاهيم العلمية, ويقربه من المادة العلمية وذلك يساعد على بقاء أثر التعلم على الفرد، مما يدفعه ويدفع زملائه الراغبين في التعلم بالمشاركة في الأنشطة والعروض التوضيحية.

- **الرحلات الميدانية:** وهى عبارة عن تخطيط منظم لزيارة هادفة كزيارة مصنع الأسمدة الكيماوية, أو زيارة حديقة الحيوان, أو رحلة إلى منطقة الكثبان الرملية وغيرها, في الرحلات التعليمية يقوم المتعلمين بأنشطة مختلفة لجمع المعلومات وحقائق عن موضوع معين من مصادرها الأصلية، كما يقوموا بجمع عينات وأشياء من أماكن الزيارة, والزيارات الميدانية تتيح للمتعلم إدراك الصلة بين المعلومات النظرية والواقع العملي, وتعود الرحلات الميدانية المتعلمين الاعتماد على النفس بجمع المعلومات وتحمل المسؤولية.

- **المعارض والمتاحف:** فالمعارض والمتاحف العامة من أهم مصادر المعلومات في المجتمع حيث تضم الكثير من الوسائل التعليمية مثل: العينات بأنواعها الطبيعية والصناعية والنماذج بأنواعها المكبرة والمصغرة والخرائط والصور والرسوم التوضيحية.

- **التلفزيون:** وهو من أهم وسائل الاتصال الجماهيري تأثيرا على الثقافة، وبوجه عام يتميز التلفزيون بأنه يجمع بين الصوت والصورة والحركة مما يقرب الفرد من الواقع الذى يعيش فيه, وذلك من خلال: عرض القصص والتمثيليات التاريخية وعرض الأحداث المعاصرة مثل مشاهدة رجال الفضاء وهم ينزلون بمركبتهم على سطح القمر, زلزال في اليابان ..إلخ, ولذلك فإن التلفزيون وسيلة لتوصيل المعلومات بطريقة فعالة تجذب اهتمام المتعلمين لما يقوم به من عرض حي وقريب من الواقع.

- **الصور المتحركة:** استخدمت أفلام الصور المتحركة للأغراض التعليمية منذ أكثر من خمسين عاماً حيث كانت صوراً صامتة ينقصها عنصر الصوت, وهذا يقلل من فاعليتها

لأنها اعتمدت على حاسة واحدة وهي حاسة الإبصار، ولذلك فهي في الحقيقة أبعد قليلاً من التليفزيون عن الواقعية ولأنها تقتصر على تقديم صورة متحركة صامتة بمعنى أنها تعتمد في الفهم على حاسة واحدة وهي حاسة الإبصار، فيتطلب من المتعلم في هذه الحالة أن يفهم الحركات ويترجمها في ذهنه ليفهم الرسالة التي تتضمنها هذه الأفلام، فهي إذاً أقل واقعية من التليفزيون وذلك لفقدها عنصر الصوت.

- **تسجيلات الراديو والصور الثابتة**: ويقصد بالصور الثابتة هي تلك الصور والشرائح الفوتوغرافية والأفلام الثابتة وتعتبر هذه الخبرة أقل من سابقتها في الواقعية وذلك لخلوها من عنصر الحركة بما يصفها من الجمود كما أنها غير مباشرة العرض حيث إنها تحتاج إلى أجهزة عرض خاصة مثل أجهزة عرض الشرائح الفوتوغرافية Slides Projector

- **الرموز البصرية**: وهى مواد تعليمية مرئية مثل الرسوم البيانية، والرسوم التوضيحية والرسوم الكاريكاتورية، والخرائط، والجداول وغيرها، وهى سهلة الفهم عند البعض وصعبة جداً لدى البعض الآخر وتتفاوت هذه الرموز في درجة صعوبتها وسهولتها، ولذلك ينبغي إدراك معاني العلاقات المجردة التي تمثلها ليتمكن المتعلمون من فهمها.

- **الرموز اللفظية**: وهى أكثر الرموز والخبرات تجريداً حيث تشمل الكلمات المنطوقة والمطبوعة والمكتوبة، وقد تكون أفكاراً، أو قوانين، أو تعميمات، أو أرقام حسابية أو رموز جبرية علمية, وعلى الرغم من أن هذه الرموز عبارة عن مجردات إلا إنها تستخدم في جميع مكونات مخروط الخبرة

ولكي يكون التعلم فعالاً فلا بد من أن يكون لهذه الرموز معنى واحد عند المرسل والمستقبل حتى يتم التفاهم والتفاعل بينهما على الوجه الصحيح.

نظرية بلوم للتعليم

تمر عملية التعلم وفق هذه النظرية بعدة مراحل، تعتمد كل واحدة على الأخرى وبطريقة تصاعدية بحيث لا يمكن الوصول إلى مرحلة دون إتمام المرحلة التي تسبقها وهذه المراحل تشمل:

- **المعرفة**: المعلومة يتم تعلمها بتذكر المحتوى العام لها إما عن طريق التذكر أو الإدراك.

- الاستيعاب (الفهم) : المعلومة يتم تعلمها عبر التفسير أو الترجمة إذا احتاج الأمر.

- التطبيق : المعلومة يتم تعلمها من خلال تطبيقها في سياق جديد مختلف عن السياق الذي تعلموها فيه

- التحليل : المعلومة يتم تعلمها من خلال تجزئة وتحليل المعلومات الجديدة.

- التركيب (الجمع) : المعلومة يتم تعلمها بربط المعلومات الجديدة بمعلومات قديمة ويركبوها ويدمجوها بطرق جديدة ومختلفة حتى يستطيعوا أن يخرجوا بمفاهيم جديدة.

- التقييم والابتكار: المعلومة يتم تعلمها بربطها بخلفياتهم السابقة عن نفس المعلومة والتقييم النهائي للمعلومة الجديدة تعود لما يراه الشخص مناسباً.

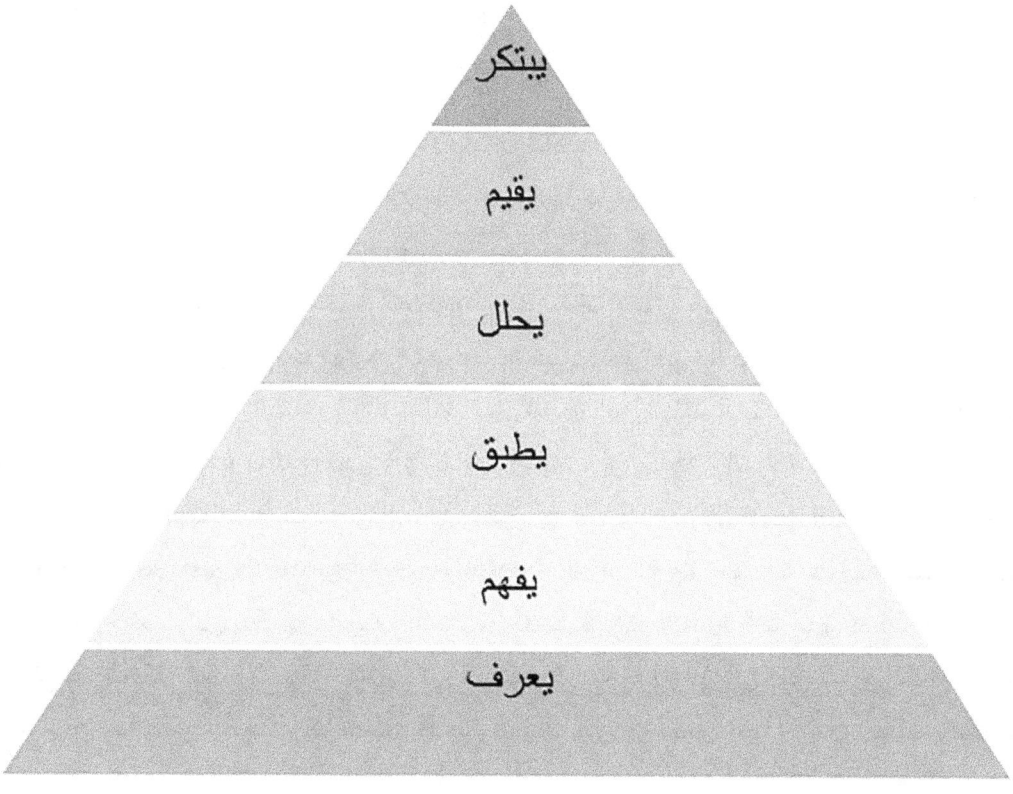

هذه النظرية تعبر عن المعنى الحقيقي للتعليم, وعند فهم هذه النظرية سنستطيع تطبيق مبدأ التعلم المستمر بفعالية أكبر, ربما يظن البعض أن الحصول على المعرفة هو الهدف الأسمى للتعليم, لكن الحقيقة هي أن المعرفة تقع في أسفل الهرم التعليمي, لأن الحصول على المعرفة لا يعني أبداً تحقيق المنفعة من التعليم, فالمعرفة اليوم متاحة للجميع في عصر المعلومات, فأنت عندما تتعلم وتحصل على المعرفة فتكون قد بدأت بالدرجة الأولى في سلم التعليم, ينبغي أن يكون تعلمك الذاتي وفق هرم بلوم, فالخطوة الأولى هي الحصول على المعلومة, فمثلاً البعض يعرف أن المكيف يوزع الهواء البارد في المكان, لكن لا يفهم كيف يقوم المكيف بتوزيع الهواء البارد, فالخطوة الثانية بعد المعرفة هي الفهم, وهذا أيضاً لا يكفي, فإذا عرفت معلومة ما وفهمتها ولكنك لا تطبق هذه المعلومة في حياتك الشخصية, فإن الفائدة تكون محدودة, فأهم ما في الأمر هو التطبيق, وهذه هي المشكلة الحقيقية الشائعة لدى الكثير من الأشخاص فيما يتعلق بالتعليم, تجد أنهم يعرفون ويفهمون ولكنهم لا يطبقون, فإذا سألتهم عن علاقة الرياضة بالصحة الجسدية والنفسية تجدهم يعرفون أن هناك علاقة وثيقة بين الرياضة وتحسين الصحة النفسية والجسدية, وإذا سألتهم عن مضمون هذه العلاقة, تجد أنهم يفهمون ماهية العلاقة, وإذا سألتهم عن التطبيق تجد أن التطبيق غير موجود, فالفائدة التي نحققها من المعرفة والفهم هي محدودة إذا لم تقترن بالتطبيق, وعلينا أن نراجع أنفسنا للتأكد من أننا نطبق المعرفة الموجودة لدينا ولا نتركها جامدة من غير تطبيق.

الدرجات الثلاث الأولى إبتداءً من القاعدة هي الأهم في هرم بلوم التعليمي, والدرجات التي بعدها هي درجات لتحقيق الفائدة القصوى من التعليم, بعد التأكد من المعرفة والفهم والتطبيق يأتي دور التحليل, فمن يستقبل معلومة ما ويفهمها ثم يطبقها ينبغي عليه أن يتأكد من صحتها من خلال الممارسة ويحلل هذه المعلومة, وعلينا أن نحلل هذه المعلومة للتأكد من صحتها وقابليتها للتطبيق, ولا نأخذ قوالب جاهزة ونطبقها, إنما يجب القيام بتحليل المعلومة تجهيزاً للمرحلة التالية وهي التقييم, فيعد التحليل ينبغي أن يمتلك المتعلم ملكة تقييم المعلومة لتحديد فيما إذا كانت تحتاج تعديل أو إضافة أو حذف أو تجاهل, الدرجة الأخيرة في هرم بلوم التعليمي هي الإبداع, حيث يمثل الإبداع أقصى درجات الفائدة والمنفعة التي يمكن أن يحققها التعليم, وينبغي على المجتمع أن يصمم مناهجه الدراسية وأساليبه التعليمية ليس لاكتساب المعرفة وحسب, بل لتحقيق الهدف الأسمى للتعليم وهو الإبداع, أي خلق معلومة جديدة من خلال طرح أفكار غير مسبوقة ,ولا يمكن الوصول إلى مرحلة الإبداع قبل المرور بكافة المراحل السابقة, أما على الصعيد الشخصي فليس من الضروري تحقيق الإبداع في التعليم, إنما يجب

أن يسعى المتعلم إلى تحقيق أعلى درجات المنفعة من التعليم على حسب الظروف والإمكانيات المتاحة.

نظرية غاردنر للتعليم

تطرح هذه النظرية بأن الناس يتعلمون بعدة طرق ويحدد هذه الطرق نوع الشخصية التي تحدد تفضيلات التعلم للشخص، وإن فهم آلية التعلم المفضلة للشخص المتعلم هو المفتاح لتحديد طريقة التعلم ، فلكل متعلم نمط تعلم مفضل، فبعض الأشخاص يتعلمون بالصورة وأشخاص آخرين يتعلمون بالصوت وبعض الأشخاص يتعلمون بالإيقاع واللمس, وهذا موضوع هام جداً في التعليم, أن نعرف هويتنا التعليمية ونعرف ما هي أفضل أساليب التعليم التي تتناسب مع شخصياتنا وإمكانياتنا, وتبرز أهمية هذه النظرية بأنه يجب تفعيلها عند اختيار التخصص الجامعي, لأن بعض التخصصات الجامعية تناسب أفراداً لديهم صفات معينة ولا تناسب أفراداً آخرين لديهم صفات مختلفة, ويوجد بعض الأشخاص أهملوا هويتهم التعليمية عند اختيارهم لتخصصهم الجامعي فكانت النتيجة أنهم لم يستطيعوا الانسجام مع تخصصهم ولم ينجحوا فيه.

الأنماط التعليمية وفق جاردنر هي:

- لفظي/لغوي (فكرة عقلية لفظية)
- منطقي/رياضي
- مرئي/مكاني
- موسيقي/إيقاعي
- جسدي/حركي
- شخصي/ذاتي (من خلال أفكار ذاتية)
- بين الأشخاص (من خلال تبادل الأفكار مع أشخاص آخرين)
- الطبيعي (البيئية)

فإذا كان أحد الأشخاص يمتلك نمطاً تعليمياً (منطقي/رياضي) واختار الدراسة الجامعية في كلية الآداب, فهذا التخصص لا يتناسب مع نمطه التعليمي وربما يعاني صعوبات ومشاكل في التعليم, وشخص آخر نمطه التعليمي (لفظي/لغوي) واختار الدراسة الجامعية في كلية العلوم قسم الرياضيات, فهذا التخصص لا يتناسب أيضاً مع نمطه التعليمي, ولن يستطيع تحقيق المنفعة القصوى من إمكانياته العقلية في كلية العلوم قسم الرياضيات.

معرفتنا لنمطنا التعليمي ضروري جداً عند تطبيق مبدأ التعلم المستمر, فذلك يساعد في تحقيق الاستغلال الأمثل لإمكانياتنا المتاحة, ويساعد في تحقيق التحفيز الذاتي للتعلم.

أنماط التعلم الأكثر شيوعاً هي ثلاث: المتعلمون المرئيون – السمعيون – باللمس

المتعلمون المرئيون يتصفون بما يلي:

- يتعلمون من خلال المشاهد ويحفظون من خلال مشاهدة الصورة.
- يحبون مشاهدة الصور والمخططات.
- يستطيعون تركيب صور حية عند التخيل.
- يمتلكون قوة ملاحظة ومراقبة.
- يفضلون القراءة بدلاً من أن يُقرأ لهم.
- يفضلون وصف ما يروه (التخيل).
- يتذكرون معظم المعلومات لكن لفترة قصيرة.
- ينجزون المهام المكتوبة أو المقروءة أسرع من غيرها من المهام.
- يستصعبون تذكر التعليمات الشفهية.
- ينسون الأسماء ويتذكرون الوجوه.
- لا يحبون الإهمال (قلة الترتيب) ولا يحبون الحركة.
- يفضلون السكوت عند الغضب.
- يرغبون في الحديث مع الناس وجهاً لوجه.

المتعلمون السمعيون يتصفون بما يلي:

- يفكرون عن طريق الصوت.

- يفكرون بصوت عالي.
- يستمتعون بالاستماع / وعزف الموسيقى.
- يرغبون سماع الأحاديث خلال القراءة.
- يفضلون استخدام اللغة العامية أكثر من الفصحى.
- يحركون شفاههم ويصدرون أصواتاً أثناء القراءة الصامتة.
- يمتلكون القدرة على تقليد الأصوات.
- يحبون التعبير عن أنفسهم بالكلام.
- يتحدثون مع أنفسهم أثناء السكون.
- يحبون الاتصال بالناس عبر الهاتف.
- ينسون الوجوه ويتذكرون الأسماء.
- يثورون عند الغضب.
- يستصعبون الرياضيات والكتابة.

المتعلمون باللمس يتصفون بما يلي:

- دائموا الحركة.
- يفضلون التعلم من خلال الحركة.
- تجذبهم الحركة ويفضلون الألعاب والرياضة والرقص.
- يستطيعون التذكر بصورة واضحة لما يفعلونه هم فقط وليس ماٌيشرح لهم.
- لا يحبون القراءة ويفضلون قصص الإثارة.
- ذاكرتهم مربوطة بتذكر المكان.

- يمتلكون ذاكرة طويلة الأمد.
- لديهم القدرة على تذكر حتى المشاعر وأدق تفاصيل الأحداث.
- يتجاوبون أكثر مع المكافأة المادية.
- يستخدمون أسلوب الإشارة عند القراءة.
- الأحاديث لا تعني لهم الكثير.
- يفضلون عمل الأشياء بدل القراءة عنها.
- يستخدمون الحركات الإيمائية عند الحديث.

متطلبات عملية التعلم الناجحة

- **تحديد أهداف التعلم**: يجب تحديد الأهداف المتوقعة من عملية التعليم من أجل ضمان نجاح العملية التعليمية, وإن عدم تحديد الأهداف قبل البدء بعملية التعلم يتسبب في تشتت الجهود وإضاعة الوقت.

- **تنظيم المحتوى**: يجب تنظيم المحتوى بطريقة سلسة ومنظمة ومفصلة حتى يتم التعلم بطريقة أسهل, وغياب التنظيم في المحتوى التعليمي يتسبب في الارتباك وعدم القدرة على استخلاص المعلومات المطلوبة.

- **استخدام الحوافز**: يجب استخدام نظام الحوافز والتشجيع أثناء التعلم، بإقناع المشاركين بجدوى الخبرات والمعلومات التي سيتم اكتسابها من عملية التعلم ليؤثر إيجاباً على زيادة الجهود المبذولة وزيادة الرغبة في التعلم.

- **الأخذ بعين الاعتبار الفروقات الفردية**: يجب الأخذ بعين الاعتبار الفروقات الفردية بين المتعلمين وتعدد طرق التعلم واختلاف مستويات التعلم وفقاً لاختلاف الشخصيات والقدرات الفكرية والمستوى التعليمي, وأيضاً شمل العواطف في التعليم بحيث أن تكون عملية التعليم تحفز استخدام العواطف إضافةً إلى العقل لدى المتعلمين, فالعواطف الايجابية والسلبية تؤثر سلباً أو إيجاباً على درجة تحفيز المتعلمين لعملية التعلم. لكن يجب التحكم بمقدار درجة التشويق والتحديات لكافة النشاطات وعدم الإفراط بها وتقديمها بمقدار معتدل

وإدارتها بطريقة جيدة كي تعمل على التنشيط والتحفيز بشكل ايجابي يخدم عملية التعلم.

- **مبدأ المشاركة:** في حال كان التعلم يعتمد على معلم أو مدرب وليس ذاتياً, فعملية التعلم الناجحة يجب أن تستند إلى مبدأ الشراكة بالتعلم بين (المدرب والمشاركين/ المعلم والمتعلمين) فالمعلومة ليست حكراً فقط على المدرب وتحقيق أهداف عملية التعلم يتم الوصول إليها من خلال مبدأ المشاركة بين الطرفين في تطبيق أساليب التعلم لذلك يجب إشراك كافة المتعلمين بالنشاطات والنقاشات المختلفة من أجل تحقيق أهداف عملية التعلم.

- **الممارسة والتكرار والتطبيق:** من النادر أن نتمكن من تعلم شيء جديد والوصول إلى النتائج المطلوبة من المرة الأولى بدون استخدام التقنيات العملية والتطبيقية التي تدعم وتوضح المفاهيم والمعلومات والخبرات الجديدة, لذلك الصبر ضروري جداً للحصول على المخرجات المطلوبة, فالتعلم الناجح يحتاج إلى ممارسة وتطبيق وصبر على النتائج المرجوة.

- **التغذية الراجعة:** لا نكتفي بالحصول على المعلومة المطلوبة, إنما ينبغي التأكد من فهمنا الحقيقي لها وتطبيقها في المكان والزمان المناسبين.

التعلم المستمر أو التعلم مدى الحياة هو مبدأ من مبادئ إدارة الذات الستة, وهو عبارة عن تغذية للعقل بشكل مستمر, وإن عدم تطبيق المبدأ يعني نقص في تغذية العقل الذي هو القائد للجسد والروح, وبالتالي حصول اختلال على مستوى منظومة النفس البشرية ككل.

في عصر اليوم – عصر المعلومات- أصبح تطبيق مبدأ التعلم المستمر أكثر سهولة بسبب توفر المعلومات والقدرة على الوصول إليها وبسبب طرق وأساليب التعلم المتعددة التي يمكن إتباعها للتعلم, وأهمها طبعاً هو التعلم الذاتي, ويمكن ذكر أهم الأساليب المتاحة لتطبيق مبدأ التعلم المستمر:[10]

1- **التعلم بالاكتشاف:**

هو عملية تفكير تتطلب من الفرد إعادة تنظيم المعلومات المخزنة لديه وتكييفها بشكل يمكنه من رؤية علاقات جديدة لم تكن معروفة لديه من قبل, وهو يحدث كنتيجة لمعالجة

---

[10] موقع ويكي الكتب – كتب مفتوحة لعالم حر

المتعلم للمعلومات وتركيبها وتحويلها حتى يصل إلى معلومات جديدة باستخدام عمليات الاستقراء أو الاستنباط باستخدام المشاهدة أو الاستكمال أو أي طريقة أخرى. وتعتبر طريقة التعلم بالاكتشاف من أروع الطرق التي تساعد على اكتشاف الأفكار والحلول, وهذا يولد شعور بالرضى لدى المتعلم والرغبة في مواصلة العلم والتعلم ويفسح المجال للمتعلم لاكتشاف أفكار جديدة بنفسه, وتكمن أهمية التعلم بالاكتشاف بما يلي:

- يساعد الاكتشاف المتعلم في تعلم كيفية تتبع الدلائل وتسجيل النتائج وهذا يمكنه من التعامل مع المشكلات الجديدة
- يوفر للمتعلم فرصاً عديدة للتوصل إلى استدلالات باستخدام التفكير المنطقي سواءً الاستقرائي أو الاستنباطي
- يشجع الاكتشاف التفكير الناقد ويعمل على المستويات العقلية العليا كالتحليل والتركيب والتقويم.
- يعوّد المتعلم على التخلص من التسليم للغير والتبعية التقليدية.
- يحقق نشاط المتعلم وإيجابيته في اكتشاف المعلومات مما يساعده على الاحتفاظ بالتعلم.
- يساعد على تنمية الإبداع والابتكار.
- يزيد من دافعية المتعلم نحو التعلم بما يوفره من تشويق وإثارة يشعر بها المتعلم أثناء اكتشافه للمعلومات بنفسه.

2- التعلم التعاوني

- هو أسلوب تعلم يتم فيه تقسيم المتعلمين إلى مجموعات صغيرة غير متجانسة (تضم مستويات معرفية مختلفة) ، يتراوح عدد أفراد كل مجموعة ما بين 4 – 6 أفراد ، ويتعاون أفراد المجموعة الواحدة في تحقيق هدف أو أهداف مشتركة.
- ويتم العمل بأسلوب التعلم التعاوني من خلال المرور بأربع مراحل متتالية:
  - مرحلة التعرف
  - مرحلة بلورة معايير العمل الجماعي
  - مرحلة الإنتاجية
  - مرحلة الإنهاء

3- التعلم بالنمذجة

وهي عملية الاعتماد على النماذج في نقل فكرة أو خبرة إلى فرد أو مجموعة أفراد وهي إحدى تقنيات وطرق اكساب الافراد أنماط السلوك الصحيح وهي أيضا فنية علاجية لتعديل أنماط السلوك الخاطئ وغير المرغوب لدى الافراد

4- التعلم الذاتي

وهو أحد أساليب اكتساب الفرد للخبرات بطريقة ذاتية دون معاونة أحد او توجيه من أحد ، أي أن الفرد يعلم نفسه بنفسه.

تطوير الذات_ العمل الجماعي

أول ما يخطر على البال عند الحديث عن موضوع العمل الجماعي Team Work أو فرق العمل هو التعريف المتداول للموضوع, حيث أن كلمة "فريق" Team لو اعتبرنا أن كل حرف منها يشير إلى كلمة, يصبح معناها كالتالي:

Together Everyone Achieves More , مع بعض كل واحد ينجز أكثر

Together
Everyone
Achieves
More

العمل الجماعي هو عملية يتعاون فيها مجموعة من الأشخاص بهدف تحقيق غاية معينة يصبو إليها كل فرد من أفراد المجموعة.

طائر الإوز من الطيور المهاجرة, فهي تهاجر من نصف الكرة الشمالي إلى نصف الكرة الجنوبي بحثاً عن مناطق دافئة, وهو لا يطير إلا ضمن مجموعات على شكل حرف V , وطريقة الطيران لديها منظمة حصراً بشكل V , هل تعلم ما هو السبب أنها تطير بهذه الطريقة؟

فاعلية الطيران تزداد بنسبة 71% عند الطيران بهذه الطريقة مقارنة مع طائر يطير لوحده, حيث أن الطائر يبذل جهداً أقل في عملية الطيران, فالطائر الذي أمامه يحجب عنه بعض الهواء, فتصبح عملية الطيران أسهل للطائر الذي في الخلف, مما يعني أن مشاركة نفس الهدف والعمل كفريق يجعلنا نصل إلى وجهتنا بشكل أسهل وأسرع, والإنجاز طبعاً سيكون أكبر بسبب العمل الجماعي, وعندما يبتعد أحد الطيور عن السرب لدقائق معدودة فإنه فوراً يشعر بصعوبة الطيران المنفرد ويعود مسرعاً إلى القطيع, مما يعني أنه عندما يكون أعضاء الفريق إلى جانب بعضهم البعض ويسيرون في نفس الاتجاه فإن الجهد المبذول سوف يكون أقل والأعضاء سوف يقدمون ويقبلون المساعدة من بعضهم البعض.

قائد الفريق في سرب الإوز يواجه مقاومة الهواء أكثر من غيره من أعضاء الفريق, فعندما يشعر بالتعب من الطيران فإنه يترك المقدمة ويذهب إلى آخر السرب, بينما تجد عضواً غيره أخذ مكانه في القيادة, مما يعني لنا أن القيادة تشاركية وضرورة وجود الاحترام المتبادل بين أعضاء الفريق طوال الوقت ومشاركة المشاكل والمهام الصعبة بين أعضاء الفريق حتى يصبح العبئ الملقى على عاتق كل فرد أقل بسبب مشاركة المهمة بين جميع الاعضاء, وخلال عملية الطيران يصدر طائر الإوز صوتاً ليحفز كل طائر الطائر الذي أمامه وأيضاً يحافظ كل الأعضاء على نفس السرعة, مما يعني لنا أن التشجيع والتحفيز يجعل نسبة الإنجاز أكبر, وإذا تعرض أحد أعضاء الفريق من الإوز إلى المرض أو التعب وغادر الفريق, ستجد فوراً أن عدداً آخر من أعضاء الفريق يغادر معه ولا يتركه لوحده, ويشكلون سرباً آخر على شكل حرف V ويطيرون مع الطائر المريض لمساعدته وحمايته ولا يتركونه أبداً حتى يموت أو يرجع مرة أخرى إلى السرب, مما يعني لنا أهمية وضرورة الوقوف إلى جانب بعضنا البعض وخاصةً في أوقات الأزمات والتحديات بغض النظر عن الفروق الفردية التي بيننا.

طائر الإوز يشكل مثالاً رائعاً عن العمل الجماعي, وهو ليس لديه عقل, إنما يعيش وفق مبدأ العمل الجماعي بالفطرة, أما الإنسان الذي يمتلك العقل والتفكير فينبغي أن تكون قدرته أكبر من الإوز على العيش وفق مبدأ العمل الجماعي إلا أن واقع الأمر في حياة الأفراد يشير إلى شبه غياب للعمل الجماعي في بعض المجتمعات وظهور الحروب والنزاعات التي هي نتيجة طبيعية لغياب مفهوم العمل الجماعي, أما في بقية الكائنات الحية فنجد أن مفهوم العمل الجماعي متأصل فيها بالفطرة, فالنحل مثلاً يعطي دروساً في العمل الجماعي, [11](فحتى ينتج النحل كيلو غراماً واحداً من العسل فهو يقوم بستمئة إلى ثمانمائة ألف طلعة ويقف على مليون زهرة ويقطع أكثر من عشرة أضعاف محيط الكرة الأرضية, والنحل يقتسم العمل داخل وخارج الخلية حسب احتياجاته, حيث إن العمل داخل الخلية يخص النحل صغير السن, والعمل خارجها يخص النحل الكبيرة السن, كما نجد هناك النحل الحارس والنحل المسؤول عن أعمال النظافة داخل الخلية, والنحل المسؤول عن جمع الرحيق, والنحل المسؤول عن تهوية الخلية من الداخل, والنحل المسؤول عن تقديم الرعاية للملكة, كما أن النحلة عند انتهائها من واجبها لا تتوقف عن العمل بل تذهب لمساعدة أخواتها في أعمالهم طالما كان بإمكانها ذلك, كما أن مملكة النحل رمزاً للتضحية والعطاء, فقد تموت النحلة جوعاً لتطعم صغار النحل, وقد تموت برداً لتمنح الدفء لغيرها)

---

[11] موضوع – أكبر موقع عربي بالعالم

والكثير من الحيوانات الأخرى تعطينا دروساً هامة في العمل الجماعي

ظاهرة العمل الجماعي أو مهارة العمل الجماعي هي مهارة فطرية يمكن صقلها بالتعليم والممارسة, أما عن وجودها أو عدم وجودها, فإن وجودها لديك اليوم أصبح أمراً في غاية الأهمية, حيث أن أحد المهارات التي تؤهلك للعمل في كبرى الشركات العالمية هي مهارة العمل الجماعي, وأصبحنا اليوم نقرأ في إعلانات الوظائف ضمن الشروط المطلوب توفرها في المرشح للعمل " القدرة على العمل ضمن فريق" هذه العبارة موجودة في الإعلان بسبب إدراك الشركات لأهمية العمل الجماعي وإن آلية عملهم تعتمد على التنظيم القائم بالدرجة الأولى على مفهوم العمل الجماعي, فعندما نسمع كلمة " تنظيم " " تعاون " " تنسيق " كل هذه المفاهيم هي بالأصل تعتمد على العمل الجماعي لتجسيدها على أرض الواقع, ولذلك أدركت الشركات التجارية أن أحد أسرار نجاحها هو امتلاكها لموظفين لديهم القدرة على العمل الجماعي.

حتى على الصعيد الشخصي, فإن امتلاكك لمهارة العمل الجماعي يعني امتلاكك لمهارة من مهارات النجاح, ولا يمكن الحديث عن تطوير الذات بمعزل عن مهارة العمل الجماعي, فما تستطيع إنجازه لوحدك هو أقل من الذي تستطيع إنجازه ضمن مجموعة, والله تعالى فطر الإنسان على التعاون والعمل المشترك حيث يقول الله تعالى ﴿ وَٱعْتَصِمُوا۟ بِحَبْلِ ٱللَّهِ جَمِيعًا وَلَا تَفَرَّقُوا۟ ۚ وَٱذْكُرُوا۟ نِعْمَتَ ٱللَّهِ عَلَيْكُمْ إِذْ كُنتُمْ أَعْدَآءً فَأَلَّفَ بَيْنَ قُلُوبِكُمْ فَأَصْبَحْتُم بِنِعْمَتِهِۦٓ إِخْوَٰنًا وَكُنتُمْ عَلَىٰ شَفَا حُفْرَةٍ مِّنَ ٱلنَّارِ فَأَنقَذَكُم مِّنْهَا ۗ كَذَٰلِكَ يُبَيِّنُ ٱللَّهُ لَكُمْ ءَايَٰتِهِۦ لَعَلَّكُمْ تَهْتَدُونَ ﴿١٠٣﴾ ﴾ آل عمران 103

فالله تعالى يأمرنا بعدم التفرقة والعمل المشترك وينهانا عن الفرقة, كما يقول الله تعالى ﴿ وَأَطِيعُوا۟ ٱللَّهَ وَرَسُولَهُۥ وَلَا تَنَٰزَعُوا۟ فَتَفْشَلُوا۟ وَتَذْهَبَ رِيحُكُمْ ۖ وَٱصْبِرُوٓا۟ ۚ إِنَّ ٱللَّهَ مَعَ ٱلصَّٰبِرِينَ ﴿٤٦﴾ ﴾ الأنفال 46, الله تعالى يأمرنا بعدم الاختلاف والفرقة, مما يعني ضرورة العمل الجماعي والتنسيق والتعاون, فالعمل الجماعي فيه بركة, ويمكن لنا تعظيم نسبة الإنجاز من خلال العمل الجماعي, لا تكن منعزلاً أبداً, انخرط في أي نشاط للعمل الجماعي, فهذا يجعلك أقوى, في عام 2016 انضممت إلى مجموعة مدربين عبر تطبيق الواتس أب, كنا نتبادل الخبرات وفرص العمل, ونساعد بعضنا في أمور كثيرة, في الحقيقة وضعي كمدرب أصبح أفضل بعد الانضمام إلى المجموعة, ببساطة لأنه عمل جماعي, فعندما يطلب مني أداء دورة تدريبية لا أستطيع تقديمها, أو موعدها غير مناسب, أقوم

بترشيح زملائي الآخرين لأداء الدورة التدريبية, وهم يفعلون نفس الشيء, هذا العمل الجماعي كان فيه الفائدة للجميع.

مهارة العمل الجماعي من المهارات الضرورية الاحترافية للاستمرار في عالم الأعمال, نسمع كثيراً عن اندماج بين الشركات التجارية العالمية, ونسمع عن إنجازات كبيرة تم تحقيقها بواسطة فرق العمل التي تضم خبرات ومهارات متنوعة, حتى أن التغيير على المستوى الكلي لا يتم بجهد فردي إنما يتطلب عمل جماعي, وإن مهارة العمل الجماعي تتوفر لدى الأفراد في المجتمعات الناضجة المتطورة, أما في المجتمعات المتأخرة يوجد النقيض, الفردية والانعزالية وغياب التعاون والتنسيق والتنظيم, وإن وجد التعاون فإنه شكلي وليس حقيقي.

امتلاكك لمهارة العمل الجماعي يجنبك العزلة الاجتماعية الخطيرة, ويضيف إليك خبرات جديدة, فكل مرة تتعاون فيها مع الآخرين لإنجاز مهمة ما, ستجد أن الآخرين لديهم معلومات تختلف عن المعلومات الموجودة لديك, وطريقتهم في إنجاز العمل تختلف أيضاً عن طريقتك في الإنجاز, وإن أحد مبادئ البرمجة اللغوية العصبية ينص على أن الخارطة الذهنية لا تتشابه بين أي شخصين, لأن العالم في ذهن كل شخص هو مختلف عن العالم في ذهن الشخص الآخر, فالخارطة الذهنية هي صورة العالم في ذهنك, ومصدر تشكلها هو الحواس, فما رأيته أنت وسمعته وتذوقته ولمسته وشممته منذ صغرك حتى الآن يختلف عما رآه وسمعه وتذوقه ولمسه وشمه شخص آخر, لذلك تجد خارطتك الذهنية تختلف عن خارطته الذهنية, وكذلك الأمر بالنسبة لجميع الأشخاص فإن الخارطة الذهنية لا تتشابه أبداً بين أي شخصين, هي كبصمة الإصبع تماماً مختلفة من شخص إلى آخر, ومن هنا تأتي أهمية العمل الجماعي الذي يعمل على تصحيح خارطتك الذهنية وتقويمها بشكل مستمر من خلال تعاونك مع الآخرين, وبذلك تصبح صورة العالم لديك أقرب للواقع, والخارطة الذهنية هي مفهوم مشابه للبرامج العقلية, وإن البرامج العقلية مجتمعة تشكل ما يسمى بالخارطة الذهنية, ولا يخفى على أحد أهمية البرامج العقلية في صناعة الواقع, فالإنسان في حالة صراع مستمر مع نفسه لتطوير برامجه العقلية وبالتالي تصحيح خارطته الذهنية, والعمل الجماعي يقدم أداة هامة لتصحيح الخارطة الذهنية وبالتالي زيادة إمكانية تحقيق الاهداف والوصول إلى النجاح.

امتلاكك للمهارات الفردية هو أمر ضروري لتحقيق أهدافك, ولكن امتلاك المهارات الفردية أحياناً لا يكفي, فإذا كان كل أعضاء فريق كرة القدم يمتلكون المهارات الفردية ولكنهم في نفس الوقت يفتقرون إلى التنسيق اللازم والعمل الجماعي, فتجد أنهم غير مؤهلين للفوز في المباريات, فامتلاك مهارة العمل الجماعي هو أهم من امتلاك المهارات الفردية.

لاعب كرة السلة الأمريكي الشهير فيل جاكسون يقول " قوة الفريق هي قوة كل عضو من أعضائه, وقوة كل عضو من أعضائه هي قوة الفريق " مما يعني أن النجاح على الصعيد الكلي لا يعتمد فقط على مهارة الأعضاء, إنما يعتمد بالدرجة الأولى على امتلاك مهارة العمل الجماعي, وهذا لا ينطبق فقط على فريق كرة السلة إنما ينطبق على كل مؤسسات المجتمع.

ولاعب كرة السلة الامريكي الشهير مايكل جوردان يقول" الموهبة تجعلنا نربح الألعاب والمباريات, أما إذا امتلكنا الذكاء والعمل الجماعي فإننا سنربح البطولات " مما يؤكد أن الموهبة والمهارة الفردية لا تكفي, إنما العمل الجماعي هو المفتاح للربح والنجاح.

المؤلفة والناشطة السياسية هيلين كيلير تقول " بمفردنا نستطيع أن نفعل القليل, ومجتمعين نستطيع أن نفعل الكثير " مما يعني أن العمل الجماعي هو نقطة البداية للإنجازات الكبيرة.

التشتت والفرقة يؤدي إلى التأخر والتراجع, أما العمل الجماعي والجهود المشتركة تؤدي إلى النجاح والتفوق على صعيد المجتمع ككل, فالمجتمع فيه الكثير من الإمكانيات الفردية, من طبيب ومهندس ومخترع ومفكر, فإذا عمل كل واحد منهم منفرداً فالنتائج سوف تكون محدودة, أما تنسيق الجهود والعمل الجماعي يؤدي إلى نتائج أكبر.

عندما يكون مفهوم العمل الجماعي مترسخ في منظومة القيم لمجتمع ما وموجود في كل مؤسساته ويتجلى في نمط حياة أفراده, عندها ستجد مؤشرات التنمية والتطور في أفضل حالاتها, ومن الصعب تحقيق المؤشرات التنموية المختلفة في حال غياب العمل الجماعي.

كل المؤسسات البحثية ومراكز البحث العلمي في العالم تجد فيها العمل الجماعي يتجلى في أعلى صوره, فتجد الفيزيائي يعمل مع الطبيب والمهندس والمحامي كفرق عمل لتحقيق هدف ما, فالعمل الجماعي هو أداة من أدوات النهضة بكل أبعادها الاجتماعية والثقافية والاقتصادية.

العمل الجماعي هو جهد مشترك من قبل مجموعة من الأفراد, بحيث كل عضو يشارك آرائه واهتماماته إلى المجموعة ككل.

هذا لا يعني أبداً أن الفرد غير مهم, إنما يعني أن فرق العمل الفعالة تذهب إلى أبعد مما يستطيع الفرد إنجازه منفرداً, وأكثر فرق العمل نجاحاً هي الفرق التي يوجد انسجام بين أعضائها ويتم توجيه كل الجهود لتحقيق هدف مشترك.

من أهم أهداف العمل بموجب فرق العمل هو التخلص من النزعة الفردية لدى الأفراد واستبدال كلمة (أنا) بكلمة (نحن)، فمن يعتاد على العمل الجماعي تتقلص لديه النزعة الفردية وتنمو النزعة الجماعية.

ومن أهم العوامل التي أسهمت في ظهور فرق العمل والاهتمام بالعمل الجماعي هو عصر المعلومات الذي نعيشه اليوم، فارتفاع حدة المنافسة وازدياد مستوى الابتكار والتطور الحاصل يجعل من الضروري أن نعمل وفق جماعات، وأيضاً الاختلاف في أنشطة العمل وأساليب العمل جعل من الضروري تفعيل فرق العمل لمواكبة التغيرات الحاصلة في أساليب وطرق ومنهجيات العمل.

ما هي الأسباب التي تدعو إلى تشكيل فرق العمل في المؤسسات؟

- يتم تشكيل فرق العمل لحل المشاكل بالاعتماد على المواهب والخبرات المتنوعة الموجودة لدى الأفراد.
- لتعزيز التعاون بين الأفراد عند تنفيذ المشاريع.
- لتخفيض أعراض ضعف الاتصال بين الأفراد التي عادةً تظهر عند تنفيذ المشاريع الكبيرة.
- لرفع مستوى الإنتاجية وجعل الموظفين يعملون بأقصى طاقاتهم من خلال خلق بيئة تعاون بين الأفراد والتحفيز.
- للوصول إلى حل مرضي ربما لا يكون متوافق مع قلة من الأفراد لكنه يحقق الصالح العام للأغلبية.
- لتخفيف عبئ العمل على بعض الموظفين، فالتعاون يوزع عبئ العمل على جميع الأفراد في المؤسسة.
- لجعل الأفراد ينقلون المعرفة إلى بعضهم البعض، وهذا سيوفر نفقات التدريب.
- لتحديد الآراء المختلفة وأساليب العمل للموظفين مما يرفع القدرة على تحسين وتطوير الأساليب القائمة للعمل.

ما هي الفوائد التي يكتسبها الموظفين من امتلاك مهارة العمل الجماعي؟

- المناصب التنفيذية العليا جميعها تحتاج إلى هذه المهارة، ومن غير الممكن تصور مدير تنفيذي غير قادر على إدارة وقيادة فرق العمل.

- حتى الإدارات الوسطى والمستوى الإشرافي تحتاج هذه المهارة، سواءً كنت تشرف على موظفين أو 200 موظف، فربما يطلب منك في أي وقت من الأوقات تشكيل فرق العمل، فإذا كنت تمتلك هذه المهارة فسوف تكون لك الأولوية في ذلك.

- الاستثمار والمشاريع الخاصة: ربما لا تكون موظفاً لدى الغير وتعمل لحسابك الخاص في مشروعك الخاص، فامتلاكك لهذه المهارة يجعل منك قادراً على استغلال الموارد البشرية وطاقاتها المختلفة من خلال إدارة الاجتماعات وتنظيم فرق العمل.

- العمل مع الآخرين: أي عمل تعمله فيه تواصل مع الآخرين يتطلب مهارات تواصل إنسانية ومهارة عمل جماعي، عندها ستكون قادراً على التعرف على الاختلافات بين الأفراد وإدارتها وتفهمها والوصول إلى الهدف المشترك.

خصائص الفرق الفعالة

فيما يلي خصائص فرق العمل الفعالة التي ينبغي أن تكون خارطة الطريق لكل عضو من أعضاء الفريق:

- يجب أن يكون للفريق هدف واضح: لذلك يجب تجنب العبارات الفضفاضة الغامضة العامة التي يختلف تفسيرها من عضو إلى آخر، والأهم هو معرفة متى نحقق الهدف، فالعبارات العامة لا تسمح بمعرفة فيما إذا تم تحقيق الهدف من عدمه، الهدف يجب أن يكون واضحاً بحيث يعرف كل عضو ما هو مطلوب منه بالتحديد.

- آلية عمل الفريق يجب أن تكون قائمة على أساس مبدأ (الإدارة بالأهداف والنتائج) وعدم إتباع الروتين والأساليب النمطية التقليدية في الإدارة التي تعيق العمل الجماعي.

- يجب أن يضم الفريق أعضاء متخصصين ذوي كفاءة عالية: فكفاءة الأعضاء هي سر نجاح الفريق، أما الفرق التي تتضمن أعضاء غير متخصصين وغير مؤهلين فمن المحتمل عدم قدرتها على تحقيق النتائج.

- يجب أن يكون لدى الأعضاء التزام واحد: هذا لا يعني أن أعضاء الفريق عليهم الموافقة على كل شيء, إنما يعني أن كل الأعضاء عليهم توجيه جهودهم نحو الهدف المشترك, أما لو حاول كل عضو تحقيق أهدافه الشخصية فسوف يتفكك الفريق ولن يستطيع تحقيق النتائج المطلوبة.
- توفر مناخ الثقة والتعاون: ضرورة توفر الانفتاح والثقة بين أعضاء الفريق والاحترام المتبادل, وإن غياب هذه المفاهيم لن يمكن أعضاء الفريق من العمل مع بعضهم البعض.
- ضرورة تحفيز وتشجيع الفريق: كما أن التحفيز والتشجيع والمكافئات تؤتي ثمارها مع الأفراد, كذلك الأمر بالنسبة لفرق العمل, فعند وجود الدعم والتحفيز والتشجيع من خارج الفريق فهذا يؤدي إلى مزيد من الإنجاز.
- ضرورة توفر قيادة حكيمة: الفرق عادةً تحتاج إلى أحد أعضائها لقيادة جهود بقية الأفراد, وينبغي على القائد أن يتعامل بموضوعية وعدالة بين الأعضاء وأن يتجنب تحقيق مكاسب شخصية بسبب كونه قائد للفريق.

قواعد العمل المشترك

قبل أن تبدأ فرق العمل بالعمل الفعلي, ينبغي أن يتم وضع مجموعة من القواعد الرئيسية التي على أساسها يتم التعامل بين الأعضاء Ground Rules , وجود هذه القواعد ضروري جداً لضمان جودة التنسيق بين الأعضاء وتقليل الخلافات قدر الإمكان, وهذا الميثاق يتضمن مجموعة من القواعد البسيطة التي تمكن الأعضاء من التفاعل بطريقة سلسة تبعدهم عن الخلاف والمشاكل, يمكن أن يشتمل الميثاق على المواضيع التالية:

- هل اتفق أعضاء الفريق على المواضيع التالية:
- الأهداف الاستراتيجية والأهداف التفصيلية
- الجداول الزمنية الخاصة بكل عضو والجداول الزمنية الخاصة بالفريق ككل.
- الإجراءات الخاصة بوضع جدول الأعمال
- كيفية تقرير الأولويات بالنسبة لكل عضو وبالنسبة للفريق ككل.
- طرق وأساليب حل الخلافات
- مدة الاجتماعات وأماكنها وإدارتها
- كيفية تخصيص الموارد المتاحة

- متطلبات القيادة
- هل فهم أعضاء الفريق أن الفريق لا بد أن يمر بعدة مراحل قبل الوصول لمرحلة الإنجاز وتحقيق الأهداف؟
- هل يتم العمل وفق مبدأ النتائج المحددة القابلة للقياس بدلاً من التفاهمات العامة التي لا يمكن تفسيرها أو تحديدها؟

ينبغي الإجابة على جميع الأسئلة السابقة قبل البدء بالعمل لتجنب الخلاف وللتأكد من وجود ما يضبط الأداء نحو الهدف المطلوب.

قواعد العمل المشترك أو ما يسمى باللغة الإنكليزية Ground Rules هي مجموعة من القواعد التي تنظم العمل بين أعضاء الفريق, وإن أي أشخاص يعملون مع بعضهم البعض ضمن فريق سواءً في المؤسسات أو في المجتمع المدني يجب عليهم أن يتفقوا على مجموعة من القواعد قبل أن يبدؤوا بالعمل, وإتفاقهم هذا يقلل من إحتمال وقوع المشاكل إلى الحد الأدنى, لقد تعودت أن أبدأ محاضراتي بالاتفاق مع الحضور على بعض قواعد العمل المشترك, فمثلاً نتفق على ضرورة مشاركة الحضور بإقتراحاتهم وخبراتهم حول الموضوع, وأخبر الجميع أنه بإمكانهم مقاطعتي في أي وقت لإضافة فكرة أو طرح سؤال ما, وإن هذه التفاصيل الصغيرة التي نتفق عليها قبل البدء بالدورة التدريبية من شأنها أن تجعل الصورة واضحة للجميع وتقلل من إمكانية حدوث مشاكل وخلافات.

ليس فقط في الدورات التدريبية, إنما من الأفضل وضع قواعد العمل المشترك لأي جهد إنساني فيه تفاعل بين شخصين أو أكثر, وخاصةً إذا كان الأفراد يعملوا مع بعضهم البعض لأول مرة .

فرق العمل ومجموعات العمل

كما ينبغي التمييز بين فرق العمل ومجموعات العمل, المطلوب أن نعمل وفق مبدأ فرق العمل وليس مجموعات العمل, فالفرق كبير بين المفهومين كما يلي:

فرق العمل	مجموعات العمل
الأعضاء يعملون بالاعتماد على بعضهم البعض نحو هدف مشترك	الاعضاء يعملون باستقلالية وليس بالضرورة نحو نفس الهدف
الأعضاء عادةً يركزون على تحقيق الهدف المشترك الذي ساعدوا هم أصلاً في وضعه	الأعضاء عادةً يركزون على مصالحهم الشخصية لأنهم لا يشتركون في وضع الخطط والأهداف
الأعضاء يتعاونون ويستخدمون موهبتهم وخبراتهم لتحقيق الهدف المشترك	يتم إخبار الأعضاء بالمهام المطلوبة منهم واقتراحاتهم عادةً غير مرحب بها
الأعضاء يبنون نجاحهم على الثقة المتبادلة ويمكنهم التعبير عن آرائهم المختلفة وطرح الأسئلة	الأعضاء يكونون حذرين لكل كلمة يقولونها ويتجنبون طرح الأسئلة وربما لا يعرفون ما يجري في مجموعتهم
الأعضاء يحاولون زرع الثقة منذ البداية والاستماع إلى الآراء المختلفة لكل أعضاء الفريق	الأعضاء لا يثقون ببعضهم البعض لأن كل واحد منهم لا يعرف دور الآخر في المجموعة
يتم تشجيع كل الأعضاء للمساهمة في تحقيق الهدف المشترك للفريق	ربما يكون الأعضاء لديهم الكثير ليساهموا به, لكنهم لا يفعلوا نظراً للعلاقة المتوترة بين الأعضاء
الأعضاء ينظرون إلى الاختلاف كجزء من الطبيعة البشرية ويتعاملون معه كأنه فرصة لسماع آراء وأفكار جديدة	الأعضاء لا يتقبلون الاختلاف بالرأي ويسبب ذلك المشاكل بينهم, فهم يعتبرون الاختلاف بالرأي تهديد ولا يوجد دعم من المجموعة لحل الخلاف
الأعضاء جميعهم يشتركون في صناعة القرار, ولكن كل عضو يعرف أن القرار النهائي سيكون لقائد الفريق	الأعضاء لا يشتركون في صناعة القرار ويفضلون سياسة الطاعة والامتثال للقرارات المتخذة

هدف العمل الجماعي هو تبني أسلوب الفرق وليس المجموعات, يوجد الكثير من الأعراض السلبية تعيق العمل التي تجدها دائماً في مجموعات العمل والتي ينبغي تجنبها في فرق العمل, مثل أن تجد أن عضو غائب عن العمل أو متأخر وتسبب ذلك في توقف العمل, وأن عضو آخر موجود ولكنه غير فعال, وعبئ العمل موزع بطريقة غير عادلة بين الأعضاء والكثير من الأعراض السلبية الأخرى التي يجب تجاوزها من خلال تبني أسلوب فرق العمل الذي يعتمد على مبدأ العمل الجماعي.

مراحل نمو فرق العمل

صحيح أن العمل وفق مبدأ العمل الجماعي الذي يتجسد في فرق العمل هو ظاهرة إيجابية تحقق الصالح العام, لكن النتائج لن تظهر فوراً بمجرد تشكيل الفريق, وإنما لا بد أن يمر الفريق بعدد من المراحل حتى يصل إلى مرحلة الإنجاز وتحقيق الأهداف, وهذه المراحل هي نفسها التي لا بد أن يمر بها كل جهد إنساني مشترك, فالعلاقة بين الزوج والزوجة تمر بهذه المراحل والعلاقة بين الأصدقاء تمر بهذه المراحل والعلاقة بين الزملاء في العمل تمر بهذه المراحل, كل علاقة بشرية هادفة بين شخصين أو أكثر لا بد لها أن تمر بهذه المراحل حتى تصل في النهاية إلى مرحلة التوافق والإنجاز, هذه المراحل الأربعة هي:

1- مرحلة تشكيل الفريق Forming:

في بداية الأمر يتم تشكيل الأعضاء, وكل عضو في هذه المرحلة يحاول أن يعرف موقعه والتصرفات المقبولة ضمن المجموعة, فهي مرحلة اكتشاف لما هو مقبول وما هو غير مقبول, وعادةً يكون الإنجاز ضعيف جداً في هذه المرحلة.

2- مرحلة العصف Storming : وهي مرحلة لا بد أن يمر بها الفريق, وأي علاقة إنسانية بين شخصين أو أكثر لا بد أن تمر بهذه المرحلة, ولا يمكن الانتقال للمراحل التالية قبل المرور بهذه المرحلة, وهي المرحلة الأصعب التي يواجهها الفريق, حيث يصبح الأعضاء مستعجلين للوصول إلى النتائج, وغير راضين عن مستوى أدائهم, وهم ما زالوا لا يمتلكون الخبرة الكافية للعمل كفريق, وربما يكثر الجدال في هذه المرحلة لأنهم يسمعون أفكاراُ غير مألوفة من الأعضاء الآخرين ولا يستطيعون تقبلها بسهولة, وفي هذه المرحلة يركز كل عضو على الآخر وكيف يتعامل معه بدلاً من التركيز على الهدف المشترك, ويحاول كل عضو أن يفرض نظرته على بقية الأعضاء, لذلك سميت هذه المرحلة بمرحلة العصف Storming

3- مرحلة وضع المعايير Norming : خلال هذه المرحلة يبدأ الأعضاء بتقبل بعضهم البعض ويحاولوا الوصول إلى حلول مشتركة, وتظهر عليهم ملامح التعب من الاختلاف المتولد من المرحلة السابقة, ويشعروا بضرورة وضع معايير وقوانين للعمل الجماعي وضرورة السعي نحو تحقيق الهدف المشترك, فيتم تقليص الخلافات إلى حدودها الدنيا وتصبح العلاقة بين الأعضاء تعاونية أكثر منها تنافسية, ويبدأ الأعضاء بالتركيز على مهامهم وتحقيق تقدم ملحوظ نحو الهدف المشترك.

4- مرحلة الإنجاز Performing : عند الوصول إلى هذه المرحلة يكون أعضاء الفريق قد اكتشفوا وقبلوا نقاط القوة والضعف لبعضهم البعض, وعرف كل واحد منهم دوره في الفريق, الآن أصبح الأعضاء منفتحين على بعضهم البعض وبنوا الثقة المتبادلة, وأصبحوا غير مترددين في طرح أفكارهم والتعبير عنها, وهذه المرحلة تتميز بقدرة الأعضاء على تقييم الأفكار وتحديد الأولويات وحل المشاكل, رضا الأعضاء وانتمائهم للفريق يكون في أفضل حالاته, وفي هذه المرحلة يبدأ الإنجاز الحقيقي للفريق.

مهمة قائد الفريق هي ضبط إيقاع مراحل نمو الفريق, ومعرفة التوقيت المناسب للانتقال من مرحلة إلى أخرى, وخاصةً تسريع مرحلة العصف من أجل الانتقال إلى المراحل الأخرى والوصول إلى الإنجاز

معوقات العمل كفريق

نتيجة لدراسة واقع عدد كبير من فرق العمل, تم التوصل إلى الأسباب التالية التي تعيق عمل الفرق وتمنعها من تحقيق أهدافها:

- عدم معرفة أدوار ومسؤوليات أعضاء الفريق, وغياب التوصيف الوظيفي, فهذا يسبب صدام بين الأعضاء عند عدم وضوح الأدوار والمسؤوليات لكل عضو من الأعضاء
- نقص الاهتمام بالجهود الجماعية المبذولة, وتركيز كل عضو على مصالحه الشخصية.
- تجاهل مشاعر الآخرين يعوق العمل في الفرق لأن ذلك يؤدي إلى انخفاض الإنتاجية والمبادرات الفردية.
- عدم الرغبة في الحلول الوسط من قبل بعض الأعضاء
- التواصل الضعيف بين الأعضاء, وعدم الاهتمام الكافي بتحقيق التواصل الفعال
- المنافسة بين أعضاء الفريق على البريستيج والظهور الشخصي.
- انتشار النقد الشخصي غير الهادف بين الأعضاء
- عدم إشراك الأعضاء في كافة القرارات واستثنائهم من بعضها, وسيطرة شخص واحد على اتخاذ القرار
- ضعف في قيادة الفريق
- انتشار ظاهرة الحساسية الزائدة بين الأعضاء
- انعدام الخصوصية لأعضاء الفريق
- تجاهل قدرات ومواهب بعض الأعضاء.
- عدم وجود فرصة لاجتماع أعضاء الفريق مع بعضهم البعض.
- انتشار القيل والقال والشائعات بين الأعضاء
- انتشار ظاهرة تأجيل اتخاذ القرار " التسويف " بشكل مفرط.
- غياب العدالة في توزيع المعدات والتسهيلات بين الأعضاء
- غياب الثقة بين الأعضاء, وخاصةً بين القائد وأتباعه
- غياب الولاء للفريق أو للمنظمة
- غياب التغذية العكسية من المشرفين إلى الأعضاء
- الفهم المحدود لطبيعة وإجراءات العمل.

- وجود الحقد أو الضغينة بين الأعضاء
- وجود التمييز بين الأعضاء نتيجة الجنس أو العرق أو الانتماء
- توزيع غير عادل لعبئ العمل
- عدم التجهيز والاستعداد للعمل من قبل الأعضاء، وهذا يتجلى أكثر شيء في الاجتماعات بدون جدول أعمال
- تضارب الأدوار أو عدم وضوحها مما يسبب الارتباك والازدواجية عند التنفيذ

ينبغي تجنب هذه العوامل لأنها تمنع الفريق من العمل بكفاءة وتحقيق الاهداف.

وبالمقابل هناك عوامل تساعد فرق العمل على تحقيق الكفاءة والوصول للأهداف، وهذه العوامل ينبغي الاهتمام بها وتفعيلها قدر المستطاع:

- اجتماع أعضاء الفريق بشكل دوري مع وجود جدول أعمال واضح ووقت كافي لمناقشة كافة المواضيع الموجودة في جدول الأعمال.
- وجود وصف وظيفي ودور واضح لكل عضو من الاعضاء مع ضرورة المراجعة الدورية لهذا التوصيف.
- وجود معيار متفق عليه لتقييم أداء أعضاء الفريق
- الانفتاح بين الأعضاء والرغبة في الاستماع والتواصل.
- وجود الثقة بين الأعضاء والولاء للفريق واللباقة في التعامل.
- احترام الأعضاء الآخرين بغض النظر عن الاختلافات القائمة، وخاصةً ضرورة وجود النظرة المهنية بغض النظر عن اختلاف الجنس والعرق والانتماء.
- التعرف على المواهب لدى الآخرين وتقديرها وتقدير العمل المنجز بطريقة احترافية
- ضرورة الاتفاق على الأولويات
- توزيع المعلومات الضرورية ذات الصلة.
- وجود الرغبة والجدية في مناقشة المشاكل القائمة
- وجود المعدات والتسهيلات الكافية لأداء العمل بالشكل الصحيح
- ضرورة وجود التعاون بين الأعضاء واحترام خصوصية كل عضو
- النقد البناء الموضوعي.

العوامل المذكورة في " معوقات العمل كفريق " هي مؤشرات سلبية تدل على مشاكل تعاني منها فرق العمل.

والعوامل التي تساعد على تحقيق الكفاءة في فرق العمل هي مؤشرات إيجابية تدل على فعالية فرق العمل.

يمكن إجراء تقييم لفرق العمل بالاعتماد على المؤشرات الايجابية والسلبية لمعرفة الوضع الحالي للفريق ومعرفة فيما إذا كان يجب اتخاذ إجراءات وقائية أو تصحيحية لتلافي المشاكل الموجودة.

ويجب أن يقوم قائد الفريق بإجراء تقييم دوري لأداء الفريق بالاعتماد على المؤشرات الايجابية أو السلبية.

المشاكل الشائعة في فرق العمل وكيفية معالجتها

- سيطرة عضو من الأعضاء على نقاشات الفريق وقراراته: لعلاج هذه الظاهرة ينبغي وجود منسق عام يوزع الوقت والسلطة بين الأعضاء
- عدم الاتفاق بين الأعضاء على القرار الواجب اتخاذه: ضرورة وجود آلية تصويت وآلية اتخاذ قرار مرضية للجميع, والأهم وجود إجراءات وقواعد لاتخاذ القرار.
- الأعضاء لا يحضرون الاجتماعات وإذا حضروا فإنهم يقاطعوا الآخرين: المنسق يجب أن يكون قادر على إدارة الاجتماعات بفعالية
- وجود مشاكل في التواصل بين الأعضاء: وجود جدول أعمال وجدول زمني ومنسق وتقييم للأعضاء سوف يقلل من مشاكل التواصل.
- مشاكل في تقسيم عبئ العمل بين الأعضاء: التوزيع العلني العادل المرضي للجميع بطريقة يشترك فيها الجميع بالعمل.
- مشاكل في إدارة الوقت: الاعتماد على النماذج والقوالب الشائعة في إدارة الوقت
- مشاكل تتعلق بجودة العمل المنجز: ضرورة وجود معايير ضبط الجودة متفق عليها من قبل جميع الأعضاء.
- وجود خلافات بين الأعضاء: ضرورة وجود قواعد عامة لحل الخلافات المتكررة الحدوث.

- الخوف أو الخجل من المشاركة: إقناعهم من قبل القائد والأعضاء الآخرين بأننا جميعاً في نفس القارب وحثهم على المشاركة.

> لا بد من وجود المشاكل في فرق العمل وهذا أمر طبيعي.
>
> يمكن أن توجد المشاكل في أي مرحلة من مراحل نمو الفريق ولكنها تتركز في مرحلة العصف.
>
> قدرة الأعضاء وقائد الفريق على حل المشاكل القائمة هي نفسها قدرة القائد والأعضاء على العمل الجماعي، لأن العمل الجماعي في حقيقته هو القدرة على الاتفاق بين مجموعة من الأشخاص وتغلبهم على المشاكل القائمة واتفاقهم على كيفية تخطيها.
>
> فينبغي الانتباه إلى كيفية معالجة المشاكل المتكررة الحدوث واتباع نفس السلوك لحل المشاكل المشابهة

خطوات عمل فرق العمل

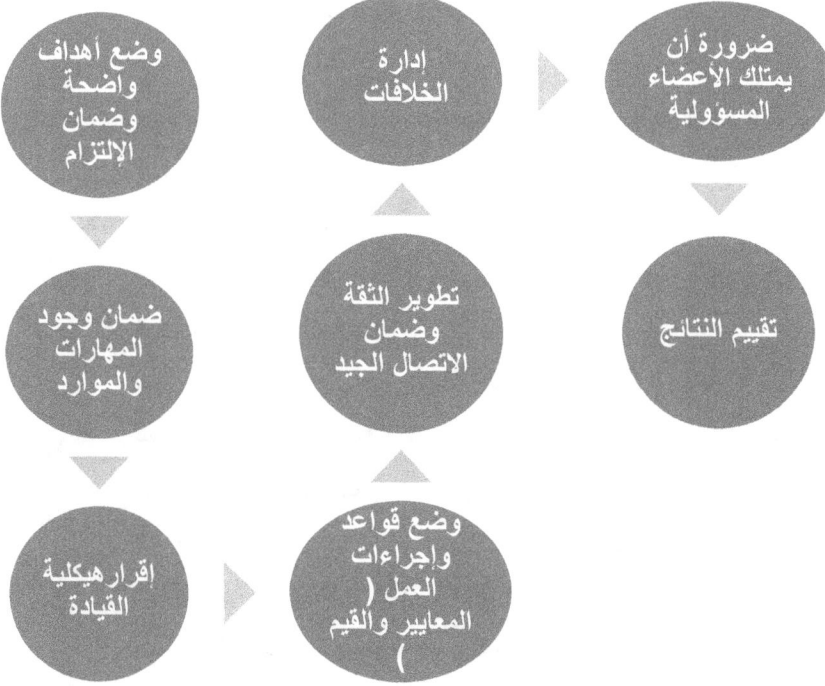

هذه الخطوات ربما تختلف قليلاً من فريق إلى آخر, لكن تعتبر هي الخطوات التي يجب اتباعها في معظم فرق العمل مهما كان نوعها.

فإذا كنت قائداً لفريق عمل, فابدأ بقيادة الفريق وفق هذه الخطوات التي تبدأ بوضع الأهداف الذكية والحصول على الالتزام بتحقيقها من كافة الأعضاء وتنتهي بضرورة تقييم نتائج الفريق من خلال مجموعة من المؤشرات الايجابية والسلبية المعتمدة في التقييم.

هذه الخطوات وتطبيقها يعتبر مسؤولية مشتركة لكافة الأعضاء وليس لقائد الفريق فقط, إنما قائد الفريق هو من يشرف على تطبيقها.

ويمكن اعتبار هذه الخطوات بمثابة خارطة طريق للقائد والأعضاء

أنواع فرق العمل

1- فرق حل المشكلات:
ويتم تشكيل هذه الفرق لهدف محدد وهو حل مشكلة ما.

2- فرق العمل الإبداعية:
وهذا النوع من الفرق يتم تشكيله بهدف توليد احتمالات وحلول إبداعية مبتكرة

3- فرق العمل التكتيكية:
وهذا النوع من الفرق يتم تأسيسه لتنفيذ الخطة الاستراتيجية

4- فرق العمل الخاصة:
يتم تأسيسها لفترة محدودة بهدف التعامل مع قضية ما وتحقيق هدف محدد.

5- فرق العمل الافتراضية:
هذه الفرق لا تتطلب الحضور الجسدي للأعضاء, ويمكن العمل عن بعد, سواءً في نفس الوقت أو في أوقات مختلفة, ويظهر في هذا النوع بعض المشاكل بالقيادة أو صعوبة تحقيق تماسك الفريق وانسجامه.

لنجاح فرق العمل يجب أن يساهم جميع الأعضاء بالعمل, وهذا هو سر نجاح فرق العمل التي تقوم على مبدأ العمل الجماعي, فكل عضو يمكن أن يلعب دوراً محدداً يتكامل مع أدوار بقية الأعضاء, أما شكل المساهمة الإيجابية من كل عضو فيمكن أن تكون واحداً أو اكثر مما يلي:

- يعطي رأيه في مسألة ما أو يزود الآخرين بالمعلومات.
- يسأل الآخرين عن آرائهم أو يطلب منهم معلومات
- يبدأ بطرح موضوع ما.
- يصحح مسار الفريق
- يلخص ما توصل إليه الفريق أو يلخص ما مضى لمعرفة الموقع الحالي.
- ينسق بين الأعضاء لضمان توحيد الجهود نحو الهدف
- يشخص مسألة ما لتوضيحها
- يزود الأعضاء الآخرين بالطاقة ويحفزهم
- يختبر الحقائق والفرضيات قبل أن يبني عليها أي نتائج
- يقيم النتائج والأعمال التي يقوم بها الفريق
- يراقب التقيد بالإجراءات والمعايير
- يضع الإجراءات والمعايير
- يستمع بانتباه للآخرين
- يبني الثقة بين الأعضاء
- يساهم في حل المشاكل.

ربما يستطيع كل عضو أن يقوم بواحدٍ أو اكثر من هذه الأدوار, المهم أن يشارك أعضاء الفريق بالعمل بأي طريقة من الطرق السابقة.

> كونك عضواً في فريق عمل فهذا يعني بالضرورة مشاركتك في أنشطة الفريق, والمشاركة مطلوبة من قبل جميع الأعضاء.
>
> وإذا كنت لأول مرة تشارك في فرق العمل فيمكن أن تساهم بأحد الطرق المذكورة أعلاه.
>
> اختر الطريقة التي تمكنك من تقديم أفضل مساهمة كعضو في فريق, المهم أن تشارك ولا تبقى بدون مشاركة

القيم المطلوب توفرها في فرق العمل

- النزاهة: كل الأعضاء يجب التعامل معهم بطريقة متساوية من غير أي تفضيل أو تمييز.
- الاحترام: أعضاء فريق العمل يختلفون في مهاراتهم وإمكانياتهم، وهذه الاختلافات يجب احترامها.
- المشاركة: يجب الأخذ بعين الاعتبار كل الآراء لكل العناصر في الفريق عند صناعة القرار.
- المصداقية: يجب دائماً على قائد الفريق وبقية الأعضاء أن يكونوا صادقين في المعلومات والتقارير التي يقدمونها.

العوامل التي تؤثر على عمل الفريق

1- تركيبة الفريق: الفريق الذي يتألف من أفراد لديهم نفس الدافع والتوجه لن يستطيع تحقيق أهدافه والعمل بكفاءة، فهناك بعض الأعضاء يسعون وراء فعل أشيائهم الخاصة ومهامهم الشخصية، وأعضاء آخرين يسعون وراء قيادة الفريق، وأعضاء آخرين يمضون وقتهم في الدردشة على حساب العمل، وأعضاء آخرين يهتمون بالعمل وتحقيق الأهداف، في الحقيقة كل فريق يتألف من مزيج من الأنواع السابقة، ولا يمكن لأي فريق أن يضم نوعاً واحداً فقط من هذه الأنواع، ومهمة قائد الفريق هي مراعاة التنوع في تركيبة وتوجهات أعضاء الفريق وقيادتهم نحو تحقيق الهدف.

2- قيادة الفريق: يجب أن يقوم مبدأ القيادة على أساس الكفاءة والمقدرة وليس على أساس شخصي أو يتم فرضه بالقوة، فالقيادة لها دور كبير جداً في إما نجاح أو فشل الفريق، ويفضل أن يكون القائد لديه كفاءة فنية وإدارية في نفس الوقت، وأن يتم تبني مبدأ القيادة الديمقراطية التشاركية الذي هو أكثر فعالية من مبدأ القيادة البيروقراطية.

3- تماسك الفريق: الفرق المترابطة المتماسكة يعتقد أفرادها أن الفريق هو أهم من المصلحة الفردية لأي عضو من اعضائه، وهذا هو جوهر العمل الجماعي، تفضيل المصلحة العامة على المصلحة الخاصة، وعندما يعمل الفريق بشكل متماسك فإنه سيتمكن من تطوير إجراءات ومعايير العمل، وسوف يعمل أعضاؤه بتعاون وتنسيق أفضل، ويتعلمون من بعضهم البعض، وأكثر ما يؤثر في تماسك الفريق هو السمات الشخصية

لأعضائه والثقافة البيئية للمجتمع الذي يعيشون فيه, ويمكن تعزيز التماسك من خلال تعزيز الجانب الاجتماعي للأعضاء مثل الاهتمام بالرحلات الاجتماعية ورعاية مناسبات اجتماعية لخلق الألفة بين الأعضاء, إضافةً إلى توفر نظام للمعلومات شفاف بحيث يوفر المعلومة للجميع من دون أي تمييز.

4- الاتصالات ضمن الفريق: توفر نظام اتصالات جيد هو شرط أساسي لنجاح عمل الفريق, ويجب توفر المعلومات في الوقت المناسب لاتخاذ القرار, الاهتمام بجودة الإيصال بين الأعضاء يؤدي إلى زيادة تماسك الفريق لأنه يسهم في رفع درجة التفاهم بين الأعضاء, ومن العوامل التي تلعب دوراً في تماسك الفريق هي حجم الفريق, حيث أنه كلما زاد حجم الفريق كلما أصبح التواصل أصعب, وأيضاً التنوع الموجود في الفريق حيث كلما زاد التنوع في أعضاء الفريق كلما زادت فاعلية الاتصال بين الأعضاء, إضافةً إلى ضرورة تكليف عضو بإدارة عملية الاتصال بين أعضاء الفريق.

إذا لم يكن لديك تجسيد لظاهرة العمل الجماعي اليوم, فإبدا على الفور بالانضمام إلى أي مجموعة, ومن الأفضل أن تكون المجموعة في مجال اختصاصك وعملك من أجل تتعود على العمل الجماعي, فامتلاك هذه المهارة ضروري لصقل الشخصية وتحقيق النجاح.

تطوير الذات_ البرمجة اللغوية العصبية NLP

المعنى اللغوي للبرمجة اللغوية العصبية:

البرمجة اللغوية العصبية " NLP " Neuro Linguistic Programming

كلمة Neuro تعني عصبي أي متعلق بالجهاز العصبي – الذي يتحكم في وظائف الجسم وأدائه وفعاليته كالسلوك والتفكير والشعور

كلمة Linguistic تعني لغوي أو متعلق باللغة – التي هي وسيلة الإيصال بالآخرين

كلمة Programming : تعني برمجة – طريقة تشكيل صورة العالم الخارجي في ذهن الإنسان أي برمجة دماغ الإنسان.

البرمجة اللغوية العصبية علم يدرس طريقة التفكير في إدارة الحواس, ومن ثم يبرمج ذلك وفق الطموحات التي يضعها الإنسان لنفسه.

مصطلح البرمجة اللغوية العصبية NLP يطلق على علم جديد, ويستند على التجربة والاختيار, ويقود إلى نتائج ملموسة, البرمجة اللغوية العصبية تنظر إلى قضية النجاح والتفوق على أنها عملية يمكن صناعتها, وليست وليدة الحظ أو الصدفة, ذلك ان إحدى قواعد الهندسة النفسية تقول: ليس هناك حظ بل هناك نتيجة, وليس هناك صدفة بل هناك أسباب ومسببات, وهو علم ذو أهمية كبيرة لكل الناس وخاصة للذين يريدون أن يغيروا عاداتهم السيئة ويؤثروا في غيرهم.

البرمجة اللغوية العصبية هي وسيلة تعين الإنسان على تغيير نفسه, إصلاح تفكيره وتهذيب سلوكه, وتنقية عاداته وشحذ همته وتنمية ملكاته ومهاراته, وكذلك الهندسة النفسية طريقة ووسيلة تعين الإنسان على التأثير في غيره, فوظيفة هذا العلم إذاً تتلخص في مهمتين اثنتين(التغيير والتأثير) تغيير النفس وتغيير الغير, وإذا ملك الإنسان هذين الأمرين فقد وصل إلى ما يريد ونال ما يطلب.

البرمجة اللغوية العصبية تنظر إلى قضية النجاح والتفوق على أنها عملية يمكن صناعتها وليس هي وليدة الحظ أو الصدفة, حيث يقول المفكرون والقادة والمصلحون أنه يجب على الإنسان ان يكون مثابراً مجداً صبوراً متقناً لعمله منظماً لوقته, ولكنهم لم يقولوا كيف يمكن للإنسان أن يفعل ذلك, علم النفس لا يهتم بالإجابة على هذا السؤال, أما هندسة النفس

الإنسانية فتجيب عليه, علم النفس يناقش التشخيص ووضع الحلول دون أن يبين الكيفية, أما البرمجة اللغوية العصبية فتناقش الكيفية وتهتم بها, كما أن علم النفس يدرس السلبيات وأسبابها وكيفية التخلص منها, أما البرمجة اللغوية العصبية فيدرس الإيجابيات وكيفية الوصول إليها.

نبذة تاريخية عن البرمجة اللغوية العصبية NLP

بدأ هذا العلم في منتصف السبعينات حين وضع العالمان الأمريكيان: الدكتور جون غريندر (عالم لغويات) وريتشارد باندلر (عالم رياضيات ومن دارسي علم النفس السلوكي ومبرمج كمبيوتر) كانا متميزان في تخصصهما غير أنهما يئسا من الروتين الكابح الذي ظل يسود العلوم الإنسانية, وقد بنيا هذا العلم على جهود آخرين على رأسهم العالم النفسي والمختص في اللغويات ميلتون أريكسون والعالمة الاجتماعية والمختصة في العلاج الأسري فرجينيا ساتير , وعالم السلالات الإنسانية جورج ريبيرتس, وقد فكرا لماذا تكون لدى بعض الناس مهارة ليست لدى غيره؟ ولم يكن اهتمامهما ينصب على معرفة ماذا يفعل الناجحون وإنما كيف يفعلون, وقد اهتما بدراسة وتحليل ثلاثة من أبرز الناجحين في العلاج النفسي في زمانهما, منهم الخبير النفسي ميلتون أريكسون, وقد نشرا اكتشافهما لأساسيات البرمجة اللغوية العصبية عام 1975م في كتاب من جزأين, ثم خطا هذا العلم خطوات في الثمانينيات وانتشرت مراكزه, وتوسعت معاهد التدريب عليه في الولايات المتحدة الامريكية وبريطانيا وبعض البلدان الأوروبية الاخرى, ولا نجد اليوم بلداً من بلدان العالم الصناعي إلا وفيه عدد من المراكز والمؤسسات لهذه التقنية الجديدة.

من فوائد البرمجة اللغوية العصبية:

- السيطرة على المشاعر
- التحكم في طريقة التفكير وتسخيرها كيفما تريد
- التخلص من المخاوف والعادات بسرعة فائقة
- السهولة في إنشاء انسجام بينك وبين الآخرين
- معرفة كيفية الحصول على النتائج التي تريد
- معرفة استراتيجية نجاح وتفوق ونبوغ الآخرين ومن ثم تطبيقها على النفس
- ممارسة سياسة التغيير السريع لأي شيء تريد
- التأثير في الآخرين وسرعة إقناعهم

تطبيقات البرمجة اللغوية العصبية

يدخل علم البرمجة اللغوية العصبية في جميع تصرفات وسلوكيات الإنسان كما يشمل مجالات كثيرة من حياته, فهذا العلم فعال وذو قوة عجيبة في التغيير يستخلصها من العقل البشري, وقد خرجت من هذا العلم عدة تخصصات نذكر منها على سبيل المثال لا الحصر:

- التعلم السريع: ومن فوائده مثلاً تعلم لغة في فترة قصيرة (عدة أشهر) أو توصيل معلومة في ثواني
- القراءة التصويرية: وهو علم يهتم بالقراءة التصويرية كأن تقرأ كتاباً كاملاً في عدة ساعات.
- خط الزمن أو العلاج بخط الزمن: استخدام أحداث الماضي لدعم وتعزيز الحاضر

موضوعات البرمجة اللغوية العصبية

هذا العلم يستند على التجربة والاختيار ويقود إلى نتائج محسوسة ملموسة في مجالات وموضوعات لا حصر لها, يمكن التمثيل لها بما يلي:

- محتوى الإدراك لدى الإنسان وحدود المدركات : المكان – الزمان – الأشياء – الواقع – الغايات – الأهداف – انسجام الإنسان مع نفسه ومع الآخرين – وكيف يمكن إدراك معنى الزمن
- الحالة الذهنية: كيف نرصدها ونتعرف عليها وكيف نغيرها – دور الحواس في تشكيل الحالة الذهنية – أنماط التفكير ودورها في عملية التذكر والإبداع
- علاقة اللغة بالتفكير: كيف نستخدم حواسنا في عملية التفكير – كيف نتعرف على طريقة تفكير الآخرين
- علاقة الوظائف الفيزيولوجية بالتفكير
- تحقيق الألفة بين شخصين" كيف تتم" ودور الألفة في التأثير على الآخرين
- كيف نفهم قيم الإنسان وانتماؤه, وارتباط ذلك بقدرات الإنسان وسلوكه وكيفية تغيير المعتقدات السلبية التي تقيد الإنسان وتحد من نشاطه.

- دور اللغة في تحديد أو تقييد خبرات الإنسان, وكيف يمكن تجاوز تلك الحدود, وكيف يمكن استخدام اللغة للوصول إلى العقل الباطن وإحداث التغييرات الإيجابية في المعاني والمفاهيم
- علاج الحالات الفردية كالخوف والوهم والصراع النفسي والتحكم بالعادات وتغييرها.
- تنمية المهارات وشحذ الطاقات ورفع الأداء الإنساني

أركان النجاح الثلاثة حسب مفاهيم هذا العلم هي:

- تحديد الهدف (الحصيلة)
- قوة الملاحظة والانتباه (جمع المعلومات)
- الاستعداد للتغيير (المرونة)

وهذه الأركان الثلاثة جميعها تهدف إلى التغيير والتأثير, ولكل واحد من هذه الأركان شرح وتفصيل وطرق وأساليب – وقد تم تغطية القسم الأكبر من هذه المواضيع في الجزء الأول من الكتاب " مبادئ إدارة الذات " – لذلك سوف يتم الاكتفاء بالحديث عن مبادئ البرمجة اللغوية العصبية أو ما يسمى بالافتراضات المسبقة للبرمجة اللغوية العصبية وهي التي تعتبر الأساس الذي يقوم عليه هذا العلم.

مبادئ البرمجة اللغوية العصبية (الافتراضات المسبقة)

يوجد 13 مبدأ للبرمجة اللغوية العصبية تعتبر عصب هذا العلم, وكل المعلومات الأخرى في البرمجة اللغوية العصبية مبنية على هذه الافتراضات:

1- احترام رؤية الشخص الآخر للعالم
2- الخارطة ليست هي الواقع
3- توجد نية إيجابية وراء كل سلوك
4- يبذل الناس أقصى ما في استطاعتهم بالمصادر المتوفرة لديهم
5- يكمن معنى الاتصال في الاستجابة التي نحصل عليها
6- الشخص الأكثر مرونة هو الذي يسيطر على الموقف
7- لا وجود للفشل إنما هناك تجارب وخبرات

8- لكل تجربة أحداثها المرتبطة بها فإذا غيرت الأحداث تغيرت التجربة
9- يتم الإيصال الإنساني على مستويين الواعي واللاواعي
10- كل شخص يمتلك القدرة والموارد اللازمة للتغيير
11- الجسم والعقل يؤثر كل منهما في الآخر
12- إذا كان أي إنسان قادر على فعل شيء فمن الممكن لأي إنسان آخر أن يتعلمه أو يفعله
13- أنا أتحكم في عقلي فأنا مسؤول عن تصرفاتي

الافتراض الأول: احترام رؤية الشخص الآخر للعالم

كل إنسان له مجموعة من القيم والمبادئ والسلوكيات والاعتقادات, وهذه القيم لا تأتي دفعة واحدة أو بمرحلة عمرية معينة, إنما تتراكم عبر السنين حتى تنصقل وتصبح قيم واعتقادات ثابتة من الصعب جداً تغييرها, عند تفاعلنا مع الآخرين ينبغي علينا أن نتقبلهم كما هم, وأن لا نحاول أن نجعل منهم صورة طيق الأصل عن تفكيرنا واعتقادنا, فالاختلاف بين الناس هو سنة كونية قائمة إلى يوم الدين ولا يمكن لأحد تغييرها, قال الله تعالى ﴿ وَلَوْ شَآءَ رَبُّكَ لَآمَنَ مَن فِي ٱلْأَرْضِ كُلُّهُمْ جَمِيعًاۚ أَفَأَنتَ تُكْرِهُ ٱلنَّاسَ حَتَّىٰ يَكُونُواْ مُؤْمِنِينَ ﴿٩٩﴾ ﴾ يونس 99, فالاختلاف بين البشر في المعتقدات والقيم والتفكير هو شيء طبيعي, ولا ينبغي عليك أن تصحح الاختلاف بينك وبين زوجتك أو بينك وبين صديقك, لأن هذا الاختلاف هو أمر طبيعي لا ينبغي تصحيحه.

العادات والقيم والسلوكيات تتشكل عبر الزمن, وتحتاج لسنواتٍ طويلة حتى تترسخ في منظومة القيم الإنسانية, لذلك تجد الشاب أو الفتاة في سن المراهقة كثير التغيير ويتأثر بأي كلمة يسمعها ويغير سلوكه بين يومٍ وليلة, أما البالغ فإن معدل التغيير لديه يكون أقل, لأن عاداته وقيمه وسلوكه خضعت لاختبارات عديدة حتى ترسخت لديه, يقول الفيلسوف الصيني لاوتسو :

راقب أفكارك لأنها ستصبح كلمات .. راقب كلماتك لأنها ستصبح أفعال

راقب أفعالك لأنها ستتحول إلى عادات .. راقب عاداتك لأنها تكون شخصيتك

راقب شخصيتك لأنها ستحدد مصيرك.

ملامح الشخصية لا تتشكل إلا بعد تراكم العادات لفترة زمنية طويلة, وعندما تتشكل العادة فمن الصعب جداً تغييرها, لأنها عبارة عن تراكم الأفعال لفترة طويلة, مما يعني أن العادة أصبحت متجذرة في العقل الباطن, وتحتاج إلى جهد كبير لتغييرها, أما الأفعال فهي نتيجة طبيعية لكلماتنا, فنحن نفكر من خلال اللغة, وعندما تقول لنفسك " أنا لا أستطيع إيجاد فرصة عمل أو لا أستطيع ممارسة الرياضة " فإن هذه الكلمات سوف يترجمها العقل إلى أفعال, فكل كلمة تقولها سوف يستقبلها العقل الباطن بكامل الجدية, لذلك علينا الحذر من الكلمات التي نقولها لأن أفعالنا سوف تتبلور بالاستناد إلى كلماتنا, وأخطر شيء يؤثر في الأفعال والعادات والشخصية والمصير هو التفكير لأنه نقطة البداية لتشكل الأفعال ومن ثم تحول الأفعال إلى عادات التي تؤدي إلى تكوين ملامح الشخصية وتحديد المصير, فالتحكم في التفكير هو نقطة البداية لإحداث أي تغيير ولا يمكن أبداً إحداث التغيير من دون التحكم بالتفكير وتغييره.

وحتى أن قبول الشخص الآخر كما هو يعتبر سمة من سمات المجتمعات الناضجة المتحررة المتطورة, فلا يمكن أبداً قولبة المجتمع في قالب واحد, ولا حتى في الأسرة الواحدة, فالأخ لا يمكن أن يشبه أخيه في تفكيره واعتقاداته, فلكل واحد منهما تجربته الخاصة ومنظومة قيمه الخاصة به, وهذا يقودنا إلى مبدأ في التربية في غاية الأهمية: (عليك التعامل مع طفلك كما هو وليس كما أنت تريد) هذا لا يعني أبداً أن الأب أو الأم عليهم أن لا يسهموا في تعديل سلوك الأبناء, إنما يعني أن الطفل لو كان لديه اختلاف عنك في الأطعمة التي يحبها, والألوان التي يحبها فلا ترغمه أن يكون مثلك.

المبدأ الأول من مبادئ البرمجة اللغوية العصبية ينص على فكرة في غاية الاهمية, وعدم التقيد بهذا المبدأ يؤدي إلى مشاكل مع الآخرين لا نهاية لها, وإن جزء كبير من المشاكل المتولدة بين الناس يعود إلى عدم الالتزام بتطبيق هذا المبدأ, وهذا المبدأ يحث عليه الله تعالى في كثير من آيات القران الكريم, يقول الله تعالى ﴿ وَقُلِ ٱلْحَقُّ مِن رَّبِّكُمْ ۖ فَمَن شَآءَ فَلْيُؤْمِن وَمَن شَآءَ فَلْيَكْفُرْ ۚ إِنَّآ أَعْتَدْنَا لِلظَّـٰلِمِينَ نَارًا أَحَاطَ بِهِمْ سُرَادِقُهَا ۚ وَإِن يَسْتَغِيثُوا۟ يُغَاثُوا۟ بِمَآءٍ كَٱلْمُهْلِ يَشْوِى ٱلْوُجُوهَ ۚ بِئْسَ ٱلشَّرَابُ وَسَآءَتْ مُرْتَفَقًا ﴿٢٩﴾ ﴾ الكهف 29

ويقول الله تعالى ﴿ لَآ إِكْرَاهَ فِى ٱلدِّينِ ۖ قَد تَّبَيَّنَ ٱلرُّشْدُ مِنَ ٱلْغَىِّ ۚ فَمَن يَكْفُرْ بِٱلطَّـٰغُوتِ وَيُؤْمِنۢ بِٱللَّهِ فَقَدِ ٱسْتَمْسَكَ بِٱلْعُرْوَةِ ٱلْوُثْقَىٰ لَا ٱنفِصَامَ لَهَا ۗ وَٱللَّهُ سَمِيعٌ عَلِيمٌ ﴿٢٥٦﴾ ﴾ البقرة 256

الآيات السابقة تدل على عدم إكراه الغير في الدين وترك الحرية للناس للاعتقاد كما يشاؤون, فإذا كان الأمر الأهم في حياة الإنسان وهو الدين لا يوجد فيه إكراه, فمن باب أولى أن تنتفي صفة الإكراه في الأشياء الأخرى الأقل أهمية.

احترام رؤية الشخص الآخر للعالم تتطلب منك حسن الاستماع للآخرين واحترامهم وتقبلهم وعدم إكراههم لتبني وجهة نظرك حول الأشياء والمواقف.

المجتمعات المتأخرة ينتشر فيها النزاعات الشخصية, ويسيطر عليها النزعات القبلية, ببساطة لأن كل شخص يريد الآخر أن يكون مثله في تفكيره ونظرته للأمور, ولا يتقبل كل طرف الطرف الآخر كما هو, إنما يحاول تغييره بكل الطرق الممكنة وهذا أمر ينافي الفطرة التي فطر الله الناس عليها.

تقبل أن زوجتك لا تحب مباريات كرة القدم, وتقبلي أن زوجك لا يحب السهر لوقت متأخر, وتقبل زميلك في العمل الذي يعمل لوقت متأخر, وتقبل ابنك الذي يريد دراسة اختصاص في الجامعة يختلف عن الذي أنت تريده, الأصل في هذا المبدأ هو تقبل الآخر والتعايش مع هذا الاختلاف بين الأشخاص, مع التأكيد على أن المقصود بالتقبل هو الرضى وليس المسايرة, فيجب عليك الرضى بهذا الاختلاف والتعايش معه, وهذا هو الذكاء بعينه, فقد اتفق علماء الاجتماع على تعريف الذكاء بأنه " القدرة على التأقلم " فكلما زادت قدرتك على التأقلم مع ظروف مختلفة وأشخاص مختلفين كلما زاد معدل الذكاء لديك, فتطبيق المبدأ الأول للبرمجة اللغوية العصبية يعمل على تفعيل قدراتك ويجعل منك شخصاً ذكياً يتقبل الاختلافات بينه وبين الآخرين, ويبتعد بك عن النعرات الطائفية والأحقاد الشخصية والخلافات المذهبية التي هي سبب رئيسي لتأخر مجتمعاتنا العربية.

تقبلك للآخرين سوف يزيد معدل السعادة لديك, لأن عدم التقبل يترك أثراً نفسياً عميقاً مسبباً للقلق والتوتر والانفعال, أما تقبلك للآخرين وشعورك بالرضى حول هذا الاختلاف يجعل منك شخصاً هادئاً يتعامل بثقة مع الآخرين.

إن تقبلك لنظرة الشخص الآخر للعالم من حوله يزيد من قدرتك في التأثير عليه, لأنك لو حاولت تغيير سلوكه بشكل مباشر فإنه لن يتقبل ذلك وسوف يصر على موقفه, أما لو تقبلت رأيه واتبعت معه أسلوب نعم .. ولكن , أي أنك احترمت رأيه ومن ثم عرضت عليه رأيك, فهنا سيكون الاحتمال أكبر لزيادة قدرتك في التأثير عليه, وإن قدرتك في التأثير على الآخرين مرهونة بمدى

قدرتك على تقبلهم, وعندما تفعل ذلك تكون حققت 50% من أهداف البرمجة اللغوية العصبية المتمثلة بكلمتين (التغيير والتأثير)

الافتراض الثاني: الخارطة ليست هي الواقع

المقصود بالخارطة هي الخارطة الذهنية والإدراك, فكل إنسان لديه خارطة ذهنية تختلف عن أي إنسان آخر وتختلف عن الواقع أيضاً, وكلا الشخصين خارطتهما الذهنية مختلفة عن الواقع, فالخارطة الذهنية تتشكل نتيجة الحواس الخمس البصر والسمع والشم والتذوق واللمس, فكل صورة أنت شاهدتها وكل صوت أنت سمعته يختلف عما شاهده أو سمعه شخص آخر, وهذا ما يفسر أن الخارطة الذهنية لكل شخص تعبر عن مستوى إدراكه الذي تشكل نتيجة المعلومات الواردة عبر حواسه.

صورة العالم في ذهنك هي مختلفة عن العالم الحقيقي وهي أيضاً مختلفة عن صورة العالم في ذهن شخص آخر, لأن معظم معلوماتنا عن العالم نحصل عليها من وسائل الإعلام التي فيها الكثير من التشويه للحقائق وتزييف للواقع, مما يجعل خارطتنا الذهنية غير مطابقة للواقع.

معرفتنا بان الخارطة ليست هي الواقع يجب أن تكون دافعاً لنا لتجنب العناد وعدم التشبث برأينا في حالات كثيرة, وهذا ما يعني أن المرونة مطلوبة عند التعامل مع أنفسنا وعند التعامل مع الآخرين.

الإنسان في حالة صراع مستمر مع نفسه لتقويم وتعديل خارطته الذهنية لتصبح مطابقة للواقع, فهو يعرف على مستوى العقل اللاواعي أن برامجه العقلية ليست صحيحة بنسبة 100% , وأن الكثير من المعلومات التي يمتلكها تختلف عن الواقع بشكل أو بآخر, وهذا ما يؤكد على ضرورة تبني مبدأ التعلم المستمر الذي حث عليه الله تعالى في القرآن الكريم, أي معلومة جديدة تحصل عليها سوف تسهم في تقويم خارطتك الذهنية وجعلها أقرب إلى الواقع, فلا تبخل على نفسك بالقراءة والتعلم لأنهما يسهمان في تطوير مركز القيادة واتخاذ القرار (العقل)

ولا يمكن تغيير الواقع إلا إذا غيرنا الخارطة, وهذا هو المقصود بقوله تعالى ﴿ لَهُۥ مُعَقِّبَٰتٌ مِّنۢ بَيۡنِ يَدَيۡهِ وَمِنۡ خَلۡفِهِۦ يَحۡفَظُونَهُۥ مِنۡ أَمۡرِ ٱللَّهِۗ إِنَّ ٱللَّهَ لَا يُغَيِّرُ مَا بِقَوۡمٍ حَتَّىٰ يُغَيِّرُواْ مَا بِأَنفُسِهِمۡۗ وَإِذَآ أَرَادَ ٱللَّهُ بِقَوۡمٖ سُوٓءٗا فَلَا مَرَدَّ لَهُۥۚ وَمَا لَهُم مِّن دُونِهِۦ مِن وَالٍ ١١ ﴾ الرعد11 , بمعنى أن تعاملك مع العالم الخارجي سوف يتغير كلياً إذا تغير إدراكك له وغيرت الخارطة الذهنية

السبب الأهم لكون الخارطة غير مطابقة للواقع هو أن معلوماتنا نستقبلها من وسائل الإعلام المليئة بالتدليس والمغالطات, فربما يتشكل لديك صورة وردية عن الحياة بأوروبا أو اليابان من خلال وسائل الإعلام, وعندما تذهب إلى هناك تتفاجئ بأن الواقع يختلف عن الصورة الذهنية لديك.

الافتراض الثالث: يوجد نية إيجابية وراء كل سلوك

في كثير من الأحيان تنتهي العلاقة بين شخصين نتيجة سلوك واحد فقط, لكن الشخص الذي بادر إلى إنهاء العلاقة لم يعرف أبداً النية وراء هذا السلوك, فمعظم تصرفات الإنسان يوجد ورائها قصد إيجابي ونية حسنة, فلو سألت لصاً عن سبب سرقته لأجاب: أريد إطعام أولادي, (طبعاً هذا لا يبرر السرقة) إنما القصد من هذا المبدأ هو تجنب ظاهرة التعميم عند التعامل مع الأشخاص, فإذا ما شاهدنا أحد الأشخاص يبدر منه سلوك ما فيجب أن لا نتسرع في الحكم على شخصيته من خلال سلوك واحد إلا بعد معرفة العلاقة بين النية والسلوك, ومعظم سوء الفهم الحاصل بين الأشخاص هو نتيجة عدم فهم للعلاقة بين النية والسلوك, وهذا يتطلب منا عدم التسرع في الحكم على سلوك الأشخاص, فإذا رأيت أن زميلك بالعمل رفع صوته عند التعامل مع شخص آخر فلا تصفه بالعصبي, لأنك لا تعلم التراكمات التي أدت إلى هذا الموقف, ولا تعلم نيته عندما بدر منه هذا السلوك, فإذا كان زميلك في العمل يتعامل معك دائماً باحترام وهدوء, فلا تغير نظرتك له نتيجة رفع صوته على شخص آخر لأنك لا تعلم طبيعة العلاقة بينه وبين هذا الشخص, إن التسرع في إطلاق الأحكام على الأشخاص نتيجة السلوك فقط يسبب الكثير من المشاكل في العلاقات الاجتماعية, فيجب دائماً معرفة النوايا التي تخلق السلوك, فالنية هي السبب والسلوك هو النتيجة ولا يمكن تفسير النتائج قبل معرفة الأسباب الكامنة وراءها.

أحد الأطفال أمسك بقلم حاد وبدأ يكتب على سيارة والده, فعندما شاهده الوالد غضب كثيراً وصرخ عليه وضربه على يده حتى أنه كسرها من شدة الضرب لأن الولد أفسد طلاء السيارة, وعندما اقترب الأب من السيارة شاهد عبارة (أحبك يا بابا) فبكى الأب كثيراُ وندم على تصرفه بأنه حكم على ابنه من خلال السلوك فقط.

لنفترض أنك تريد تقديم اقتراح إلى رئيسك في العمل ومن وجهة نظرك يؤدي هذا الاقتراح إلى توفير النفقات وتحسين جودة العمل, وبدأت حديثك مع رئيسك بالعمل بتوضيح فكرة أن طريقة

العمل القائمة غير صحيحة وأنك تعرف طريقة أفضل منها لأداء العمل, هذه البداية كافية أن تجعل رئيسك في العمل يرفض اقتراحك لأنه شعر أنك تستعرض عضلاتك أمامه وتظهر له مدى معرفتك بكيفية إنجاز العمل, فهنا يوجد احتمال كبير لعدم تقبله لاقتراحك, أما لو بدأت حديثك معه بتوضيح نيتك قبل البدء بالحديث, كأن تقول (إن طريقة العمل الحالية هي جيدة جداً وتعبر عن مستوى معرفي كبير لإدارة الشركة, وبحكم أنني أعمل معكم منذ زمن طويل فأشعر أنه من واجبي تقديم اقتراحات من شأنها توفير النفقات وتحسين الجودة في العمل) عندما تبدأ حديثك بهذه الطريقة " توضيح النية قبل البدء بالحديث " فهذا يقلل سوء الفهم مع الطرف الآخر إلى أدنى حد ممكن, فيجب علينا في معظم الاوقات وخاصةً عند الخوض بمواضيع هامة مع الآخرين أن نوضح نيتنا قبل البدء بالحديث لنتجنب سوء الفهم, ونتجنب الحكم على السلوك بمعزل عن النية.

الأب أو الأم عندما يصرخ على طفله فهو يتألم أكثر منه, لكنه يفعل ذلك لصالحه, فلا تحكم على أب يصرخ على طفله بأنه عصبي, لأنك لا تعلم نيته من هذا الفعل, فنيته هي تربية الطفل وتغيير سلوكه نحو الأفضل.

فالبرمجة اللغوية العصبية تهدف إلى التغيير و التأثير, (فإذا أردت التأثير على شخص ما, فلا تبدأ حديثك معه بمناقشة السلوك " النتيجة " إنما عليك معرفة السبب " النية " فإذا أردت مناقشة اللص ومحاولة التأثير عليه, فلا تبدأ حديثك معه في وصف سلوك السرقة بأنه فعل إجرامي غير مقبول, إنما ابدأ حديثك معه بالحديث حول النية, وحاول أن تقنعه بأن هناك طرقاً أفضل من السرقة لإطعام الاولاد) [12] , فالتأثير الحقيقي على الآخرين يبدأ من قدرتك في التأثير على نيتهم وليس سلوكهم

الافتراض الرابع: يبذل الناس أقصى ما في استطاعتهم بالخيارات والمصادر المتوفرة لديهم

" الحياة هي لعبة خيارات " هذه العبارة دائماً أقولها للحضور في الدورات التدريبية, في أحد المرات كنت أقدم دورة تدريبية بعنوان " المهارات الإدارية " ومكان تقديم الدورة بنفس مقر

---

[12] موقع مؤسسة إبني نفسك للتنمية للمدرب أحمد جمعة -بقلم د. شريف عرفة

الشركة, وعند انتهاء الجلسة التدريبية الأولى كانت الساعة الثانية عشر ظهراً, فإذا بأحد الموظفات تسألني قبل مغادرة القاعة للخروج إلى الاستراحة: هل من الأفضل أن أذهب لتناول الغداء أم البقاء في القاعة؟ فأجبتها : (يوجد لديكِ في الحقيقة أكثر من خيارين, يمكنك الذهاب إلى مكتبك لإكمال بعض الأعمال, أو يمكنك الدردشة مع زميلتك خارج القاعة, أو يمكنك إجراء اتصال هاتفي, أو يمكنك تناول الغداء في وقت الاستراحة, أو يمكنك مراجعة المعلومات السابقة والتحضير للجلسات القادمة, ولخصت كلامي لها بأن كل القرارات التي يتخذها الإنسان هي نتيجة المفاضلة بين الخيارات المتاحة- وكل قراراتك في الحياة يجب أن تكون اختيار البديل الأفضل من ضمن البدائل المتاحة- فما هو بديلك الأفضل الآن؟) كانت هي وزميلتها يستمعان بكل انتباه وعبرا عن شكرهما لهذه النصيحة.

وفي دوراتٍ تدريبية أخرى – وحتى أتمكن من توضيح هذه الفكرة – كنت أطرح سؤال على الحضور (لو شاهدت ابن أخيك الصغير المراهق يدخن هل ستخبر والده أم لا) فكانت الإجابات تنقسم بين ضرورة أن يتم إخبار والده وبين ضرورة عدم إخبار والده, وبعد الاستماع إلى الحضور كنت أفاجئهم بالقول أنه يوجد أكثر من سبعة خيارات للتعامل مع هذا الموقف, لماذا نحصر تفكيرنا في خيارين فقط؟

- يمكن الحديث بشكل مباشر مع ابن اخيك وتوجيه النصيحة له.
- يمكن الحديث مع زوجتك وهي بدورها تتحدث مع والدته التي ستكون قادرة على توجيه النصح له.
- يمكن إخبار والده بشكل غير مباشر والتلميح له بذلك.
- يمكن الحديث مع أحد أصدقاء الشاب المراهق من أجل أن يقدم هو النصيحة له.
- يمكنك تهديد ابن أخيك بانه إذا لم يتوقف عن التدخين فسوف تخبر والده.
- يمكنك تجاهل الموقف وكأن شيئاً لم يكن
- يمكنك إخبار والده بشكل مباشر.

وبعد أن أنتهي من ذكر الخيارات المتاحة أتفاجئ من الحضور بأن لديهم مزيد من الخيارات الأخرى القابلة للتطبيق, وكلما رفعت من إمكانياتك في توليد الخيارات كلما كان إطار التفكير أوسع لديك, وإذا لم تستطع توليد الخيارات فهذا يعني محدودية التفكير, وبالتالي محدودية النتائج التي يمكن الحصول عليها.

لا تندم أبداً على قراراتك السابقة, لأن كل قراراتك السابقة كانت تمثل أفضل خياراتك ضمن المتاح لك عندما اتخذتها, وإن مستوى الوعي والإدراك لديك عند اتخاذك للقرارات السابقة لم يكن بنفس مستوى الوعي والإدراك الحالي, فهذه هي الطبيعة التي يجب أن يكون عليها الإنسان " يتخذ أفضل القرارات ضمن الخيارات والإمكانيات المتاحة "

وبعد حصرك لخياراتك المتاحة واختيارك لواحدٍ منها, يجب عليك أن تحب هذا الخيار, لأنك أنت الذي إختاره, فإذا افترضنا أنك قررت العمل لدى القطاع الخاص, مع العلم أنه كان يوجد لديك خيارات أخرى مثل (السفر إلى الخارج – العمل في القطاع الحكومي – محاولة تأسيس عملك الخاص – إكمال الدراسة – البحث عن تمويل أو شريك للبدء بمشروع ما) إلا أنك تركت كل ما سبق واخترت أن تعمل لدى القطاع الخاص براتب شهري, هذا هو اختيارك وليس لديك من خيار إلا أن تحب هذا الخيار لأنك أنت من إختاره, وإن حب العمل كما سبق ذكره هو شرط أساسي للنجاح, فإذا أردت أن تعمل ما تحب فيجب عليك أولاً أن تحب ما تعمل.

هذا فيما يتعلق بتوليد الخيارات, أما بالنسبة للمصادر المتوفرة لديك, فعليك معرفة ميزتك النسبية, ومعرفة أكثر شيء يمكن لك النجاح فيه ومعرفة أكثر شيء تحب أن تعمله, فقرارك عند اختيار مهنتك أو تخصصك الجامعي هو من أهم قرارات حياتك, فحب العمل هو شرط أساسي لنجاحه, فإعرف نمط التعلم لديك (مرئي – سمعي – باللمس) واعرف المهنة التي تستغل من خلالها إمكانياتك ومهاراتك, واحرص على تحقيق الاستغلال الأمثل لمهاراتك الفكرية, وإن معرفتك لذاتك تشكل خطوة على طريق التغيير الذي هو الهدف الأول للبرمجة اللغوية العصبية.

الافتراض الخامس: يكمن معنى الإتصال في الاستجابة التي تحصل عليها

عندما تتواصل مع الأشخاص الآخرين ربما تصادف بعضاً منهم لديه أسلوب قاسٍ ومتصلب في التواصل, في الحقيقة هو ليس كذلك دائماً, ربما لديه موقف خاص من المسألة المطروحة, أو ربما أسلوبك في التواصل لم يكن جيداً معه, جرب أن تتبع أسلوب أكثر ليونة معه, اطرح وجهة نظرك أمامه بكل هدوء وباختصار ثم اسأله عن رأيه في الموضوع ومن الأرجح أن استجابته سوف تختلف عندما تغير أسلوبك في التواصل.

هذا المبدأ في البرمجة اللغوية العصبية يذكرنا بالسؤال الذي طرحناه عند الحديث عن مهارات التواصل: ما هو عامل النجاح في التواصل ؟

وإن كيفية التواصل في موضوع ما هي أهم من المعلومات التي تمتلكها حول هذا الموضوع. فعندما تريد مناقشة موضوع ما مع شخص آخر، فإن طريقة تواصلك مع هذا الشخص هي أهم بكثير من المعلومات التي تعرفها عن هذا الموضوع، لأن استجابة وتفاعل الطرف الآخر معك تعتمد على طريقة تواصلك أكثر من كمية المعلومات التي تعرفها حول الموضوع.

ولو قدرنا الأهمية لطريقة تواصلك مع الآخرين فهي ما يقارب الـ 70% مقابل 30% لما تمتلكه من معلومات حول الموضوع. وهذا يدفعنا للاهتمام أكثر بطريقة تواصلنا فهي العامل الحاسم في نجاح عملية التواصل.

ولا يمكن إغفال أهمية التواصل لتحقيق التأثير على الآخرين والتغيير على الصعيد الشخصي، خاصةً إذا عرفنا أن أكثر من 80% من مشاكل الإنسان سببها الرئيسي هو التواصل، وهذا المبدأ ينص على ضرورة التركيز على الاستجابة التي نحصل عليها جراء عملية التواصل، فإذا حصلنا على الاستجابة المرغوبة فهذا يعني أننا نتواصل بالطريقة الصحيحة، أما إذا تكرر عدم حصولنا على الاستجابة المرغوبة فهذا يعني بكل تأكيد أن هناك خللاً في طريقة تواصلنا مع الآخرين.

هذا المبدأ يشدد على أهمية أسلوبنا في التواصل ، وأن نعطي الاهتمام الكافي لطريقة تواصلنا مع الآخرين، وربما أكثر من المعلومات التي نمتلكها حول الموضوع، وان أسلوبك وطريقتك في التواصل هي العامل الأكبر الذي يحدد شكل الاستجابة من الطرف الآخر، ينطبق هذا على لغة جسدك أثناء التواصل ونبرة صوتك ومحتوى الحديث.

عندما تغير أسلوبك في التواصل فإنك ستلاحظ فوراً أن استجابة الطرف الآخر ستصبح أفضل، وإن إتباعك أساليب غير جيدة في التواصل سوف تفسد عليك الموقف رغم امتلاكك كل مفاتيح القوة.

الافتراض السادس: الشخص الأكثر مرونة هو الذي يسيطر على الموقف

المرونة المقصودة في هذا المبدأ لها عدة معاني، فالمعنى الأول يدل على المرونة في الأساليب المتبعة لتحقيق الأهداف، وطبعاً تعتبر المرونة من أهم مواصفات الخطة، فخطتك لا يجب أبداً أن تكون جامدة، فكل شيء يتغير باستمرار، والثابت الوحيد في هذا الكون هو المتغير، فربما تتغير الأوضاع والظروف عند تنفيذ الخطة وتختلف عن الظروف التي كانت سائدة عند إعدادها، والواقع يختلف بحيث أن الافتراضات التي بنيت عليها الخطة أصبحت اليوم غير سارية

بسبب التغيير الحاصل في المتغيرات المحيطة, عليك أن تنوع من طرقك وأساليبك للوصول إلى أهدافك, مع التذكير بأن العادة السابعة من عادات الناس الأكثر فاعلية المذكورة في كتاب ستيفين كوفي " العادات السبعة للناس الأكثر فاعلية " هي (اشحذ المنشار) أي كن مرناً وحافظ على المبادرة والتجديد.

الماء الراكد إذا بقي راكداً سيصبح ماء آسن, أما الماء المتدفق طالما أنه يتدفق سيبقى ماءً عذباً.. كن كالماء المتدفق وغير باستمرار في أساليبك وأدواتك للوصول إلى الأهداف المرجوة

المرونة تعني الذكاء, فالذكاء هو القدرة على التأقلم, والمرونة تعني قدرتك على التغيير والتأقلم مع الظروف السائدة, والجنون هو أنك تريد نتائج مختلفة وبنفس الوقت تحافظ على نفس الطرق والأساليب المتبعة, فإذا أردت نتائج مختلفة فعليك تغيير الأساليب والطرق المتبعة لتحصل على نتائج مختلفة وهذا يعني المرونة وهذا هو المعنى الثاني للمرونة الذي يتجلى في ضرورة أنك تغير اعتقاداتك و أفعالك من أجل الحصول على نتائج مختلفة.

فإذا كنت طالباً غير راضٍ عن الدرجات التي تحصل عليها فغير أسلوبك في الدراسة حتى تصبح درجاتك أفضل

وإذا كنت زوجاً غير راضٍ عن علاقتك الزوجية فغير طريقة تعاملك مع زوجتك

وإذا كنت موظفاً غير راضٍ عن إنتاجيتك وعملك فغير من أسلوبك في العمل

المرونة تعني التغيير, عندما تريد الحصول على نتائج مختلفة كن مرناً وغير من أسلوبك واعتقاداتك وأفعالك, فالتغيير مطلوب للوصول إلى الهدف, خاصةً في القرن الحادي والعشرين الذي يتسم بكثرة المتغيرات من حولنا, ولا يكاد يخلو يوم من المتغيرات سواءً في العمل أو في القوانين أو في العلاقات أو في الظروف المحيطة, فالتغيير أصبح ملحاً اليوم, والأهم هو التوقيت المناسب للتغيير والإدارة الصحيحة له.

البعض يخاف من التغيير ويخاف الخروج خارج منطقة الراحة, وعندما تقترح عليه أي تغيير فإنه مباشرةً يرفض هذا التغيير, في الحقيقة التغيير يكون إيجابي إذا كان مدروساً وضرورياً, أما التغيير غير المدروس فربما يعطي نتائج سلبية بدلاً من النتائج الإيجابية المرجوة.

كن كالشجرة المرنة التي تتمايل مع الرياح ولو لم تفعل ذلك لانكسرت, حتى الماء يتميز بمرونة عالية فهو يتحمل الضغط العالي ويتحرك بانسياب من مكان إلى مكانٍ آخر.

المبدأ السادس للبرمجة اللغوية العصبية يدعو إلى المرونة في الأساليب والأدوات المتبعة لتحقيق الهدف, ويدعو إلى ضرورة التغيير عند عدم وجود الرضا عن النتائج المحققة.

الافتراض السابع: ليس هناك فشل ولكن خبرات وتجارب

هناك تقنية في البرمجة اللغوية العصبية تسمى العلاج عبر خط الزمن, الحكمة تقول أنه يجب النظر إلى النصف الممتلئ من الكأس, فليس من الحكمة أن تنظر إلى النصف الفارغ من الكأس, فإذا أردت إيجاد توافق مع شخص آخر فإنظر إلى القواسم المشتركة قبل أن تنظر إلى نقاط الاختلاف, وهذا من شأنه تعزيز الألفة بين الطرفين, أيضاً يجب تطبيق نفس مبدأ (النصف الممتلئ من الكأس) على الأحداث الماضية, فماضينا فيه أحداث إيجابية وأحداث سلبية, والماضي ذهب ولن يعود, فلننظر إلى الأحداث السلبية لأخذ العبرة فقط وعدم السماح لها بالتأثير السلبي على الحاضر, وننظر إلى الأحداث الإيجابية من الماضي لكسب الثقة بالنفس والإيمان بقدرتنا على تحقيق المزيد من النجاح, وهذا هو العلاج عبر خط الزمن.

إذا كنت من الأشخاص الراغبين بالنجاح والتميز والإبداع, فيجب أن تغير نظرتك نحو الفشل وتعتبر أنه لا يوجد فشل وإنما يوجد خبرات وتجارب, عندما سأل أديسون عن اختراعه للمصباح الكهربائي, فأجاب أنا لم أفشل إنما حاولت أكثر من 900 مرة حتى تمكنت من تحقيق النجاح, في الحقيقة لا يمكن تحقيق النجاح من غير الفشل, والفشل هو وقود النجاح, فمن لا يستطيع تقبل مرارة الفشل لن يستطيع تذوق طعم النجاح, وهذا يؤكد على أن نظرتنا نحو الفشل يجب أن تكون إيجابية لأنه الطريق إلى النجاح, وأن نستبدل كلمة "فشل" بكلمة "محاولة أو تجربة أو تحدي", وبهذه الطريقة سوف تتغير نظرتنا للفشل من سلبية إلى إيجابية وسوف نتمكن من تطبيق المبدأ السابع للبرمجة اللغوية العصبية (ليس هناك فشل ولكن خبرات وتجارب)

علينا الاستفادة من دروس الماضي, فإذا لم نحقق الهدف في الوقت الحالي فهذا لا يعني الفشل, وإنما اكتسبنا الخبرة التي تساعدنا على النجاح.

فإذا لم تنجح محاولتك بتحقيق أرباح جيدة من المرة الأولى فهذا لا يعني أنك فاشل أو غير قادر على القيام بالأعمال التجارية, لا تستسلم أو تعتبر نفسك فاشلاً, إنما هي مجرد محاولة وخبرة تم اكتسابها, وإذا لم تنجح علاقتكِ مع زوجك فلا تعتبري أنك غير قادرة على الارتباط أو أن الرجال لا يمكن التفاهم معهم, لا تستسلمي أو تعتبري نفسك فاشلة, هي مجرد محاولة غير ناجحة وخبرة تم اكتسابها, وإذا لم ينجح الأب في تعديل سلوك ابنه أو ابنته, فلا يجب أن يعتبر نفسه

مربياً فاشلاً أو غير قادر على القيام بدور الأب, إنما هي محاولة غير ناجحة وخبرة تم اكتسابها ويمكن البناء عليها للوصول إلى النتيجة المرغوبة, وإذا رسبت في الامتحان فهذا لا يعني أنك لا تستطيع النجاح, هي مجرد محاولة أدت إلى نتيجة غير مرغوبة, غير طريقة الدراسة وبالتأكيد سوف تصل إلى النجاح .

يجب أن تشطب كلمة " فشل " من قاموسك, ويكون لديك القدرة على النظر بطريقة إيجابية إلى نصف الكأس الممتلئ والبناء عليه.

اسأل كل الأشخاص الذين حققوا نجاحات متميزة في حياتهم, فتجد أنهم عانوا الكثير قبل الوصول إلى النجاح ولو أنهم استسلموا لأول محاولة غير ناجحة لما استطاعوا أن يحققوا النجاح أصلاً.

نظرتك إلى الفشل بهذه الطريقة ترفع من ثقتك بنفسك, فالأشخاص الذين لا يمتلكون الثقة بالنفس تجدهم يتعثرون عند أول مطب يواجههم ولا يجرؤون على متابعة الطريق, أما الشخص الواثق من نفسه فهو دائماً يمتلك القدرة على تجاوز المطبات والوصول إلى الوجهة, عزيمته عالية ولا يمكن أن يثنيه أي مطب عن إكمال المسير نحو الهدف.

وربما تكون المحاولة غير الناجحة في صالحك, لأنك لا تعلم أين هو الخير بالتحديد, لقد تعودت أن أحتفل بالتجربة غير الناجحة كما أحتفل بالنجاح تماماً, لأن هذه التجربة غير الناجحة ما هي في حقيقتها إلا مسافة وقطعتها على طريق النجاح.

الافتراض الثامن: لكل تجربة أحداثها المرتبطة بها فإذا غيرت الأحداث تغيرت التجربة

مشاعر الحب والكره غالباً تكون مرتبطة بتجربة ما, وإذا استطعنا تغيير التجربة والحدث المرتبط بهذه المشاعر فإننا سوف نستطيع تغييرها, بعض الأشخاص يكره مهنة الطب ومشاهدة منظر الدماء والسكاكين الجراحية, ربما كان السبب هو تجربة مرت معه منذ كان صغيراً, فإذا شاهد أمه في غرفة العمليات وكانت حالتها الصحية سيئة جداً في ذلك الوقت, فسوف يتكون لديه مشاعر من الكره والبغض لمهنة الطب, وفي كل مرة يتذكر فيها أمه في غرفة العمليات وهي تعاني فسوف يزداد لديه هذا الشعور, أما لو تكلمت معه والدته وأقنعته أن الطبيب هو الذي ساعدها لتجاوز المرض, وأنها لن تنسى فضل الطبيب عليها أبداً, وتطلب منه أن يشكر الطبيب

على مساعدته لها, فنجد سريعاً أن مشاعر الكره لديه قد تبدلت لأن التجربة المرتبطة بها تم تفسيرها بشكل مختلف.

عندما كنت صغيراً كنت أكره مهنة المعلم, لأنني عندما كنت في المرحلة الابتدائية وضع المعلم قلماً بين أصابعي وضغط بقوة, فتألمت كثيراً نتيجة هذه العقوبة, وتكونت لدي مشاعر كره اتجاه هذه المهنة, وعندما أصبحت في المرحلة الإعدادية كنت مهتماً بالتفوق في جميع المواد وخاصةً مادة الرياضيات, لاحظ معلم الرياضيات شدة اهتمامي وبدأ يعطيني تمارنياً إضافية ويشجعني على حلها, حتى أنه قبل الامتحان عرض علي المساعدة إن كنت أحتاج أي شرح في الرياضيات, عندها تبدلت مشاعري قليلاً اتجاه مهنة المعلم, وعندما كبرت وأدركت أن المعلم هو مربي الأجيال وأنه لا يمكن تحقيق أي نهضة اجتماعية وثقافية واقتصادية إلا بوجود المعلم, عندها تغيرت لدي المشاعر من كره إلى حب لتلك المهنة العظيمة.

المهم في الموضوع أن نبدأ بالتحكم بمشاعرنا وصياغتها ليس بالاعتماد على تجربة واحدة مرت معنا, وأن نتجنب ظاهرة التعميم في المشاعر, فالتجربة الواحدة لن تعطي الصورة الكاملة, وإذا بنينا مشاعرنا بناءً على تجربة واحدة أو حدثٍ واحد فهنا سيكون احتمال أن تكون هذه المشاعر غير منطقية وغير حقيقية, وهذا يتطلب منا أن نصيغ مشاعرنا بوعي وعدم تركها فريسة للترجمات الخاطئة لموقف أو حدث معين.

أهم تطبيقات هذا المبدأ تتجلى في تقنية شائعة الاستخدام في البرمجة اللغوية العصبية تسمى (الإرساء الذهني) أو الاستدعاء, أحياناً تمر علينا أوقات نكون فيها بقمة الثقة بالنفس, وأحياناُ اخرى تمر علينا أوقات نفتقر فيها إلى وجود الثقة بالنفس, هذا الشيء يحدث مع نفس الشخص, والسؤال المطروح: هل يمكن أن نستفيد من الحالة التي كنا فيها على درجة عالية من الثقة بالنفس ونخزن هذه الحالة لنستفيد منها في الأوقات التي نفتقر فيها إلى الثقة بالنفس؟ الجواب: نعم, وذلك يتم عبر تقنية الإرساء الذهني, فما هي تقنية الإرساء الذهني؟

لنأخذ على سبيل المثال موضوع " الثقة بالنفس " – مع العلم أنه يمكن اختيار مشاعر أخرى كالفرح والطمأنينة والهدوء – فعندما نكون في أعلى درجات الثقة بالنفس يمكننا أن نخزن هذه الحالة ونرسيها:

- أولاً نختار أحد المناطق في الجسم لنخزن الحالة فيها, لنفترض أن المنطقة هي السبابة اليسرى, وذلك بالضغط عليها.
- نختار أحد الاوقات التي تكون الثقة بالنفس فيها عالية جداً

- عند الشعور بأعلى درجات الثقة بالنفس نضغط على السبابة اليسرى لتخزين الحالة, ونستمر بالضغط لمدة لا تقل عن 15 ثانية
- الآن تم تخزين الحالة (الثقة بالنفس) على السبابة اليسرى.
- عندما تكون في موقف تحتاج فيه إلى الثقة بالنفس, كل ما عليك فعله هو الضغط على السبابة اليسرى وتحاول تذكر الحالة, وتستمر بالضغط عليها حتى يتم استدعاء الحالة تماماً وخروجك من حالة عدم وجود الثقة بالنفس إلى حالة وجود الثقة بالنفس وعندها تطلق المرساة لأنك وصلت إلى الحالة المطلوبة.

يمكنك صنع عدة مراسي لعدة حالات, ويجب استخدام مناطق من الجسد تختلف من حالة إلى أخرى.

الأهم في هذا المبدأ هو مراقبة تشكل المشاعر, وعدم السماح بتشكل المشاعر نتيجة تجربة واحدة أو حدث معين, إنما المشاعر يجب أن تكون حقيقية لأسباب موضوعية, وبعد معرفتنا لهذه الحقيقة ينبغي أن نسأل أنفسنا لماذا نحب هذا الشيء ولماذا نكره هذا الشيء؟ والإجابات المنطقية يجب أن تكون حاضرة وإلا وجب عليك إعادة التفكير بهذه المشاعر ومحاولة تغييرها.

الافتراض التاسع: يتم الإتصال الإنساني على مستويين الواعي واللاواعي

قبل الحديث عن العلاقة بين العقل الواعي والعقل اللاواعي علينا معرفة بعض الحقائق المثيرة عن العقل اللاواعي.

يقول العالم النفسي جورج ميلر من جامعة هارفارد في الدراسة التي أجراها عام 1956م أن العقل الواعي قادر على استيعاب أكثر من (7) +- 2 من المعلومات في لحظة ما, أي أن سعة العقل الواعي محدودة, أما العقل اللاواعي ففي استطاعته استيعاب ما يزيد عن 2 بليون معلومة في الثانية, وفي الواقع يحتوي العقل اللاواعي جميع ذكرياتك وخبراتك وبرامجك منذ أن كنت جنيناً في الرحم, أي أن للعقل اللاواعي قدرة استيعاب غير محدودة على الإطلاق, وهنا يكمن إعجاز العقل البشري, فأثناء قراءتك لهذه الصفحة, يلتقط عقلك اللاواعي الكثير من المعلومات التي لا تدركها – الإضاءة من حولك – الصفحة المقابلة – الحرارة والبرودة في الغرفة – شخص مر بجوارك ولم تنتبه إليه ...إلخ

أمثلة على وظائف العقل اللاواعي:

- كم مرة نسيت اسم شخص وفجأة تذكرته بلا سبب
- عندما يكون عندك موعد مهم في الصباح تجد شيئاً لا إرادي يوقظك من نومك فجأة قبل ميعاد دق جرس المنبه
- عندما تفكر في شيء وأنت تقود السيارة وسط الزحام وبرغم ذلك تقود السيارة باحتراف.

كل ما سبق يفعله العقل الباطن (اللاواعي)

(العقل الواعي يتعلق بالمنطق, فيدرك السبب والنتيجة ويتلقى معلوماته عن طريق الحواس ويقابلها بما هو مخزون فيه من معلومات سابقة, فيحلل ويركب ويستنتج ويستقرئ.

أما العقل اللاواعي فهو يتعلق بالذات أي العالم الداخلي للإنسان وهو لا يفهم المنطق ولا يميز بين الخطأ والصواب

العقل الواعي هو الموجه والمرشد الذي يقبل أو يرفض الفكرة, أما العقل اللاواعي فهو المنفذ الذي يقوم بتحقيق الأهداف التي أقرها العقل الواعي, أي أن العقل اللاواعي خاضع للعقل الواعي ومطيع له.) [13]

بعد معرفة طبيعة العقل الواعي والعقل اللاواعي, بإمكاننا التأكد أننا نستطيع التحكم بكليهما من خلال سيطرة العقل الواعي على العقل اللاواعي, وهذا يتطلب إلغاء ومسح كل الأفكار والأحاديث والبرامج السلبية واستبدالها بأخرى إيجابية, وبذلك نرجع إلى النقطة الأساسية التي تحدثنا عنها في فقرة (قانون التفكير الإيجابي) وهي أن أي تغيير في حياتك لا بد وأن يبدأ من **التحكم** بالتفكير, وكل محاولاتك للتغيير لن ترى النور إذا لم تغير الطريقة التي تفكر بها وإذا لم يكن لديك قدراً كافياً من التحكم بمركز القيادة والسيطرة " العقل ".

الافتراض العاشر: كل شخص يمتلك القدرة و الموارد اللازمة للتغيير

[13] كاريزما السلم الوظيفي – م. عماد أبو عاذرة 2012

إن المتطلبات اللازمة للحصول على بخار الماء هي تسخين الماء حتى درجة الغليان ومن ثم يمكن الحصول على بخار الماء. متطلبات الحصول على بخار الماء هي بسيطة وكل شخص قادر على تحقيق هذه المتطلبات.

وكذلك الأمر بالنسبة لتحقيق التغيير, فأنت تمتلك كل المتطلبات اللازمة للتغيير, فأنت تمتلك الكثير من المعرفة إلا أنها ساكنة في داخلك ولا يتم ترجمتها إلى أفعال, وهذه أكبر عقبة للتغيير والتي هي امتلاك المعرفة وعدم التطبيق, فكرة (المعرفة والتطبيق) تشبه فكرة (الكلام والأفعال)

فأنت لا تقيم شخصاً من خلال كلامه وإنما تقيمه من خلال أفعاله , وسوف يختل عندك معيار التقييم إذا اعتمدت على الأقوال فقط للتقييم.

وكذلك الأمر بالنسبة لفكرة المعرفة والتطبيق, فإن الهدف الأسمى للمعرفة هو تجسيدها على أرض الواقع, فإذا كنت تعلم ولكنك لا تطبق فهذا يجعل الفائدة من المعرفة تنخفض إلى أدنى مستوياتها, فقد غاب الهدف الجوهري للمعرفة ألا وهو التطبيق.

- ما الفائدة من معرفتك أن الرياضة تحسن صحتك النفسية والجسدية وأنت لا تمارس أي نوع من الرياضة؟
- ما الفائدة من معرفتك أن الصدقة تزيد من مالك وتقربك من ربك وتضيف البركة في حياتك وأنت لا تتصدق بشيء؟
- ما الفائدة من معرفتك أنك إذا ذكرت الله تعالى فهو سوف يذكرك, وأن قلبك سوف يطمئن بذكر الله وأنت لا تقوم بذلك؟
- ما الفائدة من معرفتك أن الاستيقاظ باكراً فيه صحة جسدية ونفسية وبركة في العمر والرزق وأنت تستيقظ كل يوم الساعة الحادية عشر صباحاً؟
- ما الفائدة من معرفتك أن السرعة في قيادة السيارة تسبب الحوادث الخطيرة, وأنت تقود سيارتك بسرعة وتهور؟

والقائمة تطول .. نعم أنت تمتلك كل المقدرة والموارد اللازمة للتغيير إذا كانت معرفتك تترجم على شكل أفعال, وتكون أفعالك إنعكاساً لمعرفتك وليس نقيضاً لها, والله تعالى حذرنا من الوقوع في هذا الفخ عندما قال ﴿ يَٰٓأَيُّهَا ٱلَّذِينَ ءَامَنُوا۟ لِمَ تَقُولُونَ مَا لَا تَفْعَلُونَ ۝٢ كَبُرَ مَقْتًا عِندَ ٱللَّهِ أَن تَقُولُوا۟ مَا لَا تَفْعَلُونَ ۝٣ ﴾ 2-3 الصف

الافتراض الحادي عشر: الجسم والعقل يؤثر كل منهما في الآخر

لو شعرت بالسعادة ستضحك .. ولو ضحكت ستشعر بالسعادة

هذا هو المعنى الحقيقي للعلاقة المتبادلة بين الجسم والعقل, إن حالتك المزاجية سوف تنعكس على لغة جسدك, وإن لغة جسدك سوف تؤثر على حالتك المزاجية.

بعض الأشخاص يفهمون هذه العلاقة على أنها من طرف واحد فقط, أي أن حالتي المزاجية هي التي تنعكس على الجسد وليس العكس, فتجد أنهم لا يبتسمون إلا عندما يكون هناك سبب للابتسامة, فبرنامجهم العقلي ينص على أن الحدث المثير هو الذي يسبب الابتسامة ولم ينتبهوا أن الابتسامة تساعد أيضاً على تغيير الحالة المزاجية, فالعلاقة هي متبادلة وليست من طرف واحد, هل جربت أن تخلق الابتسامة على محياك عندما تكون في حالة مزاجية سيئة؟ لو حاولت فعل ذلك ستلاحظ على الفور أن الابتسامة سوف تساعد إلى حدٍ كبير في تغيير الحالة المزاجية, وهذا ما يؤكد أن العلاقة متبادلة بين العقل والجسد وليست من طرف واحد.

هذه العلاقة هي فطرية من أصل تكوين الإنسان, فأنت عندما تواجه موقفاً صعباً فإن ذلك سينعكس على وجهك شئت أم أبيت, وعندما تواجه موقفاً مفرحاً فإن ذلك سينعكس على وجهك أيضاً, والأهم في الموضوع أن ننتبه أن العكس هو صحيح أيضاً, فنحن نستطيع تغيير حالتنا المزاجية من خلال التحكم بالجسد, فعندما تمشي مطأطأ الرأس مقطب الجبين فهذا سوف يزيد من الحالة السلبية التي تشعر بها, أما إذا مشيت مرفوع الرأس مبتسماً فهذا سوف يعدل الحالة من سلبية إلى إيجابية, مما يعني أننا نستطيع استخدام جسمنا لتغيير حالتنا المزاجية, وهو أداة هامة جداً لا ينبغي إغفالها أبداً.

فإذا نظرت في المرآة ووجدت وجهك عابساً فلا تتوقع أبداً أن تشعر بالسعادة, حاول التغيير على مستوى الجسد أولاً حتى تتمكن من التغيير على مستوى العقل والحالة المزاجية.

وهذا يؤكد أهمية استخدام العبارات التحفيزية في تغيير الحالة لكل من العقل والجسد, فعندما تواجه موقفاً صعباً قل لنفسك " أنا أستطيع التعامل مع هذا التحدي إن شاء الله " وسوف تجد أن جسدك وعقلك سوف يقرأ هذه العبارة بشكل إيجابي ويبدأ بالتفاعل مع الموقف الصعب بكل كفاءة وثقة.

جرب استخدام العبارات التحفيزية في كل المواقف الصعبة التي تتعرض لها وسوف تلاحظ أن جسدك وعقلك سيتفاعلان بإيجابية مع عباراتك الإيجابية.

الافتراض الثاني عشر: إذا كان أي إنسان قادر على فعل شيء فمن الممكن لأي إنسان آخر أن يتعلمه أو يفعله

يقول الإمبراطور الفيلسوف الروماني ماركوس اوريليوس " لا تعتقد أن ما هو صعب عليك يعجز أي إنسانٍ عن عمله.. ولكن إذا كان شيئاً في مستطاع إنسان فاعتبر هذا الشيء في متناولك أيضاً "

هذا من أهم مبادئ وافتراضات البرمجة اللغوية العصبية, لأن تطبيقه يعني القيام بجوهر الوظيفة الأساسية للبرمجة اللغوية العصبية, ويفتح الباب واسعاً أمام إطلاق العنان للإمكانيات الكبيرة الموجودة لدى الأفراد, فأي نجاح قام به أي شخص لا يعني أن هذا الشخص أفضل منك, بل يعني أنه قد عرف كيف يقوم به, لو عرفت كيف تقوم بنفس العمل وقمت به فعلاً ستحصل على نفس النتائج لا محالة, ربما تأخذ وقتاً أطول أو مجهوداً أكبر, لكنك حتماً ستصل إلى نفس النتيجة إذا توفر شرطين :

- الرغبة في عمل هذا الشيء
- أن تتعلم كيفية عمله

مكونات الإنسان هي نفسها لدى جميع الأشخاص (عقل – جسد – روح) والعقل هو مركز القيادة والتحكم, فإذا استخدمنا الإمكانيات العظيمة المتاحة في عقلنا البشري فإننا نستطيع فعل ما فعله الأشخاص الآخرين, بل إننا نستطيع تجاوزهم في بعض الحالات.

تطبيق هذا المبدأ يتطلب وجود ثقة عالية بالنفس التي يتم اكتسابها من خلال المعلومات, ويتطلب وجود توازن بين مكونات النفس البشرية وحسن إدارتها, فإذا شاهدت شخصاً ناجحاً في المبيعات فحاول معرفة طريقته في العمل والاستراتيجية التي يتبعها, وإذا اتبعت نفس الأسلوب ربما تتفوق عليه في المبيعات.

الافتراض الثالث عشر: أنا أتحكم في عقلي فأنا مسؤول عن النتائج التي أصل إليها

في نهاية عام 2017 قدمت دورة تدريبية لأحد الشركات التجارية بعنوان " مسؤولية الموظف Employee Accountability " كان الهدف من هذه الدورة جعل الموظف لديه مسؤولية في العمل كما لو أنه عمله الخاص, وتم الحديث عن كيفية تغيير حالة الموظف من أدنى درجات المسؤولية

إلى أعلاها, وفي نهاية الدورة اقتنع الحضور بضرورة أن يتحملوا المسؤولية ويتصرفوا كما لو أن الشركة ملكهم الخاص, نفس الفكرة تنطبق على جميع الأفراد سواءً كانوا موظفين أو غير موظفين, فأنت وحدك المسؤول عن النتائج التي تصل إليها لأنك ببساطة لديك كامل التحكم بالعقل الذي هو مركز القيادة والسيطرة ومركز اتخاذ القرار.

لا توجه لوماً لأحد ولا تعتبر أن شخصاً ما هو المسؤول عما وصلت إليه من نتائج, أنت وحدك المسؤول عن كل النتائج التي تصل إليها, ولن تستطيع تولي زمام المبادرة إلا عندما تصرح لنفسك بأنك وحدك المسؤول عن كل تصرفاتك, وهناك فرق كبير بين أن تكون شخصاً مبادراً أو تكون شخصاً صاحب ردة فعل, حيث أن المبادرة هي أحد العادات السبع للناس الأكثر فاعلية وفق الكاتب ستفين كوفي في كتاب " العادات السبعة للناس الاكثر فاعلية ", الشخص المبادر لديه مشروع ولا يعمل ضمن مشاريع الآخرين, الشخص المبادر لا يتذرع ببرودة الجو أو حرارة الجو أو مزاج المدير أو الظروف المحيطة, إنما تجده دائماً يعمل ضمن مشروعه وله أهداف واضحة يسعى إلى تحقيقها, أما الشخص صاحب ردة الفعل فتجده دائماً يتهرب من العمل بذرائع مختلفة وليس لديه مشروعه الخاص الذي يعمل من أجله.

أنت إنسان مخير بالكامل ولك القدرة على التمييز, وبسبب امتلاكك لهذه الميزة فقد كلفك الله تعالى بعبادته, فلولا قدرتك على التمييز لما كلفك الله تعالى بشيء, فالعقل هو مناط التكليف.

وأنت تمتلك كامل الحرية لتحديد أهدافك وإدارة وقتك واختيار عملك ومهنتك وعلاقاتك مع الآخرين, وأنت الوحيد القادر على اتخاذ القرار بكيفية إدارة كافة شؤون حياتك, عاهد نفسك إبتداءً من اليوم بأنك وحدك المسؤول عن كل النتائج التي يتم الوصول إليها وعندها ستبدأ بتولي زمام المبادرة وتحمل كامل المسؤولية.

البرمجة اللغوية العصبية هي منهج لكيفية تواصلنا مع أنفسنا وتواصلنا مع الآخرين.

يمكن الاستفادة من مبادئ البرمجة اللغوية العصبية لتحقيق هدفين: الأول إحداث التغيير على المستوى الشخصي, الثاني: إحداث التأثير في الآخرين.

البرمجة اللغوية العصبية لا تهمل دور اللغة كمادة خام في التفكير, وأنه بإمكاننا استخدام اللغة لإعادة برمجة المنظومة العقلية والبرامج العقلية, وهذا يعني ضرورة الاهتمام بالربط الصحيح بين الأفكار والمفردات اللغوية التي تعبر عن هذه الأفكار.

البرمجة اللغوية العصبية تعتبر أن العقل هو مركز القيادة والسيطرة وهو مسؤول عن كافة النتائج التي نحصل عليها, ويمكن لنا التحكم الكامل بالعقل وبرمجته لتحقيق الأهداف

تطوير الذات _ القيادة

القود في اللغة على حسب لسان العرب نقيض " السوق " يقال يقود الدابة من أمامها ويسوقها من خلفها, فمكان القائد هو في المقدمة كالدليل والقوة والمرشد, ويمكن تحديد معنى القيادة من الفكر اليوناني واللاتيني فكلمة القيادة Leadership من الفعل اليوناني Arbien معنى يبدأ أو يقود أو يحكم, أما كلمة قائد فتعني الشخص الذي يوجه أو يرشد أو يهدي الآخرين.

قبل الحديث عن تعريف القيادة أود التنبيه إلى أن مفهوم القيادة الوارد في هذا الفصل ليس المقصود به قائد الدولة أو قائد الجيش أو قائد الشركة فقط, إنما مفهوم القيادة يتجلى في أدوار عديدة فالأب يستطيع أن يكون قائداً للأسرة, والمعلم يستطيع أن يكون قائداً للطلبة, والمشرف يستطيع أن يكون قائداً على من يشرف عليهم, والأهم هو أن تستطيع قيادة نفسك نحو النجاح وتحقيق الأهداف.

امتلاك مهارة القيادة يعني امتلاك المقدرة على تحقيق الطموح, فمن يمتلك طموحاً عالياً يجب عليه تعلم فنون القيادة لتحقيق طموحه

أما تعريف القيادة فهي " القدرة على تحريك الناس نحو الهدف وإنجاز الأشياء من خلال الآخرين " كل كلمة من كلمات التعريف لها معاني محددة, فكلمة " القدرة " تطرح عدة أسئلة:

- هل القيادة فطرية أو مكتسبة؟
- كيف يمكن امتلاك القدرة على القيادة؟
- ما هي الصفات الأساسية للقائد ؟

وكلمة " تحريك " لها عدة معاني تتمثل في منهجية واستراتيجية وأساليب القائد التي يتبعها لتحقيق الكفاءة في القيادة ونجاحها.

وكلمة " الناس " تعني أنه يجب أن يكون هناك أفراداً آخرين حتى يكون هناك قيادة, وتعني قدرة القائد على العمل الجماعي وقيادة الفريق وامتلاكه للمهارات الاجتماعية والإنسانية اللازمة لقيادة الآخرين وتوجيههم, إلا أن هناك استثناء لهذا المعنى يتجلى في قيادة الذات.

كلمة " هدف " تعني أن القائد يضع رؤية, ويمشي باتجاه الهدف, وهذا ما يجعل القيادة فعالة كأسلوب من أساليب النجاح والإدارة.

وعبارة " إنجاز الأشياء من خلال الآخرين " تعني قدرة القائد على الإقناع والتحفيز وجعل الناس يتبعونه لتحقيق الرؤية والأهداف.

موضوع القيادة من المواضيع الهامة جداً للمجتمعات المتأخرة, حيث أن السبب الأهم وراء تأخرها هو غياب القادة الحقيقيين القادرين على إحداث التغيير, فالقيادة هي الوجه الجميل للإدارة, ومثلما هو معلوم أنه ليس هناك من مشروع ناجح أو مشروع فاشل إنما هناك إدارة ناجحة أو إدارة فاشلة, فمعيار النجاح هو الإدارة ليس في الشركات والمشاريع فقط, بل في إدارة المجتمع بأكمله, وعندما يوجد في مجتمعٍ ما قيادة احترافية فهذا يعني وجود إدارة فعالة, والإدارة هي العامل الأهم للنجاح بغض النظر عن كل المقومات الأخرى, فعندما يكون الأب قائداً لأسرته والمعلم قائداً لتلاميذه والمدير قائداً لموظفيه فهذا سينعكس على جودة المخرجات الكلية وسوف يتراكم هذا النجاح ليغير المؤشرات التنموية للمجتمع بأكمله.

ولا يمكن الحديث عن القيادة بمعزل عن الإدارة, فعلم الإدارة خضع لعدة مراحل من التطور عبر التاريخ حتى وصلنا اليوم بعد تراكم عدد كبير من نظريات وأطوار علم الإدارة إلى حقيقة مفادها أن أعلى درجة من درجات التطور في الفكر الإداري هي القيادة وان القيادة تعتبر الوجه الأجمل للإدارة.

وحتى نتمكن من التعرف على هذا الوجه الجميل للإدارة لا بد من استعراض المدارس الإدارية بشكل مختصر حتى نتمكن من فهم الخلفية التاريخية للقيادة " آخر مدرسة من مدارس الإدارة ".

" الإدارة هي استغلال الموارد المتاحة عن طريق تنظيم الجهود الجماعية وتنسيقها بشكل يحقق الأهداف المحددة بكفاية وفاعلية وبوسائل إنسانية مما يسهم في تحسين حياة الإنسان سواءً أكان عضواً في التنظيم أم مستفيداً من خدماته " هذا التعريف للإدارة ينطبق على الإدارة بشقيها (الإدارة العامة وإدارة الأعمال) وأهم مفهوم في الإدارة يتجلى في قدرة المدير على تطبيق وظائفها الأربعة (تخطيط – تنظيم – توجيه – رقابة)

> فهم القيادة يتطلب دراسة الخلفية التاريخية للإدارة لأن القيادة هي آخر مرحلة من مراحل تطور الفكر الإداري, وعندما نفهم كيف تطور الفكر الإداري عبر الزمن سوف نستطيع فهم الأهمية والضرورة القصوى للفكر القيادي لأنه استفاد من تراكم التجارب الإدارية عبر الزمن وتم صياغة منهجية قيادية تتخلص من السلبيات التي مرت بها المدارس الإدارية وبنفس الوقت تعزز التجارب الناجحة للمدارس الإدارية المختلفة, وهذا هو سر نجاح المنهج القيادي حيث أنه أسلوب حضاري مرن لتحقيق الأهداف من خلال الوسائل المتاحة وتحقيق الكفاءة في أسلوب العمل, مع التأكيد على مراعاة العنصر الإنساني الذي هو الأهم في المنهجية القيادية

يوجد خمس مدارس لعلم الإدارة منذ نشأته حتى الآن كما يلي:

1- المدرسة الكلاسيكية (التقليدية)
2- مدرسة العلاقات الإنسانية
3- المدرسة التجريبية
4- مدرسة النظم الاجتماعية
5- المدرسة المعاصرة

أولاً: المدرسة الكلاسيكية (التقليدية)

تمثل هذه المدرسة المرحلة الأولى من تطور الفكر الإداري الذي يرى ضرورة معاملة الإنسان على أنه شبيه بالآلة, حيث يتم تحفيزه بواسطة المكاسب المادية فقط.

تتضمن المدرسة الكلاسيكية ثلاث نظريات رئيسية (نظرية البيروقراطية – نظرية الإدارة العلمية – نظرية التقسيم الإداري)

1- نظرية البيروقراطية (1864 – 1920)

يرى ماكس فيبر أن نظرية البيروقراطية هي البداية لنظرية التنظيم العلمية, يهدف ماكس فيبر من نظريته عن البيروقراطية إلى وصف الجهاز الإداري للتنظيم وكيف يؤثر على الأداء

والسلوك التنظيمي, إذاً فماكس فيبر يقصد بالبيروقراطية ذلك التنظيم الإداري الذي يتميز بسمات وخصائص معينة من أجل أن يحقق أعلى قدر ممكن من الكفاءة الإدارية، ومن هذه الخصائص:

- تحديد مجالات التخصص الوظيفي
- توزيع الاعمال على الموظفين باعتبارها واجبات وظيفية
- توزيع السلطات اللازمة على الموظفين التي تمكنهم من أداء واجباتهم.
- تحديد طرق وأساليب العمل.
- التسلسل الهرمي للسلطة بحيث تشرف المستويات الإدارية العليا على المستويات التي أدنى منها.
- تتم الترقية على أساس الأقدمية أو الإنجاز أو الاثنين معاً.
- خضوع أداء الموظف لرقابة المنظمة
- يتمثل حق الموظف في حصوله على الراتب المجزي والعلاوة

2- نظرية الإدارة العلمية (1900 – 1925)

بينما نشأت نظرية البيروقراطية في ألمانيا على يد ماكس فيبر، نشأت نظرية الإدارة العلمية في الولايات المتحدة الأمريكية على يد مجموعة من المفكرين يأتي في مقدمتهم فريدريك تايلور والذي يعتبر المنظر الرئيس لأفكار هذه الحركة.

لقد انصرف اهتمام تايلور إلى محاولة تحقيق "الكفاءة الإنتاجية" عن طريق الاستغلال الأمثل للقوى البشرية والموارد المادية إلى تقرير الحركات الضرورية للعامل لكي يؤدي عمله في أقصر وقت وبأقل جهد ممكن، ثم يدرب العمال على هذه الحركات حتى يتقنونها, وقد استخدم تايلور الأسلوب العلمي في تحقيق هذا الهدف عن طريق "دراسة الحركة والزمن" وتوصل تايلور إلى أن لكل عمل طريقة مثلى واحدة للأداء، ومهمة المديرين استخدام الأسلوب العلمي لاكتشاف الطريقة المثلى للأداء وذلك من خلال اتباع الخطوات التالية:

- تحديد الطريقة المثلى للأداء عن طريق استخدام الأسلوب العلمي
- اختيار العمال وتدريبهم على الطريقة المثلى للأداء بطريقة علمية ووضعهم في المكان المناسب لكي يؤدي كل منهم عمله بأعلى قدر ممكن من الكفاءة.

- استخدام الحوافز المادية لحث العاملين على أداء العمل بالطريقة المطلوبة وبالسرعة والمعدل المطلوبان.
- الإشراف الدقيق على العاملين لإنجاز الأعمال والقضاء على الإسراف وانخفاض الإنتاجية.

3- نظرية التقسيم الإداري

إن من أهم ما يميز كتابات هذه النظرية هو سعيها للوصول إلى مبادئ إدارية تكون أساساً لعمليات التصميم والتنظيم الإداري, مؤسسها هو هنري فايول: حاول رجل الصناعة الفرنسي فايول تطوير نظرية عامة للإدارة حيث اهتم بتحديد وظائف الإدارة على المستويات المختلفة كما حاول أن يطور نظاماً فكرياً إدارياً يمكن تعلمه ودراسته " الصناعية والعامة " وقد تضمن مؤلف فايول موضوعات تعالج النواحي التالية:

- صفات الإداريين وتدريبهم
- الأسس العامة للإدارة
- وظائف الإدارة. يرى فايول أن وظائف الإدارة التي ينبغي على المديرين تعلمها وتطبيقها في العمل هي: التخطيط والتنظيم والتوجيه والتنسيق والرقابة

من أهم الانتقادات الموجهة إلى المدرسة التقليدية ما يلي:

- تجاهلت الإنسان وتعاملت معه كآلة بطريقة نمطية.
- ركزت على المحفزات المالية دون المعنوية حيث نظرت للإنسان على أنه يهتم بتحقيق المكاسب المادية إلى أقصى الدرجات.
- نظرت للتنظيم على أنه نظام مغلق لا يؤثر ولا يتأثر بالبيئة (الظروف الاقتصادية والاجتماعية والسياسية) التي يعمل بها.

ثانياً: مدرسة العلاقات الإنسانية

ظهرت هذه المدرسة كرد فعل يعارض الاتجاه التقليدي الذي نادى به ماكس فيبر وفريدريك تايلور وغيرهما الخاص بالكفاية الإدارية المبني على أساس النظرة غير الإنسانية للعامل.

كما ظهرت هذه المدرسة على أساس نتائج دراسات (تجارب) هوثورن في الولايات المتحدة الأمريكية التي أجراها إلتون مايو وزملاؤه في شركة وسترن إلكتريك ما بين عامي 1927م و1932م.

اعتبرت هذه المدرسة الإنسان أهم عناصر الإدارة جميعاً، كما نظرت إلى العمل باعتباره نشاطاً اجتماعياً، ونتيجة لأفكار هذه المدرسة، بدأت تظهر بعض الاقتراحات المرتبطة برفع الكفاية الإنتاجية للعاملين والتي من بينها رفع المستوى التعليمي لهم والتأكيد على طرق اتخاذ القرارات الجماعية والمشاركة في اتخاذ القرارات بصورها المختلفة ومن ثم تدريب المديرين ليصبحوا قادة فرق. كما تم إدخال أساليب تحفيز جديدة إلى بيئة العمل , ومن أهم النظريات التي ظهرت داعية إلى هذا الاتجاه، نظرية (X) و (Y) لدوجلاس ماكريجور والذي أوضح من خلالها أهمية افتراضات (المعتقدات) المديرين عن العاملين حيث قسم هذه الافتراضات (المعتقدات) إلى مجموعتين مختلفتين. أطلق على المجموعة الأولى نظرية (X)، والمجموعة الثانية نظرية (Y), فالمديرون الذين يعملون وفقاً لنظرية (X) يعتقدون بأن الناس بطبيعتهم سلبيون وغير جديرين بالثقة كارهين للعمل, لذا فهم يركزون سلطة اتخاذ القرارات وحل المشكلات بأيديهم ويؤمنون بأنه ينبغي تشديد الرقابة على العاملين واستخدام أسلوب التهديد والوعيد معهم لدفعهم للعمل.

في المقابل يعتقد المديرون الذين يعملون وفقاً لنظرية (Y) أن الناس بطبيعتهم إيجابيون وجديرون بالثقة ومحبون للعمل والآخرين ولديهم رقابة ذاتية وأصحاب آراء بناءة, فهم يشاركون العاملين عملية اتخاذ القرارات وحل المشكلات ويستخدمون الحوافز المعنوية في دفعهم للعمل ويستخدمون الأساليب التي تعتمد على الرقابة الذاتية في متابعتهم.

من الانتقادات التي وجهت لهذه المدرسة:

- أنها توصلت إلى الكثير من التعميمات اعتماداً على عدد محدد من البحوث التي لا توفر أساساً كافياً لبناء نظرية علمية في الإدارة.
- ركزت الاهتمام على المتغيرات الداخلية لبيئة العمل وأهملت البيئة الخارجية.
- بالغت في الاهتمام بالعنصر الإنساني على حساب العمل.

ثالثاً: المدرسة التجريبية

ركز أصحاب هذه المدرسة على الجانب العملي من ممارسة الإدارة أكثر من تركيزهم على الجانب النظري, وتبعاً لذلك، فإنهم يرون أن الإدارة يمكن تعلمها عن طريق الممارسة العملية أكثر من الاعتماد على الخبرة النظرية المجردة.

لقد كانت القيمة البارزة في هذه المدرسة تتمثل في التأكيد على "مهنية الإدارة" حيث يعتقد روادها أنه من الممكن الوصول بالإدارة إلى ما يشبه المهنة المستقلة عن باقي المهن الأخرى. كما يرون أن نجاح المديرين في شغل الوظائف الإدارية يتوقف بدرجة أساسية على مدى إتقانهم لعملهم الإداري ومهاراتهم الإدارية في قيادة المجموعة التي يديرونها. كما يركز رواد هذه المدرسة على أهمية توافر المعلومات وطرق نقلها بصفتها عنصراً أساسياً لتحقيق الكفاءة الإدارية.

حاول أنصار هذه المدرسة طرح عدد من المبادئ لإدارة المنظمات، منها:

- تحديد الواجبات والمسؤوليات للمديرين وتحديد مهام لكل إدارة أو قسم.
- العمل على تضييق نطاق الإشراف بحيث يشرف المدير على عدد قليل من المرؤوسين يتراوح بين خمسة وثمانية أشخاص.
- التأكيد على وجود درجة كبيرة من التفويض في المسؤوليات العملية اليومية مع وجود ضوابط رقابية.

من الانتقادات التي تعرض لها هذا الاتجاه، اعتبار المبادئ التي نادت بها هذه المدرسة أشبه ما تكون بالحكم والأمثال العامة أكثر من كونها مبادئ علمية للإدارة.

رابعاً : مدرسة النظم الاجتماعية

لقد طرأ تحول جذري آخر في الفكر الإداري عندما تبنى الباحثون في مجال الإدارة والتنظيم وبخاصة علماء الاجتماع مدخل النظم الاجتماعية في تحليل وفهم المنظمة.

لقد اعتبر بارسون المنظمات نظماً اجتماعية تتميز بوجود العلاقات التبادلية بين أجزائها وبانفتاحها على البيئة وباتجاهها نحو تحقيق هدف أو أهداف محددة، وتدعو هذه المدرسة إلى أن هناك عدة عناصر أساسية لابد من مراعاتها عند إجراء دراسة تحليلية لأي منظمة. هذه العناصر هي:

- المدخلات: وتعني دراسة جميع الإمكانيات الداخلة إلى المنظمة من البيئة الخارجية (إمكانات بشرية، مادية، فنية، معنوية).
- المخرجات: وتعني دراسة كل ما يخرج من المنظمة من منجزات سواءً كانت سلعاً أو خدمات.
- العمليات: وهي كافة الأنشطة والممارسات المبذولة داخل الجهاز لتحويل المدخلات إلى مخرجات.
- التغذية المرتدة: ويُقصد بها معرفة عمليات التأثير المتبادل بين المخرجات والبيئة والمدخلات، سواءً كانت التأثيرات سلبية أو إيجابية.

لقد كان إسهام مدرسة النظم في تطور الفكر الإداري كبيراً جداً وخاصةً فيما يتعلق بعلاقة المنظمة بالبيئة الخارجية التي تعمل بها وتأكيدها من خلال نظرية الموقف على رفض تعميم مبادئ الإدارة في كل زمان ومكان، على الرغم من أنها لم تهمل ما يحدث داخل المنظمة من علاقات وتفاعلات.

خامساً: المدرسة المعاصرة في الإدارة

تمثل المرحلة الراهنة من تطور الإدارة مزيجاً تراكمياً من الأفكار والمبادئ التي طرحتها مدارس الإدارة السابقة.

من أهم النظريات والمداخل الحديثة في المدرسة المعاصرة:

1- النموذج الياباني في الإدارة: لقد كان رائد هذا النموذج ويليام أوشي الذي قدم لنا نظرية (Z) التي أكدت على عدة قضايا إدارية منها:

- الاهتمام بالعاملين من حيث الأمان الوظيفي ومشاركتهم في اتخاذ القرار والتأكيد على المسؤولية الجماعية في العمل.
- الاهتمام بالجودة وإيجاد سياسات واضحة فيما يتصل بالتطور الوظيفي للعاملين والتحكم في المعلومات.
- إظهار المزيد من الاهتمام بالجوانب الإنسانية والقضايا الخاصة بالعمل بالنسبة للعاملين.

2- نظرية الثقافة التنظيمية: أوضح شاين باعتباره من رواد هذه النظرية أن جوهر الثقافة التنظيمية يكمن في طبيعة القيم والمعتقدات والافتراضات المشتركة بين أعضاء منظمة ما.

لقد ناقشت المدرسة المعاصرة مفاهيم نظرية الثقافة التنظيمية من حيث أثرها على سلوك الأفراد وأداء المنظمات, ويعتبر مفهوم الثقافة التنظيمية منهجاً جديداً في إدارة التغيير، وخاصة عندما تعمل هذه المنظمات في بيئة غير مستقرة.

3- إدارة الجودة الشاملة (الكلية): يعتبر إدوارد ديمنج من أبرز رواد هذا المفهوم ومنظريه. أكد مفهوم الجودة الشاملة على عدد من المتطلبات الهامة لضمان تحقيقها في منظمات الأعمال والتي يمكن تلخيصها فيما يلي:

- التزام الإدارة العليا بجعل الجودة في المقام الأول من اهتماماتها.
- التأكيد على أهمية دور العميل أو المستفيد من الخدمة أو المنتج.
- العمل باستمرار من أجل تحسين العمليات والإجراءات.
- التركيز على الجودة في جميع مراحل تقديم الخدمة وليس في آخر المراحل فقط.
- تأكيد وجوب التمييز بين جهود الفرد وجهود الجماعة.
- استخدام الأساليب الإحصائية لقياس الجودة.
- إشراك العاملين والمستفيدين في تطبيق مفهوم إدارة الجودة.

4- الهندرة (إعادة هندسة الأعمال): ظهر هذا المفهوم على يد مايكل هامر. ويمكن تعريف الهندرة بأنها: "وسيلة إدارية منهجية تقوم على إعادة البناء التنظيمي من جذوره وتعتمد على إعادة هيكلة وتصميم العمليات الأساسية بهدف تحقيق تطوير جوهري وطموح في أداء المنظمات بما يكفل سرعة الأداء وتخفيض التكلفة وجودة المنتج."

هناك عدد من الخصائص التي تميز مفهوم الهندرة عن غيره من المفاهيم السابقة، وهي:

- إعادة التصميم الجذري للعمليات الإدارية.
- الاستخدام الضروري لتقنية المعلومات (IT) كمقوم ومساعد على مشروع إعادة هندسة الإدارة.
- التركيز على تحقيق الأهداف والنتائج الاستراتيجية.

5- إدارة المعرفة: يرى أنصار هذا التوجه بأن الشركات الناجحة هي التي تعزز المعرفة وتنشرها على نطاق واسع في جميع أنحاء الشركة وتجسدها بسرعة في تكنولوجيا

ومنتجات جديدة. كما يرون بأن للمعرفة أهمية بالغة تفوق باقي عوامل الإنتاج الأساسية (الأرض، والعمل، ورأس المال، والتنظيم)، وهي النوع الجديد من رأس المال الفكري الذي لا يخضع للتناقص والنضوب, ويمكن تصنيف المعرفة إلى ثلاثة مستويات:

- المعرفة الجوهرية: وهي الحد الأدنى من المعرفة الذي يجب أن يكون موجوداً في الشركات للقيام بعملها. وهذا النوع من المعرفة لا يحقق قيمة تنافسية للشركات.
- المعرفة المتقدمة: وهي المعارف التي تجعل الشركة تتميز عن منافسيها. فربما كانت الشركة تملك نفس المستوى من المعرفة لكن لديها القدرة على استخدام هذه المعرفة للتميز عن الآخرين.
- المعرفة الابتكارية: وهي المعرفة التي تمكن الشركة من أن تقود السوق وتكون رائدة في مجالها. وهذا النوع من المعرفة هو الذي يمكن الشركة من أن تكون قادرة على تغيير قواعد اللعبة في مجال عملها.

المدارس السابقة بينت لنا كيفية تطور الفكر الإداري منذ القرن التاسع عشر حتى اليوم, حيث ظهر اليوم مفهوم القيادة متفوقاً على كل المدارس السابقة, وأصبحت الشركات الرائدة المتفوقة تتبنى منهج القيادة في إدارة كافة جوانب العمل المؤسسي, وأصبح الأفراد مهتمين بالتعرف على أسلوب القيادة في الإدارة, وأثبتت تجارب البلدان المتقدمة أن معدلات التنمية والنهضة تتطلب وجود قادة حقيقيين ينهضون بالتنمية ويغيرون الواقع ويبادرون بالتغيير.

القيادة تتطلب وجود " المعرفة " بكافة أبعادها جوهرية ومتقدمة وابتكارية, ومنهج القيادة يستفيد من كل التطور الحاصل في المدارس الإدارية من تقسيم العمل وإعادة هندسة الاعمال والجودة والنظم الاجتماعية وكافة الأساليب الإدارية الأخرى, ويتم صياغة هذه المفاهيم بإطار منهجي يتضمن عدة مواضيع مثل : صفات القائد – نظريات القيادة – الفرق بين منهج القيادة والإدارة – الأدوار الرئيسية للقائد – وغيرها من المفاهيم الأخرى التي تتكامل مع بعضها لتشكيل منهجية القيادة.

القيادة هي السبب الأول الواجب تحقيقه لتغيير واقعنا, وأثبتت التجارب عبر التاريخ أن التغيير لا يحدث إلا من خلال قادة حقيقيين قادرين على النهوض بالواقع وإحداث التغيير, فالقادة المتميزون المحترفون هم قلة, لكنهم سوف يكونوا قادرين على إحداث التغيير لامتلاكهم صفات القائد وامتلاكهم المعرفة الإنسانية الاجتماعية الاقتصادية الثقافية اللازمة لإحداث التغيير.

وعندما يتم تطبيق منهج القيادة على كافة المؤسسات في المجتمع ستجد تغييراً شاملاً في كافة المؤشرات التنموية والاقتصادية والاجتماعية والثقافية, ليس فقط في المؤسسات والشركات التجارية بل أيضاً على مستوى اللبنة الأساسية لأي مجتمع ألا وهي الأسرة, فمن الضروري أن يقود رب الأسرة كافة الأعضاء المتواجدين فيها من زوجة وأبناء وبنات نحو الاستقرار والنجاح, وإن غياب مفهوم القيادة على مستوى الأسرة يعني تفكك اللبنة الأساسية لبناء أي مجتمع, وهذا أمر غير مقبول, وغياب مفهوم القيادة على صعيد الشركات والمؤسسات الإدارية يعني تبديد الموارد العامة وشيوع الفوضى ووجود حالة من عدم الرضى لدى كافة القوى البشرية العاملة.

الهدف الذي تسعى نحوه كافة المؤسسات الاقتصادية هو رضى العميل بنوعيه الداخلي والخارجي, فالعميل الخارجي هو الذي يتم تقديم الخدمات إليه, وفي الشركات الاقتصادية ذات الطابع الربحي يعتبر العميل الخارجي هو المصدر الأساسي للدخل, أما العميل الداخلي فهو الموظف, وإن تحقيق الرضا للعميل الداخلي والخارجي يتم من خلال تبني منهج القيادة في الإدارة, و أثبت الواقع أن منهج القيادة حقق أعلى معدلات رضى العميل بالمقارنة مع المدارس الإدارية الأخرى, وعندما يتحقق مفهوم رضى العميل فسوف ترتفع الإنتاجية وعندما ترتفع الإنتاجية للموظف سوف تتحقق كافة المؤشرات التنموية ومؤشرات قياس الأداء.

القيادة هي حلقة الوصل بين العاملين وبين خطط المنظمة وتصوراتها المستقبلية, فبدون اتباع نهج القيادة سيكون من الصعب إحداث التفاعل اللازم بين خطط المنظمة و جهود العاملين وتوجيههم نحو تحقيق الرؤية, والقيادة هي التي تمكن العاملين من التعامل مع المتغيرات البيئية الخارجية, فالمنظمة لا يمكنها الاستمرار وتحقيق الاهداف من غير التفاعل الإيجابي مع كل المتغيرات البيئية الخارجية.

مهارات القيادة

أحد التعاريف الشائعة للقيادة هي أنها القدرة على التأثير, أي أنها علاقة بين القائد والمرؤوس, وحتى يتمكن القائد من إحداث هذا التأثير ينبغي عليه الإلمام بمهارات القيادة الفنية والإنسانية والتنظيمية والفكرية والإدارية.

هناك الكثير من المواضيع التي من الممكن الحديث عنها ضمن موضوع القيادة, إلا أن موضوع " مهارات القيادة " هو أفضل بداية للحديث عن الموضوع, فكلمة سر النجاح لمنهج القيادة تكمن في "المهارات", لأن القيادة هي ذات منهجية ذاتية وموضوعية بنفس الوقت, فكما أن المنهج الموضوعي مهم للحصول على نتائج, فالمنهج الشخصي لا يقل أهمية عنه, وربما مهارات القائد في بعض الأحيان تكون أهم من معرفته أو المعلومات التي يمتلكها حول الموضوع, فالقيادة هي تحفيز وإقناع وتحقيق أهداف, وفيها مجال واسع لاستخدام المهارات الشخصية التي تمكن القائد من قيادة الفريق وتحريك أعضائه نحو الهدف, فلا يمكن تصور " قائد " يفتقر إلى وجود المهارات القيادية بشتى أنواعها.

المهارات الفنية

ويقصد بها أن يكون القائد متقناً لعمله وقادراً على الإلمام بكل التفاصيل المتعلقة بالعمل, فمن غير المقبول أن يكون طبيب الأسنان قائداً لمؤسسة تعمل في مجال السكك الحديدية, ومن غير المقبول أن يكون محامياً مسؤولاً عن أعمال التشييد والبناء لمشروع ما, ومن غير المقبول أن يكون مهندساً قائداً لقسم الشؤون القانونية في مؤسسة ما, إنما يجب على القائد أن يكون ملماً بكل تفاصيل العمل ليتمكن من القيادة, والمعرفة الفنية بتفاصيل العمل تأتي عندما يكون الرجل المناسب في المكان المناسب, وأحد مشكلات العالم الثالث الأساسية هي وجود الرجل المناسب في المكان غير المناسب, وهذا فيه تبديد لأهم مورد للمجتمع وهو الإنسان " الموارد البشرية " فعندما لا يمتلك القائد المهارات الفنية اللازمة للعمل فإنه لن يستطيع القيام بدوره على أكمل وجه ولن يستطيع الإيفاء بمتطلبات القيادة, فالخطوة الأولى في تطبيق منهج القيادة هي أن يمتلك القائد المهارات الفنية اللازمة لإنجاز العمل, فهو بذلك يكسب ثقة المرؤوسين ويستطيع جعلهم يسيرون خلفه, أما في حالة غياب المهارات الفنية اللازمة فلن يستطيع القائد القيام بدوره المطلوب, وهذا يعني أن تطبيق منهج القيادة يحمل في طياته الكثير من المنافع الكلية الأخرى وأهمها الاستثمار الأمثل للموارد البشرية وتحقيق إنتاجية أعلى وتحقيق الرضى الوظيفي لدى العاملين.

المهارات الإنسانية

المهارات الإنسانية هي قدرة القائد على التعامل بنجاح مع الآخرين, وهذا هو سر نجاح القائد أن يستطيع التعامل الرشيد مع مرؤوسيه ويقنعهم ويحفزهم على العمل, ولا يلجأ إلى أسلوب الإجبار في العمل إنما يجعل الآخرين يعملون بدافع ذاتي, فهو يجعل العمل محبباً إليهم, ويتعامل معهم باحترام وتقدير ويخلق لديهم حس المسؤولية في إنجاز العمل, ويتبنى أسلوب العمل الجماعي مما يزيد من روابط ولاء وانتماء الفرد للجماعة, وأهم المهارات الإنسانية هي مهارات التواصل التي تمكن القائد من ترجمة أفكاره وإيصالها للآخرين, وأن يكون مظهر القائد مناسباً لمركزه ومهامه, وأن يستخدم نبرة الصوت الملائمة عند الحديث مع المرؤوسين ويمتلك مهارة الاستماع التي تزيد من تقدير المرؤوسين للقائد, ويستطيع إلقاء المحاضرات المؤثرة التي تلهم المرؤوسين وتحفزهم, ويستخدم المفردات والمصطلحات المؤثرة عند الحديث معهم, وأن يمتلك لغة جسد مؤثرة عفوية فاعلة عند تعامله مع الآخرين, وأن يستطيع بناء العلاقات مع الآخرين وخاصةً الأطراف الخارجية, بحيث يرسم صورة إيجابية عن المنظمة التي يعمل بها أو صورة إيجابية عن فريقه, ولا يمكن الحديث عن المهارات الإنسانية بمعزل عن قدرة القائد على إقامة علاقات طيبة مع المحيط الخارجي للبيئة التي يعمل بها, فنجاحه مع فريقه ومرؤوسيه لا يكفي, إنما يجب تحقيق النجاح على صعيد العلاقات الخارجية الضرورية جداً لتحقيق النجاح المرغوب والوصول للأهداف.

المهارات التنظيمية

المهارات التنظيمية في القيادة تختلف عن المهارات التنظيمية في الإدارة, حيث أن التنظيم في الإدارة يتبع نهجاً محدداً موصوفاً ضمن هيكل تنظيمي, مما يعني أن دور المدير هو الالتزام بالهيكل التنظيمي وتطبيق ما ورد في اللوائح التنظيمية للمنظمة, ويتمتع هذا المنهج بقدر كبير من الجمود ويفتقد إلى المرونة اللازمة للتحرك نحو الأهداف, فالتغير السريع هو سمة أساسية للقرن الحادي والعشرين وينبغي تحقيق المرونة التنظيمية لمواكبة التغيير الحاصل, أما المهارات التنظيمية القيادية فهي تتمثل في التركيز على الهدف بدلاً من التركيز على تطبيق اللوائح التنظيمية, والقائد هو الذي يقدر الموقف ويعرف كيف يغير من التنظيم ليتماشى مع الواقع ويمنح الصلاحيات والسلطات بالقدر الذي يتناسب مع الهدف المراد تحقيقه, فالقيادة هي منهج موجه نحو تحقيق الأهداف وليست منهجاً جامداً يقوم على الالتزام بلوائح تنظيمية ربما تكون قاصرة عن التعامل مع بعض المواقف الحرجة التي تتطلب قدراً من التغيير في نظام السلطات والصلاحيات والمسؤوليات.

التنظيم هو وظيفة أساسية من وظائف الإدارة والقيادة, ويجب على القائد أن يمتلك هذه المهارة ليتمكن من قيادة الموارد البشرية نحو الأهداف, وسر نجاح القائد في التنظيم يتمثل في قدرته على المزج بين الالتزام بمرجع قانوني تنظيمي وبنفس الوقت المرونة في تطبيق هذا المرجع ليتناسب مع المواقف المختلفة, ويمنح الفريق حرية الحركة والسير نحو الهدف, فالقيادة تعني المرونة في السير نحو الهدف وإزالة كافة القيود المفروضة التي تعيق ذلك.

المهارات الفكرية

المهارات الفكرية تعني امتلاك القائد مهارة التحليل والتفكير المنطقي والمقارنة والاستنتاج, فلو أن القائد يمتلك كل المهارات القيادية الأخرى, فإنها لن تفيد بشيء عند غياب المهارات الفكرية, وأهم هذه المهارات هي مهارة الربط بين ظاهرتين واستنتاج شيء جديد من خلال هذا الربط, وهذا ما يسمى التفكير الإبداعي, فالقائد يجب أن يكون مبدعاً صاحب أفكار جديدة وليس تقليدياً صاحب أفكار قديمة, وهذه المقدرة الإبداعية للقائد تتطلب امتلاكه لمنطق سليم وقدرة على التفكير الاستقرائي والاستنتاجي لأن القائد مطلوب منه التعامل مع مواقف صعبة, فالتفكير التقليدي لن يقود إلى حلول خلاقة إبداعية, إنما مطلوب من القائد أن يكون مطلعاً على تجارب المجتمعات الأخرى ولديه المقدرة على الربط والتحليل والاستنتاج وتقديم الحلول, وأن يطبق الأساليب العلمية في حل المشكلات المستعصية ويتعامل معها بحكمة وتروي.

القيادة هي ليست نهجاً تقليدياً مثلما هو الحال في الإدارة, إنما هي منهج إبداعي يتطلب مقدرات فكرية عالية قائمة على معرفة فكرية غنية وأدوات تفكير خلاقة تساعد على التعامل مع كل المواقف الصعبة.

المهارات الإدارية

إضافة إلى امتلاك القائد للمهارات القيادية المذكورة سابقاً, أيضاً يجب على القائد أن يمتلك المهارات الإدارية, لأن المدير الناجح هو قائد ناجح, لكن القائد الناجح ليس بالضرورة ان يكون مديراً ناجحاً, إلا في حالة واحدة وهي امتلاكه للمهارات الإدارية التي يمتلكها المدير الناجح.

والمهارات الإدارية تتمثل في قدرة القائد على توجيه العمل وإدارته وفهمه لكل التفاصيل المتعلقة بالعملية الإدارية من قوانين وإجراءات وموارد مالية وبشرية وقيود وغيرها من محددات العمل الإداري, وقيامه بعمله على أكمل وجه دون قصور في فهم البيئة الداخلية والخارجية المحيطة بالعمل.

ومن الدلائل على توافر المهارات الإدارية لدى القائد المؤشرات التالية:

- وضع معدلات ومقاييس موضوعية للأداء
- كشف القدرات الكامنة لدى أفراد التنظيم والعمل على تنميتها
- توضيح خطوط السلطة للمرؤوسين
- تحقيق التنسيق بين النشاطات والوحدات الإدارية المختلفة بالتنظيم
- كفاءة التخطيط وتوزيع العمل توزيعاً عادلاً بين المرؤوسين
- اختيار أفضل الأساليب التي تحقق أكبر قدر ممكن من الإنتاجية من خلال الرقابة والإشراف
- تبسيط الإجراءات والتخفيف من المركزية ومقاومة الجمود في التنظيم.
- صنع القرار الذي يأخذ بعين الاعتبار كافة الأطراف ذات الصلة
- إدارة الاجتماعات واللجان بطريقة تيسير الأعمال وتحقيق الأهداف
- حسن إدارة الموارد المتوفرة واستغلالها بالشكل الأمثل
- الإشراف على كافة النشاطات والعمليات اليومية ومتابعتها بشكل دائم ومستمر.
- تمثيل المنظمة في المؤتمرات والاجتماعات المحلية والإقليمية والدولية
- التعامل مع كافة موظفي الشركة وسماع آرائهم وتحفيزهم للمشاركة في الاجتماعات من أجل التعرف على الإنجازات والتحديات التي تواجههم.
- إصدار القرارات النهائية حول المشروعات الكبرى والخطط التنموية التي سيتم العمل على تطبيقها.
- الاهتمام بتوظيف الموظفين الأكفاء الذين يساهمون بتحقيق التطور المهني في كافة المجالات الوظيفية
- وضع الأهداف الخاصة بكافة المهام وقياس مدى النجاح في تنفيذها ومتابعة التقارير الخاصة بها.

العوامل السابقة هي بعض الأمثلة على مهام المدير, والقصد من امتلاك القائد للمهارات الإدارية أن يستطيع القائد أن يكون مدير ناجح, لأن المهارات القيادية وحدها لا تكفي إنما يجب الدمج بينها وبين المهارات الإدارية ليتمكن القائد من لعب دور المدير والقائد بنفس الوقت.

المهارات الخمسة السابقة هي خطوط عريضة لما يجب توفره لدى القائد من مهارات تمكنه من لعب دور القيادة, والقائد أيضاً ينبغي أن يتحلى بصفات أساسية عديدة تميزه عن غيره من الأشخاص, فما هو متوقع من القائد يفرض عليه أن يتحلى بالصفات التالية:

صفات القائد

- وجود رؤية: القائد يعمل وفق مبدأ تحقيق الرؤية، فيجب عليه أن يضع رؤية مستقبلية ويضع نظريات وأفكار جديدة للوصول إلى تحقيق الرؤية، وعليه أن يتجنب أخذ نماذج جاهزة من الخارج، لأن الذي يتناسب مع مجتمع ما ليس بالضرورة أن يتناسب مع مجتمع آخر، والرؤية يجب أن تكون واضحة في أذهان الجميع وغير هلامية بحيث لا يفهمها الآخرون.

- الإنابة أو تفويض السلطة: لا يمكن للقائد أن يجمع كافة السلطات في يده ولا يمكنه ترسيخ المركزية الشديدة في المنظمة، فالمبالغة في تطبيق المركزية يضعف القيادة، وعندما تتزايد مهام وأعباء القائد فعليه تفويض بعضاً منها للآخرين، لأن التفويض يصبح ضرورة عند تزايد الأعباء والمهام، والتفويض يعني منح الثقة لأعضاء الفريق وتدريبهم على القيام بالمهام المطلوبة، وعدم التفويض يعني تركز السلطة في يد شخص واحد وهذا يتنافى مع مبادئ القيادة.

- زرع التعاون وتنميته بين أعضاء الفريق، وهذا التعاون هو أحد سمات منهج القيادة، ولا يمكن أبداً تصور نجاح القيادة عند غياب التعاون بين الأعضاء وانتشار ظاهرة الفردية، فالقيادة هي عمل جماعي يتطلب تعاون وتحمل مسؤولية من قبل جميع أعضاء الفريق.

- وجود الطموح والعقل المنفتح لدى القائد: ما هو متوقع من القائد أن يحقق أهدافاً كبيرة وإنجازاً كبيراً وهذا هو الطموح، أما الاهداف التقليدية التي يستطيع الجميع تحقيقها فهي لا تناسب القائد، والقائد أيضاً يجب أن يكون منفتحاً نحو تقبل الآراء والأفكار الجديدة وأن يكون منغلقاً على أفكار تقليدية وطرق قديمة في إنجاز العمل.

- الهدوء والاتزان وضبط النفس: القائد يجب أن يتعامل مع كافة المواقف بثقة وهدوء بعيداً عن الانفعال والغضب، فالقائد المحترف يحافظ على هدوئه واتزانه عند التعامل مع المواقف الصعبة وذلك من شأنه أن يمنح بقية الاعضاء ثقة بالقائد لأنه يتعامل بحكمة وتروي مع المواقف الصعبة.

- التوزيع العادل لأعباء العمل: كثيراً ما نلاحظ شكاوي من بعض الموظفين تتعلق بعدم رضاهم عن طبيعة الأعمال الموكلة إليهم أو عدم رضاهم بحجم العمل الملقى على عاتقهم بالمقارنة مع زملائهم الآخرين، وهذا شائع في المنظمات التي تتبع منهج الإدارة الكلاسيكية في عملها، إنما منهج القيادة متوقع منه أن

يتجاوز هذه العقبة ويقوم القائد بفهم طبيعة ومقدرة الأعضاء وتوزيع العمل عليهم بما يتناسب مع شخصية كلاً منهم.

- الإيمان بالهدف: القائد ينبغي أن يكون قدوة للآخرين محفزاً لهم ورافعاً لهممهم ومعنوياتهم وملهماً لأعضاء الفريق, وهذا يتطلب إيماناً عالياً بالهدف المراد تحقيقه, فالقائد هو أكثر شخص في المنظمة ينبغي عليه أن يكون مؤمناً وملتزماً بالهدف المراد تحقيقه ليتمكن من إلهام الآخرين وتحفيزهم.

- الأخلاق: القائد يجب أن يمتلك أحسن الأخلاق ومن أهمها العدل والاستقامة والمصداقية والمسؤولية والولاء واحترام بقية أعضاء الفريق.

- التأثير والحضور والكاريزما القوية: من البديهي أن يمتلك القائد كاريزما قوية وحضوراً مميزاً وأن يستطيع التأثير في الآخرين من خلال استخدام مهارات الإقناع وفن التعامل مع الآخرين وفن الإلقاء والاستماع, فالقائد الناجح ينبغي أن يتمتع بالذكاء الاجتماعي.

- الانضباط والتواضع: القائد الذي لا يلتزم بتطبيق الأنظمة والقوانين المتبعة ويطبقها على نفسه أولا قبل الآخرين هو ليس بقائد محترف, ومن أحد أسرار نجاح القائد هو قدرته على الموازنة بين الالتزام وتحقيق المرونة في نفس الوقت, وكذلك يجب على القائد أن يكون واثقاً من نفسه من غير أي تكبر أو غرور وأن يتسم بالتواضع عند تعامله مع الجميع.

- الواقعية: لا تتنافى الواقعية مع صفة الطموح, فالقائد يجب أن يتماشى مع الواقع بعيداً عن الخيال, فلا يجب على القائد أن يبحر في الخيال أو يطرح أفكاراً غير واقعية أو غير قابلة للتنفيذ, إنما يمكنه أن يتبنى معايير عمل عالية لتحقيق طموح وأهداف صعبة إنما غير مستحيلة.

- صناعة الحدث واتخاذ القرار: القائد الناجح لا ينتظر الأحداث إنما يصنعها فهو مبادر وليس صاحب ردة فعل, ولديه معرفة بأساليب ومنهجية صناعة القرار.

لا يمكن أن تجتمع كل المهارات (الفنية – الإنسانية – التنظيمية – الفكرية – الإدارية) والصفات السابقة في قائد واحد, إنما على القائد أن يطور نفسه بحيث يحقق العدد الأكبر من المهارات والصفات القيادية التي تساعده على النجاح وتحقيق الأهداف, فكلما حقق القائد مزيداً من هذه المهارات والصفات القيادية كلما كان قائداً محترفاً ناجحاً.

الفرق بين القيادة والإدارة

يوجد خلط بين الإدارة والقيادة, فالبعض يعتقد أن القيادة هي شيء مختلف تماماً عن الإدارة, إنما في الحقيقة هناك تشابه كبير بين القيادة والإدارة, والبعض يعتقد أن القيادة ما هي إلا مدرسة متطورة من مدارس الإدارة, وبنفس الوقت هناك فروقات واضحة يمكن تمييزها بين الإدارة والقيادة يمكن تلخيصها في الجدول التالي:

الإدارة	القيادة
المدير يحاول فعل الأشياء بطريقة صحيحة	القائد يفعل الأشياء الصحيحة
المدير يخطط وينفذ الخطط، فهو يركز على الحاضر	القائد يفكر ويضع الرؤية ويعبئ الطاقات، فهو يركز على الحاضر والمستقبل
المدير يستخدم التفكير التحليلي للإنجاز	القائد يستخدم أسلوب التفكير الابتكاري لتحقيق الطموح
المدير يعتمد على مبدأ التنظيم الإداري لإحداث التنظيم بين الأفراد	القائد يعتمد مبدأ تنسيق العلاقات لإحداث التنظيم بين الأفراد
المدير يعتمد مبدأ الرقابة على الأداء	القائد يعتمد مبدأ إلهام الموظفين
الإدارة تعتمد مبدأ تطبيق القوانين والإجراءات وفي حالات قليلة العمليات	القائد يعتمد تطبيق مبدأ العمليات بمرونة وتكيف مع الظروف المتغيرة
المدير يجبر المرؤوس على احترامه بموجب القانون	القائد يتبع أسلوب تعليم المرؤوس المهارات اللازمة لاحترامه ويفرض هيبته بعلمه وشخصيته المؤثرة
المدير يسعى للحفاظ على الوضع الراهن ولا يهتم بإجراء التغيير	القائد يسعى دوماً إلى التغيير المستمر ويشجع الآخرين على التغيير
المدير والمرؤوس تحكمهم علاقة رسمية بموجب المسميات الوظيفية	القائد والمرؤوس تحكمهم علاقة من التأثير والاحترام المتبادل والإلهام والتحفيز
المدير يهتم بالتخطيط قصير الأجل	القائد يهتم بوضع رؤية مستقبلية بعيدة الأجل
المدير يركز على الإنجاز، وفي أحيانٍ كثيرة لا يهتم بالعنصر البشري	القائد يركز على الناس لأنه يعلم أن الناس هم أعظم الموارد للمنظمة

المدير يعمل على تقليل المخاطر, وينحصر دوره في التأكد أن الموظف يقوم بالمطلوب منه.	لأن القادة يسعون لإحداث التغيير فهم يجربون الكثير من الأمور الجديدة وبالتالي يخوضون المغامرة بشكل شبه يومي
المدير يخبر الموظف بما يجب فعله ليضمن نجاحه وبقائه في الشركة ولا يشجع المبادرات الجديدة أو الأفكار الخلاقة	القائد يحترم حرية التفكير ويتبنى الأفكار الجديدة ويشجع على التفكير خارج الصندوق
المدير يوجه الموظفين حول كيفية إنجاز العمل بالطريقة الصحيحة فدوره يقتصر على التوجيه وفي أحيانٍ قليلة التشجيع	القائد يعتمد على التشجيع الدائم للموظفين للحصول على أفضل أداء لديهم, فهو يرفع الروح المعنوية للموظف التي بدورها ترفع إنتاجيته

نظريات القيادة [14]

تعرفنا على أهمية القيادة والفرق بينها وبين الإدارة وصفات ومهارات القائد الناجح, السؤال الذي يطرح نفسه الآن: كيف أقوم بدور القيادة ؟

يوجد العديد من النظريات حول القيادة, بعضها يتعلق بسلوك القائد والآخر يتعلق بالأنماط القيادية وبعضها الآخر يتعلق بالتأثير على المرؤوسين, سيتم استعراضها بإيجاز, فبعض النظريات تتناسب مع مواقف وظروف معينة أكثر من غيرها, ودورك كقائد أن تتعرف على نظريات القيادة, وتختار منها ما يتناسب مع الموقف والظروف المحيطة, وضرورة أن لا يتبنى القائد نظرية واحدة في جميع الأوقات والظروف, فكل مجتمع يناسبه نظرية ومنهجية معينة تختلف عن غيره, وكذلك كل زمن يناسبه نظرية ومنهجية تختلف من زمن إلى آخر.

يوجد بعض التشابه بين مدارس الإدارة ونظريات القيادة, إلا أن نظريات القيادة تناولت المفهوم من وجهة نظر المنهج القيادي للمنظمة وهي بذلك تختلف عن المدارس الإدارية, وأيضاً ظهرت نظريات جديدة في القيادة لم تكن معروفة في المدارس الإدارية.

ويمكن تصنيف النظريات القيادية على الشكل التالي:

أولاً: النظريات الكلاسيكية ومسألة القيادة والأداء

---

[14] تأثير القيادة على أداء العمال في المؤسسة الصناعية الجزائرية- شاين نوال 2013

1- النظرية البيروقراطية
2- نظرية الإدارة العلمية
3- نظرية التقسيم الإداري

ثانياً: النظريات الكلاسيكية الحديثة

1- نظرية العلاقات الإنسانية
2- نظرية صنع القرار

ثالثاً: نظريات التأثير على المرؤوسين

1- نظرية السمات
2- نظرية الرجل العظيم

رابعاً: نظريات سلوكيات القائد وقدراته

1- نظرية روبرت جوليبوسكي
2- النظرية التفاعلية
3- نظرية القيادة الإجرائية (التبادلية)
4- القيادة التحويلية

خامساً: نظريات النمط القيادي

1- نظريات استخدام السلطة
   - نموذج ليبيت ووايت
   - نموذج تينينيوم وشميدت
   - نظرية ليكرت في القيادة
2- نظريات تعتمد على افتراض القائد
   - نموذج ماك كريغور
   - نظرية Z أو نموذج أوشي

سادساً: النظريات الموقفية في القيادة

1- نموذج فيدلر
2- نموذج هاوس وإيفانس (المسار والهدف)

3- نموذج وليام ريدن
4- نظرية النضج الوظيفي للعاملين
5- نموذج الشبكة الإدارية

النظريات القيادية كثيرة ومتنوعة, وليس بالضرورة على القائد أن يطبق كل ما ورد في هذه النظريات على عمله, إنما الفكرة من استعراض هذه النظريات هي أن يكتسب القائد معرفة ومعلومات حول القيادة ليتمكن من التعامل مع المواقف المختلفة التي تواجهه أثناء تأدية عمله.

بعض النظريات تتناسب مع موقف معين وزمان معين وأشخاص معينيين, ونظريات أخرى تتناسب مع مواقف وأشخاص وأزمنة أخرى, وحكمة القائد تكمن في معرفة المكان والزمان المناسبين لتطبيق النظرية المناسبة

أولاً- النظريات الكلاسيكية ومسألة القيادة والأداء

1- النظرية البيروقراطية

اعتبرت هذه النظرية أن التدريب الفني الدقيق للموظفين على أعباء الوظيفة يؤدي إلى ارتفاع كفاءة الأداء لديهم, فصاغ قيبر نموذجاً يحقق درجات عالية من الكفاءة في أداء العمل, ودعا العمال إلى إتباع الإجراءات التنظيمية لتفادي العقاب

وفي القيادة تعامل مع ثلاثة أنواع استناداً للأشكال المختلفة للسلطة وهي: قيادات كاريزمية أي سلطة الفرد الملهم ذو القدرات الخارقة بنظر أتباعه, والقيادات التقليدية اعتماداً على سلطة المؤسس , واخيراً القيادات القانونية أو العقلانية وهي بيروقراطية باعتمادها على قوانين وقواعد معلومة تسود في الإدارة العامة

ورغم اعترافه بأهمية القيادة الشخصية غير أنه لا يمكن الاستغناء عن القيادة البيروقراطية التقليدية في المجتمع المعاصر, لأن تنظيم المناصب يقوم على مبدأ خضوع المنصب الأقل لإشراف المنصب الأعلى منه.

2- نظرية الإدارة العلمية لتايلور

يرى أن الإنتاجية ترتفع باستخدام الأسلوب العلمي القائم على مبدأ التعاون ورفض الصراع بين العمال والإدارة, والقضاء على المشاكل وإطاعة العامل لأوامر السلطة التنظيمية, وأهم مبادئها فيما يخص القيادة والأداء (تدعيم سلطة القائد داخل التنظيم عن طريق الحوافز المادية التي يتحصل عليها العامل, واتجاه الأوامر من أعلى لأسفل دون رجوعها عكسياً وتطبيقها على المستويات الإنتاجية عن طريق الاهتمام بكفاية العمال والرؤساء القائمين فعلاً بعمليات الإنتاج, وألح على ضرورة قيام القائد باستنزاف فكر وجهد العامل من أجل زيادة الإنتاجية)

تعرف تايلور على الحركات اللازمة لأداء العمل من خلال دراسة الحركة والزمن, فاكتشف الوقت الضائع وساهم في خفضه من 60-80%, وأرجعه لسببين هما سوء فهم العامل لطبيعة العمل جراء نقص أو خطأ التدريب, وعدم قيام المشرف بعمله على الوجه المرضي, واستهدفت دراسته التعرف على الأساليب المثلى لأداء العمل في المؤسسات الصناعية وتوصل لنتائج تساعد على تحسينه منها أنه اقترح دفع أجر العامل بالقطعة لزيادة أدائه, ودعى تايلور إلى ترك المجال البسيط للعامل للمبادرة والابتكار ونظر إلى أداء المؤسسة على أنه نتيجة لقيمة تنظيمها من حيث تقييم العمل والرقابة الصارمة.

3- نظرية التقسيم الإداري

اقترحت هذه النظرية مجموعة من المفاهيم والأفكار:

- ليصبح القائد فعالاً يجب عليه الانتباه لمهامه واقعياً ليحافظ على فعاليته أكثر, ومعرفة تفاوت الأفراد العاملين في القدرات وتحديد منصبه وفقاً لبناء المؤسسة وأهدافها.
- زيادة العمال تزيد من دور المستويات القيادية الإشراقية التي تساعد على تنفيذ خطط القائد وتحقيق الأهداف .
- الخبرة والتدريب المتواصل للعمال يرفع من مستوى أدائهم
- توجيه العمال من القائد المشرف عليهم لمعرفة خبايا العمل, وتنسيق الجهود وتحقيق الهدف المشترك بالمحافظة على إنتاجية المؤسسة واستمرارها في العمل.

ثانياً- النظريات الكلاسيكية الحديثة

1- نظرية العلاقات الإنسانية

من أهم مبادئ نظرية العلاقات الإنسانية:

- خضوع العامل لعمليات الإشراف والتتبع من طرف القائد باعتباره موجه سيكولوجي له, فالعامل في جو اجتماعي تكون له فعالية أكبر
- سعي القائد لترسيخ معايير لإدماج العمال في المؤسسة دون المساس بقيمهم الاجتماعية لأنه يحتاج لمراقبة وضبط للمحافظة على الأداء المتميز
- زيادة المكافئات المعنوية تزيد من دافعية العمال, والقائد المشارك في العمل الذي يبني علاقات طيبة مع المرؤوسين يرفع الروح المعنوية لديهم لتقديم أداء أفضل.
- تدريب القائد لزيادة ولاء العمال يساعد في تحطيم القيود القائمة بينهم بتعهده بتحقيق ما يحتاجه العامل مقابل استخدامه لخدمة التنظيم الرسمي, فكافة أنواع التنظيمات الرسمية وغير الرسمية أبرزت أهمية القيادة في تأثيرها على الأداء والإنتاجية.

2- نظرية صنع القرار " هربرت سيمون "

- للقائد وظيفتين الأولى هي الأداء والثانية اتخاذ القرار, فدوره يتحدد حسب مكانته في التنظيم.
- يكون أوتوقراطي بالمعلومات المتوفرة له, فينفرد باتخاذ القرار أو أوتوقراطي باعتماده على المرؤوسين للحصول على المعلومات ولكنه ينفرد باتخاذ القرار.
- يكون أحياناً استشاري بحل مشاكل العمال لكنه وحده من يقرر, أو استشاري عن طريق اجتماع جماعي والقرار النهائي له وحده, أو اعتماد المناقشة الجماعية بالمشاركة ليصلوا معاً لقرار جماعي يخدم مصلحة الجميع.
- وإن القرارات المتخذة بالمشاركة تحظى بقبول من المرؤوس فترتفع الروح المعنوية لكنها تأخذ وقتاً من القائد والمنظمة, بينما القرارات الأتوقراطية سريعة وفعالة لكنها تسبب الاستياء مما يؤدي لتراجع الإنتاجية وضعف الأداء.

فكل واحدة من هذه النظريات ركزت على جانب معين, واختلفت في عدة جوانب منها أن نظرية العلاقات الإنسانية ركزت على المكافآت المعنوية لزيادة أداء العامل واتباع الإشراف المنظم للعمل, لكن نظرية صنع القرار ترى أن فاعلية القائد تكون عن طريق القرارات التي يتخذها, وبذلك كانت هذه النظريات بداية لأفكار جديدة ومبادئ أخرى تهتم بالأنماط القيادية والسمات التي تكون قد أغفلتها هذه النظريات.

ثالثاً- نظريات التأثير على المرؤوسين

وتتعلق بالأساليب التي تمكن القائد من التأثير على مرؤوسيه, بغض النظر عن فعاليته كقائد بكونه قدوة ومصدراً للحزم والإصرار والمعرفة وخلق الشعور بالأداء وغيرها من الأساليب المتبعة لتحسين الأداء الوظيفي وزيادة قدرات الأفراد في الإبداع, وتندرج ضمنها عدة نظريات اهتمت بالبحث في العوامل والسمات الذاتية للفرد التي تجعل منه قائداً وتساعده في تطوير نمطه القيادي المتبع من خلال السمات التي تتوفر فيه وهي من أوائل النظريات القيادية وأهمها:

1- نظرية السمات

ترى أن القيادة تتشكل بفضل السمات التي يمتلكها القائد وأن النمط القيادي للقيادة الناجحة يعتمد على وجود خصائص وسمات لدى القائد تميزه عن غيره مثل " الشجاعة – الأمانة – الذكاء ...إلخ " وتتمثل هذه السمات في الشعور بالهدف والعمل على تحقيقه وسمات أخرى كالسن والوزن والقدرة على إنجاز القرار ...إلخ.

وعدة سمات أخرى شخصية مثل الضخامة الجسمانية , الوزن, الثقة بالنفس, الإرادة وغيرها التي تدعم الأنماط القيادية والإشرافية, وإن نوعية الأداء تعتمد على نوعية السمات التي تميز العنصر البشري, فالمعرفة الفنية للقادة في العمل تساعد على لعب دور توجيهي وتأثير قيادي على أداء العاملين إذا دعمت بنمط قيادي مناسب فتوفرها يعتبر من معايير تقييم الأداء بتغطيتها جوانب مختلفة منه كالتعاون والمواظبة والتي يجب أن تكون موجودة داخل شخصية القائد, وسمات عامة كالتمسك بالقيم الروحية والإنسانية والمعايير الاجتماعية ...إلخ.

2- نظرية الرجل العظيم

ترى أن النمط القيادي يبرز بوجود رجال عظماء لهم سمات وقدرات مميزة, حيث أن التغيرات تحدث للحياة الاجتماعية عن طريق أصحاب القدرات والمواهب البارزة, فالقائد لا يمكنه إحداث تغييرات في أسلوب عمله ما لم يكن هناك تعاون واستعداد من طرف باقي العاملين, فعندما يجد العاملون الإخلاص والثقة في القائد عندها سيستطيع التأثير على أدائهم, فمهاراته تساعده على تحليل الأداء الحالي والمسبق ومعرفة كيفية توظيف المهارات للأداء المستقبلي المتوقع لتحقيق إنتاج عالي وتحسين الأداء الوظيفي.

رابعاً- نظريات سلوكيات القائد وقدراته

تطورت هذه النظريات عن سابقاتها فيرى أصحابها أنه ليس المهم حمل المرؤوسين على أداء المهمة فحسب بل المهم هو فعالية هذا الأداء, وتميزت بعدة خصائص كاستخدام القائد سلطته للتأثير على تفكير وسلوك مرؤوسيه وظهوره دائماً بمظهر القوة وقدرته على إنجاز العمل تحت إدارته ومواجهة المشاكل ودعمهم بالتحفيز المعنوي لزيادة عطائهم بأكثر فعالية مما يرفع معدلات الأداء وكذلك العمل على تحقيق الأهداف المشتركة, ومن هذه النظريات:

1- نظرية روبرت جولبيوسكي

يعتبر التحليل الذي قدمه من أحسن التحليلات التي قدمها كتاب الإدارة لشموله وواقعيته, فيرى أن أهم الظروف التي توفر للقيادة تحسين الأداء الوظيفي:

- شخصية المرؤوسين: معظم التطبيقات العملية أثبتت تفضيل العامل الخضوع لسلطة القادة والإدارة, ويكون عمله أحسن في ظل قيادة تسلطية.
- خصائص العمل: العمل البسيط لا يحتاج لتعاون وتدريب عليه فتكون القيادة الديمقراطية مناسبة له, مما يساعد في معرفة تفاصيله وكيفية أدائه
- أدوار العمل: وهي خاصة بالقائد (كحل المشكلات..) وخاصة بالمرؤوسين كمسؤوليتهم عن أفعالهم وكيفية استعمال الآلة والمحافظة عليها, والأدوار الخاصة بهما معاً (كتدريب القائد للعامل مقابل حصوله على دعمه) وهكذا فالمجموعة الأولى تناسب النمط القيادي التسلطي, بينما الثانية قيادة فوضوية والأخيرة هي نمط ديمقراطي لأنه يقوم على مبدأ المشاركة وتفويض السلطة
- خصائص جماعة العمل: تلعب دوراً كبيراً في نجاح إحدى الأنماط الثلاثة

2- النظرية التفاعلية

ترى أن القيادة عملية تفاعل اجتماعي بين شخصية القائد وجميع المتغيرات المحيطة بالموقف القيادي, معتمدة على أبعاد أساسية تؤثر في نجاحها كالسمات الشخصية للقائد, ولعل أبرزها المتعلقة بالخصائص التي على أساسها يتم تحديد مكانة الجماعة ومدى ملائمتها لعمل ما بغية تمكين القائد من التفاعل معها وأهم هذه الأبعاد:

- المناخ التنظيمي: متمثل بالموقف والظروف المحيطة بالعمل وطبيعته

- الأفراد (العمال أو القادة): كتقويم التناسب بين المهارات القيادية واحتياجات المؤسسة
- الاختلاف بين القادة والعاملين: يكملان بعضهما وأن يكون الاتصال دائماً قائماً بينهم

وعموماً فقد أكدت النظرية التفاعلية أن نجاح القيادة يعتمد على قدرة القائد في اختيار النمط القيادي الذي يلائم الموقف وحاجات المرؤوسين في ظل ظروف البيئة الاجتماعية, والعوامل الشخصية المتعلقة بالسمات النفسية والسلوكية للقائد كالسيطرة والخضوع .. وغيرها, ومتأثرة بالتنشئة الاجتماعية خاصةً المستوى التعليمي والعائلي والمهني للقائد, وطبيعة العوامل الاجتماعية والأزمات التي تعاني منها المؤسسة, مما قد يؤثر على مستوى زيادة أو تدني الأداء الوظيفي للعاملين.

3- نظرية القيادة الإجرائية (التبادلية)

تبنت هذه النظرية النمط القيادي المبني على علاقة التبادل الاقتصادي بين القائد ومرؤوسيه, الذي يقوم بالتشجيع على الاتساق والتوحد مع المؤسسة بواسطة منح المكافآت الإيجابية على الأداء المتميز أو استعمال العقوبات بشكل عفوي معتمداً على كفاءة الأداء الوظيفي لهم.

ولأن القائد الإجرائي محاور جيد وقادر على إيصال رؤية جذابة للمستقبل وضبط الإجراءات وتنمية قناعة مرؤوسيه بوحدة الأهداف, فإن عوامل القيادة الإجرائية تتمثل في:

✓ المكافأة المشروطة: بالتعزيز الإيجابي بين القائد ومرؤوسيه لتسهيل تحقيق الأهداف التي تمت الموافقة عليها من قبلهم, للحصول على مكافآت مقابل الأداء المتميز والإنتاجية المرتفعة

✓ الإدارة بالإستثناء: ويتدخل فيها القائد عند سير الأمور بشكل غير صحيح من خلال التعزيز السلبي والعقاب على المردودية والأداء المتدني.

4- القيادة التحويلية

هذه النظرية تمثل عملية يقوم فيها القائد والتابع بدعم كلٍ منهما الآخر للوصول لمستوى عالٍ من الروح المعنوية والدافعية في الأداء, وتبنى القيادة على أساس تشجيع القائد للمرؤوس على التوحد مع المؤسسة بمنحه مكافآت معتمداً على دافعيته في الأداء, فالقائد التحويلي يسعى لتحويل العاملين إلى قادة لأنه معزز وذو شخصية تدفع للعمل بأكثر مما

هو مطلوب, ويتميز في المهارة والأداء, لكن في نظر القيادة هو نموذج معقد, إنما بنظرة القائد هو ضروري لخلق الدافع وإشباع الحاجات العليا للعاملين.

ويمكن النظر إلى القيادة التحويلية بأنها القدرة على إلهام العامل للنظر لما بعد مكاسبه الشخصية والتركيز على أهداف المؤسسة, والقائد التحويلي يتصف بـ:

- يجعل المرؤوسين يتبادلون معه الرؤى المستقبلية حول تطوير الأداء ودعمه في مهامه القيادية.
- خلق الدافعية للأداء في المؤسسة وزيادة الإنتاجية لدى العامل, ويمكن تلخيص أبعاد القيادة التحويلية في:

✓ التأثير والجاذبية: كتنمية روح الفخر لديهم بالأداء المتميز وتحقيق الثقة والاحترام بين القائد والمرؤوس
✓ الدفع والإلهام: قدرته على إيصال التوقعات للآخرين والتعبير عن الأهداف بطرق بسيطة
✓ التشجيع الإبداعي: كجعل العامل يتصدى للمشاكل القديمة بطرق حديثة وتحديث طرق الأداء.
✓ الاهتمام بالمشاعر الفردية للمرؤوسين وإدراك الفروق بينهم وتدريبهم لتحقيق مزيد من النمو والتطور في الأداء

خامساً- نظريات النمط القيادي

وتصف هذه النظريات نمط القائد الذي ينشأ نتيجة توجهات القائد نفسه, وبناءً عليها فإنه يمكن أن نتنبأ بسلوكه مع مرؤوسيه بمحرد أن نعرف النمط الذي قد يكون فعالاً أو غير فعال, وهناك العديد من النظريات السلوكية التي حاولت الوصول إلى معرفة نوعيته لاستثماره في تحسين الأداء الوظيفي للعاملين معه وأهمها:

1- نظريات استخدام السلطة

تضمنت عدة أنماط تبين مدى استئثار القائد بعملية صنع القرار, وهناك عدة نماذج منها وضحت هذه الأنماط:

✓ **نموذج ليبيت ووايت**

- السلطوي (الأوتوقراطي): استئثار القائد بالسلطة وعلى المرؤوس الإطاعة والاستجابة

- النمط المشارك: نمط يشرك المرؤوسين في صنع القرار, بحيث يجمع القائد المعلومات منهم أثناء جولاته عبر أقسام المنظمة, متخذاً قراره بأسلوبين هما: القرار بالإجماع (يتخذ القرار الذي يحظى بموافقة الجميع), القرار الديمقراطي (يتطلب موافقة الأغلبية)
- النمط المتسيب: يخول سلطة صنع القرار للمجموعة ويكتفي بإعطاء التوجيهات والإرشادات

✓ نموذج تنينبوم وشميدت

حددا طرفين لسلوك القائد مع مرؤوسه أثناء اتخاذ القرار والأداء الوظيفي لهم:

- الطرف الأول: على اليسار يحافظ القائد على الانفرادية في اتخاذ القرارات
- الطرف الثاني: على اليمين يترك القائد للمرؤوسين حرية المشاركة في اتخاذ القرارات

وإن اختيار النمط الملائم يكون بإدراك المدير للقوى الموجودة في كل موقف وهي قوى المدير والمرؤوسين والقوى الكامنة في نفس الموقف , وعلى القائد أن يعرف اختيار النمط المناسب لكل حالة عل حده

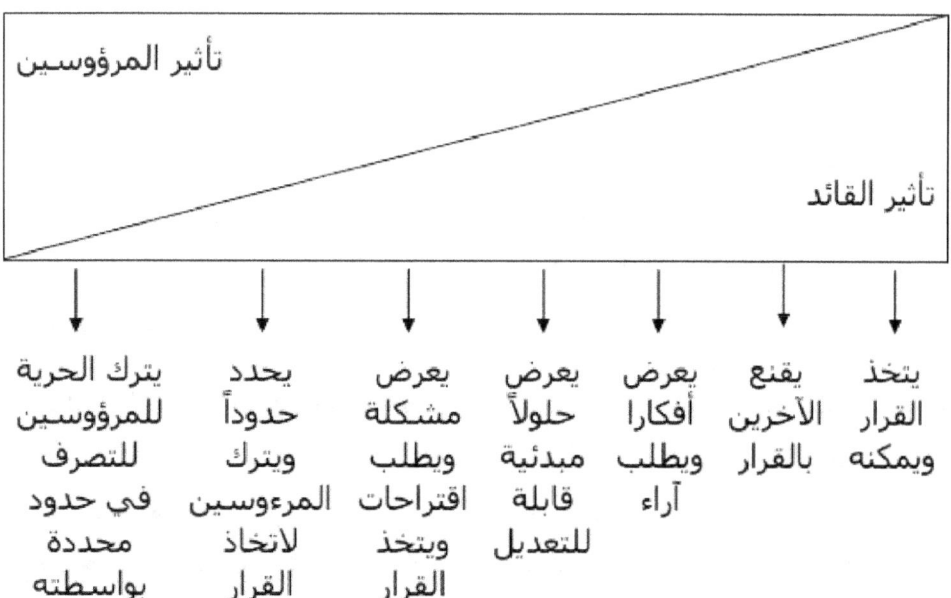

✓ نظرية ليكرت في القيادة

في إطار نظريات سلوك القائد قدم رينسيس ليكرت أربعة أنظمة يمكن أن توضح سلوك القائد في العديد من المواقف القيادية:

- المتسلط الإستغلالي:يتميز بالديكتاتورية والتسلط واستغلال التابعين لضعف الثقة بهم, ودفعهم للأداء عن طريق القوة والإكراه.
- المتسلط العادي: هو ديكتاتوري يشبه المتسلط الاستغلالي لكن أقل مركزية منه, بمشاركة التابعين في اتخاذ القرار تحت رقابة شديدة ودون تفويض السلطات مما يجعل الأداء يتذبذب نتيجة خوف العامل من التعرض للعقاب.
- الديمقراطي الاستشاري: يتشاور القائد مع تابعيه نتيجة ثقته بهم, ويستفيد من أفكارهم وآرائهم لتحسين الأداء لكنه يتخذ القرار لوحده.
- الإدارة الجماعية بالمشاركة: يوجد ثقة بين القائد والمرؤوس, ويسعيان معاً لتبادل الأفكار والمعلومات, ويقول " ليكرت " إنه أفضل الأنماط التي تساعد على تطور أداء العمال والمؤسسة.

2- نظريات تعتمد على افتراضات القائد

✓ نموذج ماك كريغور

نظرية X يفترض القائد فيها أن العامل الموظف يكره العمل ولا بد من إجباره وهو كسول ولا يتحمل المسؤولية ودائماً يحتاج لضبط ومراقبة, بينما Y أوضحت الأبحاث الحديثة أن افتراضاتها قد تكون أكثر صحة بنظرتها الإيجابية للعامل بمنحه فرصة التخيل والإبداع وأنه يحب العمل ويتحمل المسؤولية, إضافة لوضع الثقة فيه ليعمل بنفسه لتحقيق أهداف التنظيم وزيادة الرضا الذاتي.

فنظرية X ترى أن أهداف العمال لا تتفق مع أهداف المؤسسة كونها تضع وزناً للسلطة كوسيلة للضبط والتوجيه ومركز واحد لاتخاذ القرارات, أما Y فترى أن العامل لديه الكثير ليمنحه للمؤسسة إذا تم إقناعه بقبول أهدافها ومحاولتها الاستفادة من طاقاته الشخصية والوظيفية, فالفرق بينهما أن Y تفتح الباب للوسائل الدافعية التي تعيقها القيود الاجتماعية النفسية التي تدفع إليها نظرية X

✓ نظرية Z أو نموذج أوشي

ظهرت في بداية الثمانينيات بافتراضها أن الفرد الأمريكي يختلف في ثقافته عن الفرد الياباني, حيث حاول أوشي تعديل الأساليب القيادية اليابانية لتناسب الثقافة الأمريكية, لأن القائد وسيط اجتماعي لأفراد مجموعته باستخدام الأسلوب الأبوي والقيم المشتركة المساعدة على التعاون وتفادي المواجهة عند حدوث الصراع, حيث لاحظ تفوق إنتاجية المؤسسات اليابانية في أمريكا على المؤسسات الأمريكية بالرغم من تفوق هذه الأخيرة في عناصر الإنتاج من رأس مال وعدد العاملين ...إلخ, وأرجع السبب للأسلوب الإداري المتبع واهتمامها بالعامل وتشجيعه بطرق تجعله يكون راغباً في بذل مزيد من الجهد في الأداء, وتقوم نظرية Z على ثلاثة أعمدة:

(الثقة – الألفة والمودة – مهارة الإشراف) وانطلاقا من هذه الصفات فقد تم وضع سمات رئيسية تساعد في مراقبة وتحسين الأداء الوظيفي للعاملين وهي أن: " الوظيفة طويلة الأمد" و " المسؤولية فردية " " التقييم غير رسمي وعدم اللجوء إلى التقييم الدوري واتباع أسلوب الترقية البطيئة والاهتمام بالعاملين وجعل المسارات الوظيفية معتدلة والتخصص في القرارات بالمشاركة"

سادساً- النظريات الموقفية في القيادة

يقول أصحاب هذه النظريات ومؤيديها أن الفعالية القيادية لا يمكن أن تعزى لنمط قيادي محدد, فالموقف الذي يتواجد فيه القائد هو الذي يحدد فعاليته, ويعتبر كذلك النمط القيادي عملية ديناميكية تختلف درجة فعاليته باختلاف الموقف ذاته, إذ يبرز الشخص كقائد في موقف ما ولا يبرز في موقف آخر, لأن القائد الناجح له القدرة على ملائمة الموقف مع ما تفتضيه الظروف من أجل زيادة أداء العاملين, وهناك بعض الظروف التي تؤثر في اختيار النمط المناسب:

- البناء الوظيفي التاريخي للتنظيم ذاته والظروف المجتمعية التي يعمل فيها.
- خبرة القائد والظروف النفسية والاجتماعية لجماعات العمل داخل التنظيم
- حجم الجماعة والوقت المطلوب لاتخاذ القرار.

فالأنماط القيادية إذاً تتوقف على الظروف المحيطة ببيئة العمل والتفاعل الاجتماعي, ويجب على القائد إدراك كيفية التعامل مع المرؤوسين في شتى المواقف لإخراج أفضل أداء لديهم.

وهناك عدة نماذج للنظرية الموقفية منها:

- ✓ نموذج فيدلر

حدد فيدلر الموقف في ثلاث عناصر هي:

1- الهيكل التنظيمي للمنظمة: هيكلة المهام يجعل وظائف القائد بسيطة وواضحة
2- المنصب القيادي: قد يكون القائد قوياً يمارس مسؤولياته من ثواب وعقاب أو ضعيفاً
3- علاقة القائد بالمرؤوسين: علاقات جيدة في ممارسة وظائفه تخلق الارتياح للمرؤوسين وتفاعلها مع عناصر أخرى كخبرته يؤدي لارتفاع الروح المعنوية وزيادة الأداء الوظيفي.

- ✓ نموذج هاوس وإيفانس (المسار والهدف)

بينا أن المهمة الأساسية للقائد هي توضيح الأهداف ومساعدة المرؤوسين لتحقيقها بأفضل الطرق معتمداً على نظرية التوقع ونظريات الحفز محاولاً الربط بين السلوك القيادي ودافعية الأفراد لتحسين الأداء الوظيفي من خلال العوامل المتعلقة ببيئة العمل كنظام المكافآت وصفات العاملين, أما الأساليب القيادية التي يمكن للقائد استخدامها في هذه الظروف:

- المساند: يهتم بحاجات المرؤوسين وراحتهم ويخلق جو عمل مريح
- المشارك: يفسح للمرؤوسين المجال لصنع القرار.
- الإجرائي: يزود المرؤوسين بالإجراءات والتعليمات بشكل واضح
- المتحدي: يضع للمرؤوسين أهدافاً تتحدى قدراتهم وتطور أدائهم

وافترض أن المواقف غير المؤكدة والغامضة يمكن أن تؤثر سلباً على أداء المرؤوسين, فتوضيحها من قبل القائد أمراً ضرورياً, ووفقاً لهذه النظرية يكون سلوك القائد مقبولاً من طرف الأفراد إذا اعتقدوا أنه يعمل لرضاهم المستقبلي والحالي وبالتالي يجب على القائد توضيح المهمة التي يجب إنجازها لمرؤوسيه وإزالة العراقيل التي تعترض الوصول إلى الهدف

- ✓ نموذج وليام ريدن

عمد لتحليل الموقف الإداري مركزاً على الأنماط القيادية المؤثرة على فعالية الإدارة والأداء بالاعتماد على عنصرين: الاهتمام بالعمل والاهتمام بالعلاقات بين الموظفين, لأن الاهتمام بهما معاً يزيد الإنتاجية وكفاءة العامل ويحسن الأداء الوظيفي, مميزاً بين أربعة أنماط للقيادة:

1- القائد المهتم أكثر بالعمل

2- القائد الذي لا يهتم كثيراً بالعمل والعلاقات مع الأفراد
3- القائد المهتم كثيراً بالعمل والعلاقات
4- القائد المهتم أكثر بالعلاقات بين الموظفين

وهذه النماذج الأربعة قد تتميز بالفعالية في موقف معين فيرتفع الأداء وقد تكون العكس في موقف آخر, حيث حدد ريدن العناصر الأساسية التي يجب على القائد إدراكها كفهمه لظروف العمل وأن الفعالية الإدارية للقائد الإداري تنتج من قدرته على التوافق مع الموقف.

✓ نظرية النضج الوظيفي للعاملين (دورة الحياة)

إن تحديد مستوى النضج يحتم على القائد اختيار النمط السلوكي الملائم, فمثلاً تميز العمال بنضج منخفض يلزمه الاهتمام بتحسين الأداء واهتمام قليل بالعلاقات من أجل تحقيق الأداء المطلوب, أما إذا كان عالياً فعليه السماح لهم بمشاركته في اتخاذ القرارات وتحميلهم بعض المسؤولية, وعليه فالإدارة الناجحة هي التي يعدل فيها القائد أنماطه القيادية حسب مدى استعداد ونضج العاملين للتعامل مع المواقف التي تواجهه, ويوجد وفق هذه النظرية عدة أنماط أو أساليب هي:

- أسلوب الأمر (إخباري): سلوك عالي في التوجيه منخفض في المساندة بتركيزه على تحديد الأداء وكيفية تنفيذه والزمن اللازم لذلك مع الاهتمام القليل بالعلاقات الاجتماعية معهم, ويمارس هذا الأسلوب عند انخفاض النضج الوظيفي لهم في المهارة والرغبة.

- أسلوب التسويق (استشاري): عالي في التوجيه والمساندة بتركيزه على شؤون العمل والإنتاج والاهتمام ببناء علاقات إنسانية مع المرؤوسين, ولكن الاختلاف أنه يعرض أفكاره بقصد تبنيها والعمل بها, ويمارس هذا الأسلوب عند مستوى نضج منخفض في المهارة ولكن هناك رغبة في أداء العمل.

- أسلوب المشاركة: عالي في المساندة منخفض في التوجيه, مهتم ببناء علاقات ومشاركة في الآراء, ويمارسه عند النضج الوظيفي العالي في المهارة لكن ليس هناك رغبة في أداء العمل.

- أسلوب التفويض: السلوك منخفض في المساندة والتوجيه بترك القائد الأمور المتعلقة بالعمل ويستشار عند الحاجة, ويمارسه عند وجود مستوى نضج وظيفي عالي في المهارة ووجود الرغبة في الأداء.

✓ نموذج الشبكة الإدارية

تم تصنيف السلوك القيادي في خمس مجموعات أساسية تعكس في كلٍ منها درجة اهتمام القادة ببعدين أساسيين هما:

- الاهتمام بالإنتاج (المهمة)
- الاهتمام بالأفراد (العلاقات)

وتضم في مجموعها واحد وثمانين موقفاً قيادياً أفضلها أسلوب 9.9 المتميز بالثقة والاحترام المتبادلين, وهذه الأساليب هي:

1- المستوى "1" النقطة 1.1: قائد يقدم أدنى جهد لكنه يحث على التعاون لتحسين الأداء
2- المستوى "2" النقطة 1.9: قائد مهتم بالإنتاج ولا يهتم بالعلاقات الإنسانية
3- المستوى "3" النقطة 9.1: قائد عالي الاهتمام بالموارد البشرية وتوفير كل ما يلزم لذلك
4- المستوى"4" النقطة 5.5 : يوضح وضعية القائد الذي يهتم بالطرفين بشكل متوسط
5- المستوى "5" النقطة 9.9: تعكس قائد مهتم بالجانبين معاً لخلق نوع من التوافق بين العامل والإنتاج. أي تحسين ظروف العمل والعامل ليتحسن مردود المؤسسة.

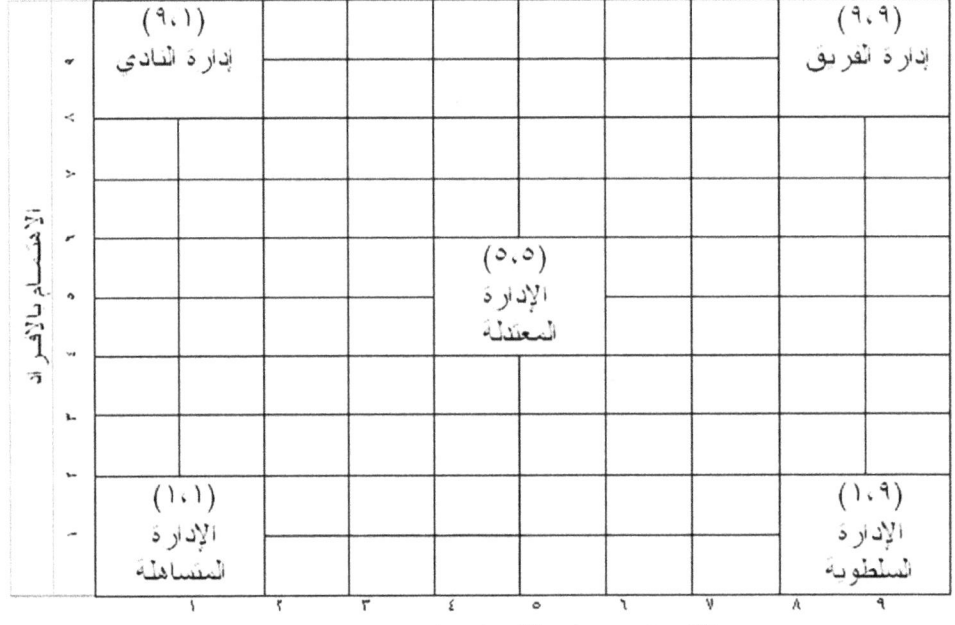

نموذج الشبكة الإدارية

تقييم النظريات القيادية

هذه النظريات تطرقت للأنماط القيادية كل حسب وجهة نظره, مما يترك بعض النقص في الجوانب التي لم تتطرق إليها, فنظريات التأثير على المرؤوسين تطرقت للأسباب والأساليب التي تمكن القادة من فرض أنفسهم وركزت أغلبها على السمات المميزة لهم في شخصياتهم أو بصفة امتلاكهم لبعضها مما يجعلهم يصبحون قدوة, إلا أنها تختلف في السلطة والمسؤولية, وهذه السمات لم يستطع أحد ترتيبها فكل نظرية رتبتها حسب أهميتها بالنسبة لها.

في حين أن النظريات الموقفية خاصة نظرية الموقف لفيدلر, اهتمت بالظروف الموقفية للقائد خاصةً الهيكل التنظيمي والمنصب القيادي وعلاقته بمرؤوسيه, إلا انه لم يراعي مدى صعوبة أو سهولة العمل لأن تأثير القائد هنا من المفترض أن يزيد أكثر عند صعوبة العمل, كما أن وضوح العلاقة بينه وبين المرؤوسين لا يعني بالضرورة ارتفاع وتحسن الأداء, فهناك مقاييس أخرى تساعد على بذل الجهد اللازم للأداء.

أما نموذج المسار والهدف فقد حدد عدة أساليب قيادية يمكن للقائد استخدامها وقيادة عماله بها, حيث دعت هذه النماذج لتفضيل قائد على آخر رغم تشابه المهام الموكلة إليهم, وأغفلت أن القائد بإمكانه أن يغير النمط القيادي الذي يتبعه من أجل تحقيق أهدافه

في حين أن نظريات سلوك القائد وقدراته ركزت على ضرورة فعاليته في حل المشاكل وقدرته على المبادرة والإنجاز وأن يكون أكثر صلة بمرؤوسيه, غير أنها أهملت أن العامل يجب أن يتمتع برغبة في العمل والتطور والتقدم والرغبة في مساعدة قائده وتقديم الدعم اللازم له, كما أنها لم تهتم بتدريب العاملين الجدد رغم أن القيادة الوظيفية هي أداة فاعلة وقوية للمشرفين والقادة لاستخدامها في التدريب, وأيضاً تم إهمال دور البيئة في تغيير نمط القائد والعامل معاً.

بينما النظرية التفاعلية رأت أن القيادة عبارة عن أنماط معقدة من التفاعل بين القائد والأتباع, فهما يحققان أهداف المؤسسة معاً في نظرها, فترى انها تكون ناجحة من خلال العمل الجماعي والتعاون بينهما, كما أن عملية التأثير القيادي بين الأطراف تخضع لعدة متغيرات بيئية ومواقف مختلفة والتي تتحكم فيها الظروف المتباينة وسمات ومهارات القائد.

كما ساهمت نظرية النمط القيادي في الكشف عن الأبعاد المختلفة للسلوك القيادي غير أنها أخفقت في إثبات وجود علاقة بين النمط السلوكي للقائد وأداء جماعته, وأهملت الموقف الذي يمارس فيه هذا النمط أو الذي يساعد على بروز قائد يتولى زمام الأمور.

أما نموذج أوشي وماك وغريغور فيرى أنه يمكن لنفس القائد استخدام النمطين معاً في أوقات ومواقف مختلفة, كما أن الكم الهائل من العمل ونوعية المشرفين والقياديين في مؤسسة ما يضعهم أمام تحديات متعددة, فالقائد وحده قد يعجز عن تقديم كل الخدمات الإشراقية المتميزة التي تسد وتلبي المتطلبات, فهذه النظريات ترى أن القائد يجب عليه البحث عن العمال ذوي الأداء المتميز واستقطابهم بتأثيره القيادي ويرسم لهم الخطط ويدربهم ليجعل منهم قادة يستطيع أن يوكل إليهم بعض الصلاحيات ليكونوا وسطاء إشرافيين في ميدان عملهم, كما أن هذه الانواع من القيادات توفر استراتيجية لمواجهة الظروف الطارئة.

وهكذا بينت هذه النظريات أنه ليس هناك نموذج معين يجب إتباعه لدراسة القيادة, كما أن ليس هناك قائد يصلح لكل موقف أو نمط قيادي يصلح ويمارس في كل المنظمات, وهذا ما أكد أن القيادة ظاهرة معقدة ما زالت تحتاج إلى الكثير من الدراسة من أجل فهمها وتفسيرها, وكذلك لأجل تبني إطار نظري مقبول يفسر العلاقة بين نمط القيادة والأداء الوظيفي, خاصةُ وأنها ظاهرة ثقافية لا يمكن دراستها إلا في إطار اجتماعي واقتصادي وسياسي معين.

أنماط القيادة

النظريات القيادية وحدها لا تكفي من أجل تبني منهج قيادي واضح, فالقائد يمكن أن يكون ديمقراطياً أو رسمياً أو يتبنى نمط القيادة الشكلية, وليس بالضرورة أن يتبنى القائد نمطاً واحداً لكل المواقف, إنما يمكن تغيير النمط من موقف إلى آخر وفق النظرية الموقفية للقيادة, فهناك العديد من الأنماط القيادية يمكن استعراضها كما يلي: [15]

- القيادة الديمقراطية
- القيادة الرسمية
- القيادة غير الرسمية
- القيادة الأوتوقراطية
- القيادة الشكلية
- القيادة الشخصية

[15] برنامج القيادة الفعال- د. عبد الفتاح دياب حسن

- القيادة غير الشخصية
- القيادة الأبوية
- القيادة الموقفية
- القيادة المتسببة

> النظريات القيادية تركز على عدة متغيرات في موضوع القيادة مثل التأثير على الموقف ومستوى الأداء والتحفيز وطبيعة العلاقة بين القائد والمرؤوس والسلوك القيادي, وإن أنماط القيادة كانت أحد المواضيع التي تم مناقشتها ضمن النظريات القيادية, وبسبب الأهمية الكبيرة لموضوع الأنماط القيادية فيجب الاهتمام بالنمط الذي سيتبعه القائد في التعامل مع:
>
> - المرؤوسين
> - الأداء
> - الموقف
>
> لذلك على القائد أن يعرف الأنماط القيادية التي من الممكن تبنيها, وأن يختار المناسب منها على حسب الموقف

- القيادة الديمقراطية

في هذا النوع من القيادة نرى أن القائد يميل إلى تفويض بعض سلطاته لمرؤوسيه, وتتميز القيادة الديمقراطية بأنها تعتمد على الاهتمام بالعلاقات الإنسانية بين الأفراد ومشاركتهم جميعاً في اتخاذ القرار, وأن القائد الديمقراطي يعمل على إشباع حاجات مرؤوسيه بما يساهم في إيجاد روح التعاون بين الأفراد وتوافق مع الاتجاه العام في المنظمة

- القيادة الرسمية

مما لا شك فيه أن القيادة الرسمية تنبع من المركز الوظيفي الذي يشغله القائد في المنظمة, وفيها تظهر سلطات القائد على مرؤوسيه من واقع المركز التنظيمي الذي يشغله, وليس

بالضرورة أن تتوفر في هذا القائد المؤهلات للقيادة, فنجد مثلاً أن هناك أفراد قد وصلوا إلى مكانة قيادية في منظمات الأعمال فقط لأنهم أبناء أصحاب رأس المال.

- القيادة غير الرسمية

يعكس هذا النمط نموذج قيادي يستمد سلطاته من الصفات والسمات والمهارات الشخصية التي تجعله في مكانة قريبة من الآخرين, فيؤثر فيهم ويوجههم إلى الطريق اللازم لتحقيق أهدافهم, ونرى أن القيادة غير الرسمية تظهر في التنظيمات غير الرسمية وذلك في التجمعات غير الرسمية داخل المنظمات والتي تتعرض إلى مشاكل واحدة أو إلى أخطار واحدة, مما يجعلهم يبحثون عن حل لتلك المشاكل.

- القيادة الأوتوقراطية

من أهم ما يميز هذا النمط القيادي هو استخدام القائد الأوتوقراطي للسلطة الرسمية كأداة يتحكم بواسطتها ويضغط على مرؤوسيه لإجبارهم على تنفيذ عمل معين, كما أن القائد الأوتوقراطي مستبد ومتحكم في كل القرارات عكس القائد الديمقراطي, وهو لا يثق في قدرات ومهارات مرؤوسيه مما يساهم في ازدياد روح الشك بين العاملين وبالتالي يعكس هذا الأمر على المنظمة جواً من التوتر والقلق.

- القيادة الشكلية

تتميز القيادة الشكلية بالعمل على توجيه العاملين نحو هدف المنظمة بأسلوب سهل, وذلك عن طريق الثقة في قدراتهم, وتفويض السلطات الكاملة لهم والتأثير في سلوكهم وتوجيه قدراتهم نحو تحقيق الهدف المنشود, وهي قيادة رمزية تصل فيها سلطات القائد إلى أدنى درجة وتظهر في الهيكل التنظيمي على القمة, ولكنها في حقيقة الأمر لا تملك أية سلطات حقيقية فهي أقرب إلى القيادة الشرفية أو الفخرية.

- القيادة الشخصية

يقصد بها ذلك النمط من القيادة القائم على توجيه الأفراد في المنظمة والتأثير عليهم من خلال العلاقات الشخصية عن طريق الاتصال الشخصي, وتبرز هذه القيادة بين الأفراد المكونين للتنظيمات غير الرسمية, وتتميز هذه القيادة بالمقدرة الشخصية للقائد في التأثير على الآخرين, ومن أبرز القيادات الشخصية ما يسمى بقيادة رجال الدين وهي قريبة الشبه من القيادة غير الرسمية.

- القيادة غير الشخصية

وهي القيادة غير المباشرة والتي تنجم عن توجيهات القائد للأفراد المرؤوسين أو التابعين له بطريق غير مباشر, وذلك يتم عن طريق تفويض سلطات القائد إلى من هم دونه في مستويات إدارية مختلفة لقيادة الأفراد, حيث تظهر في حالة المنظمات الكبيرة الحجم والتي يكون أفرادها بالآلاف أو مئات الآلاف, وتتم عن طريق قيادة الأفراد والتأثير عليهم في ضوء توجيهات القائد.

- القيادة الأبوية

في هذا النمط تبرز أهمية الصفات اللازم توافرها في القائد, فالقيادة الأبوية تعكس الروح التي يتعامل بها القائد مع المرؤوسين, وفي حالة قناعة المرؤوسين بأن قائدهم يتعامل معهم مثلما يتعامل مع أبنائه ويتبين لهم أنه يفضل مصالحهم ويودهم ويعطف عليهم فإنهم في هذه الحالة سوف يتفانون في خدمة المنظمة.

- القيادة الموقفية

هذا النمط القيادي يتحدد طبقاً لنوعية الموقف, فمثلاً القيادة وقت الحرب أو الأزمات والطوارئ تختلف عن القيادة وقت السلم والرخاء, كما أن القيادة في نفس المؤسسة تختلف من موقف لآخر ومن إدارة لأخرى, كل حسب الهدف المطلوب تحقيقه ونوعية الأفراد المراد قيادتهم والتأثير فيهم وتوجيههم نحو الهدف.

- القيادة المتسببة

في هذا النوع من القيادة فإن القائد الرسمي الذي يتم اختياره لهذا المنصب قد يفضل القيام بمهامه بشكل مناسب أو أنه ذو نفوذ ضعيف أو ليس له رغبة في القيادة ذاتها, وهذا النمط يتجنب القائد فيه اتخاذ دور إيجابي فعال في عملية القيادة, فهو موجود ولكنه لا يقوم بمهامه القيادية الفعلية, وإن ما يحدث هنا أن القائد غير الرسمي يقوم بتولي مهام قيادة المجموعة بدلاً منه.

تطوير الذات_مهارات التفاوض

يعتبر التفاوض شكل من أشكال التواصل الإنساني, ويمكن النظر إليه كمهارة متطورة من مهارات التواصل, وهو حاجة ضرورية للجميع, ولو تأملت في معظم جوانب حياتك اليومية وخاصةً التي فيها تفاعل مع الآخرين لوجدت أن التفاوض حاضر بشكل أو بآخر, فأنت تقوم بالتفاوض من لحظة استيقاظك حتى وقت النوم , حتى الأطفال الصغار يقومون بالتفاوض بأساليبهم الخاصة من أجل الحصول على الألعاب والأشياء التي يريدونها وجذب الانتباه لهم, وعند تقدمك إلى عمل فأنت تفاوض صاحب العمل بخصوص الأجر وساعات العمل وأوقات الراحة, وعندما تريد استئجار منزل فأنت تفاوض صاحب المنزل على الإجرة الشهرية ومدة العقد وشروط أخرى, وعندما تريد شراء أو استيراد بضاعة فأنت تقوم بالتفاوض على شروط العقد كالأسعار وشروط النقل والتخزين والضمان والتنفيذ وغيرها, جميعنا يقوم بالتفاوض, فالطبيب يتفاوض مع المريض على كافة التفاصيل المتعلقة بالمرض كالأدوية والتحاليل وتعليمات أخرى, والمحامي يتفاوض مع موكله حول الوكالة القانونية وجلسات المحكمة واستخدام الأدلة والشهود وغير ذلك من المواضيع القانونية, حتى الأم والأب يقومون بالتفاوض مع أبنائهم حول توزيع الواجبات والمسؤوليات والحقوق والالتزامات ضمن المنزل الواحد, ويأخذ التفاوض أحياناً صبغة دولية كالتفاوض بين الدول على الموارد والتبادلات التجارية والعلاقات المشتركة والحلول السياسية.

نجاحك في التفاوض يعني تحقيق ركن هام من أركان نجاحك وسعادتك لأنك لا تستطيع تحقيق ما تريد بمعزل عن التفاوض.

مهارة التفاوض ليست مهارة فطرية, إنما هي مهارة مكتسبة كمهارة الطباعة على لوحة المفاتيح يمكن تطويرها بالممارسة والتعلم.

التفاوض في اللغة العربية يعني التداول والتباحث, وفي اللغة الإنكليزية negotiation مأخوذ من الكلمة اللاتينية negotiates التي تعني الشغل في مهنة ما, والمعنى المتداول لكلمة تفاوض هو الأخذ والعطاء بين الناس والمناقشة حول موضوع ما لتحقيق مصالح كافة الأطراف.

أما بالتعريف فالتفاوض هو عملية المساومة بين طرفين أو عدة أطراف للوصول إلى اتفاق مشترك مقبول من الجميع.

كل أشكال التواصل الإنساني يحدث فيها تفاوض غير ملحوظ في بعض الأحيان, إنما في حقيقته هو تفاوض ينطبق عليه كل الشروط والأحكام والقواعد المتعلقة بالعملية التفاوضية, وهذا التفاوض هو عبارة عن مجموعة من التصرفات التي تتضمن الاتصال والبيع والتسويق والجانب

النفسي الاجتماعي والتأكيد على موضوع ما أو حل خلاف ما, حيث أن المفاوض يمكن أن يكون بائع او مشتري أو مورد أو مدير أو زوج أو عامل أو شريك أو ديبلوماسي أو أي شخص آخر.

والتفاوض في حقيقته هو عملية تواصل بين شخصين أو أكثر لإيجاد حلول مقبولة من جميع الأطراف, ويجب التأكيد على أن التفاوض في حقيقته يجب أن يتولد عنه تحقيق مصالح الجميع وليس مصلحة طرف واحد وحسب, وإن حدث هذا فإنه تفاوض غير ناجح, فالتفاوض الناجح دائماً يكون مبني على أساس علاقة win-win أي علاقة يربح فيها الطرفين, وليس المقصود هو الربح المادي, إنما المقصود هو تحقيق المصالح المشتركة لكافة الأطراف التفاوضية.

خصائص التفاوض

- يوجد فريقين على الأقل, عادةً يكون التفاوض بين شخصين أو أكثر, فلا يمكن حدوث التفاوض عند وجود شخص واحد.
- أهداف وجدول أعمال محدد مسبقاً: من أهم خصائص التفاوض الناجح أن تكون أهدافه محددة مسبقاً وجدول أعماله محدد مسبقاً, وإن لم يكن ذلك فهناك احتمال كبير لضياع الجهود التفاوضية وعدم الوصول إلى نتيجة, ويتم تحديد الأهداف التفاوضية بالاتفاق بين الطرفين أو بين كافة الأطراف المعنية, فوجود الأهداف يصحح المسار ويجعل كافة الجهود التفاوضية تصب في تحقيق الأهداف المشتركة, وإن عدم تحديد الأهداف يعني الخروج عن المسار والدخول في مواضيع جانبية لا تخدم الأهداف التفاوضية, ومن أهم الأدوات التي تساعد على الالتزام بتحقيق الاهداف التفاوضية هي جدول الاعمال للجلسات التفاوضية والالتزام الكامل به.
- التخطيط وضرورة توقع النتيجة النهائية: المقولة المشهورة في عالم المبيعات والتسويق أن " الصفقة الناجحة تصنع في ذهن المسوق قبل الخروج من المنزل "مما يؤكد على ضرورة أن نتصور النتيجة النهائية المرغوبة قبل البدء بأي عمل, وهذه المقولة لا تنطبق فقط على التسويق إنما تنطبق على كافة المجالات الأخرى ومن ضمنها التفاوض, حتى قبل الخروج من المنزل وعند إغلاق الباب يمكن لنا أن نتخيل حدوث النتيجة النهائية التي خرجنا من أجلها قبل مغادرة المنزل, وهذا يساعد جداً في تحقيق النتيجة النهائية المرغوبة, أما في التفاوض فيجب أن نخطط ونجمع المعلومات اللازمة حول المواضيع المطروحة, مما يمكن الطرف التفاوضي أن يناقش ويناور حتى يصل إلى ما يريد ويعطي

الطرف الآخر ما يريد, توقع النتيجة النهائية ينبغي أن يترافق مع جهد تخطيطي وإلا فإن توقع النتيجة النهائية يصبح عديم الفائدة بدون جمع المعلومات اللازمة.

- وجود الإجماع واتحاد الآراء بين كافة الأطراف التفاوضية: لن تحقق الجلسات التفاوضية أهدافها بدون وجود اجماع واتفاق للرأي بين كافة الأطراف التفاوضية, فالمفاوض الناجح هو الذي يحقق مصلحته ومصلحة الطرف الآخر بنفس الوقت, والتفاوض الذي يحقق مصلحة طرف دون الآخر هو تفاوض غير ناجح, فينبغي منذ البداية أن يحرص الجميع على الوصول إلى حلول مشتركة ترضي كافة الاطراف المعنية.

- وجود الرغبة المسبقة لدى كافة الأطراف التفاوضية على تغيير مواقفها: لأن التفاوض هو تحقيق مصلحة مشتركة, ولأن التفاوض يفترض الوصول إلى إجماع في الرأي والمواقف, لذلك على كل الأطراف التفاوضية أن تعرف مسبقاً أن مواقفها يجب أن تكون قابلة للتغيير, ومن أكبر معيقات التفاوض هو تمسك أحد الأطراف بموقف محدد مسبقاً وعدم رغبته تغيير ذلك الموقف, فالتفاوض يتطلب مرونة من جميع المشاركين فيه, وهذه المرونة هي التي تؤدي إلى نجاح العملية التفاوضية والوصول إلى حلول مشتركة ترضي الجميع.

- عدم وجود الغموض لدى أي مشارك في التفاوض: فالجميع يجب أن يفهم الأهداف التفاوضية ويتم توزيع جدول الأعمال على جميع المشاركين, ويعرف كل مشارك دوره وضرورة مشاركته في الوصول إلى الحلول المرغوبة.

- التفاوض هو أهم أسلوب متبع لإدارة النزاع بين طرفين أو أكثر: يوجد عدة أساليب لفض النزاع من ضمنها اللجوء إلى التحكيم أو اللجوء إلى القضاء أو توسيط طرف ثالث للمساعدة في فض النزاع, ومن أهم الأساليب العالمية لفض النزاع هو أسلوب التفاوض الذي يعتبر طريقة حضارية لفض النزاع بين الأطراف المختلفة.

- يعد التفاوض عملية اجتماعية تعتمد على استخدام مهارات التواصل وفن الإقناع والتأثير, وتتأثر بوجود الرغبات والدوافع والعواطف, فيمكن أن تكون المهارات التفاوضية من أهم عوامل نجاح التفاوض.

بما أن الاهداف التفاوضية يجب ان تكون واضحة, فهنا السؤال الذي يطرح نفسه: لماذا نحتاج للتفاوض؟

- نحتاج للتفاوض للوصول إلى اتفاق: فالاختلاف والنزاع هو السبب الأهم الذي يبرر قيام عملية التفاوض بين طرفين أو أكثر
- نحتاج للتواصل لنهزم الخصم ونحقق الجزء الأكبر من مصالحنا ونأخذ الحصة الأكبر من الكعكة مع عدم إهمال إعطاء الخصم جزءاً من الكعكة وجعله يتوهم أنه حصل على الجزء الأكبر منها.
- نحتاج للتفاوض لإجراء مساومة مع الطرف الآخر: والمقصود بالمساومة القيام بعملية أخذ ورد مع الطرف الآخر (تواصل وتفاهم) للوصول إلى حل يرضي الطرفين، فكل طرف يتنازل قليلاً حتى يرضى الطرفين.
- نحتاج للتفاوض لطرح موضوع معين والاجتماع مع الطرف الثاني لتكوين موقف مشترك اتجاه هذا الموضوع أو تأسيس شراكة محتملة.

أين نستخدم التفاوض؟

يمكن التفاوض حول أي شيء كان، فعلى سبيل المثال:

- التفاوض مع أحد أفراد العائلة حول مسألة عائلية أو شخصية كالسكن المشترك أو الإرث أو التنظيم الداخلي للمنزل أو تناول وجبة عشاء في المطعم
- أين نذهب في عطلة نهاية الأسبوع
- عندما تريد تمويل مشروع
- عندما تريد استئجار أو استعارة سيارة
- عندما تريد الحصول على ترقية في العمل
- عندما تريد شراء سلعة من السوق
- عند مناقشة حلقات البحث أو مشاريع التخرج
- في المحكمة عند وجود خلاف مع شخص آخر
- عند التقدم للخطبة أو الزواج

لا يكاد يخلو يوم من التفاوض، فهو مهارة أساسية لا غنى عنها.

مع التأكيد على أن التفاوض هو تحقيق مصلحة مشتركة وليس مصلحة طرف واحد فقط، لذلك من المهم معرفة احتمال الوصول إلى اتفاق يرضي الطرفين، وما هي المنطقة المشتركة التي يمكن التفاوض عليها، وما هي المنطقة الغير قابلة للتفاوض

ربما المثال الأكثر شهرة عن التفاوض هو عملية البيع والشراء, فالبائع يرغب برفع سعر السلعة وهو لديه سعر أدنى يقبل به ولن يبيع بأقل منه, أما المشتري فيرغب بتخفيض قيمة السلعة ويوجد سعر أعلى يمكن أن يشتري به ولن يدفع أكثر منه.

من المهم للطرفين أو لكافة أطراف التفاوض معرفة المنطقة التفاوضية واللعب ضمنها لأن الخروج عنها لن يفيد الأطراف بأي شيء.

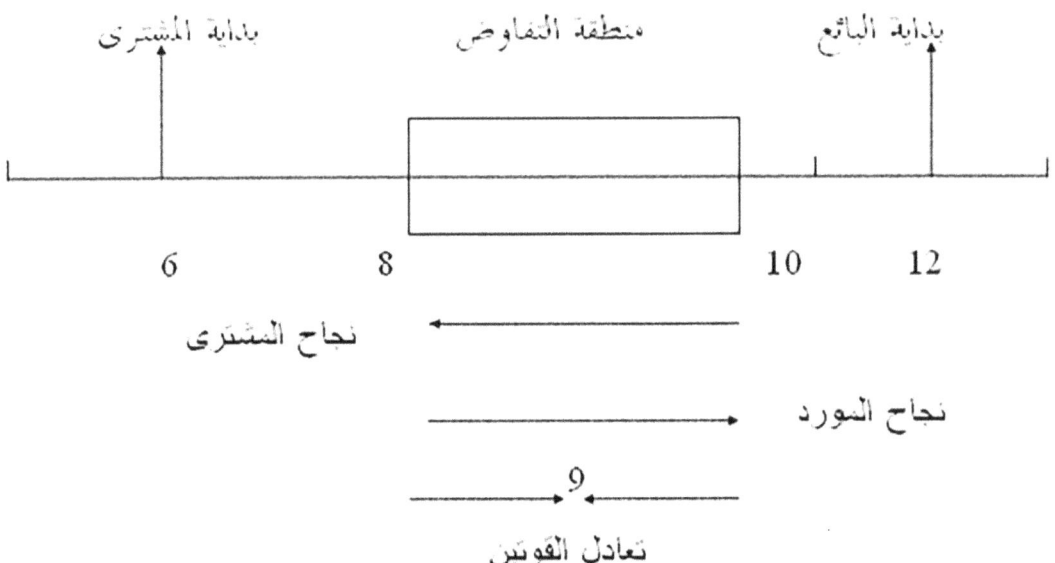

المفاهيم الأساسية للتفاوض

- منطقة التفاوض: واضحة في الرسم أعلاه, وهي المنطقة التي يمكن المساومة والنقاش ضمنها مع الطرف الآخر, وفي بعض أنواع المفاوضات الصعبة نجد أنه لا يوجد منطقة تفاوض بين الطرفين.
- الموقف التفاوضي Position : الموقف التفاوضي هو الذي يفصح عنه المفاوض عندما يقول ماذا يريد, وهو يمثل الحل من وجهة نظر المفاوض, الموقف التفاوضي يبنى على أساس المصالح والمنافع للأطراف التفاوضية, وهذه المصالح عادةً لا يتم الإفصاح عنها,

وفي معظم أنواع المفاوضات تأخذ الأطراف عدة مواقف خلال التفاوض, وكل موقف تتبناه يعبر عن جزء من مصالحها.

- **المصلحة التفاوضية Interests**: المصلحة أو المصالح التفاوضية هي السبب وراء تبني موقف تفاوضي معين, والمصالح تعبر عن الاحتياجات الحقيقية المطلوب إشباعها من خلال العملية التفاوضية, وإن فهم المصالح هو المفتاح لتحقيق علاقة مربحة للطرفين win-win, فمن خلال معرفة مصالح الطرف الثاني يحاول الطرف الأول تحقيق مصالحه ومصالح الطرف الثاني, أما لو بقيت المصالح مخفية فعندها سيكون من الصعب تحقيق علاقة مرضية للطرفين, والمفاوض الذكي هو الذي يفصح عن مصالحه وبنفس الوقت لا يسمح للطرف الآخر بتحقيق أي منفعة من معرفته لهذه المصالح.

- **البديل التفاوضي BATNA**: البديل التفاوضي هو معرفتك للبديل المتوفر لدى الطرف الآخر في حال فشلت في الوصول معه إلى نتيجة, وبشكل آخر البديل التفاوضي هو الخيار الآخر المتوفر للطرف الثاني عند عدم الوصول إلى النتيجة المرغوبة. فإذا كانت المفاوضات لعقد صفقة شراء, فإن البديل التفاوضي هو الشراء من طرف آخر يوفر شروط أفضل, وإذا كانت المفاوضات حول تطبيق شرط جزائي في العقد ولم تنجح هذه المفاوضات فإن البديل هو اللجوء إلى المحكمة. وإن معرفة البديل التفاوضي هي مسألة هامة جداً لكل طرف, فعندما تعرف البديل التفاوضي للطرف الثاني فهذا يعطيك المقدرة على قبول أو رفض الاقتراحات المطروحة على طاولة المفاوضات, فإذا كان العرض المطروح من الطرف الآخر أفضل من بديلك التفاوضي فمن الأفضل القبول بهذا الاقتراح, أما إذا كان الاقتراح أسوأ من بديلك التفاوضي فمن الأفضل رفض هذا الاقتراح.

- **خط المقاومة Bottom line**: هو النقطة التي إذا ما تم الوصول إليها فإن المفاوض لن يقبل أبداً ذلك, ففي المفاوضات بين البائع والمشتري على سبيل المثال, فإن خط المقاومة يعكس السعر الأدنى الذي يمكن أن يقبل به البائع أو السعر الأعلى الذي يمكن دفعه من قبل المشتري, على المفاوض معرفة خط المقاومة للطرف الآخر بشكل غير مباشر وعدم الاقتراب منه عند إجراء المفاوضات.

أنواع التفاوض

السلوك التفاوضي يجب أن يختلف من موقف إلى آخر, فكل موقف يتطلب تبني سلوك مختلف عن الآخر, وعند معرفتنا لأنواع التفاوض سنكون قادرين على القيام بالسلوك الصحيح وإتمام العملية التفاوضية بكل أبعادها, ويمكن تمييز الأنواع التالية من المفاوضات:

1- التفاوض الأناني (منهج الصراع)

يدعى في بعض الحالات منهج الصراع Disruptive، لأنه يسعى إلى تحقيق مصالح طرف واحد فقط من الأطراف التفاوضية, وأوضح مثال عليه هو المساومات على الأسعار في السوق, حيث يتبنى كل طرف موقف معين لا يتنازل عنه, ويستخدم طرق فيها مخادعة وتضليل لإقناع الطرف الآخر بموقفه ويقدم أقل قدر ممكن من التنازلات, وفي هذا النوع من المفاوضات يسعى كل طرف للحصول على الحصة الأكبر من الكعكة وعندما يحصل أحد الأطراف على المزيد فهذا يعني بالضرورة نقص في حصة الطرف الآخر, لأن هذا النوع من التفاوض يكون عادةً متعلق بقضية واحدة فقط مثل السعر.

وعلى الرغم من تضارب المصالح بين الطرفين, إلا أنه يمكن تبني منهجية تعاونية أو تنافسية في هذا النوع من التفاوض, وعند توفر الظروف التالية يمكن تطبيق منهج الصراع:

- ✓ الأطراف التفاوضية لا تعرف بعضها البعض معرفة جيدة
- ✓ من غير المحتمل أن تعمل الأطراف التفاوضية مع بعضها مستقبلاً
- ✓ التفاوض يكون متعلق بقضية واحدة فقط مثل السعر أو تحقق شيء معين أو عدم تحققه.

التقنيات والتكتيكات المستخدمة في منهج الصراع:

- تقنية المبادرة المبكرة

تقوم هذه التقنية على جذب الانتباه ومحور المناقشات حول نقطة محددة , ومن يستخدم هذه التقنية عليه أن يبدأ أولاً في طرح هذه النقطة بشكل مفاجئ منذ البداية, وعرضه يجب أن يكون غير معقول بحيث أن الطرف الآخر بالكاد يقبل بمناقشته, هذا التكتيك يفيد في تأطير وتحديد المدى التفاوضي اللاحق بحيث لا يتعدى كثيراً النقطة المطروحة منذ البداية, والفائدة الأولى تعود للشخص الذي يبدأ أولاً بطرح النقطة الذي يريد رسم النطاق التفاوضي حولها.

- تقنية الخداع

تقوم هذه التقنية على فكرة تضليل الطرف الآخر من خلال طرح مواضيع لا تهم الطرف المستخدم لهذه التقنية والاستفاضة بمناقشتها ثم تقديم تنازلات بخصوصها مما يجعل الطرف الآخر يظن أنك قدمت تنازلات حقيقية, وعندما يحين موعد طرح النقاط الجوهرية فإن

الموعد يكون قد حان ليقدم الطرف الآخر التنازلات, وهذا التكتيك يساعد على إخفاء مصالحك الحقيقية وعدم معرفة الطرف الآخر لخط المقاومة لديك.

- تقنية التنازلات المضللة

تقوم هذه التقنية على مبدأ أن يقوم الطرف الذي يريد استخدامها بتقديم عدد من التنازلات الصغيرة, مما يجعل الطرف الآخر يظن أنك قد وصلت إلى خط المقاومة الخاص بك bottom line , وهذا من شأنه أن يقوم الطرف الآخر بالتوقف عن طلب التنازلات ويبدأ هو بتقديم التنازلات للنقاط التي تهم الطرف الآخر.

- تقنية تجزئة الاختلاف

عندما تصل المفاوضات إلى طريق مسدود, ويريد أحد الأطراف أن يظهر بمظهر الطرف العادل الباحث عن مصلحة الطرفين فيمكنه أن يقسم النقطة الخلافية بين الطرفين بالتساوي, فمثلاً لو توقفت المفاوضات السعرية على أن الطرف الأول متمسك بسعر 400 والطرف الثاني متمسك بسعر 800 فإن سعر 600 سيكون عادلاً للطرفين, طبعاً هذه التقنية لا تنطبق فقط على الأسعار, إنما يمكن تطبيقها على أي موضوع تفاوضي آخر.

- تقنية الإنذار النهائي

يمكن أن يلجأ أحد الأطراف التفاوضية إلى استخدام هذا التكتيك " إما أن تقبل بالعرض الموجود أو أن المفاوضات قد انتهت ", عليك أن لا تأخذ هذا الكلام على محمل الجد, فربما هو يستخدم هذا الأسلوب للضغط عليك والحصول على موافقتك تحت تهديد إنهاء التفاوض.

- تقنية المغادرة المضللة

هذه التقنية شائعة الاستخدام في الأسواق عند حدوث المساومات السعرية, فإذا أردت أن تضغط على البائع للقبول بالسعر المقدم من طرفك, فأوهم البائع أنك تغادر وعندها إذا كان عرضك السعري ضمن المنطقة التفاوضية فإن البائع لن يسمح لك بالمغادرة وسيعمل على الموافقة على العرض المقدم من طرفك.

- تقنية "يمكنك تقديم عرض أفضل"

في العادة الناس لا تقتنع بالعرض الأول المقدم لها, لذلك عند استخدامك للتقنية الأولى " المبادرة المبكرة" فعليك أن تتوقع أن الطرف الآخر لن يقبل العرض الأول وربما لن يقبل العرض

الثاني أيضاً, لذلك حاول منذ البداية أن تبدأ أولاً بتقديم عرضك الغير واقعي الذي يمكنك من تقديم عدة تنازلات لاحقاً. حتى لو لم تستخدم التقنية الأولى فعليك الحذر من أن تبدأ بتقديم عرض يكون قريب من خط المقاومة لديك, لأنه من المحتمل أن تضطر لتقديم عدة تنازلات لاحقاً لصالح الطرف الآخر.

2- التفاوض التكاملي

ويدعى في بعض الأحيان التفاوض المبني على المصلحة المشتركة, وهو مجموعة من التقنيات التي تسعى إلى زيادة احتمال حدوث علاقة مرضية للطرفين win-win بحيث يتحقق أكبر منفعة للطرفين معاً, وهو على عكس منهج الصراع الذي يفترض أن هناك كعكة واحدة وكل طرف يحاول الحصول على الحصة الأكبر.

عادةً يحدث هذا النوع من التفاوض عندما يكون هناك أكثر من قضية واحدة قيد النقاش, بحيث يكون هناك تنازلات ومكاسب من كل الأطراف, ويفترض هذا النوع حدوث تسويات وتفاهمات بين الأطراف بحيث يتحقق الرضا المشترك, ويمكن للمفاوض أن يتبنى استراتيجية التفاوض التعاوني أو التنافسي في هذا النوع, وسوف يتم التعرف على استراتيجيات التفاوض في الفقرات القادمة.

هذا النوع مناسب للتطبيق عندما يعرف الطرفين بعضهم البعض, وعندما يكون هناك احتمال أن يعملا معاً في المستقبل.

التقنيات والتكتيكات المستخدمة في التفاوض التكاملي:

- تقنية التركيز على المصالح وليس المواقف

المواقف هي ما يصرح به المفاوض من رغبات ومطالب, أما المصالح فهي السبب وراء تبني المواقف, يمكن لك معرفة مصالح الطرف الآخر من خلال طرح الأسئلة ومن خلال وضع نفسك مكانه, وبهذه الطريقة يمكنك تقديم حلول توافق مصالحك ومصالح الطرف الآخر, وعليك أن تكون حذراً من أن تفصح عن مصالحك منفرداً ولا يفصح الطرف الآخر عن مصالحه, وإن حدث ذلك فإن الطرف الآخر سيتحكم أكثر منك في العملية التفاوضية.

- تقنية تكبير الكعكة

في بعض الأحيان يمكن استخدام العصف الذهني للتفكير بموارد جديدة أو طرق جديدة تؤدي إلى حصول كل طرف على ما يريد أو على الأقل توليد بدائل مرضية لجميع الأطراف, بحيث تنصب كل الجهود التفاوضية حول تحقيق المصالح من خلال التفكير بصوت عالٍ لإيجاد طرق وموارد جديدة ترضي الأطراف التفاوضية.

- تقنية التبادل المنفتح للمعلومات

وهذا يعني أن يقوم كل طرف في التفاوض بكل مصداقية وصراحة بالحديث عن متطلباته وأهدافه وأولوياته, فهذا يساعد الطرف الآخر على تفهم المسألة بشكل أكبر, فربما ما هو هام بالنسبة إليك يكون قليل الاهمية بالنسبة للطرف الآخر والعكس صحيح.

وهذه التقنية تتطلب جواً من الثقة بين الطرفين بحيث يكونوا مقتنعين بأن الإفصاح المشترك سيحقق أكبر قدر من المصالح المشتركة.

- تقنية التنازل المشترك

هذه التقنية تقترض وجود أكثر من قضية واحدة قيد التفاوض بحيث يقوم كل طرف بتقديم تنازلات بهدف تحقيق أولويات الطرف الآخر في القضية الأولى, ثم يقوم الطرف الآخر بتقديم تنازلات للطرف الأول في القضية الثانية.

- تقنية المعيار الموضوعي

بدلاً من السماح للعملية التفاوضية بأن تصبح ساحة لفرض الإرادة أو ساحة صراع, يمكن للمفاوضين أن يتفقوا على معيار محدد يرجع إليه الطرفين لتحقيق تسوية مرضية لهم, فمثلاً إذا كان الخلاف بين الموظف والمدير يمكن اعتبار المعيار الموضوعي هو قانون العمل, وإذا كان الخلاف بين التجار على سعر البضاعة, يمكن اعتبار سعر السوق هو المعيار الموضوعي, المهم أن يتم اختيار معيار محدد يرضى به الطرفين لإحداث التسوية المشتركة.

يمكن المقارنة بين نوعي التفاوض (الأناني والتكاملي) وفقاً للجدول التالي:

الصفة	التفاوض الأناني	التفاوض التكاملي
الوصف	علاقة يربح فيها طرف دون الآخر Win-lose	علاقة يربح فيها الطرفين Win-win
الدافع	تحقيق المصلحة الفردية	تحقيق المصلحة الفردية والجماعية
المصالح	متعاكسة	مختلفة ولكنها ليست دائماً متعاكسة
العلاقة	قصيرة الأجل	قصيرة أو طويلة الاجل
القضايا المطروحة	قضية واحدة	عدة قضايا
القدرة على إحداث التسوية	غير مرن	مرن
الحل	ليس إبداعي	إبداعي

العوامل المؤثرة في التفاوض

- المكان: معرفتك بمكان التفاوض يزيد الثقة لديك, فحاول التعرف على المكان قبل البدء في عملية التفاوض, لأن المكان المجهول يضعف الثقة لدى الأطراف التفاوضية.
- الزمان: من الضروري أن يكون الوقت كافي لتبادل المعلومات بسهولة ويسر بين كافة الأطراف للوصول إلى النتيجة المرضية
- التوقيت: من الضروري الانتباه إلى توقيت العملية التفاوضية بحيث يكون منسجماً مع القضايا المطروحة لكافة الأطراف
- سلوك واتجاهات المفاوضين: سلوك كل الأطراف التفاوضية يجب أن يكون إيجابي يتمثل في رغبتهم وإرادتهم بالوصول إلى اتفاق وعدم تضييع الوقت.
- العوامل الشخصية: تؤثر كثيراً في نجاح التفاوض طبيعة العلاقة الشخصية بين الأطراف التفاوضية كوجود صداقة قديمة أو عداء قديم, اختلاف الخبرات والمستوى

الاجتماعي والثقافي بين الأشخاص المشتركين في التفاوض، مع التأكيد على أن هذا العامل لا يتنافى مع ضرورة كون الفريق متنوع الخبرات والاختصاصات.

استراتيجيات التفاوض

يمكن للمفاوض أن يتبنى استراتيجية التعاون أو التنافس في كلا النوعين من التفاوض (الأناني والتكاملي)

- **الاستراتيجية التنافسية:** المفاوض التنافسي يريد أن يهزم خصمه، له طلبات كثيرة ويستخدم التهديد في بعض الأحيان ويقدم عدد محدود من التنازلات، يحاول دائماً أن يضعف ثقة منافسه في نفسه وتحقيق أكبر قدر من المنفعة الشخصية.

- **الاستراتيجية التعاونية:** المفاوض يسعى إلى تغيير طبيعة العلاقة التفاوضية بالتقرب من الطرف الآخر وجعل العلاقة بينهم تعاونية أكثر منها تنافسية، فالمفاوض يسعى إلى توضيح مصالحه قبل البحث في الحلول الممكنة، ويقدم عدد من التنازلات ويبدي نية وسلوك تفاوضي إيجابي للطرف الآخر، وبمجرد أن يفصح الطرفين عن مصالحهم يتم البدء في توليد بدائل تحقق مصالح كل الأطراف المعنية ثم اختيار البديل الأفضل، والمفاوض التعاوني يبحث دائماً عن علاقة عادلة للطرفين والوصول إلى اتفاق مشترك.

خطوات العملية التفاوضية

عند عقد النية على إجراء المفاوضات مع طرف آخر أو عدة أطراف أخرى، من الأفضل الالتزام بالخطوات التالية

- 1 الإعداد والتخطيط
- 2 إعداد قواعد العمل المشترك
- 3 المناقشة والتفاعل
- 4 الإغلاق والتنفيذ

1- الإعداد والتخطيط

وتعتبر من أهم الخطوات في العملية التفاوضية لأن الأداء اللاحق يعتمد على قدرة المفاوض على الإعداد والتخطيط الجيد للمفاوضات, فلا ننسى أن كل دقيقة في التخطيط توفر عليك دقيقتين في التنفيذ, فالتخطيط والإعداد يؤدي إلى أداء جيد وقدرة عالية على التفاوض الفعال, وهذه المرحلة من المفترض أن تستغرق وقتاً أكثر من كل المراحل اللاحقة, والإعداد يعني أن تعد نفسك وفريقك لإجراء التفاوض الفعال من خلال القيام بعدد من الإجراءات:

✓ معرفة الطرف الآخر: عليك معرفة الطرف الآخر على كافة الأصعدة الشخصية والعملية, ما هي معلوماتهم حول الموضوع, ما هي أهدافهم, كيف يمكن التفاهم معهم؟

✓ معرفة الصورة الكلية للعملية التفاوضية وما يتعلق بها من تفاصيل والأطراف المؤثرة والمتأثرة بالعملية التفاوضية

✓ معرفة الأهداف: عليك معرفة أهدافك من التفاوض وتسجيلها وترتيبها وفق الأولويات, فهذا يساعد على وضع التكتيكات المناسبة للوصول إليها.

✓ وضع البدائل: يجب وضع كافة البدائل في هذه المرحلة, ففي حال عدم قدرتك على تحقيق الأهداف يجب الانتقال إلى الخطة ب وأحياناً الخطة ج, وتقييم هذه البدائل لمعرفة جدواها وفاعليتها.

✓ تحديد مكان التفاوض: يمكن تحديد مكان التفاوض وفق ثلاثة احتمالات الأول في مقر المفاوض وهذا يعطيه أريحية وثقة عالية بالنفس ويمنحه القدرة على الوصول السريع للوثائق اللازمة عند الحاجة إليها, الاحتمال الثاني: التفاوض في مقر الطرف الآخر وهذا يجعل المفاوض يتحمل مشقة السفر وعدم القدرة على إيجاد الوثائق

اللازمة عند الحاجة إليها وكذلك يعتبر الذهاب إلى مقر الطرف الآخر نوعاً من التنازل, الاحتمال الثالث: التفاوض في مكان محايد لكل من المفاوض والطرف الآخر مثل اختيار أحد القاعات في الفنادق العامة.

- ✓ تحديد موعد التفاوض: أحياناً يعتبر التوقيت عاملاً حاسماً لأحد الأطراف التفاوضية فينبغي الاهتمام بالموعد والتوقيت بحيث يكون عاملاً دافعاً لنجاح التفاوض وليس العكس.

- ✓ تحديد جدول أعمال التفاوض: البدء بجلسة تفاوضية بدون جدول أعمال يشبه البدء باجتماع بدون جدول أعمال, فتصبح الأمور صعبة ويصعب التنبؤ بمجرى الأحداث, أما وجود جدول أعمال واضح للطرفين يجعل التفاوض عملية يمكن التحكم بها نوعاً ما من خلال التحضير اللازم للمواضيع المدرجة في جدول الأعمال, وهذا من شأنه ضمان فعالية إدارة الوقت والجهود في الجلسات التفاوضية.

- ✓ جمع المعلومات: القرار هو عبارة عن ثلاث مراحل: المدخلات والمعالجة والمخرجات, والمدخلات هي معلومات أو بيانات, وإن جودة القرار تعتمد على جودة المدخلات, والقرار الذي يعتمد على معلومات صحيحة ومحدثة يعتبر قرار فعال, أما القرار الذي يعتمد على معلومات قديمة أو غير صحيحة فهو قرار غير فعال, لذلك يجب الاهتمام بجمع أكبر قدر من المعلومات حول المواضيع المطروحة على مائدة المفاوضات, إضافةً إلى أن امتلاك المعلومات يرفع الثقة بالنفس التي بدورها تزيد من فرص نجاح المفاوضات.

- ✓ تحديد الأسئلة التي سيتم طرحها على الطرف الآخر قبل البدء بالجلسات التفاوضية: ويمكن دمج هذه الخطوة مع الخطوة السابقة " جمع المعلومات " ففي حال عدم قدرتك على جمع كل المعلومات التي تحتاجها فيمكنك توجيه بعض الأسئلة إلى الطرف الآخر حتى تكتمل الصورة لديك.

- ✓ اختيار فريق التفاوض: من الممكن أن يقوم بالتفاوض فرد واحد أو فريق, وذلك يعتمد على طبيعة الموضوع المطروح, وينبغي الاهتمام بحسن اختيار الفريق والقائد والتأكد من وجود انسجام وتفاعل بينهم, كما ينبغي مراعاة التنوع في الاختصاصات بين أعضاء الفريق.

- ✓ تحديد الصلاحيات والسلطات المخولة لفريق التفاوض: من الضروري أن يكون الفريق منظماً منسجماً في أدائه, لذلك يجب أن يعرف كل عضو دوره في التفاوض بحيث لا يكون هناك تضارب في الأدوار والمسؤوليات والصلاحيات بين الأعضاء.

- ✓ تقييم عوامل البيئة الخارجية المؤثرة على التفاوض: يقصد بعوامل البيئة الخارجية تلك العوامل التي لا تقع تحت سيطرة المفاوض نسبيا ومن أمثلة هذه العوامل الأحوال الاقتصادية والاجتماعية والسياسية والقانونية المتعلقة بالدولة والمحيط الخارجي لها.
- ✓ اختيار معايير يمكن الرجوع إليها تساعد في اتخاذ القرار أثناء الجلسات التفاوضية
- ✓ اختيار الاستراتيجية التفاوضية والتكتيكات التفاوضية: بناءً على موضوع التفاوض والأهداف المراد تحقيقها يتم تبني استراتيجية تفاوضية مناسبة وتبني تكتيكات تفاوضية تساعد على تحقيق الأهداف .
- ✓ آخر خطوة في هذه المرحلة الهامة جداً هي إعداد خطة تفاوضية محكمة شاملة للفريق التفاوضي يتم فيها توضيح جميع النقاط السابقة.

> يعتبر التخطيط هو الوظيفة الأولى من وظائف الإدارة الأربعة (تخطيط – تنظيم – توجيه – رقابة) وإن كل وظائف الإدارة تعتمد على جودة التخطيط لأنه نقطة البداية في العملية الإدارية.
>
> وفي موضوع التفاوض تعتبر الخطوة الأولى " الإعداد والتخطيط " هي الخطوة الأهم في التفاوض, ويجب إعطائها الوقت الكافي وعدم إهمال أي نشاط من أنشطة الإعداد والتخطيط.
>
> المفاوضات التي تبدأ من دون إعداد وتخطيط تكون فرص نجاحها محدودة, أما المفاوضات التي تستند إلى خطة محكمة وإعداد جيد فمن المتوقع أن تكون مفاوضات ناجحة لجميع الأطراف

2- إعداد قواعد العمل المشترك Ground Rules

عادةً يتم إعداد قواعد العمل المشترك في الاجتماعات واللجان, حيث يضع الطرفين بعض القواعد والشروط المشتركة لتسهيل التفاعل بينهم وضمان الفهم المشترك, حيث تساعد هذه القواعد المشتركة على اختصار وقت المفاوضات وتقليل الخلافات بين الطرفين, ويمكن الحديث عن بعض المواضيع كقواعد عمل مشترك:

✓ تحديد من يملك السلطة, حيث يقوم كل فريق بإعلام الفريق الآخر عن الكيفية التي يتم فيها المصادقة على نتائج المفاوضات, لأنه في بعض الأحيان ربما يمضي المفاوضين ساعات وأياماً طويلة مع طرف آخر لا يملك أصلاً السلطة للمصادقة على النتائج, وبذلك تضيع كل الجهود, أما لو عرف الطرفان من يملك السلطة فهذا من شأنه ضمان أن الجهود التفاوضية هي في مكانها الصحيح وأن النتائج التي سيتم الاتفاق عليها لن تخضع لسلطة طرف ثالث غير معلوم.

✓ تحديد الوقت المتاح لكل فريق: إذا لم يتم تقسيم الوقت بالتساوي فسوف يعمل كل طرف على مقاطعة الطرف الآخر وعدم السماح له بتوضيح موقفه, أما إذا تم تحديد الوقت المخصص لكل طرف فسوف يتم الالتزام بذلك, والأهم توضيح فكرة المقاطعات ومن يحق له المقاطعة ومتى.

✓ تحديد منسق تفاوضي: الجلسة التفاوضية تحتاج إلى إدارة facilitation فينبغي الاتفاق على تسمية منسق تفاوضي سواءً من ضمن الفريقين أو طرف ثالث متفق عليه من الطرفين.

✓ تحديد قواعد وإجراءات الجلسات التفاوضية مثل البدء والانتهاء واوقات الاستراحة واستخدام المعينات التوضيحية وكيفية استخدامها مثل الصور ومقاطع الصوت والأفلام التوضيحية وغيرها من الإجراءات التي تنظم الجلسات التفاوضية.

✓ إدارة جدول الأعمال والاتفاق عليه بحيث يتم توزيع الوقت على المواضيع الموجودة في جدول الأعمال وضمان تغطية كل المواضيع المدرجة.

✓ ضمان مناخ عمل وتفاوض إيجابي من خلال ضمان الاحترام المتبادل بين الطرفين

3- المناقشة والتفاعل

يتم في هذه المرحلة البدء فعلياً بالتفاعل والمساومة بين الطرفين, حيث يتم ما يلي:

✓ توضيح ما يريد كل طرف للطرف الآخر
✓ التعرف على المشاكل القائمة بين الطرفين
✓ وضع الحلول المقترحة قيد النقاش
✓ تبادل المعلومات بين الطرفين
✓ التركيز على الأهداف
✓ طرح الأسئلة والاستماع بانتباه
✓ البحث عن تسوية مرضية ومن الأفضل أن تكون مرضية للطرفين win-win

- ✓ عليك أن تتذكر دائماً خط المقاومة و الأهداف, والانسحاب عند الوصول إلى خط المقامة أو محاولة إنهاء التفاوض عند تحقيق الأهداف
- ✓ تعديل بعض الأهداف عند الاضطرار إلى تقديم تنازلات
- ✓ لا تعطي شيئاً بالمجان, دائماً أعطي شيء مقابل شيء آخر
- ✓ اختيار النقاط التي يمكن ان تكون مرناً في مناقشتها
- ✓ استخدم الاستراتيجيات والتكتيكات التفاوضية المناسبة للموقف.

4- الإغلاق والتنفيذ

في هذه المرحلة من المفترض أنه تم الاتفاق على تسوية بين الطرفين, حيث يتم ما يلي:

- ✓ توضيح وتوثيق الاتفاقية بين الطرفين
- ✓ إعداد ملخص نتائج الجلسات التفاوضية وتوثيقه.
- ✓ التأكد من معالجة جميع النقاط الخلافية بين الطرفين
- ✓ إعداد خطة عمل لاتفاقية التسوية والاتفاق عليها, وهذه النقطة مهمة جداً لأن الشيطان يكمن في التفاصيل, فإذا تم الاتفاق بين الطرفين على نقاط معينة ولم يتم الاتفاق على كيفية تنفيذها فذلك يعرض كل الجهود التفاوضية لخطر إلغاء الاتفاقيات والتسويات التي تم التوصل إليها.
- ✓ في حال لم يتم الاتفاق النهائي على تسوية معينة, فيمكن توقيع اتفاقية مؤقتة بين الطرفين
- ✓ الخطوة الأخيرة هي تنفيذ الاتفاق ومراقبة التنفيذ

صفات المفاوض الفعال

- يجب أن يكون المفاوض واسع الاطلاع والمعرفة وشديد الانتباه والملاحظة.
- أن يعرف المفاوض ويفهم لغة جسد الأفراد الآخرين في الجلسات التفاوضية.
- أن يكون المفاوض منفتحاً ومرناً وبنفس الوقت حازماً عند الضرورة.
- أن يتمرن على الصبر والهدوء وأن يكون ناضجاً فكرياً واجتماعياً
- أن يمتلك المفاوض صفات قيادية تمكنه من القيام بدوره.

- أن يتحكم بالمشاعر وعدم إظهار جوانب الضعف لديه.
- أن يساوم الطرف الآخر من منطلق قوة وليس ضعف.
- أن يعرف إيجابيات وسلبيات كل خطوة يقوم بها وانعكاساتها على المسار العام للتفاوض
- أن يعرف كيف يتحكم بمسار الجلسة التفاوضية ويعرف كيف ومتى يغلق الموضوع بنجاح
- أن يكون قادراً على بناء الثقة مع فريقه ومع الطرف الآخر
- أن يكون واثقاً من نفسه ومتفائلاً
- أن تكون الاهداف واضحة لديه
- أن يكون قادراً على رؤية الأبعاد المختلفة للقضايا المطروحة
- أن لا يكون ملحاً في طلب الأدلة حول كل النقاط المطروحة, وضرورة أن يمتلك محاكمة عقلية تمكنه من قبول أو رفض الحلول المقترحة
- أن يمتلك مهارات عالية في التخطيط وجمع المعلومات تمكنه من الحوار والنقاش
- أن يكون مفعماً بالنشاط والطاقة, وأن يتعاطف مع الطرف الآخر عند الضرورة
- أن يمتلك مهارات تواصل عالية وقدرة على الإقناع وخاصةً مهارات الاستماع.
- أن يمتلك المفاوض مهارة التفكير التحليلي وحل المشكلات

تقنيات حل الخلاف

في كثير من الأحيان ينشأ خلاف بين طرفي التفاوض, يوجد خمسة تقنيات شائعة الاستخدام لحل الخلاف بين طرفي التفاوض يمكن تطبيق كل واحدة منها في حالات محددة إما من قبل طرفي التفاوض أو من قبل طرف ثالث:

1- تقنية التجنب (التأجيل) : تقوم هذه التقنية على مبدأ تأجيل الخلاف لوقت لاحق وعدم البحث فيه وتجنبه, حتى يتمكن الطرفين من جمع مزيد من المعلومات أو يتم ترشيح طرف ثالث لحل هذا الخلاف لاحقاً, ويفضل استخدام هذه التقنية من تقنيات حل الخلاف في الحالات التالية:

- عندما يكون موضوع الخلاف على أمر تافه وهناك قضايا أخرى أكثر أهمية.
- عندما تجد أن جميع الأبواب أغلقت أمامك للتفاهم مع الطرف الآخر.
- عندما تكون الأضرار الناتجة المحتمل حدوثها من حل الخلاف أكبر من الفوائد المتوقعة إذا تم حله.
- عندما تريد تهدئة الطرفين وإعادة النظر إلى الموضوع من زاوية أخرى لاحقاً

- عندما يكون جمع المعلومات أهم من اتخاذ القرار فيتم التأجيل.
- إذا كان الطرف الثالث لديه قدرة أكبر من طرفي التفاوض على حل الخلاف فيتم تأجيل حل الخلاف لوقت لاحق أو تجنب التعامل معه حالياً.
- عندما يكون موضوع الخلاف هو بالأصل أحد الأعراض لمشكلة أخرى أو قضايا أخرى, فيتم التأجيل للتعامل مع المشكلة الحقيقية لاحقاً.

2- تقنية التكيف (التوافق) : تقوم هذه التقنية لحل الخلاف على مبدأ التركيز على مناطق الاتفاق بين الطرفين بدلاً من التركيز على نقاط الاختلاف, وتغيير موقف كل طرف ليناسب الطرف الآخر من أجل الحفاظ على الانسجام واستمرار العلاقة, ويفضل استخدام هذه التقنية من تقنيات حل الخلاف في الحالات التالية:

- عندما تكتشف أنك على خطأ وتتمكن من صياغة موقف أفضل من السابق
- عندما تريد أن تظهر عقلانيتك واتزانك وأيضاً تتعلم من أخطائك
- عندما تكون القضية موضع الخلاف مهمة للطرف الآخر أكثر مما هي مهمة بالنسبة إليك, وحتى تحافظ على علاقة تعاونية مع الطرف الآخر
- تستخدم هذه التقنية حتى ترفع من رصيدك التعاوني مع الطرف الآخر لاستخدام هذا الرصيد في قضايا أخرى.
- تستخدم هذه التقنية عندما تتعرض لخسارة وتريد التقليل من خسارتك.
- عندما تريد بناء علاقة منسجمة متوافقة مع الطرف الآخر
- تستخدم هذه الطريقة حتى يعرف أعضاء فريقك أنهم يمكن أن يتعلموا من أخطائهم.

3- تقنية المساومة (التسوية) : هذه التقنية تبحث عن حلول تحقق الرضا لكلا الطرفين ليتمكن الطرفين من تجاوز هذا الخلاف واستكمال المفاوضات, ويفضل استخدام هذه التقنية من تقنيات حل الخلاف في الحالات التالية:

- استخدم هذه التقنية عندما تكون أهدافك هامة, ولكن ليست هامة إلى درجة أنها تستحق وقوع خلاف مع الطرف الآخر.
- عندما يكون طرفي التفاوض يتمتعان بنفس القوة ولديهما أهداف مشتركة.
- لتحقيق تفاهم مؤقت في قضية معقدة
- للوصول إلى حلول مرضية للطرفين تحت ضغط عامل الوقت.
- يمكن استخدام هذه التقنية كبديل وحيد عندما تفشل كل طرق حل الخلاف الأخرى

4- تقنية الأمر (الإجبار) : وتقوم هذه التقنية على أساس فرض وجهة نظر طرف تفاوضي على حساب الطرف الآخر بالإجبار والفرض, ومن يقوم بتطبيق هذه التقنية يجب أن يمتلك السلطة الكافية لذلك حيث ينتج عنها علاقة رابح-خاسر win-lose, وتستخدم عادةً هذه التقنية في حالات الطوارئ المستعجلة, ويفضل استخدام هذه التقنية من تقنيات حل الخلاف في الحالات التالية:

- عندما يكون هناك قرار مصيري وهام ولا يوجد وقت للتفاوض
- عنما يكون هناك حاجة لاتخاذ قرار غير مرغوب لكلا الطرفين مثل فرار تخفيض النفقات
- في القرارات التي تعود بالرخاء والنفع على جميع الأطراف.
- عندما تعلم أنك على حق 100%, يمكنك استخدام هذه التقنية

5- تقنية التعاون (حل المشاكل) : هذه التقنية تأخذ بعين الاعتبار عدة وجهات نظر, وتتطلب سلوك تعاوني وحوار منفتح يقود إلى الإجماع في الرأي والالتزام في التطبيق, ويفضل استخدام هذه التقنية من تقنيات حل الخلاف في الحالات التالية:

- تستخدم هذه التقنية للوصول إلى حل تكاملي عندما تكون القضية المطروحة لا تتحمل المساومة وغير قابلة لتقديم تنازلات
- استخدم هذه التقنية عندما يكون هدفك أن تتعلم تقنيات حل الخلاف.
- للاستفادة من المعلومات المتوفرة لدى كلا الطرفين
- عندما يتم دمج وجهات النظر والمواقف مع بعضها فهذا يؤدي إلى ضمان مزيد من الالتزام بالتطبيق من كلا الطرفين
- تستخدم هذه التقنية لتقوية العلاقة بين الأطراف التفاوضية.

أهم النصائح لنجاح التفاوض

- خطط جيداً للتفاوض, فحضور جلسة تفاوضية من غير تخطيط يرفع احتمال الفشل ,وكل دقيقة إضافية تمضيها في التخطيط والإعداد سترفع من احتمال النجاح في التفاوض
- انتبه إلى التوقيت: عليك أن تعرف ما هي الأسئلة التي يجب طرحها, إنما الأهم هو معرفة توقيت طرح هذه الأسئلة, أحياناً يكون لديك هدف تريد تحقيقه في التفاوض ومن أهم الأسباب التي تساعد على تحقيق هذا الهدف هو معرفة التوقيت المناسب لتحقيقه.

- ابتعد عن الأنانية أو إظهار النرجسية: المفاوض الجيد دائماً يجعل الطرف الآخر يظن أنه حقق النجاح ولا يظهر عليه ملامح الزهو والفرح بالنجاح، ولا يظهر عليه أي ملامح للأنانية أو الرغبة في تحقيق أهداف شخصية.
- المفاوض الجيد هو مستمع جيد صبور لا يقاطع الآخرين ويحسن الاستماع إليهم.
- اطرح الأسئلة، فلن تكتمل الصورة لديك بدون طرح الأسئلة، وأن تكون أهدافك عالية وليست بسيطة، فلا تخشى من وضع أهداف كبيرة طالما أن لديك الحجج المقنعة والتبريرات اللازمة، ولا تنزلق إلى فكرة اللامبالاة بالطرف الآخر كأن تقول له " هذا ما لدي . . فإما أن تقبل أو ترفض " فهذا سلوك تفاوضي غير مقبول.
- توقع المساومة والرفض: عليك أن تتوقع تقديم تنازلات وتعرف ما هي النقاط التي يمكنك التنازل عنها، ولا تنسى أن الطرف الآخر يفكر بنفس الطريقة، فلا تقبل العرض الأول المقدم من الطرف الآخر لأنك ربما تحصل على عرض أفضل، حتى لو كان العرض المقدم يحقق لك ما تريد، بكل لباقة واحترام ارفض العرض لأنك ربما تحصل على عروض أفضل.
- تأكد أن الذي يحافظ على الاتفاق بينك وبين الطرف الآخر هو " الالتزام " فعندما تقدم عرضاً ما قدم خطة العمل التي تثبت التزامك به، وبالمقابل اطلب من الطرف الآخر تقديم ما يثبت التزامه عند تقديمه لعرض ما.
- لا تنزلق إلى مشاكل الطرف الآخر وتجعلها موضوع النقاش: سيحاول الطرف الآخر جر النقاش إلى مشاكله ومناقشتها، فحاول دائماً تغيير مجرى الحديث، وإذا قال لك مثلاً: " الميزانية لا تكفي " فلا تستسلم إلى هذه الفكرة، إنما عليك الرد " بأنه يوجد عدة مصادر أخرى للتمويل ".
- لا تنسى القيم والمبادئ وخطوط المقاومة لديك: في بعض الأحيان الطرف الآخر يستخدم بعض الأساليب والتقنيات التي تجعلك تتجاوز مبادئك وقيمك، لا تسمح بهذا أبداً لأن التفاوض يجب أن لا يدفعك إلى خسارة قيمك ومبادئك.
- قبل نهاية التفاوض لخص النتائج: حتى لو لم يكن هناك اتفاق حاول إعادة تلخيص ما جرى للتأكد من الفهم المشترك مع الطرف الآخر، ولا تغادر قبل أن تعرف ما هي الخطوة التالية، فلا تترك النهايات أبداً مفتوحة
- تحدث بثقة وبطئ أكثر من الطرف الآخر، فهذا يعطيك نقاطاً إضافية، لأن رفع الصوت غير مقبول، وصاحب الصوت المنخفض يظهر كما أنه هو صاحب الحق.
- تجاهل كل التهديدات، لأن الخصم ربما يلجأ إلى هذا الأسلوب للضغط عليك.
- إذا تعرضت لهجوم في الكلام أو استخدم الخصم الصوت المرتفع أو وجه لك اللوم، فلا تتسرع في الرد على هذا لأنه ربما يكون طعم لأخذ منك بعض المعلومات الهامة.

- لا تقلل من إمكانياتك أو إمكانيات الطرف الآخر
- لا تفترض أن الطرف الآخر يعرف نقاط ضعفك
- من الخطأ أن تفترض مسبقاً انك تعرف ما يريده الطرف الآخر
- لا تخاف من الخوض في المفاوضات وضرورة أن لا يظهر عليك ذلك
- تدرب على امتلاك القدرة على التفكير السريع تحت ضغط الوقت في ظل ظروف عدم التأكد
- تأكد أنك تمتلك المقدرة على ترجمة أفكارك شفهياً وكتابياً
- تجنب استخدام لغة التهديد مع الطرف الآخر أو استخدام مصطلحات هجومية وعدائية
- فكر بردة الفعل من الطرف الآخر قبل القيام بأي مبادرة معه
- قبل إغلاق المفاوضات ونهايتها اسأل نفسك: هل حققت أنا والطرف الآخر ما نريد ؟

تطوير الذات_ مهارة صناعة القرار وحل المشكلات

القرار في اللغة العربية هو ما قر عليه الرأي من الحكم في مسألة ما وينظر إلى عملية اتخاذ القرار على أنها عملية عقلية واعية ومركبة يتم من خلالها اختيار أحد البدائل بهدف الوصول إلى حل لمشكلة ما. ويحدد القرار الذي يتخذه الفرد في موقف معين المسار الذي سيسلكه أو مجموعة الاستجابات والإجراءات التي سينفذها للوصول إلى هدف أو حل مشكلة تواجهه.

حياتنا كلها قرارات, فنحن نتخذ قرارات بخصوص مواعيد نومنا واستيقاظنا, ونتخذ قرارات بخصوص صياغة علاقاتنا مع الآخرين, ونتخذ قرارات بخصوص فرع الجامعة الذي نريد إكمال الدراسة به, والتاجر يتخذ قرارات بخصوص الأسعار التي يبيع بها, وحتى في المؤسسات والشركات فإن نجاح الإدارة يأتي من نجاح القرار ويقال أن الإدارة هي اتخاذ القرار, فالمدير بشكل خاص يجب عليه أن يطور مهارة صناعة القرار لأنه يمضي الجزء الأكبر من وقته في اتخاذ القرار فيجب عليه أن يعرف كيف يصنع القرار الفعال, حتى أن عملية التقييم للمدير والموظف تتم على أساس قدرتهم على صناعة القرار الفعال.

صناعة القرار واتخاذ القرار

هناك فرق بين اتخاذ القرار وصناعة القرار, فاتخاذ القرار هو اختيار أفضل بديل لحل المشكلة بعد القيام بالمفاضلة بين البدائل المتاحة والممكنة, أما صناعة القرار فالمقصود بها جميع الخطوات التي يتطلبها ظهور القرار إلى حيز الوجود, أي أن صناعة القرار عملية لها خطوات ومنهجية محددة, أما اتخاذ القرار فهو فقط اختيار بديل من ضمن البدائل المتاحة.

عملية اتخاذ القرار هي في حقيقتها عملية اختيار بديل من ضمن البدائل المتاحة, وإن جودة حياتنا بشكل عام تعتمد على جودة الاختيار, فإذا كان شخص ما موظف في القطاع العام, فهو من اختار أن يكون موظفاً لدى القطاع العام , يوجد لديه عدة خيارات أخرى, بإمكانه أن يبحث عن عمل لدى القطاع الخاص, وبإمكانه أن يباشر عملاً لحسابه الخاص, وبإمكانه أن يبحث عن فرصة سفر للخارج لاكمال الدراسة, وبإمكانه أن يبحث عن شريكاً أو يأخذ قرضاً لتأسيس مشروع استثماري جديد, وربما لديه خيارات أخرى أيضاً, لكن هو من اختار العمل لدى القطاع العام من ضمن كل البدائل المتوفرة, هذا يعني أنه قرر ذلك واختار هذا البديل من ضمن عدة بدائل متاحة, وإذا تفحصت جميع جوانب حياتك الأخرى ستجد أن واقعك الحالي ما هو إلا نتيجة تراكمات لقراراتك السابقة.

البعض يظن أن عملية اتخاذ القرار هي عملية عفوية تلقائية لا تحتاج إلى تعلم أو تطوير, في الحقيقة هذا الكلام صحيح بالنسبة لقراراتنا البسيطة مثل قرار الذهاب في رحلة أو قرار زيارة أحد الأصدقاء, أو قرار الذهاب إلى العمل بالسيارة أو مشياً على الأقدام, أما بالنسبة لقراراتنا الهامة فهذا الكلام غير صحيح مثل قرار الزواج أو قرار شراء منزل أو قرار زيادة عدد العمال في المؤسسة أو قرار التسجيل في الجامعة, جميع هذه القرارات تحتاج إلى دراسة وجمع معلومات وتطبيق الخطوات المنصوص عليها في صناعة القرار, ومهما كلف دراسة القرار من وقت وجهد فينبغي إعطائه حقه من الوقت والجهد الكافي, لأن نتائج الفشل في القرار هي أكبر بكثير من الوقت أو الجهد اللازم لدراسته.

فتعلم هذه المهارة أمر ضروري لجميع فئات المجتمع, سواءً كنت مدير أو تاجر أو مشرف أو مهندس أو أب مسؤول عن أسرة لتتمكن من تطبيق هذه المهارة على القرارات المهمة في حياتك, والأشخاص الذين يشغلون مناصب هامة في الشركات والمؤسسات ربما لديهم كل يوم قرارات هامة, فهم أكثر حاجة من غيرهم لتعلم هذه المهارة.

مهارة صناعة القرار ليست مهارة فطرية, إنما هي مهارة يمكن اكتسابها وتعلمها وصقلها, فلا تظن أن هذه المهارة يمتلكها البعض بالفطرة, إنما يمكن أن يكون بعض الناس أفضل من غيرهم في استخدام هذه المهارة نتيجة امتلاكهم للمعلومات التي تعتبر من أهم مقومات عملية صناعة القرار, فالقرار ببساطة هو معالجة المدخلات للوصول إلى المخرجات المرغوبة.

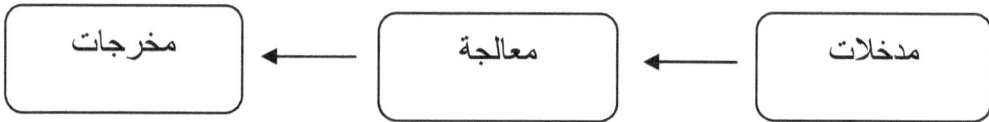

المدخلات هي معلومات, والمخرجات تعتمد على جودة وتوفر المدخلات, فعندما تمتلك المعلومات المناسبة اللازمة لصناعة القرار فأنت تمتلك أهم مقومات نجاح القرار, وإن جودة المخرجات المقصود بها " جودة القرار " وهي تعتمد على عاملين الأول: المدخلات المتمثل بجودة المعلومات وتوفرها, والثاني: المعالجة المتمثل في المنهجية التي تتبعها لصناعة القرار.

مهارة صناعة القرار هي من صفات القادة الناجحين, القائد يصنع يومياً العديد من القرارات, وإذا لم يكن يعرف الطريقة الصحيحة لصناعة القرار فهذا سيؤثر على نجاحه وتحقيق أهدافه.

شروط نجاح القرار

عملية اتخاذ القرار ما هي إلا خطوة من ضمن عدة خطوات في عملية صناعة القرار, وتبدأ الحاجة إلى القرار عند مواجهة الفرد لمهمة أو مشكلة ويتطلب الخروج من هذا الوضع اختيار مسار سلوكي يتم من خلاله تحقيق أهداف معينة, وحت نضمن نجاح القرار المتخذ فإن هناك شرطين أساسيين يجب توفرهما دائماً في قراراتنا:

- ✓ أن يكون القرار مبني على معلومات صحيحة محدثة وليس قراراً عشوائياً أو إرتجالياً, هذا لا يعني أن القرار الارتجالي مصيره دائماً الفشل, ولكن القرار الذي يعتمد على معلومات صحيحة فإن احتمال نجاحه أكبر من القرار الارتجالي.
- ✓ أن يأخذ متخذ القرار بعين الاعتبار جميع الأطراف ذات الصلة التي تؤثر أو تتأثر بالقرار, وبالأخص المشاركة في اتخاذ القرار, فعندما يشارك جميع المعنيين بالقرار في اتخاذه فإن فرص نجاحه سوف تكون أكبر, ويمكن اعتبار العناصر التالية هي أهم العناصر التي يجب أخذها بعين الاعتبار في كل القرارات:

- متخذ القرار وهو شخص لديه مهمة تحتاج إلى تنفيذ أو مشكلة تتطلب حلاً ولديه نظام قيم واتجاهات واهتمامات ودوافع ورغبات في تحقيق الأفضل ومخزون من الخبرة والمعرفة ومصادر معلومات وقدرات عقلية ومهارات تفكير محددة.
- هدف أو أهداف يسعى الفرد إلى انجازها, فالقرار الناجح هو قرار مرتبط بأهداف, أما القرار الذي يتخذ من غير ربطه بالأهداف فربما ينجح على المدى القصير ولكن صعب نجاحه على المدى الطويل, وهذه مشكلة حقيقية في كثير من المؤسسات العربية حيث تجد أن المدراء والمعنيين يمضون الكثير من وقتهم وجهدهم لاتخاذ القرار الصحيح ولكنهم ينسون النقطة الأهم وهي ربط القرار بالهدف الاستراتيجي, وبهذه الطريقة تجد أنهم يحققون مكاسب على المدى القصير ولكن المؤشرات الكلية الاستراتيجية لا يحدث فيها أي تطور ملحوظ, ويجب أن يأخذ متخذ القرار هذه النقطة دائماً بعين الاعتبار وأن يربط بين القرار المتخذ والرؤية التي يريد تحقيقها بعد عدة سنوات.
- ظروف وأوضاع تحيط بالفرد بعضها مساندة وبعضها تشكل دوافع وعقبات وبعضها مطالب وحاجات, فالظروف المحيطة يمكن أن تشكل عاملاً دافعاً لنجاح القرار أو العكس, ومن أهم الدوافع التي تساعد على نجاح القرار هو التوقيت, حيث يجب الانتباه إلى أن يكون اتخاذ القرار بالتوقيت المناسب, فبعض القرارات تجد أنها صحيحة تماماً ولكن نتائجها لا تكون مرضية بسبب أنها اتخذت في

توقيت غير مناسب, ومن أهم العقبات التي تسهم في تقليل فرص نجاح القرار هي عدم عقلانية القرار المتخذ, فتجد بعض القرارات أنها اتخذت من غير التفكير في كيفية تطبيقها, فإصدار القرارات والأوامر هو شيء سهل, لكن العبرة تكمن في التنفيذ, وإن متخذ القرار الذكي دائماً يتخذ قرارات رشيدة عقلانية ممكن تنفيذها على أرض الواقع, فإذا أردت أن تطاع فقرر المستطاع.

- مسارات فعل أو بدائل يمكن للفرد أن يختار منها, عندما نستعرض خطوات صناعة القرار سنلاحظ أن هذه الخطوة هي الأهم " اختيار البديل المناسب " فعندما يتم صناعة القرار يجب أن لا ننسى أنه يوجد لدينا عدة بدائل, وقدرتنا على توليد البدائل تعكس مدى الاحترافية والنضج في صناعة القرار, والأهم هو اختيار البديل المناسب الذي يرضي جميع الأطراف المؤثرة والمتأثرة بالقرار ويكون هذا البديل مرتبط مع الاستراتيجية والأهداف بعيدة المدى.

- توابع وآثار تبنى على تنفيذ الحل الذي يتم اختياره, فبعض القرارات تؤدي إلى تحقيق هدفها المباشر ولكنها لا تتمتع بالاستمرارية على المدى الطويل, فلو افترضنا أن أحد مندوبي المبيعات كذب على العملاء ليزيد مبيعاته, ممكن أن ينجح في ذلك على المدى القصير, ولكن عندما يكتشف العملاء عدم المصداقية فإن الصورة الكلية للشركة ستتأثر وسوف تنهار المبيعات على المدى البعيد, فيجب على متخذ القرار معرفة النتائج والآثار المترتبة على قراره قبل البدء بتنفيذه, وهذا يتطلب بعد نظر وحكمة من متخذ القرار.

إن عملية اتخاذ القرار عملية عقلية تكون أحياناً عميقة ومعقدة ومركبة وبخاصة عندما يكون القرار هاماً, إذ يتضمن تحليل المشكلة واستكشاف جوانبها والوصول إلى أهداف يسعى الفرد إلى تحقيقها ثم جمع المعلومات حول المشكلة وطرق الحل من مصادر مختلفة, وإن عملية اتخاذ القرار هي عملية تمتد عبر الزمن وتتصف بالاستمرارية وهذا ما يؤكد أهميتها فهي ليست نشاطاً نقوم به مرة في السنة أو مرة في الشهر إنما نشاط شبه يومي, وهي عملية متطورة تتغير كلما تغيرت الظروف أو كلما تغيرت المهمة أو المشكلة التي تواجه متخذ القرار.

وينبغي التأكيد على أن معظم قراراتنا هي في حقيقتها مجرد ردود أفعال, فينبغي الانتباه إلى ردود أفعالنا لأن 90% من جوانب حياتنا يتشكل بموجب ردود أفعالنا و 10% فقط من خلال ما يحدث لنا, ولعل قصة فنجان القهوة هي أوضح مثال على ذلك:

" استيقظ الأب من نومه وأراد تناول القهوة مع زوجته وبنته الصغيرة, وعند تناوله القهوة قامت البنت الصغيرة ومن غير قصد بسكب فنجان القهوة على ملابس والدها, فغضب الأب وقام بتوبيخ البنت بصوتٍ عالٍ وأدى ذلك إلى تأخر البنت على مدرستها, وهو أيضاً تأخر بالخروج من المنزل وقاد السيارة بسرعة فحصل على مخالفة مرورية ووصل إلى العمل متأخراً وحصل على خصم بسبب تأخيره عن العمل, وكان يومه سيئاً بسبب غضبه في الصباح من بنته الصغيرة, دعونا الآن نعيد نفس القصة بسيناريو مختلف قليلاً: استيقظ الأب من نومه وأراد تناول القهوة مع زوجته وبنته الصغيرة, وعند تناوله القهوة قامت البنت الصغيرة ومن غير قصد بسكب فنجان القهوة على ملابس والدها, فابتسم الأب وطبع قبلة على جبين بنته الصغيرة وطلب منها الانتباه في المرة القادمة, غير قميصه بسرعة وخرج إلى العمل يقود سيارته بسرعةٍ معتدلة ووصل إلى العمل من غير تأخير وكان يومه جيداً "

نلاحظ أن الحدث هو نفسه, ويتمثل في سكب البنت الصغيرة فنجان القهوة على قميص والدها, إلا أن ردة الفعل تختلف بين الحالتين, ففي الحالة الأولى ردة الفعل السلبية أدت إلى إفساد اليوم بالكامل على الأب والبنت الصغيرة, أما ردة الفعل الثانية فتعاملت مع الموقف بحكمة وإيجابية وكانت النتيجة أفضل من الحالة الأولى.

هذا لا ينطبق فقط على فنجان القهوة, إنما في الحقيقة معظم ما يحدث لنا في الحياة هو عبارة عن كيفية صياغة وتشكل ردود أفعالنا على ما يحدث من حولنا, لذلك يجب الانتباه إلى ردود أفعالنا فهي لا تقل أهمية عن قراراتنا التي نتخذها كل يوم.

ومن أجل الانتباه إلى ردود أفعالنا علينا الانتباه لمقولة الفيلسوف الصيني لاوتسو:

راقب أفكارك فإنها تصنع معتقداتك

راقب معتقداتك فإنها تصنع قيمك

راقب قيمك فإنها تصنع سلوكياتك

راقب سلوكياتك فإنها تصنع عاداتك

راقب عاداتك فإنها تحدد مصيرك ومستقبلك

ردود أفعالنا ربما يتحكم فيها العقل اللاواعي أكثر من العقل الواعي, فردود الأفعال تمر عبر سلسلة تبدأ من التفكير وتنتهي بتحديد المصير, وهذا يدلل على الاهمية البالغة للتحكم في

التفكير ودوره في تحديد ردود الأفعال, فالتفكير المستمر في شيء معين والقناعة به سوف يصنع معتقدات يمكن بعد ترسيخها لفترة من الزمن أن تتحول إلى قيم, وهذه القيم سوف يتم ترجمتها على شكل سلوك " يوثر في ردود أفعالنا " وإذا تكرر السلوك وردة الفعل فسوف يتحول إلى عادة موجودة في اللاوعي وسوف نكررها في كل مرة يتكرر فيها الحدث, وإذا وصل الأمر إلى أنه يصبح عادة, فمن الصعب جداً تغييرها, لأن ذلك يتطلب تغيير السلوك والقيم والمعتقدات والتفكير أيضاً, وعاداتنا هي التي تصبغ ردود أفعالنا التي تشكل 90 % من حياتنا وهي بنفس الوقت تحدد مصيرنا ومستقبلنا.

الخصائص الفردية اللازمة لاتخاذ القرار الفعال

- الخبرة: تلعب الخبرة دوراً بارزاً في اتخاذ قرارات فعالة ويبدو هذا الأمر منطقياً فالأقدمية في العمل أو في مجال اتخاذ القرار تجعل الفرد يتعرض إلى سلسلة طويلة من خبرات النجاح والفشل فيتجمع لديه قدراً واسعاً من الأنماط السلوكية المتنوعة والملائمة, وعندما يريد أن يتخذ قراراً فإنه يستحضر هذه الخبرات ويستفيد من خبرات الفشل كما يستفيد من خبرات النجاح.
- القدرة على تقييم المعلومات بحكمة: وتعتمد هذه السمة على عقلانية الفرد ونضجه وقدرته على التعليل والمحاكمة العقلية, وربما تتحسن هذه الخصائص الشخصية بازدياد العمر في كثير من الأحيان, حيث أن التقييم هو أحد خطوات صناعة القرار وهذا يتطلب في بعض الأحيان مهارات رياضية واستخدام الأساليب العلمية في حل المشكلات, وتظهر حكمة الفرد من خلال اختيار المعلومات الحرجة وتحديد أهميتها وتقييمها, كما تظهر من خلال تقدير نتائج القرار وآثاره, وذلك عندما يأخذ في اعتباره التفاعلات العديدة للعوامل المختلفة وعندما يتوقع الأحداث غير الأكيدة بدرجة معقولة وعندما يطبق معايير ملائمة في إصدار أحكامه وعندما يبسط الموقف عن طريق استبعاد العناصر غير الضرورية ولكن دون إخلال أو إسقاط لأية عوامل هامة.
- الإبداع: ويعني الإبداع قدرة صانع القرار المتفردة في تجميع الأفكار والمعلومات من أجل الوصول إلى قرارات جديدة ومفيدة فهو يستطيع أن يستخدم قدراته الإبداعية في رؤية جوانب من المشكلة قد لا يستطيع الآخرون رؤيتها, فهو أمر ضروري لصانع القرار أن ينظر إلى الموضوع بطريقة مختلفة وأن يبتكر أساليب جديدة لحل المشاكل وأساليب جديدة

لإنجاز المهام، لأن استخدام الأساليب القديمة سوف يؤدي إلى نفس النتائج، وإذا أردنا نتائج مختلفة فنحن نحتاج إلى التفكير بأساليب جديدة مبتكرة لاتخاذ القرار.

- **المهارات العددية**: إن امتلاك الفرد لمهارات عددية عالية ومتطورة أمر ضروري من أجل التوصل إلى قرارات فعالة في كثير من الأحيان وذلك يعني القدرة على استخدام الأساليب الإحصائية والتحليلات الضرورية في البحث، وتشكل هذه التقنيات وسائل وأدوات تساعد الفرد وبخاصة الفرد الإداري على تقييم البدائل إحصائياً وبشكل موضوعي آخذين بعين الاعتبار أن المهارات البحثية والإحصائية ليست بديلاً كاملاً عن الحكم السليم، إنما هي وسائل وأدوات مساعدة تساعد على اتخاذ القرار الصحيح، ويشيع استخدام المهارات العددية في القرارات المتخذة في المجال الصناعي والهندسي والعلمي وغيرها من المجالات.

العوامل المؤثرة في عملية اتخاذ القرار

- **عوامل خاصة بالبيئة**: وتتمثل بنظام الحوافز والمكافآت والعقوبات التي تقدمها كما تشمل الإمكانات والمستلزمات التي توفرها البيئة المحيطة، وتعد عوامل البيئة الاجتماعية والمهنية والثقافية عوامل ذات تأثير كبير في عملية اتخاذ القرار، فعندما تتوفر كل المستلزمات اللازمة لاتخاذ قرار معين فهذا سوف يسهل عملية صناعة القرار، كما أن العوامل البيئية الاجتماعية من عادات وتقاليد وقيم تؤثر أيضاً في عملية صناعة القرار ونجاحه.

- **عوامل خاصة بالفرد**: وتتعلق هذه العوامل باتخاذ القرار سواء كانت عوامل نفسية مثل الدافعية والأهداف ومستوى الطموح والبواعث والنظام القيمي لدى الفرد واتجاهاته وميوله أو عقلية مثل القدرات والكفاءات والخبرات التي يملكها الفرد، كما تتمثل في مجال الشخصية مثل أسلوب الفرد المعرفي وطريقته في اتخاذ القرار ومعالجة المعلومات وتفسيرها وتحليلها وتصنيفها والاستفادة منها

- **طبيعة القرار**: إذ قد يتعلق القرار بالمستقبل ويكون أحياناً غير محدد الملامح ويصعب على الفرد أن يحكم ما إذا كانت الآثار المترتبة عليه نافعة أو ضارة، تحقق أهدافه أو لا تحققها، كما أن القرار قد يتضمن درجة من المخاطرة ويخشى الفرد أن يتخذه فيندم عليه.

- **الزمن المتاح لاتخاذ القرار:** يشكل عنصر الزمن عاملاً أساسياً في بلورة القرار فإذا أتيح للفرد وقت كافٍ لاتخاذ القرار, فإن قراره على الأغلب سيكون أكثر رشداً, لأنه في هذه الحالة يستطيع أن يحدد أهدافاً أوضح وأن يجمع بيانات كافية من مصادر عديدة.

أنواع القرارات

يوجد عدة تقسيمات للقرارات, يمكن استعراض بعضها كما يلي:

- **حسب درجة التكرار:** تقسم القرارات إلى نوعين مبرمجة وغير مبرمجة
  - ✓ القرارات المبرمجة: وهي التي تتخذ للتعامل مع مشكلات روتينية متكررة وحلها من خلال إجراءات ثابتة ومتعارف عليها, وظروف هذه القرارات ثابتة ويمكن توقعها, وغالباً يكون متخذو هذه القرارات في المستوى الأوسط والتنفيذي, ودرجة المخاطرة فيها تكون قليلة أو معدومة, وفي اغلب الأحيان تتوفر المعلومات اللازمة لاتخاذ هذا النوع من القرارات, مثل اتخاذ قرار بمنح زيادة شهرية للأشخاص الذين تجاوزت فترة عملهم ثلاث سنوات.
  - ✓ القرارات غير المبرمجة: وتتعلق برسم السياسة العامة للمنظمة أو بحالة أزمة أو مشاكل مفاجئة, وهذا القرار هو غير روتيني إنما قرار جديد يتطلب اتخاذه لأول مرة, وعادةً يوجد درجة مخاطرة عالية لهذا النوع من القرارات, ولا تتوفر كامل المعلومات اللازمة لاتخاذه, ويمكن أن يوجد في كل المستويات الإدارية للمنظمة, مثل قرار تسريح العمال الناتج عن انخفاض المبيعات.
- **حسب هيئة متخذ القرار:** تقسم القرارات إلى شخصية وتنظيمية, فالقرارات الشخصية تخص صاحب العلاقة ووجهة نظره حول موضوع ما ولا يمكن تفويضها للآخرين, أما القرارات التنظيمية فهي تخص المنظمة وليس صاحب القرار ويمكن تفويضها للآخرين, ويقوم المدير باتخاذ القرارات التنظيمية لتحقيق الاهداف التنظيمية للمؤسسة, وأحياناً تتوافق القرارات الشخصية والتنظيمية في مهمة واحدة او في مسألة ما, وأحياناً لا يتوافق هذين النوعين ويحدث نوع من التعارض بينهما.
- **حسب أهمية القرار:** تنقسم القرارات وفق هذا الاعتبار إلى:
  - ✓ قرارات استراتيجية: لمواجهة مشكلات هامة وحرجة ذات تأثير بالغ في حياة متخذ القرار أو في أوضاع المؤسسة التي يديرها, وغالباً تخص فترة زمنية طويلة تتجاوز الخمس سنوات, مثل قرار اختيار موقع الشركة أو قرار الزواج.

- ✓ قرارات تكتيكية: وهي قرارات تتخذ لتنفيذ الرؤية الاستراتيجية, وهي تخص فترة زمنية لا تتجاوز السنتين, فهي قرارات يتم اتخاذها من أجل تنفيذ القرارات الاستراتيجية وربما يتطلب تنفيذ قرار استراتيجي واحد اتخاذ عدة قرارات تكتيكية وهي قرارات يمكن تنفيذها في فترة زمنية قصيرة ولا تتطلب تعمقاً فكرياً ولا إبداعياً. وتتميز هذه القرارات بأنها بعد أن يتم اتخاذها يصعب التراجع عنها, إذ يصبح التراجع عنها أمراً غير مقبول وربما غير ممكن ومن الأمثلة على هذا النوع من القرارات قرار إتباع طريقة معينة في الإنتاج أو قرار تغيير مواقع مراكز خدمة العملاء.

- حسب درجة الشمول: تقسم القرارات أحياناً إلى قرارات فردية وقرارات جماعية فالقرار الفردي هو القرار الذي يتخذه فرد واحد دون أن يشترك غيره في اتخاذه, وهذا لا يعني أن لا يستشير غيره أو لا يستعين بالآخرين في جمع المعلومات والبيانات ولكنه يعني أن يباشر الفرد مسؤولية اختيار البديل الملائم, أما القرارات الجماعية فهي القرارات التي يشترك في اتخاذها أكثر من فرد إذ قد يسهم عدد من الأفراد في مراحل صناعة القرار المختلفة, وحتماً المشاركة في اتخاذ القرار تزيد من فرص نجاحه, فإذا أمكن يجب إشراك الآخرين المعنيين في صناعة القرار.

- حسب الناحية الزمنية: تقسم القرارات حسب الناحية الزمنية إلى ثلاثة أنواع: قرارات طويلة الأجل وقرارات متوسطة الأجل وقرارات قصيرة الأجل, القرارات الطويلة الأجل تزيد مدتها عن 5 سنوات وهي من اختصاص الإدارة العليا, والقرارات متوسطة الأجل تتراوح مدتها من سنتين إلى خمس سنوات وهي من اختصاص الإدارات الوسطى والقرارات قصيرة الأجل تتراوح مدتها من شهر إلى سنة وهي من اختصاص المشرفين وموظفي الصفوف الأمامية.

قواعد عامة لاتخاذ القرار

- القرار لا يهدف إلى الوصول لإجابات أو حلول قاطعة ونهائية للمشكلات، وإنما يهدف إلى اختيار أفضل البدائل المتاحة وأكثرها فعالية, فلا تفترض مسبقاً أن القرار سوف يؤدي إلى الحل النهائي للمشكلة, فبعض القرارات يتم اتخاذها كتعبير عن أفضل بديل متاح, وهناك قرارات أخرى تحل المشكلة بشكل نهائي

- تحديد وتوضيح مدى الاستفادة التي سوف تحصل بإتباع القرار الذي تم اتخاذه، على اعتبار أن الحماس لتطبيق القرار وإنجاحه يتناسب طردياً مع درجة الفائدة المعقودة

عليه, فإصدار قرارات غامضة من شأنه أن يحدث خللاً في التنفيذ, أما عندما يتم توضيح سبب اتخاذ القرار وتوضيح مضمونه, فإن احتمال النجاح في التنفيذ سيكون أكبر.

- ضمن إطار الزمن المتاح من الضروري إعطاء الوقت الكافي للتعرف على البدائل المتاحة وتقييمها وتطويرها قبل تقديمها لمرحلة الاختيار, فالاستعجال في اتخاذ القرار هو مؤشر سلبي ينبغي الانتباه له.
- أن ينظر لعملية صناعة القرارات كعملية متكاملة بدءاً من أول مراحلها وانتهاءً بتنفيذها ومتابعة التنفيذ وتقييمه, فينبغي الالتزام بتطبيق كل خطوات صنع القرار وخاصةً بالنسبة للقرارات الهامة والمصيرية.

خطوات صناعة القرار

أولاً: تشخيص المشكلة

المشكلة هي عقبة أمام تحقيق الهدف, أو هي الفجوة بين الوضع الفعلي والوضع المتوقع, وإن المعنى المرادف لكلمة مشكلة عند الصينيين هو " الفرصة " حيث أنهم ينظرون بايجابية نحو المشكلة ويسمونها فرصة أو تحدي, وهذا يفيد جداً في تحسين فرص التعامل مع الوضع القائم, حيث أن التعامل مع المشكلة بهذه الايجابية يفيد بعدة اتجاهات:

- إيجاد حل جديد وعدة حلول أخرى بديلة لكل مشكلة
- اكتشاف قدرات فكرية وطاقات عملية

- استمرارية البحث عن برامج وآليات جديدة وإبداعية
- نحافظ على وحدة المجموعة نتزيد من ثباتها مما يعزز روح الفريق الواحد

وإن تشخيص المشكلة يفيد في تقوية الشعور أو الإحساس بها, ويساعد في تحديد أسباب الفجوة وبيان الصعوبات التي تقف في الطريق لتحقيق الهدف, ويمكن النظر إلى المشكلة بأنها:

- وضع غير مرغوب
- انحراف
- فرق بين الفعلي والمستهدف
- فرق بين ما هو كائن وما يجب أن يكون
- فجوة بين الوضع الراهن والوضع المأمول

في أحد دورات المبيعات التي قدمتها سألت الحضور سؤال " شركة مبيعاتها في عام 2018 كانت 100 ألف وحدة , وفي عام 2019 المبيعات هي عشرة آلاف وحدة من المنتج, هل يوجد مشكلة؟ "

فأجاب الجميع: نعم, يوجد مشكلة, فسألتهم ما هي المشكلة, ممكن تقديم تعريف لها, فأجابوا : المشكلة هي انخفاض المبيعات من 100 ألف إلى عشرة آلاف, فقلت لهم: هذه ليست مشكلة إنما هي أعراض المشكلة, هناك أسباب أدت إلى انخفاض المبيعات ممكن أن تكون الأسباب هي:

- دخول منافس إلى السوق
- تراجع الطلب على المنتجات
- حالة ركود اقتصادي عام
- خدمة عملاء غير جيدة

المشكلة الحقيقية هي أحد ما ذكر اعلاه, وأعراض هذه المشكلة هي انخفاض المبيعات, فإذا أردنا معالجة المشكلة ولم نميز بينها وبين أعراضها فإن كل جهود المعالجة لن تفيد بشيء, فإذا أصابك ألم في الرأس وأخذت مسكن ألم فأنت عالجت الأعراض ولم تعالج المشكلة الحقيقية التي أدت إلى وجود ألم في الرأس.

التمييز بين المشكلة وأعراضها أمر ضروري جداً, ويجب عدم الخلط بين المشكلة وأعراضها, لأن ذلك يؤدي إلى أخطاء في التشخيص ربما تكون سبباً في الفشل في صناعة القرار بشكل عام

وتجدر الإشارة إلى أن هذه المرحلة تعتبر من أهم مراحل عملية صناعة القرار, لأن كل المراحل اللاحقة سوف تعتمد عليها, فإن كان يوجد أي مشكلة في التشخيص فهذا سينعكس على بقية المراحل الخاصة بعملية صناعة القرار, وإن التشخيص الصحيح للمشكلة هو الطريق لحلها وفي هذا الإطار لا بد من التعرف على العامل الاستراتيجي أو الحرج للمشكلة وهو ذلك العامل الحيوي الذي لا بد من تغييره أو تعديله قبل أي شيء آخر, ومما يجدر التنويه إليه هنا أنه في هذه المرحلة لا نبحث عن حلول للمشكلة وإنما تحديدها فقط ليظل تركيزنا على التشخيص وليس العلاج, والحقيقة أن الأزمة قد يسهل تشخيصها ومعرفة أسبابها ورصد حركة تطورها أحياناً إلا أنه وفي حالات كثيرة يصعب التعرف على كنهها وطبيعتها, بيد أن التركيز الموضوعي الشديد في مرحلة التشخيص يساعد كثيراً في التعرف عليها بكل دقة, ولمعرفة هذه النقطة لا بد من طرح المثال التالي:

(لنفترض أن أحمد يعمل موظفاً في أحد البنوك في قسم خدمة العملاء, دخل عميل إلى البنك وطلب من أحمد طباعة كشف حساب شهري, فرحب به أحمد وبدأ بمحاولة طباعة كشف الحساب, إلا أنه تفاجئ أن طابعته لا تعمل, فطلب من زميله مساعدته ولكن الزميل رفض المساعدة, فحاول أحمد الطباعة عدة مرات ولكنه لم يستطع, مما أدى لتأخره بشكل ملحوظ على العميل, فغضب العميل بسبب ذلك وقال لأحمد بأنه لا يريد كشف الحساب وأنه يريد إغلاق حسابه في البنك, وفعلاً قام العميل بسحب الكاش من الحساب وأغلق حسابه في البنك وغادر, سارع أحمد للذهاب إلى مديره وشرح له الموضوع وطلب منه حل المشكلة)

السؤال: لو أنك مكان المدير, ما هو الإجراء **الأول** الذي تقوم به لحل هذه المشكلة ؟

عندما طرحت هذا السؤال على المتدربين في أحد الدورات التدريبية, فتنوعت إجاباتهم على الشكل التالي:

- يجب الاتصال بالعميل فوراً والاعتذار منه
- يجب معاقبة زميل أحمد لأنه رفض التعاون معه
- يجب إصلاح الطابعة

إلا أن الجواب الصحيح في مثل هذه الحالات يكمن في " معرفة السبب الجذري للمشكلة وإصلاحه حتى لا تستمر المشكلة بالحدوث مرة أخرى " فيجب أن يقوم المدير بالاستقصاء والسؤال ومعرفة السبب الحقيقي الذي أدى إلى هذه المشكلة وإصلاحه فوراً, ربما يكون السبب الرئيسي:

- مشكلة فنية في الطابعة
- مشكلة في التوافق بين الطابعة ونظام التشغيل
- مشكلة شخصية بين أحمد وزميله
- القوانين في البنك جامدة بحيث أن زميل أحمد لم يتعاون معه ولا يوجد قوانين تجبره على ذلك
- ربما مشكلة شخصية بين العميل وأحمد

يجب على المدير أن يستقصي ويعرف السبب الجذري ويحله فوراً حتى لا يأتي عميل آخر إلى البنك وتتكرر المشكلة مرة أخرى, وهذا ما يسمى بالعامل الاستراتيجي للمشكلة أو العامل الحرج, لذلك عليك دائماً أن تعرف السبب الجذري للمشكلة كأول إجراء يجب اتخاذه في إطار حل المشكلات وتشخيصها.

بالنسبة للموظف العامل في القطاع الخاص أو القطاع العام فإنه غالياً ما يواجه ثلاثة أنواع من المشاكل الإدارية :

- المشاكل التقليدية: وهي تلك التي تتعلق بالنشاطات والأعمال التي تمارس يومياً وبإجراءات تنفيذها وتحديد خطواتها.
- المشاكل الحيوية: وتتعلق بالمشاكل التي يكون لها تأثير كبير على سير العمل وانتظامه في المنظمة وبالتالي تحقيق الأهداف المرسومة
- المشاكل الطارئة: وهي التي تحدث بشكل عارض بسبب تغير ظروف البيئة المحيطة بالمنظمة أو بسبب القصور في سياسات المنظمة.

أما بالنسبة لتحديد المشاكل فيوجد ثلاثة أساليب ممكن استخدامها كمدخل لمعرفة المشاكل الموجودة وتحديدها تمهيداً لحلها:

- الاعتماد على الأسبقيات: يمكن مقارنة الحالات الموجود مع حالات حدثت مسبقاً وبذلك نستطيع التنبؤ بالمشكلات الحالية من خلال مقارنتها مع مشكلات سابقة.
- الاعتماد على التخطيط: أثناء إعداد الخطة يمكن التنبؤ بوجود بعض المشكلات وتحديد أسبابها, وبذلك نتمكن من الاستعداد لها ومعرفة كيفية التعامل معها.
- الاعتماد على ملاحظات الآخرين: وخاصةً في الشركات الخدمية, فيمكن الاعتماد على ملاحظات العملاء لمعرفة المشكلات القائمة.

ولأن تحديد المشكلات هو الخطوة الأولى في صناعة القرار, فمن الممكن أن يواجهنا بعض الصعوبات عند تحديد المشكلات وتشخيصها:

- التعميم: لا تتعامل مع المشكلة على أنها عامة ولكن جزئ أي مشكلة حتى لو كانت مشكلة جزئية, فإن التعامل مع المشكلة ككتلة واحدة هو أمر صعب ومعقد وخاصةً في المشكلات الفنية, فمن الأفضل تجزئة المشكلة لعدة اجزاء ليسهل التعامل معها, وينبغي عدم التعميم عند التعامل مع مشكلة تحدث في مكان محدد مع أشخاص محددين, فينبغي عدم التعميم على العينة الكلية واعتبار المشكلة عامة, فالتعميم هو خطأ في التشخيص ينبغي تداركه.
- مقاومة التغيير: كثير من الاحيان يستدعي حل المشكلة ابتكاراً وإبداعاً او خروجاً عن المألوف وتحدث هنا مشكلة مواجهة الطبيعة البشرية في مقاومة التغيير, فحل المشكلات يتطلب تغييراً في الأداء, والتغيير دائماً يواجه برفض وعدم قبول.
- الاختلاف حول الأداء القياسي: (الخطأ يؤدي الى خطأ آخر) البيان الدقيق والمحدد لانحراف الأداء يهيئ قاعدة صلبة للانطلاق الى تحديد المشكلة. بينما عدم وضوح تحديد الانحراف يؤدي بالضرورة الى ضعف بقية خطوات عملية تحليل المشكلة, وفي كثير من الأحيان لا يستطيع الأشخاص تحديد إذا كان هناك مشكلة فعلاً أم لا, لأن الأداء القياسي غير معرف وهذا يمثل أكبر صعوبة وأكثر الصعوبات انتشاراً في تحديد المشكلات, فنسمع كثيراً عن الجدل بين أعضاء الفريق الواحد عن وجود المشكلة من عدمه.
- القفز: سر النجاح في حل المشكلات يكمن في قدرتك على كبح جماح الرغبة في القفز الى الأسباب والمطلوب هو ضبط النفس بمعنى التريث لحظة لدى مواجهة المشكلة لتطبيق التحليل العملي للمشكلة كالآتي:
  - ✓ هل لديك وصف دقيق للأداء المنحرف عن مستوى الأداء المطلوب؟
  - ✓ هل لديك تعريف واضح لمستوى الأداء المطلوب؟
  - ✓ هل أنت متأكد من أن الخطأ ليس في توصيف مستوى الأداء؟
  - ✓ هل تعرف بالضبط متى بدأ الأداء في الانحراف ؟
  - ✓ إلى أي مدى يبعد الأداء الفعلي عن مستوى الأداء المطلوب؟

العلاقة بين المشاكل والقرارات

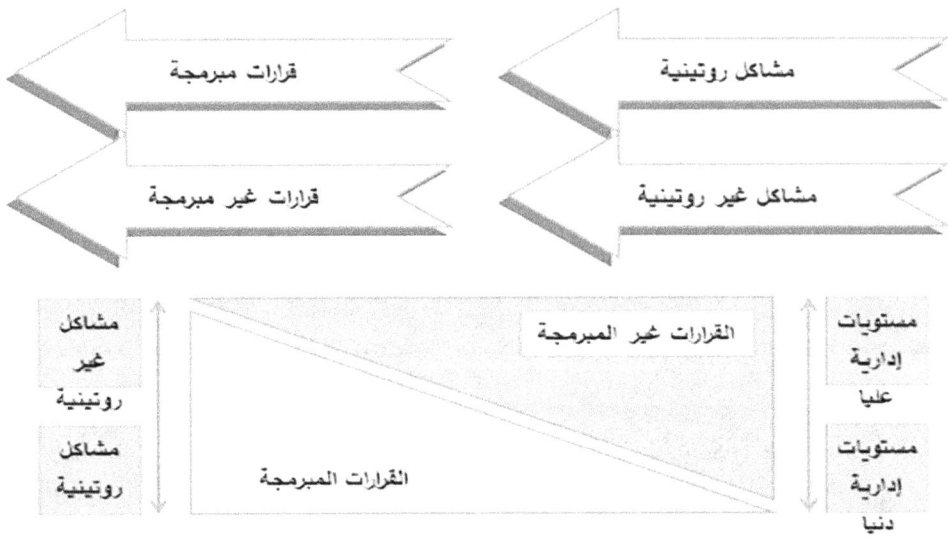

عند حديثنا عن أنواع المشكلات حسب التكرار, تم الحديث عن مشكلات مبرمجة ومشكلات غير مبرمجة, فالمشاكل الروتينية المتكررة نتعامل معها باتخاذ قرارات مبرمجة معروف مسبقاً ردة الفعل اتجاهها والتي غالباً تكون موجودة في المستويات الإدارية الدنيا, أما المشكلات غير الروتينية التي تظهر لأول مرة فينبغي التعامل معها بطرق مبتكرة وقرارات غير مبرمجة وعادةً تكون موجودة في المستويات الإدارية العليا.

ثانياً: تحديد البدائل

اتخاذ القرار يتطلب عدة بدائل, وعند عدم وجود البدائل فذلك يعني أنه لا يوجد قرار.

يجب أن يمتلك صانع القرار القدرة على توليد البدائل, وكلما زادت قدرته على توليد البدائل كلما زاد النضج والاحترافية في صنع القرار, ففي كل مهمة عمل أو مشكلة يوجد عدة طرق للتعامل معها وليس طريقة واحدة فقط, فينبغي أن يكون صانع القرار واسع الاطلاع والمعرفة لزيادة قدرته على توليد البدائل وحصرها.

ومن أهم أساليب البحث عن حلول بديلة وتوليد البدائل:

1- أسلوب الجماعات: ويعني المشاركة في اتخاذ القرار والابتعاد عن الفردية, فأسلوب الجماعة في اتخاذ القرار يزيد من إمكانية توليد عدد أكبر من البدائل بسبب المشاركة من أكثر من شخص في التفكير بالبدائل المتاحة, وأسلوب الجماعات يؤمن مصادر أوسع

للمعرفة, ووجهات نظر ومفاهيم متعددة, وينبغي الحذر عند استخدام أسلوب الجماعة من سيطرة الأقلية على القرار.

2- أسلوب العصف الذهني: هو أحد أساليب الإبداع الجماعي حيث تحاول المجموعة توليد البدائل الممكنة وإيجاد حل للمشاكل عن طريق تجميع قائمة من الأفكار والحلول التي يساهم بها أفراد المجموعة, وهو أسلوب مبني على استقلالية وحرية التفكير, بهدف إلى جمع أكبر كم من الاقتراحات والبدائل والأفكار الخلاقة الجديدة من قبل المشاركين في الجلسة, ويجب إزالة جميع العوائق أمام المشاركين ليتمكنوا من الإبداع في تفكيرهم حتى يقدموا أفضل ما لديهم من أفكار وحلول, وقد ثبت نجاح أسلوب العصف الذهني في العديد من المواضيع التي يلزمها حلول وبدائل مبتكرة, حتى صار هذا الأسلوب موضع اهتمام المفكرين في الوقت الحاضر, وتجدر الإشارة إلى أن الهدف من جلسة العصف الذهني هو توليد البدائل فقط وليس تقييمها أو مناقشتها, والمشاركين في جلسة العصف الذهني يتراوح عددهم بين 3-12 مشارك يقوموا بتقديم الاقتراحات والأفكار والبدائل.

3- طريقة دلفي هي تقنية تنبؤ منهجية وتفاعلية تعتمد على لجنة من الخبراء, في طريقة دلفي القياسية، يقوم الخبراء بالإجابة على الاستبيانات المتعلقة بالموضوع المطلوب استشرافه في جولتين أو أكثر. بعد كل جولة، يقوم وسيط بإرسال موجز مجهول الهوية يحتوي على خلاصة توقعات الخبراء من الجولة السابقة والأسباب التي بنيت على أساسها أحكامهم. وبالتالي، يتم تشجيع الخبراء على مراجعة إجاباتهم السابقة على ضوء الردود من الأعضاء الآخرين من لجنة الخبراء. ويعتقد أنه خلال هذه العملية أن نطاق الإجابات سيتقلص وسوف تتقارب آراء مجموعة الخبراء نحو الإجابة "الصحيحة"، ويتم إيقاف العملية عند "معيار توقف" محدد مسبقاً (على سبيل المثال عدد الجولات، تحقيق التوافق واستقرار النتائج).

4- طريقة السلم: في هذا الأسلوب يتم تكوين جماعة لمناقشة واقتراح البدائل ومن ثم يتم إضافة عضو جديد يحاول طرح التساؤل حول البدائل التي تم التوصل لها ومن ثم يقترح بديل جديد وهكذا.

5- طريقة التحدي الابتكاري: هو رفض للمنطق القائل أن : الوضع الحالي هو أفضل بديل وهو رفض التسليم بالأمر الواقع وبالتالي هنالك رفض للحلول التقليدية بهدف الوصول لبدائل أفضل .

6- طريقة مروحة المفاهيم: تهتم بتقسيم المفهوم الرئيس وراء موضوع معين إلى عدد من المفاهيم الفرعية وتقسيم كل مفهوم من المفاهيم الفرعية إلى عدد من الأفكار, وبالتالي التمكن من توليد عدد أكبر من البدائل

كل الأساليب السابقة تتطلب تفكير إبداعي وقدرة على ضخ بدائل ممكنة لصناعة القرار, والمقصود بالتفكير الابتكاري أو الإبداعي هو القدرة على تقديم أفكار أو حلول تنطوي على درجة عالية من عدم الشيوع في التوجه وأعلى درجة من الملائمة, فإن عدم الشيوع والملائمة هما ركنا الابتكار, ويقف خلف الابتكار خمس قدرات أساسية:

- الطلاقة الفكرية: وتعني إنتاج أكبر عدد من الأفكار والحلول
- الأصالة: وتعني إيجاد أفكار غير شائعة, وبنفس الوقت معقولة ومقبولة.
- المرونة: وتعني التحول في الفكر من زاوية إلى زاوية أخرى للمشكلة
- الحساسية للمشكلات: وتعني القدرة على استكشاف أكبر عدد ممكن من المشكلات

المتعلقة بموقف معين

- الاحتفاظ بالاتجاه: وتعني الاحتفاظ بتوجيه معين نحو الهدف لكي لا تحول المشتتات بين الفرد وبين الهدف

ويجب التأكيد على ضرورة أن يكون البديل المطروح لحل الأزمة قابلاً للتنفيذ وإلا فهو كأن لم يكن, إذ أن هناك حلولاً جيدة وحاسمة ولكن يستحيل تطبيقها تبعاً للظروف, ولطبيعة الأزمة نفسها. كما يجب المفاضلة بين جميع البدائل المطروحة من حيث تكاليفها وإمكانية تطبيقها وآثارها, وذلك بعد فحص إيجابيات وسلبيات كل بديل مطروح

ثالثاً: تقييم البدائل

بعد تشخيص المشكلة وتوليد البدائل يأتي الدور على خطوة هامة من خطوات صناعة القرار وهي تقييم البدائل تمهيداً للخطوة الرابعة وهي اختيار البديل, وإن عملية تقييم البدائل تعني تقييم الحلول الصالحة ومقارنتها ببعضها البعض من أجل اختيار البديل الأفضل.

تختلف عملية التقييم من قرار إلى آخر, وبالتالي تختلف أدوات التقييم من قرار إلى آخر, حيث أن منهجية التقييم ليست نفسها في كل أنواع القرارات, يمكن بشكل عام الحديث عن

الأساليب الأكثر شيوعاً في تقييم البدائل, وهي نوعين من الوسائل, وسائل تقليدية ووسائل حديثة لتقييم البدائل.

الوسائل التقليدية لتقييم البدائل:

- الحكم الشخصي سواءً عن خبرة أو بدون خبرة, وهذا الأسلوب مناسب للقرارات البسيطة غير المعقدة والتي لا تتطلب قدراً كبيراً من المعلومات, وللأسف هذا الأسلوب مطبق في بعض المؤسسات للمواضيع الهامة والمصيرية فتجد أن شخصاً واحداً يملي رأيه ويتخذ قرار لوحده من دون أي مشاركة مع الآخرين.
- التجريب (المحاولة والخطأ): وهذا الأسلوب يتناسب مع الأبحاث العلمية والمؤسسات الصناعية والتجارب الفنية, حيث يقوم المقيم بالتجريب عدة مرات حتى يتمكن من اختيار البديل الصحيح, ولا يتناسب هذا الأسلوب مع القرارات المستعجلة التي لا يوجد فيها هامش زمني للتجريب.
- التخمين: ويتم اختيار هذا الأسلوب في تقييم البدائل عند عدم وجود معلومات للمقارنة بين البدائل المتاحة, ويتمثل في محاولة المقيم أن يخمن أي بديل هو الأفضل, وتجدر الإشارة إلى أنه يجب التقليل قدر الإمكان من هذه الطريقة في تقييم البدائل إلا في حال شح المعلومات المتوفرة.
- التقليد أو اتباع القادة: ويقوم هذا الأسلوب في تقييم البدائل على التقليد لقائد معين أو مؤسسة معينة في تقييمهم للبدائل أو تبني وجهة نظر مؤسسة أخرى في منهجها للتقييم, هذه الطريقة ينبغي الحذر عند استخدامها لأن القرار يختلف من مكان إلى آخر ومن زمان إلى آخر, فليس بالضرورة أن نحصل على نفس النتائج إذا طبقنا نفس المنهجية عند اختلاف المكان والزمان.
- أسلوب العصف الذهني.
- أسلوب دلفي.

الوسائل الحديثة لتقييم البدائل

- أسلوب موازنة الاستثمارات الرأسمالية: ويستخدم هذا الأسلوب لمقارنة مشروعين ومعرفة أي منهما أكثر جدوى وربحية من الآخر, ويتم وفق هذه الطريقة استخدام عدة معايير متعارف عليها في إعداد دراسات الجدوى الاقتصادية من أهمها:
  ✓ طريقة صافي القيمة الحالية
  ✓ طريقة مؤشر الربحية

- ✓ طريقة معدل العائد الداخلي
- ✓ طريقة فترة الاسترداد
- ✓ طريقة العائد المحاسبي
- ✓ طريقة القيمة الاقتصادية المضافة

- أسلوب تحليل نقطة التعادل: وهذا الأسلوب أيضاً يعتبر من الأساليب الشائعة الاستخدام لتقييم المشاريع والمقارنة بينها, حيث يقوم على أساس احتساب النقطة التي يتساوى عندها الإيرادات الكلية مع التكاليف الكلية, ثم مقارنة نقطة التعادل بين مشروعين, والنقطة الموجبة الأكبر هي التي تعود للمشروع الأفضل
- أسلوب القيمة المتوقعة: ويقوم هذا الأسلوب على أساس حساب القيمة المتوقعة لكل بديل, والقيمة المتوقعة هي عبارة عن حساب لاحتمال وقوع حدث معين, وهي مجموع حواصل ضرب قيم المتغير العشوائي X في احتمال كل منها (P (X
- أسلوب مراجعة القوائم: لو طلب منك المقارنة بين مؤسستين أو المقارنة بين مصنعين أو المقارنة بين مشروعين, فإن القيام بهذه المهمة بشكل عقلي يصبح أمراً صعباً, فيمكن مراجعة القوائم وخاصةً المالية من أجل أن يتمكن المقيم من إتمام عملية التقييم, فمراجعة القوائم هي أداة يستخدمها المقيم لتسهيل عملية التقييم وزيادة قدرته على تحقيق الجودة في التقييم.
- أسلوب العوامل المرجحة بالأوزان: في كثير من الأحيان نواجه مشكلة عند تقييم البيانات الوصفية, فيصبح التقييم أمراً صعباً نتيجة عدم وجود أعداد للمقارنة المنطقية بينها, ولتلافي هذه المشكلة تعتمد هذه الطريقة على تحويل البيانات الوصفية إلى أرقام من خلال أخذ كل بديل على حدة وتقسيمه إلى عدة نقاط وإعطاء وزن مرجح لكل نقطة ثم جمع هذه الأوزان والحصول على التقييم العددي لهذا البديل الذي يمكننا من مقارنته مع بديل آخر.
- أسلوب بحوث العمليات: تسمى بحوث العمليات بعلم القرار وهي فرع من فروع الرياضيات التطبيقية الذي يسمى بالبرمجة الرياضية ويهتم بتحسين عمليات وطرائق معينة بقصد الوصول إلى حل أمثل للمشاكل, حيث يمكن الحصول على حلول بديلة من خلال استخدام التقنيات الشائعة في بحوث العمليات مثل البرمجة الخطية وشجرة القرارات وصفوف الانتظار وغيرها من الأساليب التي تعتمد على البرمجة الرياضية لتوليد البدائل وحل المشاكل.

ومن أجل الفاعلية في تقييم البدائل فقد أثبتت التجارب أن توسيع دائرة المشاركة في هذه المرحلة بإشراك كافة الإدارات المعنية والأشخاص المعنيين للتشاور في حل المشكلة كان له مردود إيجابي على رشد القرارات التي تم اتخاذها, وإن مشاركة المرؤوسين والجهات التي تعنى بتنفيذ القرار يحقق إيجابيات كثيرة كالمعلومات الإضافية وإيجاد أكبر قدر من الحلول، وكذا الالتزام بالتنفيذ ، إذ أن الذي شارك في اتخاذ قرار معين سيكون أكثر تحمساً لتنفيذه.

رابعاً: اختيار البديل الأفضل

هذه الخطوة تعني اتخاذ القرار, فبعد أن تم تشخيص المشكلة أو الحالة وتوليد بدائل لحلها وتقييم هذه البدائل, الآن يجب اتخاذ القرار باختيار البديل الأفضل لحل المشكلة أو التعامل مع الموقف وتحقيق الأهداف المرجوة من هذا القرار بأقل تكلفة وأدنى تضحية والحقيقة أنه كلما زادت الحلول زادت الحيرة في الاختيار , فمن المعروف أن المشكلة ذات الحل الواحد ليست مشكلة أصلاً, وإنما تصعب المشكلة أيضاً عندما يكون لها أكثر من حل وكل حل يؤدي إلى نتيجة مختلفة وتبعات متباينة, وقد روي عن أنيشتاين قوله (أنه من الخطأ أن تحل المشكلة بنفس منهجية التفكير التي قادتنا إلى المشكلة أصلاً), كما يجب الأخذ بالحسبان ضرورة إحاطة المرؤوسين بالقرار المتخذ إذا لم يشاركوا فيه لعامل الوقت والسرعة, إذا أنهم المعنيون بالتنفيذ, ومن المفترض أن يعرفوا ما يلي:

- ✓ اشرح لهم كيف كنت مضطراً لاتخاذ القرار قبل إحاطتهم
- ✓ أخبرهم بما تنتظر منهم أن يعملوا لتنفيذ هذا القرار
- ✓ أخبرهم كيف فكرت كثيراً في قدراتهم قبل اتخاذ هذا القرار
- ✓ وضح لهم المرونة المسموح بها أثناء التنفيذ
- ✓ اجعلهم يفهمون أن الوضع كان ملحاً وكان عليك ان تتصرف بهذا الشكل وأنك تعتمد عليهم الآن في التنفيذ.

ويجب أن يتصف البديل الذي يتم اختياره بصفتين:

- o قدرته على تحقيق بعض النتائج التي يسعى متخذ القرار للوصول إليها
- o أن يكون ضمن حدود الموارد المتاحة.

خامساً: التنفيذ

البدء بوضع القرار موضع التنفيذ ومن ثم المتابعة والتقييم, ويجب تحديد الأشخاص المسؤولين عن التنفيذ, فالقرار المبني للمجهول هو قرار ولد ميتاً, ويجب أن يكون القرار محدد بإطار زمني, فالقرار الغير محدد بإطار زمني هو قرار غير فعال وغير صحيح أيضاً, ويجب أن يكون القرار مرفق بتحديد ميزانيته وكيفية تمويله, وبعض القرارات تتطلب تحديد مكان التنفيذ (أين سينفذ القرار), ويجب الانتباه إلى أن القرار الذي لا يتابع لن ينفذ, فيجب تحديد من هو مسؤول عن المتابعة لتنفيذ القرار, والانتباه إلى توقيت التنفيذ بحيث يكون توقيتاً مناسباً يحقق الهدف من القرار.

فالقرار الفعال يحظى بالرضا والقبول من الأغلبية دون مجاملة, يتضمن آلية واضحة للتنفيذ ومنسجم مع الإمكانيات المتاحة ومرن أي أنه قابل للمراجعة والتعديل كلما تغيرت الظروف.

معوقات اتخاذ القرار

- قصور البيانات والمعلومات
- التردد وعدم الحسم
- السرعة في اتخاذ القرار
- الجوانب النفسية والشخصية لصانع القرار
- عدم المشاركة في اتخاذ القرار
- الثقة الزائدة: وهي تقدير الشخص الزائد لمهاراته وقدراته الخاصة ومدى معرفته وسلامة أحكامه
- مغالطة المقامر: هنالك خطأ آخر يسمى مغالطة المقامر وينتج عن الفكرة التي تقول أن الحظ يتغير ولهذا فإن المقامر الذي يخسر عدة مرات متتابعة يأمل أنه سيربح في المرة القادمة علماً أن احتمالية كسب المقامر في المرة التالية لا تختلف عن احتمالية خسارته, فلا يجب أبداً التعامل مع القرار بهذه الطريقة.
- مغالطة التكوين: ونرتكب هذا الخطأ عندما نعتقد أن ما يصدق على الأجزاء يصدق على الكل أيضاً, ففي الغالب أن طريقة تنظيم الكل الذي يتكون من عدة أجزاء تؤثر في نوعية القرار, ومن الأمثلة على ذلك ضعف أداء فريق كرة القدم رغم تميزهم على المستوى الفردي, فقد يظن متخذ القرار أن اختيار لاعبين متميزين يجعله يحصل على فريق يلعب لعباً جماعياً متميزاً وقد لا يكون ذلك صحيحاً, فالسر في نجاح فرق كرة القدم هو القدرة على العمل الجماعي.

- عدم التفريق بين أسباب المشكلة وأعراضها, وإن حدث هذا الخطأ فإن الخطوة الأولى لصناعة القرار سوف تكون خطة غير صحيحة وبالتالي جميع الخطوات التالية ستكون غير صحيحة أيضاً, ويؤدي ذلك إلى صناعة قرار غير فعال
- اجتماع عدة مشاكل لتكوين مشكلة كبيرة, فيجب الانتباه إلى ضرورة تقسيم المشكلة الكبيرة إلى أجزاء صغير ليسهل التعامل معها.
- الانشغال بالعقبات ونسيان الهدف, فصانع القرار يبقى مركزاً على تحقيق الهدف خلال تطبيق كافة مراحل عملية صناعة القرار
- أن يكون القرار كمجاملة أو كردة فعل غير مناسبة, فالقرار يجب أن يكون موضوعي وليس شخصي
- لا تلجأ إلى أول حل يخطر ببالك, فصناعة القرار تتطلب تطبيق كافة الخطوات اللازمة لذلك, وأحياناً إعادة تطبيقها أكثر من مرة.
- صحيح أنه يمكنك الاستفادة من تجارب الآخرين في مجال اتخاذ القرار, ولكن ينبغي أن لا تطبق قراراً اتخذه غيرك فقد تكون ظروفك مختلفة عن ظروفه.

الأساليب العلمية في حل المشكلات

هناك تشابك وتشابه بين موضوع صناعة القرار وموضوع حل المشكلات, فالبعض يعتقد أن الموضوعين منفصلين ولكل واحدٍ منهما أسسه ومبادئه ونظرياته, إلا أنه في الحقيقة الموضوعين متشابهين ومتداخلين إلى حدٍ كبير, بحيث أن صنع القرار غالباً يكون للتعامل مع مشكلة ما, فحل المشكلات هو في الواقع يكون من ضمن عملية صنع القرار في كثير من الأحيان, لذلك تم الحديث عن عملية صنع القرار بشكل عام سواءً لحل مشكلة أو للتعامل مع أي مسألة, ومن الضروري التعرف على بعض الأساليب العلمية الشائعة الاستخدام في حل المشكلات.

من المعلوم أن حدوث المشكلات هو أمر طبيعي ومتكرر على الصعيد الشخصي وعلى الصعيد المؤسسي, والقدرة تختلف من شخص إلى آخر في التعامل مع هذه المشكلات وحلها, وهذه القدرة تعتبر من المهارات الفردية والإدارية الضرورية للتعامل مع المواقف والحالات المتكررة

بشكل شبه يومي, فلا تكاد تخلو مؤسسة من الحدوث المتكرر للمشكلات بشتى أنواعها إدارية أو مالية أو فنية أو متعلقة بالموارد البشرية.

فيما يلي شرح مختصر لبعض الأساليب العلمية الشائعة الاستخدام لحل المشكلات سواءً على الصعيد الفردي أو على الصعيد المؤسسي.

أسلوب مخطط عظمة السمكة (ايشيكاوا)

أسلوب عظمة السمكة أو مخطط السبب والنتيجة ويسمى أيضاً مخطط ايشيكاوا هو أسلوب قديم لحل المشكلات وتحليلها إلى أسبابها واكتشاف سببها الجذري ومعرفة كيفية التعامل معها وحلها.

المخطط يشبه الهيكل العظمي للسمكة, مع وضع اسم المشكلة عند رأس السمكة, ووضع الأسباب المحتملة عند العظام الرئيسية للسمكة, والبدء بمناقشة دور كل سبب رئيسي للمشكلة, وإذا لزم الأمر يتم تفريع الأسباب الرئيسية إلى أسباب ثانوية حتى يتم التوصل إلى السبب الحقيقي (الجذري) أو مجموعة الأسباب الحقيقية (الجذرية للمشكلة) ومن المعلوم أنه لا يمكن البدء بحل المشكلة من غير معرفة أسبابها الحقيقية وتعريفها بالشكل المناسب.

هذا الأسلوب يساعد على حصر ومعرفة كافة الأسباب الرئيسية والثانوية المؤدية إلى المشكلة, وهو شائع الاستخدام في تطوير العمليات الخاصة بالمؤسسات والشركات الصناعية, ويمكن استخدامه لتحليل أي نوع من المشكلات الأخرى, وهو أسلوب سهل الاستخدام حيث يتم حل المشكلات من خلال مخططات بصرية وهذا يساعد على تحقيق الكفاءة والفعالية في التعامل مع المشكلات القائمة.

فعلى سبيل المثال يمكن تحليل مشكلة صناعية بالبدء بوضع اسم المشكلة على رأس السمكة, ووضع الأسباب الرئيسية المحتملة التالية على العظام الرئيسية للسمكة كما يلي:

- المواد
- الآلات
- طرق الإنتاج
- الإدارة أو الموارد المالية
- المستخدمين للآلات.

ثم البدء بمناقشة كل سبب وتحليله إلى أسباب ثانوية أخرى مرتبطة به, ويتم الاستمرار بوضع أسباب رئيسية وثانوية حتى يتم التوصل إلى السبب أو الأسباب الجذرية للمشكلة وحلها.

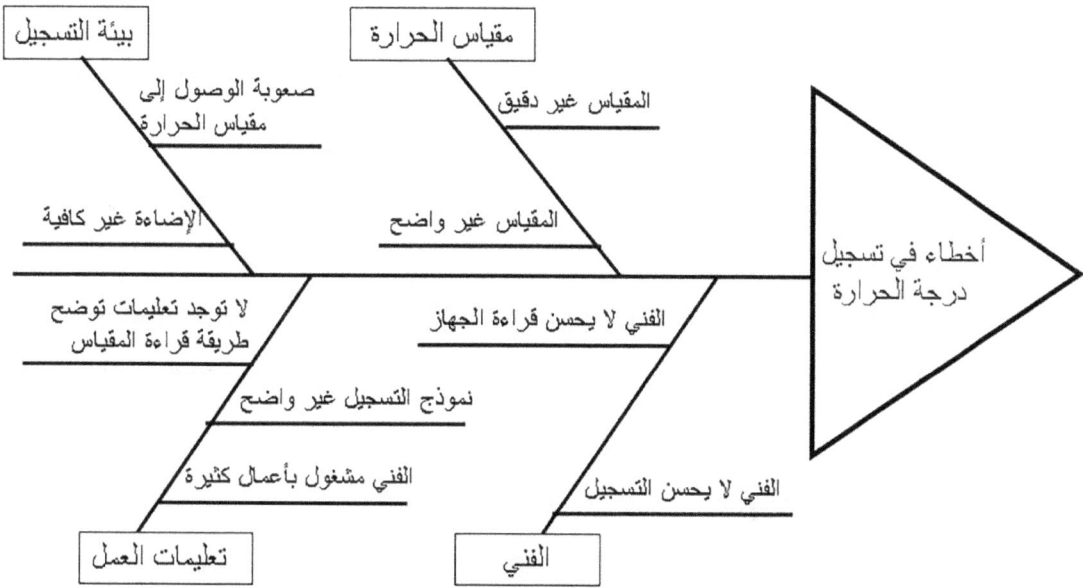

في المثال السابق تم تحليل مشكلة وجود أخطاء في تسجيل درجة الحرارة لدى أحد مراكز الرصد البيئي, فتم وضع اسم المشكلة عند رأس السمكة, ثم وضع أربع أسباب رئيسية محتملة لهذه المشكلة, ثم اكتشاف أسباب فرعية من الأسباب الرئيسية, ومناقشة كل سبب ودوره في حدوث المشكلة.

هذا التصوير البصري للمشكلة يساعد على توضيح الصورة لمتخذ القرار بحيث يشاهد بعينه كل الأسباب الرئيسية والفرعية المحتملة للمشكلة, وهذا أفضل من التفكير المجرد بالعقل لحل المشكلة.

أسلوب الأسئلة الخمسة   5 Whys

هو أسلوب فعال لتتبع السبب الجذري للمشكلة, حيث يتم تكرار توجيه الأسئلة بـ (لماذا) حول مشكلة ما لمعرفة وتحليل السبب الجذري لمشكلة ما, ومن ثم تحديد العلاقة بين العوامل

المسببة للمشكلة والنتائج المترتبة عليها, والهدف من هذه الآلية هو الوصول للسبب الجذري المسبب لمشكلة ما, فمن خلال تكرار توجيه أسئلة (لماذا) نستطيع الوصول لجميع جوانب المشكلة, فتساعدك هذه الآلية على الوصول إلى أصل المشكلة, فالإجابة على كل سؤال من أسئلة (لماذا) سيقودك إلى سؤال آخر ولماذا أخرى, فتكرار السؤال بـ (لماذا) عدة مرات, سيقودك للسبب الرئيسي للمشكلة.

كيف نطبق أسلوب الأسئلة الخمسة؟

- اكتب اسم المشكلة وعرفها بدقة
- ابدأ بطرح سؤال (لماذا) حدثت المشكلة وقم بتسجيل الإجابة
- وإذا لم تكن الإجابة كافية, قم بتوجيه سؤال (لماذا) مرة أخرى, وقم بتسجيل الإجابة.
- استمر في طرح الأسئلة (لماذا) حتى تستطيع تحديد السبب الجذري للمشكلة
- من الممكن أن يتطلب ذلك طرح سؤال (لماذا) خمس مرات أو أكثر أو أقل.

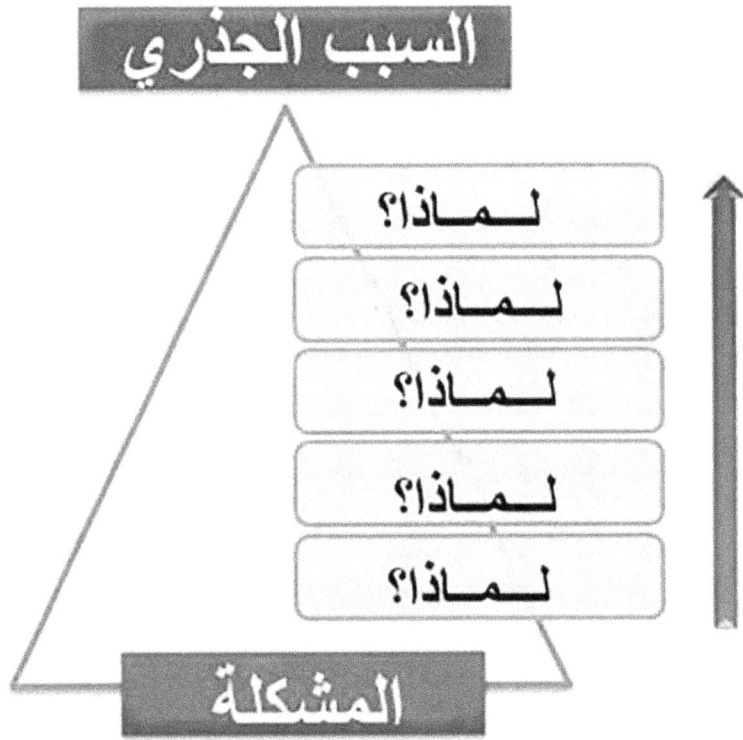

مثال على تطبيق أسلوب الأسئلة الخمسة:

لاحظ المدير العام التغيب المتكرر للموظفين, فاجتمع مع مدير الموارد البشرية وبدأ بتطبيق أسلوب الأسئلة الخمسة لمعرفة السبب الجذري للمشكلة, فكان الحوار التالي بينه وبين مدير الموارد البشرية:

1- نلاحظ تكرار غياب الموظفين, فما هو السبب؟
  لأن بعض الموظفين مستهترين

2- وما سبب استهتارهم؟
  ليس هناك لائحة توضح العقوبات والحوافز

3- لماذا لا توجد لائحة؟
  لم يتم التعاقد مع شركة استشارية متخصصة في إعداد اللوائح

4- لماذا لم يتم التعاقد مع شركة في هذا المجال؟
  لأننا لم نبحث عن شركة ولم نهتم بالأمر

5- لماذا لم يتم الاهتمام بهذا الأمر الهام؟
  لم يكن ضمن أولوياتنا

فمن خلال طرح سؤال (لماذا) خمس مرات, تم التوصل إلى السبب الجذري للمشكلة المتمثل بضرورة إعادة ترتيب أولويات إدارة الموارد البشرية, في هذا المثال تم طرح سؤال (لماذا) خمس مرات لمعرفة السبب الجذري للمشكلة, أما في حالات أخرى فربما يتم طرح سؤال (لماذا) أكثر أو أقل من خمس مرات لمعرفة السبب الجذري.

أسلوب شجرة تحليل المشاكل

هو أسلوب توضيحي أثبت قدرته على توصيف المشكلة وأسبابها وآثارها, حيث أنه يختلف عن الأساليب السابقة في توضيح آثار المشكلة إن استمرت في الحدوث, فعند وجود مشكلة معينة تحتاج إلى تحليل يتم رسم شجرة وسيتم حل المشكلة على أجزاء الشجرة, ففي جذر الشجرة يكتب كل الأسباب الرئيسية والثانوية التي أدت إلى وجود المشكلة, وعلى الساق يكتب الوضع الحالي أي المشكلة التي تسببت نتيجة للأسباب الموجودة في الجذر, ثم رسم الثمر والتي تمثل الآثار التي ستنتج عن المشكلة إن استمرت في الحدوث, وبهذه الطريقة يتم توضيح المشكلة بيانياً بشكل واضح, وتعتبر هذه الطريقة من الطرق التحليلية التي تعتبر كأداة للمساعدة على حل المشكلات, وهذه الطريقة لن تحل المشكلة القائمة إنما ستساعد على

توضيح الأسباب التي أدت إلى حدوث المشكلة وكل النتائج التي من الممكن أن تترتب على استمرارها, حيث يفضل استخدام هذه الأداة لحل المشكلات بالتزامن مع استخدام أساليب أخرى لحل المشكلات.

في هذا المثال تم تحليل مشكلة (النزاع العائلي حول ميراث), حيث تم وضع أسباب هذا النزاع في جذر الشجرة التي تنوعت كوجود المجتمع الذكوري وسيطرة العادات والتقاليد وغيرها, وعلى الساق تم وضع اسم المشكلة الذي يمثل الوضع الحالي, والثمار هي الآثار والنتائج المترتبة على استمرار هذه المشكلة كالتفكك العائلي واللجوء إلى المحاكم وقطيعة الرحم وغيرها.

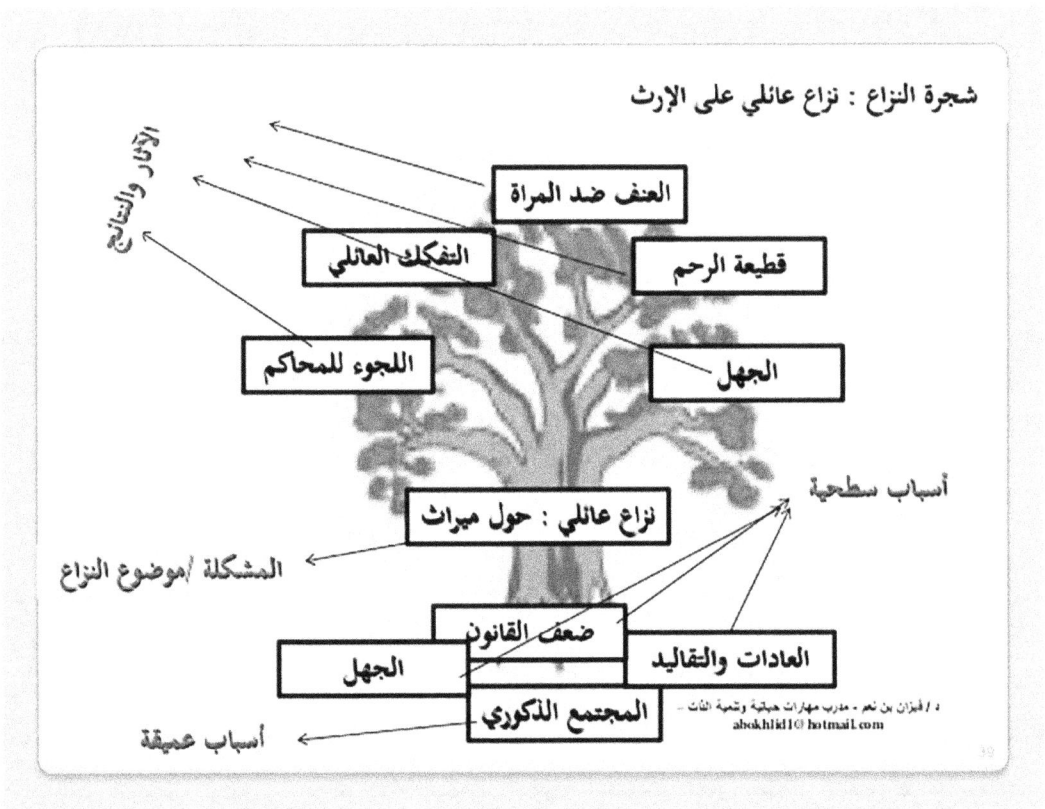

أسلوب تحليل القوى Force- Field Analysis

وتمسى هذه الطريقة بـ Force Field Diagram مخطط مجال القوى وهي أداة توفر توضيحاً للعوامل أو القوى التي تؤثر على موقف معين أو مشكلة ما, والتي تقسم إلى نوعين: قوى تدعم الموقف وقوى تعيق ذلك الموقف, ويعتبر هذا الأسلوب من أهم الأساليب التي تساعد على تحليل وفهم المشكلات القائمة تمهيداً للبدء بحلها, ويكثر استعمال هذا الأسلوب لإحداث التغيير في المؤسسات, حيث أن كل مؤسسة هي حالة من التوازن بين القوى المتعاكسة, ولحدوث التغيير في المنظمة يجب أن تكون القوى الدافعة أو الداعمة للتغيير أكبر من القوى المعارضة للتغيير ليؤدي ذلك إلى الخروج من حالة التوازن بين القوتين وإحداث التغيير المطلوب

ويتم رسم هذا المخطط بوضع المشكلة أو الموقف في أعلى الصفحة ويتم سرد القوى الدافعة في العمود الأيسر والقوى المعارضة في العمود الأيمن, حيث يوضح هذا المخطط للمؤسسة جميع القوى المعنية في تلك المشكلة أو الموقف لتستطيع الشركة بعد ذلك إيجاد الطرق المناسبة لإضعاف قوى المعارضة.

أسلوب تحليل القوى	
تطوير إجراءات الأمم المتحدة	
القوى المعارضة	القوى الدافعة
الدول لا ترغب في التخلي عن سيادتها	هناك حاجة ملحة لتطوير الإجراءات الحالية لوجود الكثير من التناقضات
الدول ربما لا توافق على تطوير الإجراءات	أنظمة حل النزاعات يمكن أن تكون إطار لاحتواء الاختلافات الاجتماعية الثقافية بين الدول
اختلاف المستوى الثقافي الاجتماعي من دولة إلى أخرى	ضرورة تغيير الإجراءات الحالية لضمان حقوق الإنسان التي يطالب بها الجميع
الإجراءات القديمة مرتبطة بعقود طويلة الأجل تستمر لعشرات السنوات	أكثر من ثلثي الأعضاء يطالب بالتغيير

من خلال هذا الجدول الذي يوضح القوى المؤيدة والقوى المعارضة لتغيير الإجراءات المتبعة لدى منظمة الأمم المتحدة, يمكن بوضوح معرفة القوى المؤثرة على التغيير المطلوب, ومن ثم دعم القوى المؤيدة وتحقيق الاستفادة القصوى منها, وإضعاف القوى المعارضة قدر الإمكان للنجاح في إحداث التغيير.

تطوير الذات _ مهارات الإشراف والتوجيه والتدريب الاشرافي

نسمع كثيراً عن مصطلح الإشراف التربوي والإشراف الإداري والإشراف الصناعي والإشراف الطبي وغيرها من أنواع الإشراف, إلا أن الحقيقة أن موضوع الإشراف موجود في حياة معظم الناس على الصعيد الشخصي وعلى الصعيد العملي, فالأب هو مشرف على أسرته والطبيب هو مشرف على عيادته ورئيس القسم في أي مؤسسة هو مشرف على الموظفين الموجودين في هذا القسم والمهندس هو مشرف على العاملين في مشروع البناء ...إلخ, وإن مهارة الإشراف أصبحت ضرورية للكثير من الناس الذين يقومون بنشاط الإشراف بشكل يومي أو شبه يومي.

يصنف نشاط الإشراف على المستوى المؤسسي من ضمن أنشطة الإدارة حيث أن وظيفة الإدارة " التوجيه " هي في حقيقتها القيام بنشاط الإشراف, ومن يمتلك مهارة الإشراف سيكون قادراً على القيام بوظيفة " التوجيه " على الوجه الأكمل, فامتلاك مهارة الإشراف يعتبر أحد مهارات ووظائف الإدارة الأساسية الأربعة (تخطيط – تنظيم – توجيه – رقابة).

تنبع أهمية الإشراف من علاقتها الوثيقة بإدارة الأداء, حيث أن إتقان مهارة الإشراف يؤدي إلى تحسن في مؤشرات الأداء الرئيسية, ومن المعلوم أن المورد البشري هو المورد الأهم للمؤسسات وللمجتمع بشكل عام, وأفضل نوع من أنواع الاستثمار هو الاستثمار في المورد البشري والعائد على الاستثمار في المورد البشري هو الأعلى من كافة أنواع الاستثمار الأخرى, وإن تعلم مهارة الإشراف ما هو إلا نوع من أنواع الاستثمار في رأس المال البشري.

النجاح في كثير من المهن يتطلب مهارات قيادية, ولا يمكن تصور مهندس ناجح أو مدير ناجح أو قائد ناجح من غير امتلاكه للمهارات الإشراقية, وإن النظريات القيادية أشارت بوضوح إلى أن النجاح في مهارة الإشراف يعتبر ركناً أساسياً من أركان القيادة الفعالة, حيث أشارت نظرية أوشي للقيادة أو ما يسمى نموذج Z للقيادة أن الإشراف هو أحد أسباب تفوق المؤسسات اليابانية على المؤسسات الأمريكية في القيادة.

حتى أن تعريف الإشراف هو جزء من تعريف القيادة, (إنجاز الأعمال من خلال الآخرين) وكثير من مدارس القيادة تلتزم بنفس هذا التعريف, مما يعني وجود تقاطعات كبيرة بين نشاط الإشراف ونشاط القيادة, وأن الأفراد الناجحين كمشرفين هم مؤهلين للنجاح أيضاً في نشاط القيادة.

والإشراف هو نوع من أنواع المتابعة حيث يتم الاطمئنان إلى قيام الأفراد بواجباتهم ومسؤولياتهم على الوجه المطلوب, حيث يقوم المسؤول عن الفريق بمساعدة أعضائه على أداء وظائفهم كاملة ودفعهم إلى تحقيق كافة الأهداف المنشودة وتوجيههم إلى التغلب على المشكلات والعقبات التي يمكن أن تعترضهم أثناء عملهم والتنسيق بين جهود العاملين ونقل الخبرات بينهم ومساعدتهم على التطور.

وإن أهم واجبات المشرف تتمثل في إرشاد أعضاء فريقه, لذا فمن الأمور البديهية أن يعرف الكثير عن أعضاء فريقه, عن خلفيتهم وتعليمهم وفلسفتهم وعاداتهم واتجاهاتهم نحو عملهم وطموحاتهم, وإن أمكن شيئاً عن حياتهم الأسرية والاجتماعية, وهذا سوف يساعد في التنبؤ بالتصرف المحتمل لكل فرد من الفريق في موقف معين والاستجابة المتوقعة لكلٍ منهم.

صحيح أنك كمشرف تمتلك سلطة إعطاء الأوامر بصورة مباشرة, ولكن المشرف الفعال لا يستخدم هذه السلطة إلا في الأوقات التي تحتاج إلى استخدامها, فالمشرف الفعال يطبق قاعدة التلويح بالعصا بدلاً من استخدامها, ويقوم بمساعدة أعضاء الفريق على تحليل الموقف بحيث يعطي الموقف نفسه الأوامر.

ويوجد طريقتين متناقضتين يستخدمهما المشرف في إعطاء الأوامر, إما الأوامر المباشرة أو الاتفاق المتبادل بخصوص العمل المطلوب, وبين هذين الطرفين يوجد عدد من الأساليب الأخرى لإعطاء الأوامر, وكل هذه الأساليب تعتمد على الموقف وعلى الشخص الذي يتم الإشراف عليه.

فالمشرف بدايةً يحاول الاتفاق مع العامل أو الموظف على أفضل أسلوب للعمل, وإذا لم تنجح هذه الطريقة يجرب معه أسلوب الاقتراح, وإذا كان الموظف بطيئاً في فهم الاقتراحات فيجرب معه المشرف أسلوب الطلب, وإذا لم يتم الاستجابة فقد يضطر المشرف إلى استخدام الأمر المباشر.

المشرف الفعال يقوم بإنجاز العمل بنفسه بالنسبة للأعمال الهامة, ويساعد أعضاء الفريق على إنجاز مهامهم, حيث يقوم بتفويضهم ليعتادوا على أداء العمل بأنفسهم وتحمل المسؤولية, وعندها سيرجع أعضاء الفريق إلى المشرف طلباً للمساعدة, وسيقوم أعضاء الفريق بالعمل وفق المنظومة التي وضعها المشرف.

المشرف الفعال يقوم بدراسة المشكلة أو المهمة من جميع جوانبها في هدوء وتأنٍ, مما يولد الثقة في قراراته, أما التردد وعدم القدرة على الحسم فلن يساعد أبداً على زرع الثقة بين المشرف والفريق.

بالنسبة لأداء الفريق, عندما يؤدي العضو دوره بإتقان فيجب مدحه والإشادة به أمام الجميع, وعلى العكس من ذلك إذا اضطر المشرف إلى توجيه لوم أو تأنيب إلى أحد الأعضاء فعليه القيام بذلك على انفراد وليس أمام الزملاء, وقبل أن يبدأ المشرف بتوجيه ملاحظاته لأحد الأعضاء عليه أن يقوم بالإشادة بالأشياء التي يحبها في عمله, ويتحاشى السخرية أو تقليل احترام بقية الأعضاء.

أما في حال وجود الشكاوي فيجب على المشرف أن يعرف كل الحقائق الخاصة بالشكوى وأن يلم بكل جوانبها, وأن يجمع كل الأطراف المتصلة بالشكوى ويتجنب الغموض في حل الشكوى, وعليه أن يضع حداً للشكوى فوراً بقدر الإمكان وإذا لم يكن لديه السلطة لإنهاء مصدر الشكوى فيمكنه طلب المساعدة من رئيسه الأعلى.

وفي بعض الأحيان يضطر المشرف أن يقوم بعمله عن بعد, حيث يكون مقر المشرف على مسافة بعيدة من الأعضاء الذين يشرف عليهم, ويجعل هذا البعد الإشراف صعباً على كلٍ من المشرف وأعضاء الفريق على حدٍ سواء, فكلما بعدت المسافة كلما زادت صعوبة الإشراف, ويمكن للمشرف أن يستخدم الوسائل التالية في حال الإشراف عن بعد:

- إعداد خطة عمل
- الاجتماعات المتكررة عبر أحد منصات التواصل الاجتماعي
- إعداد تقارير العمل بشكل دوري
- إعداد دليل يشرح إجراءات العمل بالتفصيل.

محاور الإشراف الفعال

1- وضع معايير للأداء: لا يمكن للمشرف أن يتوقع أداءً جيداً من الأعضاء في حال أنه لم يخبرهم بكيفية أداء مهامهم, لنفترض أن مشرف المبيعات كلف أحد الأعضاء بإعداد تقرير مبيعات شهري, وفي هذه الحالة يجب على المشرف أن يوضح المقصود بـ (تقرير مبيعات شهري):

- عدد الصفحات
- ما هي المعلومات المتضمنة ضمن التقرير
- ما هو آخر موعد لتقديم التقرير
- كيفية تنسيق وترتيب الفقرات والمعلومات ضمن التقرير

- من يمكن له أن يشترك في إعداد التقرير

وفي حال عدم توضيح من المشرف لهذه المعلومات فإنه من المتوقع أن لا يؤدي الموظف التقرير

المطلوب منه بالشكل الصحيح, وهذا يؤكد على ضرورة وضع معايير للأداء قبل تكليف الموظف بأي

مهمة حتى يتسنى له معرفة المطلوب منه بكل دقة وبالتالي العمل على إنجازه.

2- يجب أن يفهم الأفراد بوضوح ما هو متوقع منهم: فعندما يبدأ فرداً جديداً العمل لأول مرة فإنه في العادة يتشوق لمعرفة المنظمة التي يدخلها والعمل المفروض القيام به, وعلى المشرف الفعال أن ينتهز ويشكل إيجابي هذا الاهتمام المبدئي ويوضح للموظف الهيكل التنظيمي للمنظمة وطريقة التشغيل ونوع العمل فيها ونبذة عن تاريخها وأسلوب الترقية الذي يستخدم مع العاملين, وطبيعة العمل التي سيمارسها الفرد الجديد والسلطات التي يتمتع بها وكذلك المسؤول عن الإشراف عليه, ومكان الحصول على المواد التي قد يحتاجها وموقع ومكان عمله وقواعد العمل في المنظمة, ومعايير وكيفية قياس الأداء وبداية العمل ونهايته ووقت الراحة وفترة الغداء والاستراحات, ومعايير الجودة في العمل بهدف أن لا يكون الكم على حساب الكيف

3- التفويض الفعال: التفويض هو القيام بأداء المهام عن طريق الآخرين, فهو يؤدي إلى رفع الروح المعنوية للموظفين وتنمية قدراتهم والحصول على الأفكار الجديدة, وتركيز المشرف على الأعمال التي تتطلب الخبرة والمهارة, والتفويض يؤدي إلى تأصيل مبدأ المشاركة والثقة في العاملين وتوزيع عبئ العمل بطريقة أفضل, وفرصة لمعرفة المقدرات العملية لأعضاء الفريق, وإن استخدام المشرف لمبدأ التفويض يعبر عن نضجه وإتقانه لعمله, لأن الواقع أثبت أن الإفراط في المركزية في وظيفة الإشراف سيعيق الوصول إلى أهدافها المتوقعة.

ويقوم المشرف بالتفويض عند وجود رغبة لدى العاملين في إسناد مهام إضافية إليهم, وعند وجود حاجة لإعادة توزيع عبئ العمل بين أعضاء الفريق, وعند وجود طاقات غير مستغلة فيتم استغلالها من خلال التفويض, وينبغي التأكيد على أن التفويض يعني منح السلطة والمسؤولية لأفراد آخرين وليس المسؤولية فقط, ففي كل مرة يقوم فيها المشرف بتفويض المسؤوليات لأفراد آخرين ينبغي عليه في نفس الوقت أن يعطيهم صلاحيات أكبر تتناسب مع المسؤوليات الجديدة.

وعندما يقوم المشرف بتفويض أحد الأعضاء للقيام بمهمة ما فيجب عليه أن يشرح الصورة الكلية للعمل المراد إنجازه والمحصلة النهائية المراد الوصول إليها وأن يحدد القيود المفروضة من وقت متاح أو موارد محدودة أو غير ذلك من القيود.

4- محاسبة المقصرين: يجب أولاً فهم الفوائد المرجوة من تطبيق مفاهيم محاسبة المقصرين, والتأكد من أن هذا المفهوم يصب في صالح العاملين والمنشآت التي يعملون فيها, ولكن لا ينبغي اللجوء إلى هذا المفهوم عند أول مرة يظهر فيها تقصير, ويتم تطبيق هذا المفهوم لتصحيح أداء غير مقبول بشكل مستمر, ولتصحيح أداء سلبي لشخص بدأ يؤثر على من حوله, وخاصةً الأشخاص الذين لم يتحسن أداؤهم رغم تنبيههم عدة مرات, والأشخاص الذين يرتكبون مخالفات للأنظمة العامة والآداب المتعارف عليها, وعلى عكس مبدأ العلانية في المدح فإن توجيه النقد يجب أن يتم على انفراد, حيث أن النقد العلني الذي يتلقاه الموظف يتضخم بنسبة عدد الأشخاص الآخرين الذين سمعوه, مع التأكيد على ضرورة أن يكون النقد موضوعي خاص مرتبط بالأداء وليس شخصي مرتبط بالأفراد, فالموظف الذي يتم انتقاده نقداً لاذعاً أو توبيخه بلا رحمة قد يظل لشهور في حالة غضب وقد لا يتغلب على هذه الحالة لمدة طويلة ربما سنين, ومن المحتمل أن ينفس عن استيائه بإنجاز قدر أقل وانخفاض في الأداء, ويجب أن لا ننسى أن هدف المشرف هو جعل الموظفين يعملون بأقصى طاقة ممكنة وعندما يقومون بعمل دون المستوى فإن واجبه هو حثهم على القيام بعمل أفضل.

5- الإشادة بالأداء: على الرغم من أن الثناء لا يكلف صاحبه شيئاً لكنه من أقوى المحفزات لأعضاء الفريق, فالكلمة الطيبة صدقة, وإن تقدير العمل الجيد هو إحدى سمات المشرف الفعال, والإشادة بالأداء تعتبر أداة يستخدمها المشرف لتحقيق الأداء الجيد والتميز لدى الأعضاء, فالأداء إما أن يكون ضعيفاً أو مقبولاً أو متميزاً, والإشادة بالأداء يتم توجيهها لأصحاب الأداء المتميز, ويجب عدم توجيه الإشادة بالأداء لأصحاب الأداء الضعيف أو المقبول حتى لا يظنوا أنهم على حق ويستمروا على وضعهم من غير تغيير, فيجب أولاً على المشرف أن يحدد ما يريد الإشادة به بشكل دقيق ويتجنب التعميم, فإطلاق عبارات عامة مثل " لقد أديت عملاً جيدا " هو أمر غير مستحب في موضوع الإشادة بالأداء, إنما يجب التحديد الدقيق للأداء المتميز مثل أن يقول المشرف " لقد كان ترحيبك بالعميل وحوارك معه ممتازاً ", ويجب على المشرف أن يظهر تأييده للأعضاء ويؤكد مساندته المستمرة لهم, فيمكن للمشرف تقدير العمل الجيد بأن يقول للموظف على الفور أنه قام بعمل جيد وأن يتم ذلك بحضور زملائه, أو أن يقدم له خطاب شكر أو يمنحه مكافأة نقدية أو علاوة, ولا بد لنوعية التقدير أن تتناسب مع درجة الامتياز في أداء العمل,

وأن تقدير الأعمال التي يقوم بها أحد الأعضاء هي في الحقيقة محفزاً لباقي الاعضاء على التميز في الأداء.

6- التدريب المستمر على الارتقاء بالشخصية: لكل كائن بشري نقاط ضعف, ويعترف كل واحد منا تقريباً أنه ليس منزهاً عن الخطأ, ومع ذلك إذا أبرزت لفرد معين خطأ محدد فإنه يسبب لك المتاعب, وكثيراً ما يذكر الشخص الانتقاد الموجه له في حدة, فقد يكون الشخص كسولاً أو كثير الثرثرة أو متقلب الطباع أو حاد المزاج أو متسرعاً في اتخاذ القرارات, والمشكلة أنه دائماً لا يعترف بهذه الأشياء حتى لنفسه, ويجب على المشرف أن يساعد جميع الموظفين للتغلب على نقاط الضعف في شخصياتهم, ولا بد للمشرف من فهم طباع العاملين ومعرفة الجوانب النفسية ومداخل الشخصية لكلٍ منهم.

7- تحفيز الموظفين: ويعتبر هذا المحور من صلب عمل المشرف, لأن التحفيز هو جزء أساسي من عملية التوجيه التي هي أساس مهنة الإشراف, ويعتبر تحفيز الموظفين كذلك صفة مشتركة ما بين القيادة والإشراف, فإبداع المشرف في تحفيز الموظفين يجعل منه قائداً متميزاً في عمله, والتحفيز هو دفع الفرد لاتخاذ سلوك معين أو إيقافه أو تغيير مساره, مما يؤدي إلى تكوين شعور داخلي لدى الفرد يولد فيه الرغبة لاتخاذ نشاط أو سلوك معين, وأكثر الأوقات التي يتم فيها اللجوء إلى التحفيز عندما يكون العمل ليس على القدر الكافي من القيمة والنفع التي يجب أن يكون عليها, ويجب الحرص على أن يقوم المشرف بإلهام وتحفيز الآخرين بحيث أن الحافز الذي يحركهم يجب أن ينبع من داخلهم ولا يفرض عليهم بأي شكل كان, لذلك يجب أن يكون الحافز مدروساً ويطبق بطريقة احترافية تؤدي إلى تغيير السلوك وأن يتجنب المشرف الحوافز التي تجعل الموظفين يشعرون بأنهم يعاملوا كالأطفال, ومن أقوى استراتيجيات التحفيز أن تكون طبيعة العمل ملائمة لشخصية وإمكانيات الموظف وأن يعمل المشرف على جعل العمل محبباً للموظف, فعندما يستطيع المشرف أن يخلق جواً من المتعة والتحدي في أداء العمل فهذا سيكون أفضل تحفيز يقدمه للموظفين, وأن يتجنب المشرف التعامل الشخصي والمحسوبيات, فيجب عليه توجيه الجوائز والمكافآت للأفعال وليس الأشخاص.

وتجدر الإشارة أن المشرف يجب أن يتوفر لديه ثلاثة أنواع من الكفاءات:

1- كفاءة اجتماعية: مهارات التواصل – بناء فرق العمل – التفاوض ...إلخ
2- كفاءة عقلية: تخطيط – تنظيم – توجيه – رقابة – حل المشاكل واتخاذ القرارات ...إلخ
3- كفاءة فنية: امتلاكه خبرات محددة " مالية – هندسة – محاسبة – إدارة " ...إلخ

صفات المشرف الفعال

- القدرة على إثارة الحماس في من حوله
- وضع أهداف طموحة
- الأمانة والاستقامة
- الإخلاص في العمل
- الإنجاز السريع
- الرغبة الصادقة في إنجاح الآخرين
- اتساع الأفق والسخاء الفكري
- عدم الرضا عن الوضع الحالي والسعي الدائم للتطوير المستمر
- يهتم دوماً بالتنمية الذاتية
- الشجاعة في تحمل المخاطر
- القدرة على التفاوض والتواصل الإيجابي مع الآخرين

عناصر الإشراف

وظيفة الإشراف تتألف من ثلاثة عناصر أساسية لا يكتمل الإشراف بدون تحقيقها من قبل المشرف:

1- الاتصالات: وهذا يتطلب امتلاك المشرف لمهارة التواصل, حيث أن وظيفة الإشراف هي وظيفة اجتماعية تتطلب مهارات تواصل عالية لدى المشرف, لأن المطلوب من المشرف هو مساعدة الأفراد على تنمية مهاراتهم وتحقيق الأهداف والنجاح والمشرف يقوم بربط الدوافع الخاصة للموظفين بأهداف الشركة أو المنظمة التي يعملون بها, وهذا يتطلب توجيه وتواصل احترافي مع الموظفين.

2- القيادة: الإشراف في حقيقته هو نشاط قيادي لأنه يتضمن التحفيز وإنجاز الأعمال من خلال الآخرين, فيجب أن يمتلك المشرف مهارات القيادة ليتمكن من أداء وظيفة الإشراف بفعالية.

3- التحفيز: قيام المشرف بوظيفة التحفيز يتطلب قدراً عالياً من الخبرات والمعرفة والكفاءة الاجتماعية والعقلية والفنية, والتحفيز له أثر كبير على تحقيق أهداف المنظمة لأنه يرفع سوية الركن الأهم لمنظومة الشخصية الاعتبارية للمنظمات المتمثلة بالعنصر البشري,

وطبعاً هذا يتطلب أن يكون المشرف هو نفسه محفزاً محباً لعمله ويعمل بكل تفاني وإخلاص وبنفس الوقت لديه القدرة والكاريزما في التأثير على الآخرين وتحفيزهم.

معوقات الإشراف الفعال

- التوبيخ بصوت عالٍ للمرؤوس في حضور الآخرين
- الانحياز اتجاه أفراد معينين في العمل
- التعليمات السيئة (غير الواضحة أو الناقصة)
- عدم شرح مواعيد إنهاء العمل مقدماً
- استخدام بعض الموظفين ككبش فداء لأخطائه
- عدم الاعتراف بالأخطاء
- الفشل في حماية ودعم الموظفين
- تصيد الاخطاء في كل ما يقوم به الموظف
- التدخل في الشؤون الشخصية للموظفين
- المغالاة في الإشراف (ملاحظة كل شيء يقوم به الموظف عن كثب)
- الفشل في تفويض السلطة للمرؤوسين
- عدم الثقة في المرؤوسين تماماً
- اغتياب أحد المرؤوسين مع موظف آخر
- عدم الاعتراف بمجهود المرؤوس
- الفشل في توفير المواد أو الاحتياجات المطلوبة
- عدم القدرة على اتخاذ قرارات حاسمة وفورية
- معاملة مرؤوسيه على أنهم أدنى منه وليسوا زملاء
- عدم إعطاء المرؤوسين الفرصة لإثبات تفوقهم
- عدم الإلمام بالعمل الذي يشرف عليه.
- الخوف من التغيير ورؤية ضيقة للمستقبل
- حجب المعلومات عن المرؤوسين
- عدم الإصغاء لهم أثناء الحديث معهم
- عدم تطبيق نظام الحوافز بعدل
- النقد الشخصي وليس النقد البناء

- عدم إشراكهم في حل المشكلات وصنع القرارات والتخطيط لأهداف المؤسسة
- عدم إقامة علاقات ودية مع المرؤوسين
- قطع وعوداً على نفسه لا يستطيع الوفاء بها
- نسب أفكار المرؤوسين لنفسه
- التقليد الأعمى للمشرفين السابقين له.
- الاستئثار بالميزات (كالدورات التدريبية وخارج الدوام)

الإشراف والتدريب

محور عمل المشرف الفعال هو تحفيز وتدريب الموظفين لاستخراج أفضل ما لديهم من أداء, وعملية التدريب لا تتم وفق الطريقة التقليدية, إنما النشاط الإشرافي المعاصر الذي لقي قبول على مستوى واسع هو نشاط الـ Coaching أو ما يسمى بتدريب الموظفين والإشراف عليهم.

على المشرف أن يحرص دائماً على رفع سوية الموظفين وتطبيق معايير رقابية على أدائهم من أجل ضمان أن الأداء لا ينخفض أو ينحرف عن معاييره المحددة مسبقاً, وأفضل وسيلة متاحة له لتطبيق الرقابة والتوجيه هي تدريب الموظفين Coaching.

ما هو التدريب الإشرافي Coaching ؟

التدريب الإشرافي هو مجموعة من الاعتقادات والمهارات والممارسات تستخدم بشكل رسمي أو غير رسمي لتعزيز مسؤولية الموظف وقدراته وأفعاله, فالمدرب يحاول مساعدة الموظفين في تحسين أدائهم من خلال رفع الوعي بالذات وزيادة المعرفة وسلوك مكتسب جديد, فالهدف من التدريب هو مساعدة الموظفين لتحقيق أفضل أداء ممكن Potentials, فالمدربون يساعدون الأفراد بالتعرف على الفجوة بين المهارات التي يمتلكونها حالياً وما يمكن القيام به استناداً إلى تلك المهارات, وتحسين الأعمال والأداء الاحترافي في نشاط محدد, ومع التذكير بأن المدرب هو ليس مدرس أو مستشار, إنما هو مشرف ومنسق يقوم بالأعمال التالية:

- يرى المشاكل بطريقة مختلفة
- يلاحظ متى وكيف يكون سلوك الموظفين غير منسجم مع أهدافهم ويزود الموظفين بملاحظات فورية حول الأداء والفعالية
- يشجع أعضاء الفريق على الايمان بمقدرتهم على النجاح
- يوضح مهام العمل والرؤية

- يزود الموظفين بتوجيهات ونصائح حول المهارات اللازمة
- بناء القدرات للأفراد والفرق
- التزويد بالموارد اللازمة
- تسهيل العلاقات الخارجية للأفراد والفرق
- زرع روح المسؤولية لتحقيق النجاح لدى فريق العمل
- دعم نمو الفريق ودعم مستوى الإنجاز
- يبسط ويشرح هدف محدد وكيفية الوصول إليه.
- قياس مدى التقدم والفعالية في العمل
- يكون مسؤول عن تحقيق أهداف الفريق
- يوضح توقعات الأداء ويقدم تغذية عكسية عن سير العمل
- التعرف على فرص التحسين وتقديم الدعم اللازم
- إزالة العوائق والقيود التي تمنع الأفراد أو الفرق من استغلال إمكانياتهم وتحقيق الاهداف
- التعرف على التحديات الكامنة والعواقب غير المرئية والأخطار غير المتوقعة
- قبل تكليف المرؤوسين بمهام جديدة يتم التأكيد على الإنجازات الحالية
- يتفهم إنجازات الموظفين ويشجعهم على المزيد

المدرب الفعال يحفز الموظفين.. فكر في الإنجازات التي أنت فخور بها, واسأل نفسك ما الذي شجعك وحفزك للقيام بها, وافعل نفس الشيء بالنسبة لموظفيك, فإذا كان بإمكانك اكتشاف ما الذي يحفز الآخرين فإن إنجازاتهم سوف تكون أفضل وسوف تنجح في تحفيزهم.

بعض المدراء يعتقدون أن الموظف يجب أن يكون محفز ذاتياً, الحقيقة هي أن الموظفين يختلفون في الطريقة التي يتم بها تحفيز كل موظف, فالدوافع والأهداف تختلف من موظف إلى آخر, وحتى يتمكن المدرب من تحفيز الموظفين عليه معرفتهم على الصعيد الشخصي واكتشاف ما الذي يفعله الموظف ولماذا يفعله, واكتشاف ما الذي يلهم الموظفين, وجعل الموظفين منسجمين مع الأعمال التي يقومون بها

حتى تستطيع أنت كمشرف أو مدرب تقييم نفسك وأدائك عليك أن تسأل نفسك السؤال التالي: من هو الشخص الذي كان أفضل مدرب مر عليك؟ وما هو الأثر الذي تركه لديك؟ وماذا فعل ليساعدك؟ فإذا سألنا موظفيك نفس السؤال هل سيكون نفس الجواب اتجاهك؟

من أهم فوائد التدريب الإشرافي في المنظمات:

- تحسين الجودة والإنتاجية
- تعزيز الحماس وأخلاقيات العمل
- تقوية العلاقات وتعزيز التواصل بين الموظفين
- زيادة الرضا الوظيفي
- تحسين العمل الجماعي
- تعزيز الثقة وضمان الولاء للمنظمة

منحنى التدريب

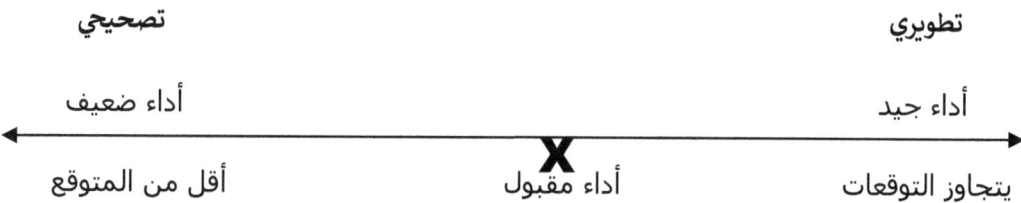

يوجد نوعين من التدريب الإشرافي: التدريب التصحيحي ويتم اللجوء إليه عندما يكون الأداء أقل من المتوقع, والتدريب التطويري ويتم اللجوء إليه عندما يكون الأداء مقبولاً أو يتجاوز التوقعات, وينبغي على المشرف أن يعطي الأولوية للتدريب التصحيحي وعند الانتهاء منه يمكن البدء بنشاط التدريب التطويري الذي يستند إلى معيار الجودة الياباني القائم على التطوير المستمر وعدم الرضا عن الواقع الحالي حتى ولو كانت المؤشرات جيدة, فهذه المنهجية تدفع دائماً باتجاه تطوير أساليب العمل وتطوير الموارد البشرية.

فالمدرب هو محفز للفريق يساعد فريق العمل على رؤية الربط بين الذي يرغبون به و المهمة أو الدور الذي هم مسؤولون عنه.

متى يقوم المشرف بنشاط التدريب الإشرافي ؟

المشرف الفعال يعرف متى يقوم بنشاط التدريب, على عكس وضع الأهداف ومراجعة الأداء فإن نشاط التدريب هو مستمر ويحدث عندما يكون هناك حاجة إليه, وعلى المشرف أن ينظر إلى الأشياء التي لا يريد أن يراها ويستمع إلى الأشياء التي لا يريد الاستماع إليها, وعندها سيعرف الحاجة الحقيقية لإجراء نشاط التدريب الإشرافي.

المشرف يقوم بجدولة جلسات تدريب حول مواضيع محددة وغالباً يقوم المشرف بالتدريب غير الرسمي عند تفاعله مع التقارير والموظفين من خلال الهاتف أو الإيميل, وبشكل عام يقوم المشرف بالتدريب الإشرافي في الحالات التالية:

- عند وجود قدرات وإمكانيات كامنة
- وجود الملل والشعور بالروتين لدى الموظف.
- عند وجود موظفين جدد يحاولون تعلم طريقة العمل.
- بعد حضور الموظفين لدورات تدريبية وذلك لصقل المهارات والتأكد من تجسيد المعرفة المكتسبة على أرض الواقع.
- عندما يطالب الموظفين بترقية أو يريدون تجربة شيء جديد
- عند وجود موظف أو أكثر يسبب احتكاك وصدام مع بقية الموظفين.
- عندما يتعثر الموظف بأداء مهام محددة.
- في أي حالة أو موقف يتطلب منك التركيز على الموظف أكثر من المهمة, وإن الناتج من عملية التدريب الإشرافي سيكون غالباً على شكل تفاعل أفضل بين أعضاء الفريق (العمل الجماعي) وتطوير المهارات الشخصية للموظفين.

المشرفون المحترفون لديهم مهارات تدريب جيدة ويركزون على تسهيل عملية تطوير الموظفين, حيث يتضمن التدريب خلق بيئة إيجابية للمدراء والموظفين يتبادلون فيها التغذية العكسية ويصممون خطط عمل للتطوير تهدف إلى تطوير الواقع الحالي للأداء, وإن المشرف الفعال هو مدرب محترف يحرص على امتلاك المهارات التالية عند تدريبه للأفراد أو المجموعات:

- التعاطف: وهو المقدرة على تفهم وجهة نظر الموظف ومشاعره, وإن إظهار التعاطف نحو الموظف بخلق بيئة إيجابية تسهم في تعزيز التواصل الخاص بالتدريب, وإن التعاطف لا يعني أبداً أنني أتفق معك في كل شيء ولا يعني أيضاً أنه على المشرفين تبني وجهة نظر الموظفين ولا يعني أنه يجب على المشرف إرضاء جميع الموظفين, إنما التعاطف يعني أخذ مشاعر الموظفين وآرائهم عند صناعة القرار.

- إرسال واستقبال التغذية العكسية: فالتغذية العكسية هي معلومات مفيدة وقيمة تخبر الموظفين عن أدائهم وتلهم الموظف للعمل, وإن الهدف من إرسال التغذية العكسية هو مساعدة الموظف بشكل مستمر على تطوير أدائه, وعلى المدرب أن يسأل نفسه: كيف أستخدم التغذية العكسية لجعل الموظف يعمل بأفضل ما يمكن, وعندما يقوم المشرف بإرسال التغذية العكسية فهو يقوم بمساعدة الموظف على تغيير تصرفاته وسلوكه العملي, فالتغذية العكسية تؤتي ثمارها عندما يتم استخدامها كجزء من حوار مستمر بين المدير والموظفين الذين يعملون معه, وعلى المشرف أن يلتزم بالنصائح التالية عند ارسال التغذية العكسية:
  - التركيز على السلوك: على المشرف أن يقوم بوصف سلوك الموظف وأثره على العمل وبقية الموظفين وأن يتجنب لغة (الحكم) التي تجعل الموظف في موقف دفاعي, فعلى سبيل المثال بدلاً من أن يقول المشرف " أنت لم تفسح مجالاً لأحد للحديث خلال الاجتماع " يمكن أن يقول (لقد قاطعتني عدة مرات خلال الاجتماع وتوقعت أن المواضيع التي طرحنها لم تكن هامة بالنسبة إليك)
  - على المشرف أن يكون محدداً في إرسال التغذية العكسية: فعليه أن يتجنب المصطلحات العامة التي لا تصف حقيقةً السلوك الذي يقوم بمناقشته, فمثلاً بدلاً من أن يقول المشرف " لقد قمت بعمل جيد " يمكن أن يقول " لقد طرحت أسئلة ممتازة على أعضاء الفريق مما جعلهم يقومون بالعمل بشكل جيد "
  - أن يكون مخلصاً: أي أنه يرسل التغذية العكسية بنية مساعدة الموظف على تطوير أدائه, حيث أن التغذية العكسية تحقق فوائدها عندما تكون موضوعية, فمثلاً إذا حصلت أزمات غير متوقعة أخرت المشروع يمكن للمشرف أن يقترح كيف يمكن للتخطيط الجيد تخفيف أثر الأزمات.
  - أن يرسل التغذية العكسية بشكل متكرر ومستمر: فالتغذية العكسية تكون فعالة بعد حدوث السلوك مباشرةً, وفي بعض الأحيان من الأفضل أن ينتظر المشرف بعض الوقت حتى يتلافى ردة الفعل الغاضبة أو المشحونة.
  - أن يجعل التغذية العكسية واضحة: فيعد إرسال التغذية العكسية, يقوم المشرف بسؤال الموظف أن يعيد صياغة الذي قاله, وبذلك يتأكد المشرف أنه قد تم فهم الذي قاله.

- على المشرف أن لا ينتظر الموظف ليطلب منه التغذية العكسية, إلا أن الموظف الذي يطلب التغذية العكسية من المرجح أن يأخذ بها أكثر من الموظف الذي لم يطلبها.
- على المشرف أن يلتزم بالخطوات التالية عند إرسال التغذية العكسية:
  ✓ التحضير لجلسة مناقشة التغذية العكسية
  ✓ أن يبدأ النقاش بتوضيح هدف التغذية العكسية
  ✓ أن يركز على الأحداث والوقائع
  ✓ أن يشرح الآثار المرتقبة
  ✓ أن يقوم بدعوة الطرف الآخر للاستجابة
  ✓ أن يعترف بكونه جزءاً من المشكلة عندما يكون ذلك مطلوباً
  ✓ أن يناقش الخيارات المتاحة ويتوصل إلى حل.
- على المشرف أن يلتزم بالخطوات التالية عند استقبال التغذية العكسية:
  ✓ أن يحافظ على الهدوء ويستمع بإنصات
  ✓ أن يطرح أسئلة للتأكد من فهمه للموقف
  ✓ أن يقدر وجهة نظر الطرف الآخر
  ✓ أن يصحح أي معلومات خاطئة
  ✓ أن يعبر عن رغبته في سماع اقتراحات أو حل المشكلة بشكل مشترك.

• الاستماع: فالاستماع الجيد هو سماع للكلمات وفهم للمشاعر والأحداث التي بين السطور, مع تركيز الانتباه من دون إطلاق أحكام , فالحكمة والمنطق من أهم وأصعب المهارات التي يجب أن يمتلكها المشرف, فالمشرفون الأذكياء يعرفون أن الاستماع إلى الموظفين هو هام جداً لخلق رابطة متينة معهم وتطوير بيئة عمل منتجة وتحقيق جودة عالية, والاستماع الجيد يخفض المشاكل بين الموظفين ويشجع على حل المشكلات ويؤدي إلى جعل الفريق يعمل بروح واحدة وتناغم, والاستماع الايجابي هو الاستماع التعاطفي والاستماع بانتباه, أما الاستماع السلبي فهو الاستماع الانتقائي أو التظاهر بالاستماع أو التجاهل, وإن طرح المشرف للأسئلة يعتبر جزء أساسي من عملية الاستماع, فالأسئلة هي المفتاح لتشجيع الموظفين لإخبار المشرف عن المواضيع الهامة بالنسبة لهم في العمل, وهناك عدة أشكال للأسئلة:

  ✓ أسئلة مفتوحة: تستخدم عندما يريد المشرف الحصول على معلومات موسعة حول موضوع ما, وتكون الإجابة عليها تتطلب شرح وتوضيح " لماذا تأخر تنفيذ المشروع؟ "

- ✓ **أسئلة مغلقة:** تستخدم عندما يريد المشرف أن يحصل على إجابة مختصرة بنعم أو لا " هل يتضمن عرض العميل قائمة بالأسعار؟ "
- ✓ **أسئلة افتراضية:** تستخدم عندما يريد المشرف معرفة وجهة نظر الموظف حول موضوع ما " إذا افترضنا أننا سنقوم بإعادة جدولة المواعيد الخاصة بالمشروع, كيف ستقوم بذلك؟ "

- **حل المشكلات والاختلافات بين الموظفين:** بأن يقوم المشرف بحل مشاكل الموظفين والقضايا العالقة في العمل, وعلى المشرف أن يعرف الطرق الرئيسية لحل الخلافات المذكورة بالتفصيل في فصل " مهارات التفاوض ", فالاختلاف يمكن أن يلهم الموظفين لاكتشاف استراتيجيات جديدة مبتكرة, والاختلاف الصحي والإيجابي يمكن أن يقود إلى علاقات أقوى وحلول خلاقة للمشكلات العالقة, والاختلاف يجب أن يقود إلى جعل الروابط أقوى واكتشاف فرص جديدة, وإعطاء الأولوية للأحداث التي تمر بها المنطقة والأخذ بعين الاعتبار لوجهات نظر مختلفة وجديدة وبناء علاقة أقوى من السابق مع الشخص الذي تم حل الخلاف معه وفي النهاية يجب أن يؤدي الاختلاف إلى إجراء تغيير ايجابي, وهناك ضرورة ملحة لأن يتعامل المشرف مع الاختلاف قبل أن ينمو ويتطور من اختلاف إلى خلاف حيث تكون الأطراف غير راضية ومستقطبة ولا ترغب في البحث عن حل, ويمكن للمشرف أن يتبع الخطوات التالية عند حل الاختلاف بين الموظفين:
  - ✓ الاستماع إلى وجهة نظر الطرف الآخر
  - ✓ التعبير عن وجهة نظر المشرف
  - ✓ البحث عن مناطق الاتفاق
  - ✓ ايجاد الحلول لكلا الطرفين
  - ✓ تطوير اتفاق ينص على كيفية حل الاختلاف بين الموظفين

- **تحفيز وتشجيع الموظفين:** تشجيع وتحفيز الموظفين يتعلق بترك الخيار للموظف ليحدد كيفية تحقيق الأهداف, وإلى أي مدى يخلق المشرف جواً من الثقة بحيث يقوم الموظف بتحمل المخاطر وارتكاب الأخطاء والتعلم لتحقيق أفضل النتائج, ويمكن للمشرف أن يمنح الموظف السلطة والمسؤولية كنوع من التحفيز والتشجيع ويمكن أيضاً للمشرف أن يمنح الموظف الثقة والمعلومات اللازمة لأداء العمل كنوع آخر من التحفيز والتشجيع, كما يمكن للمشرف أن يتعامل مع الإخفاق كظاهرة طبيعية بحيث يشجع الموظفين على العمل والمحاولة أكثر من مرة لتحقيق النتائج المطلوبة.

خطوات عملية التدريب الإشرافي

تحديد المهارات الموجودة
تحديد أهداف التدريب
توليد الثقة لدى الموظف
شرح لخطوات عملية التدريب
ملاحظة الموظف في مكان العمل
تقيمم التدريب وإرسال تغذية عكسية
المتابعة والتعديل

الخاتمة

كلمة سر النجاح هي " الإدارة " وهذا ينطبق على الدول والمؤسسات والأفراد.

"لا تتمنى ابدأ التغيير" يتحدث عن منهج متكامل ليس فقط لإدارة النفس البشرية بل لتطويرها أيضاً.

إن تعلم مبادئ إدارة الذات لا يقل أهمية عن تعلم معلومات حول اختصاصك نفسه خاصةً إذا علمنا أننا في القرن الحادي والعشرين قد بدأنا إرهاصات ولادة عصر جديد يسمى عصر الإبداع والإبداع يتطلب مهارات أكثر من أي شيء آخر وهذا الكتاب هو منهج متكامل لإدارة النفس البشرية وبنفس الوقت يتضمن كل المهارات اللازمة لتطوير الذات.

ولا يمكن تطوير النفس البشرية قبل إدارتها وإن إدارة النفس البشرية أو إدارة الذات تعتبر أهم نوع من أنواع الإدارة وتعتبر الشرط اللازم للنجاح في إدارة الأسرة والأعمال والمال والعلاقات .. إلخ.

" لا تتمنى ابدأ التغيير " يناقش فكرتين الأولى تتمثل في إدارة النفس البشرية حيث تم وضع منهج متكامل لإدارة الذات والمبادئ الرئيسية الستة لإدارة الذات وأسباب النجاح وإعادة هيكلة النفس البشرية.

الفكرة الثانية تتمثل في تطوير النفس البشرية حيث أنه لا يمكن البدء بتطوير الذات قبل التمكن من إدارتها وإن مؤلف الكتاب يعمل مدرباً في مجال إدارة وتطوير الذات وقام بتلخيص جميع دورات إدارة تطوير الذات في كتاب واحد حيث يتضمن الكتاب أكثر من 15 دورة تدريبية لجميع مهارات تطوير الذات ابتداءً من التفكير الإبداعي ومهارات الإشراف وإنتهاءً بمهارات القيادة واتخاذ القرار حيث أصبحت المهارات اليوم ضرورة ملحة لكافة الاختصاصات فالمهندس والطبيب والمشرف والموظف والمدير والطالب والعامل جميعهم بحاجة لامتلاك هذه المهارات التي تعتبر العامل الأول لنجاحهم في

أعمالهم ولا تقل أهمية عن معلوماتهم حول اختصاصهم نفسه فالكثير من الجامعات العالمية بدأت بتخصيص مناهج حول المهارات إدراكاً منهم لأهميتها في تحقيق النجاح العملي على أرض الواقع.

الـمراجع

1- إدارة الذات وإنعكاسها على الرضا الوظيفي للمرأة العاملة – فريال الحربي 2014

2- التدريب على التفكير الابداعي – المهندس نوبي محمد حسن عبد الرحيم

3- العصف الذهني والتفكير المبدع – فاطمة أحمد العابد 2015

4- فاعلية استخدام برنامج الكورت تقنياً في تنمية مهارات التفكير الرياضي – ناهد عطار 2013

5- برنامج الكورت لتعليم مهارات التفكير – أمجد الراعي , أحمد نصار

6- موقع الانترنت { أسرار الإعجاز العلمي } عبد الدائم الكحيل

7- موقع الانترنت { موضوع } أكبر موقع عربي بالعالم

8- موقع الانترنت { ويكي الكتب } كتب مفتوحة لعالم حر

9- موقع مؤسسة { ابني نفسك للتنمية } للمدرب أحمد جمعة – بقلم د. شريف عرفة

10- كاريزما السلم الوظيفي – م. عماد أبو عاذرة 2012

11- تأثير القيادة على أداء العمال في المؤسسة الصناعية الجزائرية – شاين نوال 2013

12- برنامج القيادة الفعال – د. عبد الفتاح دياب حسن

13- John Rampton WWW.Enterprenuer.com

نبذة مختصرة عن الكاتب

- محمد نبال قلعه جي – مواليد عام 1982 – في سورية, درس في كلية الاقتصاد/ جامعة حلب – قسم الاقتصاد عام 2000, وقام بترجمة كتاب " الأساسيات في التحليل الاقتصادي الكلي Essentials in Macroeconomics من اللغة الإنكليزية إلى اللغة العربية , وتم اعتماد الكتاب في جامعة حلب ويتم تدريسه لطلاب السنة الرابعة في كلية الاقتصاد/قسم الاقتصاد.

- أكمل دراسة الماجستير في التخطيط الاقتصادي في معهد التخطيط للتنمية الاقتصادية والاجتماعية في دمشق عام 2007 , وعمل مستشاراً اقتصادياً متعاوناً مع الفريق الاقتصادي في مجلس الوزراء.

- عمل في الاستشارات الاقتصادية والتدريب, وبشكل خاص التدريب على المهارات في المملكة العربية السعودية/الرياض مند عام 2009 حتى عام 2019, حيث قام بالتدريب باللغتين العربية والانكليزية لدى العديد من المؤسسات والشركات والوزارات الحكومية, وهذه نبذة مختصرة عن البرامج التدريبية والجهات التي تم التعامل معها:

  - التخطيط الاستراتيجي: وزارة العمل والتنمية الاجتماعية – شركة أرامكو النفطية
  - برامج القيادة : مصرف الراجحي
  - إدارة المخاطر : الشركة السعودية للكهرباء – وزارة الدفاع – أوقاف الراجحي
  - التسويق والمبيعات وخدمة العملاء: دواجن الوطنية – البنك العربي – الرياض المالية – سنابل السلام – النايفات للتمويل – مصرف الراجحي
  - إدارة الذات وتطوير الذات: وزارة الزراعة – مصرف الراجحي – أرامكو
  - مهارات التواصل والخطابة والإلقاء: جامعة الإمام – وزارة الحج – وزارة الزراعة – أرامكو
  - إدارة الوقت: بنك الجزيرة – شركة هواوي للاتصالات – أرامكو
  - إدارة العلاقات العامة: أرامكو
  - مهارة كتابة تقارير الأعمال: أرامكو – دواجن الوطنية – التحريات المالية
  - مهارات الإشراف والتوجيه والتدريب: بنك الجزيرة – أرامكو

- التفكير التحليلي والتعلم المستمر: أرامكو
- حل المشكلات واتخاذ القرارات: النايفات للتمويل – أرامكو
- مهارات التفاوض: النايفات للتمويل – أرامكو
- إعادة هندسة الأعمال: أرامكو
- مهارة الأعمال المكتبية وإدارة المكاتب: جامعة الإمام – أرامكو – وزارة الحرس الوطني
- مهارة العمل الجماعي: وزارة الزراعة – أرامكو
- إدارة الذات والوقت وضغوطات العمل: أرامكو
- تخطيط التعاقب الوظيفي: العبيكان الصناعية
- خطة التصدير: الغرفة التجارية في الرياض/جدة/ينبع
- إدارة التغيير: جامعة الملك فهد للبترول والمعادن
- هندسة القيمة: وزارة الزراعة
- تحليل الأعمال: وزارة التجارة والاستثمار
- تدريب المدربين { المستوى الأول }: وزارة الصحة
- تدريب المدربين { المستوى الثاني }: وزارة الصحة

- شارك في العديد من المشاريع الاستشارية, وهذه أمثلة على بعض المشاريع الاستشارية:
  - المشاركة في وضع خطة استراتيجية لمدة 20 سنة لأمانة منطقة الرياض بالتعاون مع معهد الملك عبد الله للبحوث والدراسات.
  - شارك في وضع خطة تسويق ومبيعات لمركز جمانة لطب الأسنان.
  - شارك في وضع نظام داخلي لمركز جمانة لطب الأسنان
  - شارك في وضع نظام داخلي لشركة أرامكو لأعمال الخليج
  - شارك في وضع دراسة مقارنة Benchmarking لشركة أرامكو لأعمال الخليج
  - القيام بعدد من دراسات الجدوى الاقتصادية لعدة مشاريع مختلفة
  - دراسة تعثر لمشروع إنتاج تلفزيوني للأطفال " روعة "

- التكريمات والأنشطة الأخرى

- حصل على تكريم من الهيئة الملكية في الجبيل وينبع لمشاركته في دورة تدريبية بعنوان " إدارة سلاسل الإمداد "
- حصل على تكريم من بنك الجزيرة لمشاركته في دورة تدريبية بعنوان " التوجيه والإشراف " Coaching & Mentoring "
- حصل على تكريم من شركة تويوتا لمشاركته في ورشة عمل بعنوان " التوعية في أمن المعلومات "
- حصل على تكريم من الإدارة العامة للخطوط الحديدية السورية/حلب لتصميمه برنامج كمبيوتر يختصر وقت وجهد الموظفين في دائرة العقود الخارجية
- حصل على تكريم من عمادة كلية الاقتصاد/جامعة حلب لترجمته كتاب " الأساسيات في التحليل الاقتصادي الكلي " من اللغة الإنكليزية إلى اللغة العربية.
- كتابة مقالات إدارية وتطويرية في مجلة تجارة الرياض.
- شارك في القمة الاقتصادية العربية /الرياض 2013 كمستشار اقتصادي على قناة الإخبارية السعودية.
- مستشار اقتصادي معتمد لدى البنك الأوروبي لإعادة الإعمار والتنمية في تركيا/أنقرة